株式会社 PM-NET 代表取締役
一級建築士

上野 俊秀

不動産有効活用のための
建築プロジェクトの企画設計・
事業収支計画と
投資採算評価の実務【第3版】

- 建築プロジェクトの事業手法と進め方
- 立地可能業種の選定
- 建築可能空間の算定と事業性のチェック
- 建築基本計画
- 初期投資と資金調達
- 営業収入と開業後費用
- 事業計画に関連する税金
- 事業収支計画のしくみとモデルシミュレーション

PROGRES
プログレス

第3版・はじめに

「何か動機づけはあるかな……。」と，私。

そうすると，プログレスの野々内さんは，「私と同じく，今年，古希を迎えますよね。これからは，世のため，人のために働いたらどうですか。人は，必要だと思われているうちが，花ですよ。」と，ズケズケと言い放ったのである。ちょっとムカッときたが，確かにそうかもしれないと感じる私であった。

アマゾンのネットで本書の『新版』（2011年11月発行）に13,000円の値がついているという話を聞いたことがある。

私のところに，「出版社にはもう在庫がないというので……。」との電話があり，手元にあった『初版』（2007年9月発行）をお譲りしたこともあった。

「世の中にひとりでも私の本を必要としてくれる人がいるなら，もう一度頑張ってみるか……。」多少の葛藤もあったが，少しずつ野々内さんの巧妙な誘いに乗っていく私であった。

＊　　　　　　＊　　　　　　＊

こんな経緯の中で出版の運びとなった『第3版』だが，基本的な章立ては変わっていない。

ただ，データ類はもう調査を続けていないとか，一部のデータを除いてほとんど改訂した。

データ類が変われば，それを元に算定する事業収支，長期修繕なども変わり，おまけに立地可能業種も時代に合わせて追加したので，ほぼ全面的な改訂となった。

特に，2011年の東北大震災以降，建築工事費の上昇率は凄まじく，この傾向は2020年の東京オリンピックまで継続しそうである。そこで，工事費算定の計算式に，データの取得時期による「デフレータ」を加えることにした。

世の中は常に動いている。データを使う状況，立場，時期等に合わせて，使いまわしていただければ幸いである。

＊　　　　　　＊　　　　　　＊

また，路線価による土地価格の評価に関して，国税庁の「財産評価基本通達」の一部が，「広

大地の評価法を従来の宅地開発を前提にした特別な方法を廃止し，各土地の個性に応じて形状，面積に基づいた一般的な方式に統合する」という改正が 2018 年 1 月以降に実施されることになっており，本書ではこれを取り入れ，土地取得費の部分を一部組み替えた。

＊　　　　　＊　　　　　＊

　本書は，オリンピックと同じほぼ 4 年ごとに改訂版を発行している。2020 年の東京オリンピックの後にさらなる改訂版の発行ができるよう，気力，体力の維持に日々精進していきたいと思っている。

　　2017年11月3日　文化の日

上 野 俊 秀

〈追　記〉

　税理士で不動産鑑定士の鵜野和夫先生が昨年3月25日に亡くなられた。93歳の大往生である。

　税務署に相談に行くと，「ちょっとお待ちください」と担当税務官が参考にしていたという不朽の名著『不動産の評価・権利調整と税務』は，ギネスに載ろうかというほど，何十年もに渡って毎年改訂版を発行している。

　私とはフジタ（旧・フジタ工業）という出身会社も同じで，鵜野先生を人生の師と仰ぎ，本書の執筆にもいろいろアドバイスをいただいた。

　初版が完成したときは，これは使えると大変喜んでいただいたのを記憶している。

　鵜野先生のご冥福を祈るとともに，拙著が改訂を重ねることができたことに感謝したい。

　　2024年1月　喜寿を迎える年の始めにあたって

上 野 俊 秀

新版・はじめに

　『初版』の「はじめに」で，近代において，我が国は第三の変革期に入って久しいと述べた。

　第一の変革期は明治維新であり，第二の変革期は太平洋戦争の敗戦である。

　第三の変革期においては，IT化の進行，公共事業の縮小，国際化，超高齢化社会などが確実に進行していった。

　そして，それに止めを刺すように，未曾有の大震災が起きた。

　原発事故の収束は遅々として進まず，政治は空転している。

　復旧から復興へ，具体的な青写真は，いまだ描けないでいる。

　公共事業，復旧・復興事業からの需要は確実に増え，これから，3年，5年，さらにはそれ以上に，建設マーケットは増大するであろう。

　これを機に，建設業界は，新しく生まれ変わるのか，元の体質に戻るのか全くわからない。ただ，忙しくなるのは事実である。

　　　　　　　　　　　＊　　　　　　　　　＊　　　　　　　　　＊

　2011年度の税制改正は，つなぎ法案だけが成立し，根本的改正は来年度以降へ先送りであろう。

　2012年には，介護保険の改定時期を迎えるが，税と社会保障の一体改革も，議論は前に進まない。

　莫大な借金を抱え，震災に対する特別予算も必要とする中で，この大震災は，この国のしくみを変える機会ではないだろうか。

　第三の変革期における最後の仕上げとして，将来につけを残さないこの国のしくみを示し，そのための消費税であれば，20％ぐらいの負担は各自できるのではないだろうか。

　「段階的に10％にアップ」というようなチマチマしたものでは，また，すぐ足りなくなるのは目に見えているし，何よりも，プライマリーバランスをプラスにすることはもちろん，借金を返済できる体質にすべきである。

　増税は経済成長を悪くするという議論もあるが，100円のものが120円になっても購買意欲を損なうとは思えない。

＊　　　　＊　　　　＊

　筆者は，長年，ゼネコンの企画設計部の職員として，プロジェクトマネージャー（PM）的な役割を果たしてきた。

　ゼネコンの組織の中で，それぞれのプロジェクトの推進段階に応じて，各専門の部署に対して発注仕様書的な書類を作成し，作業依頼を行いながら業務を推進してきた。

　しかし，独立してこの業務を推進していこうとすれば，プロジェクトの立上げ段階（川上段階ともいう）では，簡単に専門企業に依頼することはできないし，発注者に公平性を保とうとすれば，プロジェクト成果に対して，専門企業に約束することもできない。

　さらに，プロジェクトの方向性が決まるのは，この立上げ段階の基本計画段階までで，ここに，PMとしての重要な役割が存在する。

　本書では，独立したPMとして建築プロジェクトの企画設計・事業計画を推進していく上で，基本計画段階までに決定しておくべき実務に必要な事柄を，筆者の経験等を踏まえ，できるだけ数値的根拠を裏付けとして，現実的に解説している。

　今回の『新版』では，最新のデータに修正するとともに，超高齢化社会の到来を踏まえ，需要が急増している「介護付き有料老人ホーム」のシミュレーション等を新しく加筆した。

　もちろん，安ければいいということではない。その計画に即した最大の効果を上げる，予算のバランスを考慮する必要がある。

　また，発注者の能力等に拠る事業手法の選択により，パートナー企業がプロジェクトに加わるとすれば，そのパートナーとの事業リスクの持ち方により，役割，事業目標数値等が変わっていく。

　しかし，どのようなプロジェクトの推進体制を取るにしろ，PMには，事業の代行者としての明確なスタンスと，専門家をコントロールするための各分野の広い知識が必要になる。

　このPMの存在により，同じ価値の120円ものを100円で仕上げることも可能になる。

　　2011年10月10日　体育の日

上　野　俊　秀

初版・はじめに

●社会，経済の構造変革

　近代において，我が国は第三の変革期に入ったといわれて久しい。

　第一の変革期は明治維新であり，第二のそれは太平洋戦争の敗戦である。明治維新によってそれまでの封建制度が崩れ，西洋の文明が大量に流入した。また，太平洋戦争の敗戦を契機に，民主化，アメリカ化が進み，高度成長社会へと向かった。

　そして今，第三の変革期においては，高度成長どころか，経済全体が縮小するデフレがいつ解消されるかが課題となっている。さらに，2015年には65歳以上の人口が全体の30％以上を占める世界でも例を見ない超高齢化社会が到来する。また経済も，国際化の波をまともに受け，今までの官主導の護送船団的な商慣習から，国際社会の一員としてグローバルスタンダードに則したビジネスを展開していく必要性を思い知った。その背景にあるのが，インターネットに代表される高度なIT（情報技術）の革新であるといえよう。

●土地神話の崩壊

　このような社会背景を受けて，不動産業界も大きく変貌を遂げている。

　右肩上がりの土地神話が崩れ，ここ数年来の土地価格は一部の地域で値上りはしているものの，全国的にはいまだに下落は止まっていない。

　事業性を無視した留保需要による土地の取得は不良債権化した。

　しかし，その一方で，土地は，その特性に適した建物を建築し，利用してこそ収益を生む本来の姿になったといえる。

　そして，土地流動化の促進策として，不動産事業収益を根拠とするビル事業の証券化市場（J-REIT）が開かれ，直接マーケットから資金を調達できる仕組みが確立した。

　全国的には土地価格が下落する中で，良好な建築事業が仕組める好立地の土地の価格は上昇している。優良な不動産事業は様々な投資先を選択できる可能性が増え，新たなビジネスチャンスを創出することが期待されている。

　そのためには，確実な事業計画を立案し，その情報公開につとめるとともに，国際的なビジネススタンダードによりプロジェクトをすすめていく必要があることはいうまでもない。

●新しい職能の誕生

上記のような社会環境の変化と，B2B，B2Cなど直接当事者同士が取引を行えるインターネットを利用した情報革命により，さまざまな新しい不動産関連のビジネスモデルが台頭してきている。

高橋照男著『プロジェクトマネジメントの知識』によると，米国においては建設完工高が国内総生産（GDP）の10％を下回った1974年頃を契機に，PM（プロジェクト・マネージャー）やCM（コンストラクション・マネージャー）が台頭してきたという。

すなわち，橋や道路などの社会資本の整備が進み，公共工事が減少していくと，今までそれらに頼ってきた建設企業が生き残るには業態を変革しなければならず，良質でリーズナブルな価格の建物という発注者側の要求を実現するためには，PMやCMは必要な職種であるからである。

国土交通省の調査によると，我が国の2006年の建設総投資額（見通し）は52兆9,100億円であり，2000年には13.7％であった国内総生産額に対する割合は，2006年の国内総生産額を500兆円とすれば，10.6％まで落ち込むことになる。

社会資本の整備が進み，財政再建策による公共事業費の縮小等により，今後この割合が欧米並みにさらに下降していくことは確実である。

このような状況を踏まえて，従来のしくみ，職種の概念を超えた新しい職能専門家の台頭が望まれており，そのための社会的な基盤も整いつつある。

それは，先の米国の例でわかるように，PMやCMといわれる職種である。

CMは，工種ごとの分割発注をトータルにマネージメントしていく職能であり，従来，我が国ではゼネコンがこの役割を果たしてきた。

一方，PMは，建築工事を含めたプロジェクト全体の事業をマネージメントしていく職能であり，土地オーナーや投資家との契約によって，発注者の利益獲得を代行する役割を果たしていくことになる。

●PMに必要とされる能力

従来，我が国においてPMにもっとも近い職種は建築設計事務所であった。

しかし，多くのアンケート調査によると，発注者の不満のトップは，建築設計事務所はコストに弱いということである。

また，我が国特有に発達しているゼネコンには，この職能を持った多くのスタッフがいるが，一括請負という発注方式によってPMに必要な様々な経費は工事費の中に含まれてしまい，発注者側は工事業者の選択ができなくなっている。

欧米では，QS（コンティティー・サーベイヤー）と呼ばれる職種が確立しており，彼らが発注者から依頼を受けてプロジェクト予算を作成し，工事入札などを仕切っている。

職名はどうあれ，PMに必要とされる能力は，収益が上がる事業の構築力である。そして，

その裏付けとなるものがコストに関する知識である。

　PMの候補者を従来の職種に当てはめると，前述の設計家，建築施工技術者，不動産鑑定士などがもっとも近いが，基本的には，T型またはΠ型人間ならば，誰でも可能性を有しているといえる。

　T型人間は一つの専門領域に精通し，かつ建築事業に関わるすべての知識を幅広く持っている人であり，Π型人間は二つの専門領域に精通している人をいう。

　専門領域は多いに越したことはないが，仮に精通した専門領域を持たなくても，プロジェクトを推進していくためには領域ごとの専門家をコントロールしていけばよい。

　もっとも必要なことは，事業全体を見渡せるバランス感覚であり，発注者の要求性能を実現させるための予算を立案し，プロジェクトにかかわる様々な専門家に向けて明確な数値に裏付けられた発注仕様書を作成する能力である。

●本書のねらい

　筆者は，長年ゼネコンに在籍し，このPM的な役割をつとめ，それぞれのプロジェクトの推進段階に応じて発注仕様書的な書類を作成し，各専門部署に作業を依頼しながら業務を推進してきた。

　しかし，独立してこの業務を推進していこうとしても，プロジェクトの立上げ段階で簡単には専門企業に依頼できないし，発注者に公平性を保とうとすれば，プロジェクトの成果に対して約束もできない。プロジェクトの方向性が決まるのは，この立上げ段階（川上段階ともいう）の基本計画までであり，ここにPMとしての重要な役割が存在する。

　本書では，筆者の経験等を踏まえて，独立したPMとして建築プロジェクトの企画設計・事業計画を推進していく上で，基本計画段階までに決定しておくべき実務に必要な事柄を，できるだけ数値的なデータを裏付けとして現実的に解説することにする。

　もちろん，安ければよいということではない。その計画に即した最大の効果を上げる予算バランスを考慮する必要がある。

　また，発注者の能力等に応じた事業手法の選択により，パートナー企業がプロジェクトに加わるとすれば，そのパートナーとの事業リスクの持ち方により役割や事業目標の数値等が変わってくる。

　しかし，どのような推進体制を取るにしろ，PMには，事業の代行者としての明確なスタンスと，各専門家をコントロールするための幅広い知識が必要とされる。

　　2007年9月1日　防災の日

　　　　　　　　　　　　　　　　　　　　　　　　　上　野　俊　秀

目　次

1　建築プロジェクトの事業手法と進め方

1　クライアントのニーズ（動機）————2

2　建築プロジェクトの分類————3

　❶土地を賃貸する事業　3

　❷土地を分譲する事業　3

　❸建物を建設し賃貸する事業　4

　❹建物を建設し分譲する事業　4

3　事業方式の選択————5

　(1)　分譲事業方式　5

　❶卸売り方式　5

　❷事業委託方式　6

　❸販売委託方式　6

　(2)　賃貸事業方式　7

　❶一括借上げ方式　7

　❷事業委託方式　7

　❸自力建設方式　8

　(3)　等価交換方式　8

　(4)　土地信託方式　9

　(5)　直営方式　9

　❶運営委託方式　10

　❷フランチャイズ方式　10

　❸会員制事業　10

　(6)　事業方式の選択　10

4　建築プロジェクトの進め方————13

　(1)　企画段階　13

　(2)　基本計画段階　16

　(3)　実施計画段階　16

2 企画段階―その❶：立地可能業種の選定

1 立地評価項目と調査法――――18
(1) 市場要因　19
(2) 地域要因　19
　❶駅からの距離　19
　❷駅の性格　20
　❸商業地への距離　20
　❹商業地の性格　20
　❺前面道路の幅員　20
　❻前面道路のアプローチ性　20
　❼居住環境　21
(3) 画地要因　21
　❶用途地域　21
　❷敷地面積　26
　❸容積率　26
　❹間口距離　26
　❺奥行距離　26

2 評価対象業種の設定と要求立地性能――――27
(1) 住宅系　27
　❶高級(外国人向け)マンション　27
　❷一般(ファミリー向け)マンション　27
　❸ワンルームマンション　28
　❹学生ハイツ　28
　❺単身赴任者向けマンション　28
　❻サービス付き高齢者専用住宅　29
　❼SOHO(Small Office Home Office)　29
(2) 業務系　29
　❶一般事務所　29
　❷銀行・金融　29
　❸データセンター　29
　❹研究施設　30
　❺ショールーム　30
(3) 商業系　30

❶百貨店　*30*

❷GMS（ゼネラル・マーチャンダイジング・ストアー）（大型スーパー）　*30*

❸SM（スーパー・マーケット）　*31*

❹大型専門店　*31*

❺一般専門店　*31*

❻大型飲食店　*31*

❼一般飲食店　*31*

❽コンビニエンス・ストアー　*31*

(4) ホテル系　*32*

❶ビジネスホテル　*32*

❷シティホテル　*32*

❸専門式場　*32*

(5) 教育系　*32*

❶文化教室　*32*

❷カルチャーセンター　*33*

❸専門学校　*33*

(6) スポーツ・レジャー系　*33*

❶フィットネスクラブ　*33*

❷ボーリング場　*34*

❸シネマコンプレックス　*34*

❹ゲームセンター　*34*

❺パチンコホール　*34*

❻カラオケ　*34*

❼スーパー銭湯　*35*

(7) 医療系　*35*

❶診療所　*35*

❷病　院　*35*

❸グループホーム　*35*

❹有料老人ホーム　*35*

❺デイサービスセンター　*48*

(8) 物流系　*48*

❶レンタル倉庫　*48*

❷配送センター　*48*

3 用途構成企画————————49

    ❶量の集積　　58

    ❷質の補完　　58

    ❸量の集積, 質の補完　　58

3 企画段階—その**❷**：
建築可能空間の算定と事業性のチェック

1 用途別必要建築機能————————60

2 用途規制————————63

3 規模規制————————66

(1)　容積率制限　　66

    ❶計画地が接している前面道路が12m

      未満の場合　　66

    ❷用途による緩和　　67

(2)　建ぺい率制限　　68

4 形態規制————————69

(1)　道路斜線制限　　70

(2)　隣地斜線制限　　70

(3)　北側斜線制限　　72

(4)　天空率　73

    ❶適合建築物　　73

    ❷計画建築物　　74

    ❸測定ポイント(天空率算定位置)　　74

    ❹確認申請時のチェック項目と添付図書

      75

    ❺簡易チェック法　　76

(5)　日影規制　76

    ❶規制対象　　77

    ❷規制対象時間　　77

    ❸日影制限時間　　77

    ❹測定線　　80

    ❺測定面　　80

    ❻チェックポイントと提出図書　　80

(6)　日ざし曲線メジャー　81

    ❶日影時間の算出　　82

    ❷算出結果の考察と関連図面　　85

⑤ **規模・形態規制の緩和手法**
——————— 87

(1) 特定街区制度 **87**

(2) 総合設計制度 **88**

(3) 一団地建築物設計制度 **89**

(4) 連担建築物設計制度 **89**

⑥ **その他の規制**——————90

(1) 駐車場付置義務 **90**

(2) 住宅付置義務 **90**

(3) 大規模小売店舗立地法 **91**

⑦ **事業性のチェック**————92

(1) 事業収支の基本項目と概算値 **92**

(2) 事業成立性に影響の大きい項目とその
設定値 **92**

❶土地取得費 **93**

❷建築工事費 **94**

❸家賃収入 **94**

❹調達金利 **96**

(3) 事業性チェック指標 **96**

❶還元利回り **97**

❷DCR(Debt Coverage Ratio:借入金
償還余裕率) **98**

④ 基本計画段階—その❶:
建築基本計画

① **建築基準法上の単体規制**
——————— 102

(1) 居室の採光 **102**

(2) 窓先空地 **104**

(3) 二以上の直通階段の設置 **104**

(4) 標準的な階段の幅 **104**

(5) 直通階段に至る歩行距離 **106**

(6) 物販店舗における階段の幅 **106**

② **用途別の建築基本計画の留意点**
——————— 107

(1) 事務所ビル系 **107**

(2) 共同住宅系　*108*

(3) 有料老人ホーム　*110*

(4) 商業系　*114*

(5) モデルプラン　*115*

---

5 基本計画段階—その**❷**：
初期投資と資金調達

1 **土地取得費**—————*126*

(1) 土地評価の方式　*126*

　❶土地評価の三方式　*126*

　❷取引事例のデータベース　*127*

　❸公的土地評価　*127*

(2) 路線価による土地価格の評価　*128*

　❶路線価図の読み方　*129*

　❷一般宅地の評価法　*130*

　❸権利割合　*140*

　❹評価事例　*142*

　❺土地取得費算定への適用　*147*

(3) 仲介手数料　*150*

2 **敷地造成費**—————*161*

(1) 平坦地の算出法　*161*

(2) 算出例　*161*

(3) 傾斜地の算出法　*163*

3 **解体工事費**—————*164*

(1) 算出法　*165*

(2) 事務所ビルの算出例　*167*

(3) 共同住宅の算出例　*168*

4 **建築工事費**—————*171*

(1) JBCIとは　*173*

(2) 市場コスト統計方式　*180*

(3) 建築工事費の算出法　*182*

　❶パラメータの算出　*182*

　❷工事項目別コストの算出　*182*

　❸諸経費の算出　*185*

　❹都市間格差の算出　*185*

(4) 事務所ビルの算出例　*185*

　　(5)　共同住宅の算出例　**189**

　　(6)　有料老人ホームの算出例　**190**

　　(7)　既存建物の価格算定　**191**

　　　　❶法定耐用年数による減価計算

　　　　191

　　　　❷固定資産税評価に用いられる減価率

　　　　192

　　　　❸建物の修繕費・更新費の算出による

　　　　減価率　**192**

⑤　**外構工事費**————**195**

　　(1)　算出法　**195**

　　(2)　算出例　**196**

⑥　**什器備品費**————**197**

⑦　**設計料**————**198**

　　(1)　算出法　**199**

　　(2)　算定に用いられる建築物の用途分類の

　　　　細分化　**199**

　　(3)　標準業務人・時間数　**199**

　　(4)　標準人件費　**199**

　　(5)　算出例　**209**

　　(6)　実際の契約価格　**210**

⑧　**建築工期(開業前金利)**————**211**

　　(1)　解体工期　**211**

　　　　❶事務所ビルの算出例　**212**

　　　　❷共同住宅の算出例　**213**

　　(2)　新築工期　**213**

　　　　❶準備工事　**213**

　　　　❷杭工事　**214**

　　　　❸地下工事　**215**

　　　　❹地上工事　**215**

　　　　❺暦日換算　**217**

　　　　❻総合工程　**217**

　　(3)　事務所ビルの算出例　**218**

　　(4)　共同住宅の算出例　**219**

9 開業費────── *221*

(1) テナント仲介料 *221*

(2) 広告宣伝費 *221*

(3) 業務委託費(人件費) *222*

(4) 維持管理費 *222*

(5) 近隣対策費 *222*

(6) 設定料率 *222*

10 資金調達────── *224*

(1) 自己資金 *224*

(2) 敷　金 *224*

(3) 保証金 *225*

(4) 長期銀行借入金 *225*

(5) 短期銀行借入金 *227*

(6) 補助金 *227*

6 基本計画段階―その❸：
営業収入と開業後費用

1 営業収入────── *230*

(1) 家賃収入 *230*

❶賃料の算定 *230*

❷賃貸事例比較法による賃料の算出
230

❸賃料の改定 *231*

❹入居稼働率 *231*

❺更新料 *231*

❻礼　金 *232*

(2) 共益費 *232*

(3) 駐車場収入 *233*

(4) その他の営業収入 *233*

❶水道光熱費のリセール *233*

❷広告収入 *233*

❸付加価値サービス *234*

2 建物運営費(人件費・諸経費)
────── *235*

(1) 業務内容 *235*

(2) 費用設定 *236*

③ 維持管理費 ——————— 237

(1) 設備管理費 *237*

(2) 保守管理費 *237*

(3) 警備業務費 *239*

(4) 清掃業務費 *240*

(5) 事務所ビルの算出例 *240*

(6) 共同住宅の算出例 *241*

④ 水道光熱費 ——————— 244

(1) 冷暖房料金 *245*

(2) 一般電気料金 *248*

(3) ガス料金 *248*

(4) 水道料金 *248*

(5) 水道光熱費の算出例 *249*

⑤ 修繕費・更新費 ——————— 251

(1) 算出方法 *252*

(2) 事務所ビルの算出例 *252*

(3) 共同住宅の算出例 *253*

(4) 事業収支計画における設定値 *253*

⑥ 火災保険料 ——————— 283

(1) 損害保険の分類 *283*

(2) 保険料の算定式 *283*

(3) 基本料率 *284*

(4) 割引率 *286*

　❶宅地割引率 *286*

　❷建物用途別の割増率 *286*

　❸消火設備の割引率 *286*

　❹一般特定物件の割引率 *287*

(5) 事業収支計画における設定値 *287*

⑦ 借地料 ——————— 288

(1) 借地権の分類 *288*

　❶普通借地権 *288*

　❷定期借地権 *289*

(2) 普通借地権料 *289*

　❶実質賃料と支払賃料 *289*

❷実質賃料の算定　*289*

(3)　定期借地権料　*290*

❶一般定期借地権　*290*

❷建物譲渡特約付借地権　*292*

❸事業用借地権　*292*

8　減価償却費————*294*

(1)　資産の分類　*294*

(2)　償却可能限度額　*294*

(3)　算出方式　*295*

❶定額法　*295*

❷定率法　*295*

(4)　取得価格等の算定　*298*

9　更新費・再投資————*301*

(1)　更新費　*301*

❶算出法と設定額　*301*

❷減価償却費　*302*

(2)　再投資　*302*

7　基本計画段階―その❹：事業計画に関連する税金

1　固定資産課税評価額————*304*

(1)　土　地　*304*

(2)　建　物　*305*

2　開業前に課せられる税金

————*306*

(1)　不動産取得税　*306*

(2)　登録免許税　*306*

(3)　抵当権設定料　*307*

3　事業開始後に課せられる税金

————*308*

(1)　固定資産税　*308*

❶土地の課税標準　*308*

❷建物の課税標準　*309*

❸什器備品の課税標準　*309*

❹税額の算出　*309*

(2)　都市計画税　*309*

❶土地の課税標準　*309*

❷建物の課税標準　*310*

❸税額の算出　*310*

(3)　事業所税　*310*

④　事業の所得に応じて課せられる税金 —————— *312*

(1)　法人税等　*312*

❶法人の種類　*312*

❷課税対象額　*312*

❸法人税　*313*

❹法人住民税　*313*

❺事業税　*313*

(2)　所得税等　*314*

❶課税対象額(所得額)　*314*

❷所得税　*314*

❸個人住民税　*315*

❹個人事業税　*315*

(3)　消費税　*315*

❶非課税課目　*316*

❷税　率　*316*

❸課税方式　*316*

❹賃貸住宅の場合　*318*

⑤　その他の税金（印紙税・譲渡税等） —————— *319*

(1)　印紙税　*319*

(2)　譲渡税　*319*

(3)　相続税・贈与税　*322*

⑧　事業収支計画のしくみと
モデルシミュレーション

① 事業収支計画のしくみ————— *324*

(1)　分譲型事業　*324*

(2)　賃貸型事業　*325*

② 事務所ビル計画————— *328*

(1)　一般事項　*328*

(2)　初期投資　*328*

(3) 減価償却　*330*

(4) 資金調達　*330*

(5) 営業収入　*332*

(6) 営業支出　*335*

(7) 消費税の計算　*335*

(8) 損益資金計算　*337*

　❶損益計算書　*338*

　❷資金計算書　*339*

(9) 事業収支結果の分析と指標　*345*

　❶投資回収期間法　*346*

　❷総投資利回り　*347*

　❸自己資本利回り　*350*

3 共同住宅計画────*352*

(1) 一般事項　*352*

(2) 初期投資　*352*

(3) 減価償却　*354*

(4) 資金調達　*355*

(5) 営業収入　*355*

(6) 営業支出　*357*

(7) 消費税の計算　*357*

(8) 損益資金計算　*364*

(9) 事業収支結果の分析と指標　*365*

4 介護付き有料老人ホーム計画
────*366*

(1) 一般事項　*366*

(2) 初期投資　*367*

(3) 減価償却　*376*

(4) 資金調達　*377*

　❶入居一時金　*377*

　❷償却金計算の仕組み　*378*

　❸補助金　*382*

　❹長期銀行借入金　*382*

(5) 営業収入　*384*

　❶基本介護報酬　*384*

❷介護報酬加算部分　*384*

❸介護保険外収入　*387*

(6)　**営業支出**　*387*

❶人件費　*387*

❷材料費　*392*

❸施設維持費　*392*

❹公租公課　*393*

❺その他の経費　*393*

(7)　**消費税の計算**　*394*

(8)　**損益資金計算**　*395*

❶損益計算書　*395*

❷資金計算書　*395*

(9)　**事業収支結果の分析と指標**　*401*

索　引————*403*

本書で解説している手法を用いて，以下に示す土地利用計画，コスト（予算）設定，税金計算，そして事業収支計画などを算出するプログラムを，株式会社PM-NETのホームページより無料体験することができます。http://www.pmnet.jp よりアクセスしてください。

PM-M 「立地可能業種評価プログラム」

② 企画段階―その❶：立地可能業種の選定 （本書18～58ページ）

計画地における立地可能な業種を選定するプログラム。

PM-L 「土地評価プログラム」

⑤ 基本計画段階―その❷：初期投資と資金調達 （本書126～160ページ）

計画地の路線価を基準とした土地価額算定プログラム。

PM-I 「ビル事業初期投資算定プログラム」

⑤ 基本計画段階―その❷：初期投資と資金調達 （本書161～227ページ）

初期投資のうち，敷地造成費，既存建物の解体工事費，企画段階の建築工事費，基本計画段階の建築工事費，外構工事費，建築工期，設計料を算出するプログラム。

PM-R 「ビル維持管理費算定プログラム」

⑥ 基本計画段階―その❸：営業収入と開業後費用 （本書230～302ページ）

開業後の費用のうち，維持管理費，水道光熱費，修繕費・更新費，損害保険料を算出するプログラム。

PM-T 「不動産関連税プログラム」

⑦ 基本計画段階―その❹：事業計画に関連する税金 （本書304～322ページ）

事業計画に関連する固定資産課税評価額，不動産取得税，登録免許税，固定資産税，都市計画税，印紙税のほか，譲渡税（個人・法人），相続税，贈与税（暦年課税制度・相続時精算課税制度）を計算するプログラム。

PM-F 「ビル事業収支プログラム」

⑧ 事業収支計画のしくみとモデルシミュレーション （本書324～401ページ）

以上の設定数値による事業収支の計算プログラム。

業種別事業収支プログラム

PM-E 「賃貸オフィス事業収支プログラム」
事業収支の基本となる保証金，敷金，家賃方式（本書328〜351ページ）

PM-Z 「賃貸マンション事業収支プログラム」
住居であるための税制上のさまざまな優遇のある事業方式（本書352〜365ページ）

PM-S 「有料老人ホーム事業収支プログラム」
終身利用権の資金調達方法。グループホーム，ショートステイ，デイサービスにも対応（本書366〜401ページ）

PM-H 「ホテル事業収支プログラム」
シティホテル（宿泊，飲食，宴会）に対応。宿泊特化型にも対応可。

PM-C 「フィットネスクラブ事業収支プログラム」
法人会員，個人会員，スクール事業等に対応。

PM-B 「温泉施設事業収支プログラム」
会員・ビジター，平日・休日等の収支にきめ細かく対応。

PM-K 「葬祭会館事業収支プログラム」
さまざまな葬儀方式に対応。

＊以上のプログラムは拙著『建築プロジェクトのケース・スタディ』（プログレス刊）で使用例を参考することができます。

① 建築プロジェクトの事業手法と進め方

① クライアントのニーズ（動機）

　建築事業をはじめようとするクライアントの動機は様々であり，次のようなことが想定される。

① 地域の名士や企業が自己のPRやメモリアルのために建設する記念館等
② 行政や公益法人が地域おこしや住民サービスのために建設する博物館，美術館，コミュニティー施設等
③ 企業の拠点としての生産の場（工場）や流通施設等
④ 企業が建物を利用して営利活動を行う店舗やサービス施設等
⑤ 建物の分譲または賃貸により収益を得ようとする施設等

　このうち，①，②は，計画する建物を利用してもらうことにより，いかに地域や企業イメージなどに貢献するかという，当該事業だけでは算定できない循環する利益を目的とした建築事業である。したがって，当初の予算立ては必要となるが，建物のデザイン性や空間の豊かさ等が重要視される。

　③，④は，建物としての効率性や収益性は必要とされるが，事業に対する意思決定は企業全体の事業方針の中で決定されていくものであり，数多くの施設を展開している企業には，ほとんどの場合，施設づくりに精通した専門家がいる。

　そして，これら四つの動機に対して共通していえることは，単独施設の事業の成立如何は，当該事業から生み出される収益以外の様々な要因で決まっていくということである。

　したがって，本書が対象とする建築プロジェクトは，⑤の動機による事業を中心とすることとする。つまり，「様々な土地利用形態の中で，土地の有している価値を最大限に発揮させる建物を建設することによって収益を得ようとする事業」を対象とする。

2 建築プロジェクトの分類

建築プロジェクトは，まず土地がなければ進まない。そして，その土地の持っている特性によって土地利用の方向性が決定付けられる。

土地の特性を示した仕様書とでもいえる書類が登記簿であり，それには土地の権利関係や大きさなどが示されている。その中で，基本仕様を示すものが地目であり，宅地，農地，山林などに区別されている。

このうち，農地は米などの作物を，山林は樹木を育成して収入を上げることを目的とした土地であり，土地面積当たりの収入は非常に低いのが通常である。そのため，固定資産税などの土地保有税は低く押さえられており，その目的以外の利用はできないことになっている。

したがって，建築プロジェクトの対象となる土地は宅地に限られる。

宅地を事業目的に利用する形態は，次のように分類できる。

❶土地を賃貸する事業

土地の賃貸事業のうち，「素地賃貸型」として建物所有者に賃貸する場合は，さまざまな権利が発生する。これには，従来の普通借地権に加え，期間が満了したら返還されるタイプの定期借地権等がある。

また，「加工賃貸型」としては，平面駐車場，貸グランド，貸テニスコート，ゴルフ練習場等がある。

立地条件にもよるが，土地面積当たりの収益性は低く，暫定的な事業形態といえる。

❷土地を分譲する事業

土地の分譲事業には，「素地分譲型」として一般の土地売却の他に，不動産の買換え・交換が含まれる。事業用資産の買換え，等価交換等の税制の特例を利用するものがあり，後述する事業方式を検討する上で，節税対策の一環として多く使われる。

また，「加工分譲型」は，土地に何らかの加工を施すことにより付加価値をつける事業方式であり，「素地分譲型」よりも高収益が狙える事業である。

これには，宅地造成事業，区画整理事業，工業団地分譲事業，別荘地開発事業等がある。

❸建物を建設し賃貸する事業

建物の賃貸事業は，その立地に応じて，事務所，店舗，ホテル，住宅等を建設し，長期にわたって賃料収入を得る形態である。

分譲事業と違って，資産を保有することができるとともに，事業の途中で売却することも可能であり，もっとも付加価値のある土地を生かした事業形態といえる。

❹建物を建設し分譲する事業

マンション分譲，戸建住宅の建売り等があり，土地所有権付と定期借地権付に分けられる。土地と建物を合わせて分譲することにより，それぞれの価値を増大させ，利益獲得のチャンスが大きい事業である。

これらの事業形態の中で，加工を施したとしても，土地のみの取引は土地の持っている価値を最大限に生かした事業とはいえない。

逆にいえば，建物を建設しようとすれば，まず土地の購入からはじめなければならないわけで，土地のみを対象とした事業は自ら利益獲得の機会を逃していることになる。

③　事業方式の選択

　ここでは，土地所有者をクライアントとして，建築プロジェクトを検討する場合の事業方式について述べる。

　建築プロジェクトにおいては，用途や施設規模が同一であれば，事業方式の違いによって事業全体の収入額が変わることは理論的にはありえない。

　したがって，事業方式の選択の考え方としては，限られた収入の中でどこまでをクライアントが行い，どこまでを共同事業者となるパートナーに任せるか，ということになる。

　「ハイリスク・ハイリターン」が事業の鉄則であるといわれるように，多くのリターン（利益）を求めるには，経済環境の変化などに対してクライアント自らが事業責任を持つことが必要である。

　また，パートナーと共同で事業を推進しようとすれば，パートナーにリスクをヘッジしてもらう代わりに応分の利益を享受させる仕組みをつくらなければならない。

　プロジェクト・マネージャーとしては，クライアントが自らのリスクを最小限にしようとすれば，利益も小さくなることをクライアントに認識させる必要がある。

(1)　分譲事業方式

❶卸売り方式
　クライアントにとってもっともリスクが少ない方式であり，売り先を決めてからその要求に応じて建築事業を行うものである。

　計画の内容は，100％買い主の意向によって決まる。

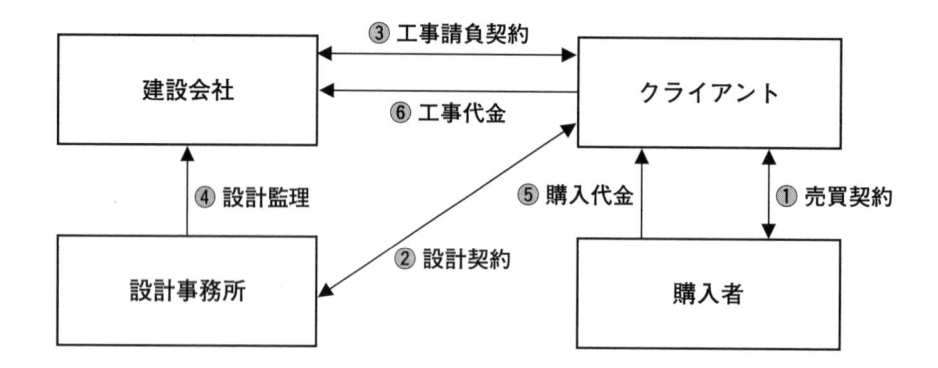

❷事業委託方式

売り先は決まっていないものの，事業代行者に事業全体の推進を委託し，事業受託者のリスクで事業を進めて行く方式である。

この場合の意思決定の大半は事業受託者に委ねられることになり，最終売り値から算定される土地価額，事業受託者の得る販売経費，利益等を確認してから事業を進める必要がある。

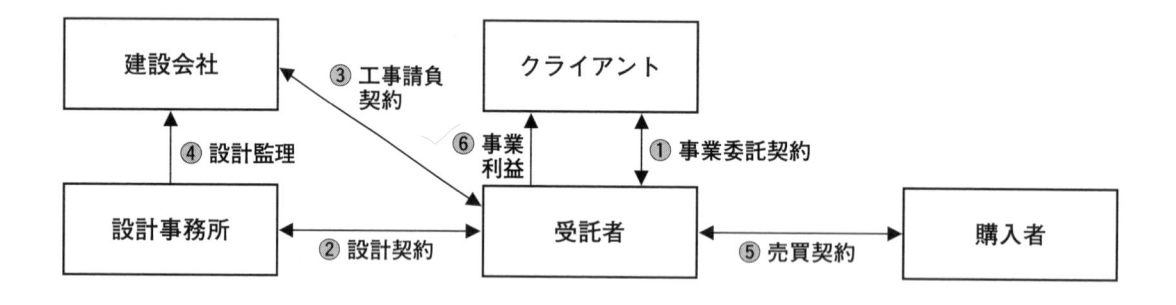

❸販売委託方式

分譲事業のうち，販売のみを専門業者に委託する方式であり，その販売リスクは原則としてクライアントが持つ。

クライアントの主体的な事業計画が必要となる。

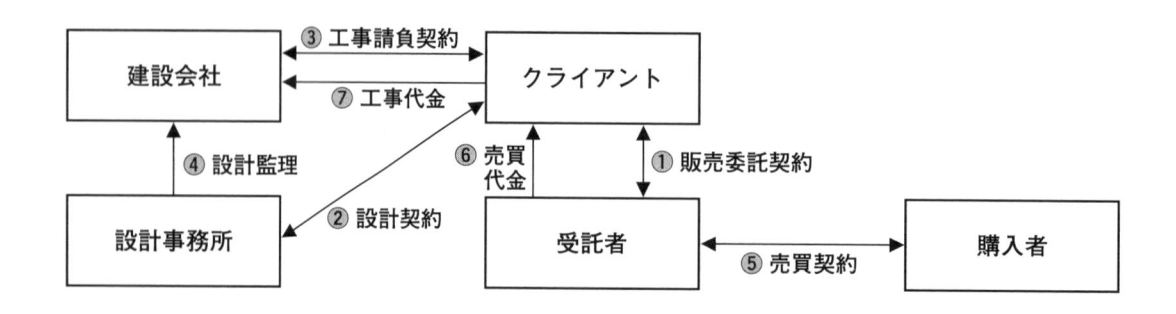

(2) 賃貸事業方式

❶一括借上げ方式

分譲事業における卸売り方式と同様の方式である。

実質的にビル全体を借り上げるデベロッパーが，必要な事業資金を保証金（建設協力金）という名目でクライアントに貸し付け，長期賃貸借契約によってその返済に見合った賃料を設定する。

商業系に多くみられる方式である。

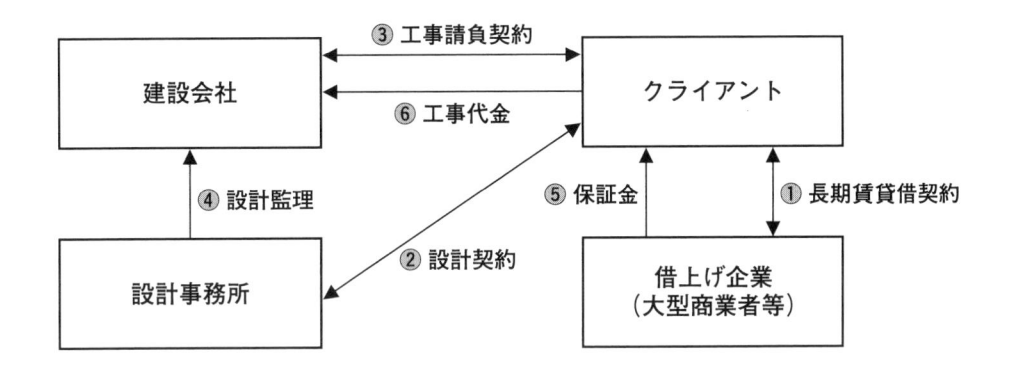

❷事業委託方式

デベロッパー，建設会社などが土地所有者から委託を受け，企画・建設から賃貸までを一括して代行する方式である。

手数料などが差し引かれるため，クライアントの収入は少なくなる。

また，クライアントの事業リスクを回避するためには，事業受託者からテナント保証を取る必要があるが（❶の一括借上げ方式に近くなる），その契約条件によっては，保証料が賃料の15％～20％となるため，賃料は相場の80％～85％になることを覚悟しなければならない。

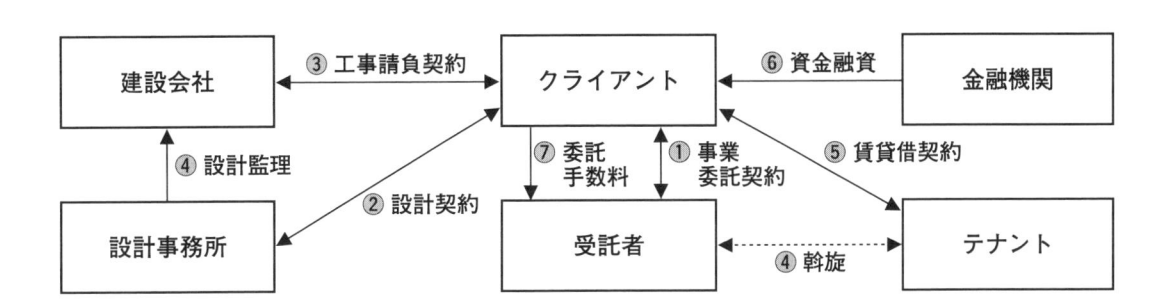

❸自力建設方式

　クライアント自らが資金の調達から建設・賃貸までのすべてを手がけて利益獲得を図る方式である。

　事業リスクはすべてクライアントが負うことになるが，クライアントに事業能力があれば，すべて自己の判断で行えるため，もっとも利益を獲得する可能性がある。

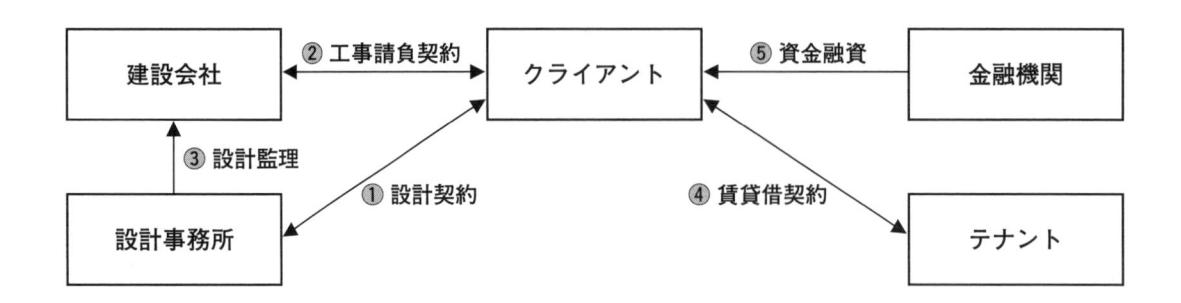

　なお，賃貸料の設定の仕方には，「固定家賃方式」と「売上げ歩合方式」がある。

　「固定家賃方式」は，契約した家賃を一定期間ごとにテナントが支払う方式であり，テナントがそこから直接収益を獲得しない住宅やオフィスなどに適用される。

　一方，「売上げ歩合方式」は，小売店や飲食店などの直接売上げがカウントできる業種が集積する専門店ビル等にみられるものであり，店舗の売上げ高の一定割合を賃料とする方式である。

　一般には，売上げ高の最低基準を決めておき，それを超えた場合に売上げに応じて賃料を支払う「固定プラス売上げ歩合方式」が多くみられる。

　この場合，ビルオーナーは各テナントの売上げを管理する必要があり，単なるビル賃貸業というよりも，個々のテナントに対して売上げアップのコンサルタントをするなど，直営事業に近い専門知識が必要とされる。

(3)　等価交換方式

　土地所有者がデベロッパー等に土地の一部を売却し，その対価として新築建物の床を取得する方式であり，借入金が発生しないため，一般の土地所有者には安心な事業である。

　譲渡税の特例により一時的な課税は低減されるが，交換により取得した償却資産（建物）は土地の簿価を引き継ぐため，事業開始後の減価償却の節税効果は薄くなる。

　建物完成後の権利形態は，パートナーとなるデベロッパーとの，あるいは分譲床を取得したエンドユーザーとの共同所有となる。

　また，その所有形態には，タテ割，ヨコ割の区分所有，および共有の三つのパターンがあ

る。土地所有者が自分の持ち分を自由に使おうとすれば，タテ割の区分所有が適しているが，この場合は全体の建築計画が制約される。自分の持ち分も一体のビルとしてテナントに賃貸する場合は，タテ割以外の所有形態の方が建築計画が効率的になり，総合的な収益は上がる可能性が高い。

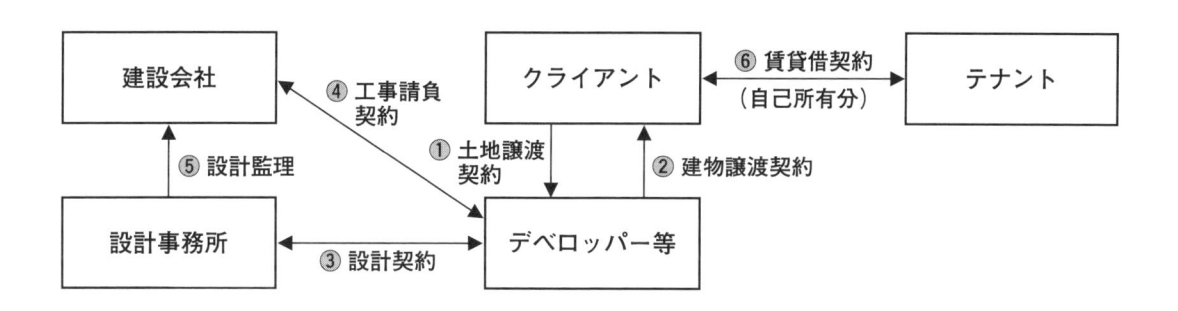

(4)　土地信託方式

　信託銀行等が土地所有者から土地の信託を受け，建物の建設と運営を行う方式であり，賃貸型と処分（分譲）型の二つの方式がある。

　「賃貸型」では，土地・建物は信託契約終了後に土地所有者に返還される。事業資金はすべて信託銀行が調達するが，信託契約終了後に借入金の返済が完了していない場合は土地所有者の負担となる。さらに，通常の借入金利以外に信託手数料が必要となる。

　信託契約時に受領する信託受益権証書を売却する方式が「処分型」である。この売買には不動産取得税や登録免許税等が課せられないので，REIT（不動産投資信託）によりSPC（特別目的会社）等へ所有権を移す場合などに，この方式が使われる。

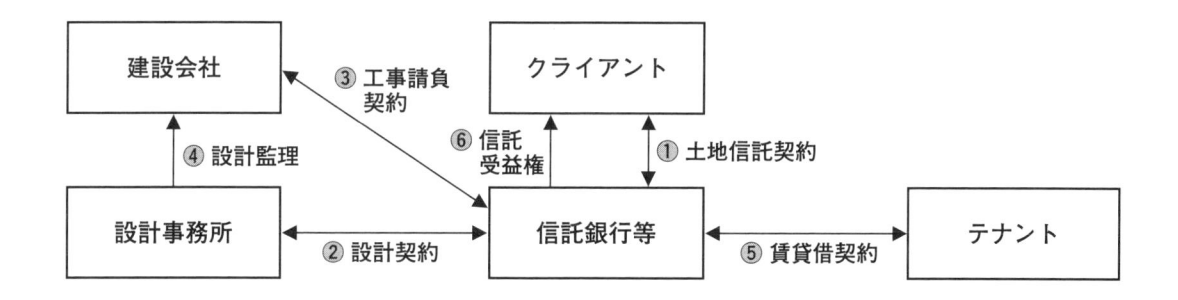

(5)　直営方式

　純粋な建築プロジェクトよりさらなる付加価値を望む場合には，新築する建物をクライアント自らが利用し事業を営む直営方式がある。この方式では，クライアントの事業リスクは

増えるが，利益獲得のチャンスも増える。

直営方式には，次のような方式がある。

❶運営委託方式

ホテルやゲームセンターなどにみられるもので，新築したビルの運営一式を専門業者に任せる方式である。

詳細な取決めは個々の契約により異なるが，委託された専門業者が必要経費と一定のマネージメントフィーを取り，残った利益を一定割合でクライアントと分け合う方法が一般的である。

前述した専門店ビルにおける売上げ歩合方式よりもクライアントのリスクは高いといえるが，信頼できる専門業者に任せてしまえば，クライアントは売上げを管理する程度で，それほどの専門知識は必要ない。

❷フランチャイズ方式

ホテル，コンビニエンス・ストアー，ファーストフード店などの様々な業種で採用されている方式である。

フランチャイザーとなる運営本部は，看板や共通の販売促進，運営ノウハウ，資材供給などをするだけで，基本的にはフランチャイジーとなるクライアント（建物オーナー）が経営する。

この事業は不動産を所有していなくても可能であるが，多角経営の一環で新規事業を展開していく場合に有効な方式といえる。

❸会員制事業

ゴルフクラブ，リゾートクラブ，フィットネスクラブ，有料老人ホームなどに見られる方式であり，会員権や終身利用権として事業の初期段階で収入が見込めるため，不動産所有権の移転を伴わない分譲事業に近い形態といえる。

入会金の額は，用途やグレードにより数万円から数千万円まで様々である。

会員権等の分譲によりイニシャルコストを回収するスキームと，運営により回収するスキームがあるが，バブル期に前者のスキームで多くの事業が破綻した事例があり，その価格設定には十分な検討が必要である。

(6) 事業方式の選択

以上のような事業方式の中からどの方式を選択するかは，建築プロジェクトを進める上でのスタートであり，選択した方式によってプロジェクト・マネージャーの役割も違ってくる。

その選択にあたっては，クライアントが持つ次のような要素を考慮する必要がある。

■クライアントの持つ能力

・過去に経営等の経験があり，事業に対して適切な判断ができるか。

・事業資金の調達は自ら可能か。

■ クライアントの動機および目的

これには様々なケースが想定されるが，クライアントを個人と法人に分けると，次のようなことが考えられる。

《個人の場合》

・相続税対策として，所有地に建物を建設して土地の財産評価を下げるとともに，ある程度の借金をしたい。

・自宅を建て替えたいのだが，資金繰りの目当てがないので，デベロッパーとの共同事業で建てたマンションに自分が住み，余ったスペースを賃貸したい。

《法人の場合》

・自社所有の遊休地に建物を建て，償却資産の保有による節税を図りたい。

・リストラ策の一環として自社工場を閉鎖し，不動産を利用した新規直営事業を積極的に展開して雇用機会を創出したい。

・本業以外の多角経営の一環として建築事業を安定収入の柱としたい。

これらの中で，クライアントに適切な経営判断力と，事業資金を調達する能力があれば，自力建設方式による賃貸事業を選択することが望ましい。プロジェクト・マネージャーや設計事務所，仲介業者等にコンサルタントフィーを支払っても，結果的には最小限のコストで良質の建物が実現する可能性が大である。

自力建設方式は，クライアントの意向を100％反映でき，またプロジェクト・マネージャーとしての能力をもっとも発揮できる方式である。

事業受託方式および土地信託方式は，どちらも土地と建物を自己所有の形にしたままで，相当な部分を専門業者に任せるということでは同じである。

土地信託方式は，従来は信託法の認可を受けた信託銀行等のみが行えたが，2000年の法改正により規制が緩和され，認可を受けた事業者なら誰でも行えるようになった。また，信託期間中に発行される信託受益権証書を自由に売買できるようになったので，事業開始後の選択肢も増加した。これは，信頼できるパートナーと組むことができれば，事業リスクのかなりの部分をヘッジできる方式である。自力建設方式の採用が難しければ，このどちらかの方式が次の選択肢となる。

等価交換方式は，事業資金の調達が難しいクライアントには有効な方式であるが，その資金源としてクライアントは自分の所有地の一部を譲渡しなければならないということを認識する必要がある。この方式は，土地の一部が建物という償却資産に変わり，減価償却をしながら収入を得るという考え方によっている。現状は住宅や店舗で自己使用しており，資金負担なしで建物を新築して土地の高度利用を計ろうとする場合や，相続税対策にもある程度有

効な方式である。

　なお，自力建設方式以外のいずれかの方式を採用する場合には，パートナーとなる専門企業はその建築プロジェクトがビジネスとして成立すると考えて参画するわけであるから，パートナーの企業方針をよく理解して事業の推進を図ることが大切である。ただし，先に述べたように，パートナーに任せる部分が多ければ多いほど，委託者（クライアント）の収入が減ることを認識しなければならない。

④ 建築プロジェクトの進め方

　次ページの図は，建築プロジェクトの基本的な作業フローである。

　これは，自力建設方式での作業事項である。事業方式により作業の一部をパートナー企業に任せる場合は省略できるが，全体的にみれば，それぞれの立場で同じような作業を行うことになる。どの事業方式を採用するにしろ，クライアントの事業目的に適合する明確な評価尺度を持ち，各段階における事業収入や事業コストの評価ができないと，同じような作業の繰り返しになることがあるので冷静に事業を評価する能力が必要である。

(1)　企画段階

　まず企画段階としては，計画地の立地評価からはじめる。

　地域的な特性や敷地の長所・短所を客観的に把握し，社会的な動向を加味しながら計画地の有しているポテンシャルを明確にし，その特性を最高に発揮できる用途のいくつかを候補にあげる。

　一方で，法的に建築可能なボリュームと空間特性を把握し，その用途に要求される空間が提供できるかを検討する。そして，その用途によって収受できる賃料等の経済条件をベースにして，建物全体として相乗効果を発揮できる用途構成を計画し，「企画構想書」としてまとめる。

　この段階での事業評価は，まだ建築延べ床面積等も明確ではないので，今までの経験値による係数等を用いて事業性をチェックすることになるが，その経験値のレンジの中で計画の事業性の数値がどの辺に位置しているかを把握しておく必要がある。

　クライアントの希望する利回りや投資回収年等と設定コストの実現性とがかけ離れていれば，次のステップに進むのは無意味であるし，後でトラブルの元になる。

　クライアントの多くは，自分の保有する土地を過大に評価する傾向があるので，客観的で冷静な判断が必要である。

企画段階 ／ 基本計画段階

事業条件の整理

- ■ 事業の動機
- ■ 事業主の能力
- ■ 資金調達法
- ■ リスク対応力

⇩

- ■ 事業方式
- ■ 事業性評価尺度の確立

立地最適業種の選定

- ■ 立地要因の整理
  市場要因
  地域要因
  画地要因
- ■ 立地可能業種の選定
  住宅系
  業務系
  商業系
  ホテル系
  スポーツ・レジャー系
  教育系
  医療系
  物流系

建築ボリューム計画

- ■ 形態規制
  容積率・建ぺい率
  高さ制限・日影規制
- ■ 規制緩和手法
  総合設計制度等
- ■ 付置義務
  駐車場・住宅
- ■ 業種別規制
  大規模小売店舗立地法等

企画構想書

- ■ 計画コンセプト
- ■ 建築空間計画
  延べ床面積・階数
  各階想定床面積
- ■ 用途計画
  主要業種
  業種ミックス
- ■ 事業収支計画
  構成業種ごとの経済条件
  総事業費概算

事業性チェック❶

経験値の係数により算出
- ■ 直接還元利回り
- ■ 投資回収期間見込み
- ■ 企画段階建築コスト
- ■ 管理費コスト指数

建築基本計画

- ■ 単体規制
  採光，防災
- ■ 地域の条例
- ■ 用途からの要求性能
  空間ボリューム
  プロポーション
  動線

テナントリーシング

- ■ 計画主要業種
  エリア戦略と合致する
  主要企業
- ■ 計画事業方式
  計画事業方式を志向す
  る主要企業
- ■ 経済条件
- ■ 契約条件

実施計画段階 **管理段階へ**

建築実施計画

- 役所との協議
- 構造計画
  地質調査
- 設備計画
- 防災計画

基本計画書

- 建築基本計画図
  各階平面図
  断面図
- 事業収支計画
  初期投資額
  資金調達
  営業収入
  営業支出
- 基本仕様
- 事業方式

実施計画書

- 建築実施計画図
  確認申請
- 実行予算書
  初期投資額
  資金調達
  営業収入
  営業支出
- 主要企業との契約

事業計画

- 事業方式
  自力建設方式以外はパートナー企業との仮契約
  権利調整
- テナント構成
  主要テナントの決定
- 資金調達
  資金調達法および調達先の決定

事業性チェック❷

- 基本計画段階コスト
  解体工事費
  建築工事費
  その他初期投資
  修繕費・更新費
  施設維持管理費
  その他営業経費
  各種税金
- 長期事業収支算出
  投資回収年
  総投資利回り
  (DCF法によるIRR)

事業性チェック❸

- 積算見積り
- 入札方式
- 実行予算との調整

(2) 基本計画段階

　実現可能性を持つ事業条件が整理されれば，次の基本計画段階へと進む。

　この段階では，企画段階でまとめた「企画構想書」に基づき，事業に関連すると思われる企業にヒヤリングをすることがもっとも効果的である。

　これによって実需を把握し，その業界に精通している企業との話し合いの中で，事業方式や事業収支における賃料の目安，建築計画の基本的な仕様等の条件を収集する。

　事務所ビルや賃貸マンションで関連すると思われる企業は，一括して業務を受託しているデベロッパーや地域の情報を持っている不動産会社であり，商業ビルの場合はキーテナントとなる流通大手企業等である。

　そして，これらの情報を基にして，基本仕様，各階平面計画，高さ（階数）等の建築基本計画を立て，各階面積や有効率等により賃貸可能面積を算出する。

　この段階での収入面の事業性は，賃貸可能面積，周辺の相場賃料，企業ヒヤリング等で得た経済条件等の情報により推定する。

　一方，総事業費の大半を占める建築コストは，基本計画図に基づく部位別および工種別単価等により概算する。

　この段階で作成される「基本計画書」が事業実施の基本となる建築計画書，事業収支計画書である。この「基本計画書」は，今後の事業実施におけるバイブルとなるべき書類であり，その作成に対してはプロジェクト・マネージャーとしての力量が問われることになる。

(3) 実施計画段階

　実施計画段階では，先の基本計画段階で作成した「基本計画書」の設定数値等を確定していく作業である。

　建築計画においては，工事業者の決定方式で競争入札方式を採用する場合には，実施設計図書を作成後，入札により工事業者と契約金額を決定する。また，建築基本計画書を示し，概算入札後，その決定企業に実施設計図書の作成を含めて発注する方式もある。

　また，パートナーとなる企業やキーテナントの候補企業があれば，それらと仮契約を交わし，収入条件をより明確化する。

　さらに，それらの条件により裏付けをより明確にし，作成した「事業収支計画」に基づいて銀行等と融資条件の確認をする。

　これらの数値がすべて確定できたところで，工事の着工となる。工事着工後の工事期間中は，未決定のテナント契約や，建物完成後の管理方式，管理業者の選択が主な作業となる。

2

企画段階──その❶：
立地可能業種の選定

① 立地評価項目と調査法

　企画段階ではまず，計画地の立地特性を最も有効に生かす業種を選択し，建築計画の基本的なコンセプトを作成する。

　これには様々な手法があるが，テナント候補となる業種の要求性能に基づいて計画地の立地特性を採点し，得点に応じた業種を選択する方法がわかりやすい。

　ここでは，不動産鑑定評価の取引事例比較法で使われる「土地価格比準表」を参考に筆者が作成した「立地可能業種選択方式」に基づいてその考え方を解説する。

　この「土地価格比準表」は，不動産鑑定士が，土地の鑑定評価を行う一つの手法として，評価対象地と同様の属性を持つ周辺に所在する，国や都道府県が公表する公示地や基準地を抽出し，評価対象地と比較する際に使用するものである。評価項目ごとにそれぞれ「優れる」，「普通」，「劣る」などの3段階～5段階の格差率が数表化されており，客観的に土地価格が評価できるような基準が示されている。

　なお，「土地価格比準表」の評価項目は大きく商業系と住宅系に分かれており，「商業系」では収益性や繁華性等が，「住宅系」では居住性や利便性等がそれぞれ重視されている。

　立地評価には，定量的な要素と質的な感性が必要とされる定性的な要素があるが，できるだけ定量的に把握することが望ましい。

　しかし，企画段階からすべてを定量化しようとして膨大な作業を必要とする調査を独自に行っても，コストパフォーマンスからみると無駄になる可能性が高い。

　したがって，一般に入手できる官公庁の調査データを効率的に使うことが大切である。

　また，評価項目の選定にあたっては，商業系と住宅系を同一の評価項目としている。なぜなら，企画段階から商業系と住宅系を分けるのは立地可能業種の選択範囲を狭めることになり，都心の商業地でも，居住性と利便性をコンセプトにした住宅系の開発は十分可能性があるからである。

　ここでは，後述の立地可能業種として選択した業種のうち，商業系，住宅系それぞれが要求する立地性能を，「両者に共通する評価項目」，「片方のみに必要な評価項目」として設定し，

定量的にウエイト付けするとともに，評価の必要のない業種は採点基準から外して採点する。

　図表2（36ページ～47ページ）は，その評価基準を示している。

　以下，その評価基準の考え方について解説する。

(1)　市場要因

　計画地周辺の居住者数（常住人口）や就業者数（就業人口）などの市場性（マーケット量）を把握する。

　これは商業系の立地要因としては重要であるが，地域のマーケットを対象としない業種や住宅系には不要である。

　常住人口の直近値を把握するデータとしては，住民票登録に基づく住民基本台帳がある。ただし，これは市区町村別になっているため，立地可能業種が要求する商圏距離ごとの数値を把握したり，市区町村が合併等をした場合には修正が必要である。

　この点で，総務省統計局の「地域メッシュデータ」は，市場要因を把握する上で有効な資料である。

　これは，5年ごとの国勢調査による常住人口と，事業所統計調査による就業人口の数値が，1km（人口集中エリアは500m）メッシュごとのデータとしてまとめられているので，おおむね計画地から500m（人口集中エリアは250m）単位の居住者数（常住人口）と従業者数（就業人口）のデータを得ることができる。

　現在，インターネットで閲覧できる最新データは，国勢調査は2015年，事業所統計調査（経済センサス基礎調査）は2014年であり，過去のデータも閲覧，ダウンロードできる。

http://www.stat.go.jp/data/e-census/2014/index.htm

　また，最新のデータを推定する方法としては，住民基本台帳より市町村ごとの人口密度を把握し，エリア面積を勘案しながら算定する方法などが考えられる。

　これらのデータを用いて立地可能業種ごとに対象商圏の人口数を把握し，その必要とする人口数（マーケット量）を尺度として評価を行う。

(2)　地域要因

❶駅からの距離

　住宅系では通勤・通学時間，商業系では顧客の来街手段として最寄り駅からの距離により評価する。

　人間の歩く速度を1分間80mで換算すると，直線距離800mは徒歩10分圏と算定できる。徒歩圏以上の場合はバスや自転車などの補助手段を使うことになるが，距離によって客観的

に評価する。

　また，ここでは鉄道などの大量輸送機関の駅を想定しているが，地方都市によってはバスの方が便数が多くて便利な場合がある。その場合は，バスの停留所を駅として算定してもかまわない。

❷駅の性格

　最寄りとなる駅が，地域の中心にあるか，交通の結節点となるターミナル性を有しているか，あるいは単なる一支線の通過駅かの評価を行う。

　駅の大きさを測るデータとして乗降客数がある。1日当たりの乗降客数は，東京圏では，渋谷，新宿，池袋などの都心型ターミナル駅で200万人～300万人，船橋，柏などの郊外型ターミナル駅で20万人～30万人，郊外型ローカル駅で2万人～3万人程度が目安となる。

　ただし，前述のように，地方都市で鉄道などが発達していない場合は，バスが大量輸送の主役を担っており，バスターミナルが中心になることもある。

❸商業地への距離

　住宅系では生活利便性の評価，商業系では既存の来街者を期待できるか否かの評価として，最寄り商業地への距離を算定する。

　周辺の土地利用状況，歩行者の通行量などにより最寄りの商業地を設定し，計画地が商業地に属していれば算定距離はゼロとする。

　商業系の業種の中でも大規模な場合は単独立地として集客が可能であり，この評価のウエイトは低くなる。

❹商業地の性格

　上記で設定した商業地が，周辺地域の商業上の核となっている商業地か，近隣のみを対象としている商店街か，またはロードサイド型の車による来客を想定したショッピングセンタータイプかを選択する。

❺前面道路の幅員

　住宅系では車の騒音などによって環境面でマイナスになるため，幹線道路のように幅員があまりに広い道路が前面にある場合は評価は低くなる。

　また，商業系でも，小規模商業施設は，大規模商業施設に付帯する場合を除いて，歩行者が安心して歩ける街区を形成する程度の幅員の方が評価は高くなる。

　一方で，大規模商業施設の場合は，規模にもよるが，最低でも幅員8m以上の前面道路が必要であり，より重要な評価項目は次の前面道路のアプローチ性である。

　なお，敷地が複数の道路に接している場合は，もっとも主要な道路を前面道路として評価する。

❻前面道路のアプローチ性

　前面道路の系統性や連続性を評価する。

　道路には，都市間や高速道路のインターチェンジを結ぶ主要幹線道路や，地域の居住者が利用する生活幹線道路，およびその支線など，いくつかのヒエラルキーがある。

　これらの道路と計画地の前面道路との系統性を把握し，各方面からの車によるアプローチ性を評価する。

　これは，道路の車線数や時間帯別の渋滞度などの結果による「時間距離」で把握すると明確になる。

　ある地点間の移動時間を時速換算して，平均時速25km前後で「普通」と評価できる。

　また，将来の変化を知るには，各自治体が発行している都市計画図が参考になる。これには，都市計画決定されている新規の道路や拡幅計画が図示されている。

　ただし，財政状況や用地買収の進捗度により，実現までのスケジュールがまちまちであるので，詳細は各自治体の道路課などに問い合わせる必要がある。

❼居住環境

　日照・通風の良否，時間帯ごと（特に夜間）の騒音状況，公園や緑地などの自然環境，ゴミ処理場，火葬場などの嫌悪施設の有無，幼稚園・小学校・病院・官公庁などの生活支援施設との距離などにより評価する。これらは，住宅系施設の評価をする場合に重要なポイントとなる。

(3)　画地要因

❶用途地域

　都市計画法により我が国の地域は，都市計画区域内と都市計画区域外に大きく二分されている。さらに，都市計画区域内は，市街化区域，市街化調整区域，および無指定区域の三区域に分かれている。このうち，市街化調整区域では原則として新規の建築が認められていないので，個別に役所との調整が必要である。

　無指定区域では立地用途は規制されていないが，建築事業には不適な土地である。なお，平成18年の法改正により，無指定区域での1万㎡以上の商業施設の出店は規制されている。

　市街化区域には立地用途を規制する地域地区が定められている。

　地域地区の指定は，市街化区域全体の中でゾーンごとの役割や目的に応じて建物に一定の制限を課すことによって，都市機能の維持増進と適正な都市環境の保持を図ろうとするものである。地域地区には，平成18年の法改正により田園住居地域が追加され，13の用途地域が設定され，立地可能な建物用途を規制している。

　したがって，計画地がどのような地域地区に属し，どのような用途規制がなされているかを市区町村の都市計画図で確認することは必須である。

　一般的な立地業種に対する用途規制を**図表1**（22ページ〜25ページ）に示す。

図表1 用途地域別の主な建築物の用途制限

〈表中の記号の意味〉
○：建てられるもの
×：建てられないもの
(1)：一定規模以下のものに限り建築可能。
(2)：地域で生産された農産物の販売店舗。
(3)：当該用途に供する部分が2階以下かつ1,500㎡以下の場合に限り建築可能。
(4)：当該用途に供する部分が3,000㎡以下の場合に限り建築可能。
(5)：当該用途に供する部分が10,000㎡以下の場合に限り建築可能。
(6)：物品販売店舗，飲食店を除く。

分類	建物の用途		第一種低層住居専用地域	第二種低層住居専用地域	田園住居地域	第一種中高層住居専用地域	第二種中高層住居専用地域
居住用	住宅，共同住宅，寄宿舎，下宿		○	○	○	○	○
文教	幼稚園，小学校，中学校，高等学校		○	○	○	○	○
	大学，高等専門学校，専修学校等		×	×	×	○	○
	自動車教習所		×	×	×	×	×
	図書館等		○	○	○	○	○
宗教	神社，寺院，教会等		○	○	○	○	○
医療福祉等	老人ホーム，身体障害者福祉ホーム等		○	○	○	○	○
	保育所等，公衆浴場，診療所		○	○	○	○	○
	老人福祉センター，児童厚生施設等		(1)	(1)	(1)	○	○
	巡査派出所，公衆電話所等		○	○	○	○	○
	病院		×	×	×	○	○
商業用	客席部分の床面積の合計が200㎡未満の劇場，映画館，演芸場，観覧場		×	×	×	×	×
	客席部分の床面積の合計が200㎡以上の劇場，映画館，演芸場，観覧場		×	×	×	×	×
	ホテル旅館		×	×	×	×	×
	店舗等	住宅附属の小規模なもの	○	○	○	○	○
		床面積の合計が150㎡以内の一定の店舗，飲食店等	×	○	○	○	○
		床面積の合計が500㎡以内の一定の店舗，飲食店等	×	×	(2)	○	○
		上記以外の物品販売業を営む店舗，飲食店	×	×	×	×	(3)
	事務所	住宅附属の小規模なもの	○	○	○	○	○
		一般の事務所等	×	×	×	×	(3)

| 用途地域 | | | | | | | |
第一種住居地域	第二種住居地域	準住居地域	近隣商業地域	商業地域	準工業地域	工業地域	工業専用地域
○	○	○	○	○	○	○	×
○	○	○	○	○	○	×	×
○	○	○	○	○	○	×	×
(4)	○	○	○	○	○	○	○
○	○	○	○	○	○	○	×
○	○	○	○	○	○	○	○
○	○	○	○	○	○	○	×
○	○	○	○	○	○	○	○
○	○	○	○	○	○	○	○
○	○	○	○	○	○	○	○
○	○	○	○	○	○	×	×
×	×	○	○	○	○	×	×
×	×	×	○	○	○	×	×
(4)	○	○	○	○	○	×	×
○	○	○	○	○	○	○	×
○	○	○	○	○	○	○	(6)
○	○	○	○	○	○	○	(6)
(4)	(5)	(5)	○	○	○	(5)	×
○	○	○	○	○	○	○	×
(4)	○	○	○	○	○	○	○

分　類	建物の用途		第一種低層住居専用地域	第二種低層住居専用地域	田園住居地域	第一種中高層住居専用地域	第二種中高層住居専用地域
商業用	風俗営業等	マージャン屋，パチンコ屋，射的場，勝馬投票券発売所等	×	×	×	×	×
		キャバレー，料理店，ナイトクラブ，ダンスホール等	×	×	×	×	×
		個室付浴場業に係る公衆浴場等	×	×	×	×	×
	車庫	2階以下かつ床面積の合計が300㎡以下の自動車車庫（一定規模以下の附属車庫等を除く）	×	×	×	○	○
		3階以上または床面積の合計が300㎡を超える自動車車庫（一定規模以下の附属車庫等を除く）	×	×	×	×	×
	倉庫業を営む倉庫		×	×	×	×	×
レジャー施設等	ボーリング場，スケート場，水泳場等		×	×	×	×	×
	カラオケボックス等		×	×	×	×	×
工　場	パン屋，米屋，豆腐屋，菓子屋等の食品製造業で作業所が50㎡以下のもの		×	×	×	×	○
	作業場の床面積の合計が50㎡以下の工場で危険性や環境を悪化させるおそれが非常に少ないもの		×	×	×	×	×
	作業場の床面積の合計が150㎡以下の自動車修理工場		×	×	×	×	×
	作業場の床面積の合計が150㎡以下の工場で危険性や環境を悪化させるおそれが非常に少ないもの		×	×	×	×	×
	日刊新聞の印刷所，作業場の床面積の合計が300㎡以下の自動車修理工場		×	×	×	×	×
	作業場の床面積の合計が150㎡を超える工場または危険性や環境を悪化させるおそれがやや多いもの		×	×	×	×	×
	危険性が大きいかまたは著しく環境を悪化させるおそれがある工場		×	×	×	×	×

（注）　すべての制限について記載したものではない。

| 用途地域 | | | | | | | |
第一種住居地域	第二種住居地域	準住居地域	近隣商業地域	商業地域	準工業地域	工業地域	工業専用地域
×	○	○	○	○	○	○	×
×	×	×	×	○	○	×	×
×	×	×	×	○	×	×	×
○	○	○	○	○	○	○	○
×	×	○	○	○	○	○	○
×	×	○	○	○	○	○	○
(4)	○	○	○	○	○	○	×
×	○	○	○	○	○	○	○
○	○	○	○	○	○	○	○
○	○	○	○	○	○	○	○
×	×	○	○	○	○	○	○
×	×	×	○	○	○	○	○
×	×	×	○	○	○	○	○
×	×	×	×	×	○	○	○
×	×	×	×	×	×	○	○

　なお，計画地が二つ以上の用途地域にまたがっている場合は，敷地面積の過半を占める用途地域に属するものとして扱われる。

❷敷地面積

　立地可能業種の各階ごとの建築面積は，建築プラン上の効率性や必要機能のゾーニングにより，最低必要な面積が要求される。

　さらに，高さ制限などを考慮した建築計画に対する難易度を踏まえて敷地規模の評価を行う。

❸容積率

　各用途地域ごとに敷地面積の何倍まで建築が可能かという容積率が決められている（ただし，敷地に二つ以上の容積率がある場合は，その加重平均を求める）。

　そして，敷地面積と容積率により建築が可能な最大延べ床面積が算出され，立地可能業種が必要とする最低延べ床面積により容積率の評価を行う。

❹間口距離

　前面道路に接する間口の大きさは，敷地規模による奥行との関係にもよるが，原則としては広いほど良好である。立地可能業種によっては，歩行者や車のアプローチ機能を考慮し，最低限度の必要間口が想定される。

　なお，接道条件としては，一方向，二方向（角地，または前後），三方向，四方向があり，それらの接道距離の合計で評価する。

❺奥行距離

　間口距離との関連にもよるが，建築計画上必要な最低距離は確保できていなければならない。

② 評価対象業種の設定と要求立地性能

次に，建築プロジェクトの対象業種となる用途を抽出し，その業種が要求する立地性能を整理する。

その分類方法等には決まったものはないし，業種・業態は日々変化しているが，ここでは次の40業種を設定する。

(1) 住宅系

❶高級（外国人向け）マンション

都心の一等地では高級マンションの需要が増大しており，高層で眺望が良いタイプに特に人気が集中している。

外国人向けとなると，インターナショナルスクールとの関連では，東京では，都心5区（千代田，中央，港，渋谷，新宿）と西，南のエリアになる。

2ベッドルームを基本として1ロット30坪以上の大きさが必要であるが，全部をこの間取りにしないで，様々なタイプを組み合わせることもできる。

また，フロント機能や家具・什器を予め備え付けにしたサービスアパートメント形式も考えられる。

なお，建物全体のセキュリティーに配慮して車の寄り付きが必要なため，敷地は最低でも200坪程度は必要となる。

グレードにもよるが，周辺相場の1.2倍～1.5倍程度の家賃設定は可能である。

❷一般（ファミリー向け）マンション

地域性にもよるが，東京圏では通勤1時間圏が一般（ファミリー向け）マンションの新規マーケットとしては限界である。

敷地は，南向きのタイプが多く取れる東西軸が長い形状が良である。

敷地規模は100坪程度から計画可能であるが，各戸1台の駐車場を平面でとり，敷地内の

環境を整備するためには，500坪以上が望ましい。

なお，人口増加が望めない今日，基本的には転居需要となるため，立地性能に見合った価格設定が勝負となる。

他のマンションとの差別化としては，共働き夫婦を対象にした保育施設併設型や，動物病院を付帯させたペット可能型などがある。

❸ワンルームマンション

最寄り駅からの徒歩圏内を立地の基本とし，良好な居住環境よりも通勤・通学や買い物の利便性を重視する，単身者や子供のいない共働き夫婦（DINKS）等がターゲットになる。

専用ユニットは1Kのワンルームが基本となるが，2DK程度までのタイプをミックスすることも可能である。

市区町村によっては規制が厳しいところもあり，1戸当たり50㎡以下のマンションには住宅ローンの優遇もないので，注意が必要である。

立地によっては，小規模事務所，および外国人の宿泊需要に呼応した民泊に利用されることもある（住宅宿泊事業法（民泊法）が2017年6月9日に成立し，2018年6月15日より施行される）。

家賃は周辺相場によるが，敷地規模は100坪程度から可能である。

❹学生ハイツ

親元を離れて単身で寄宿する大学生を対象にし，フロント機能や食堂，ランドリーなどの共用施設を兼ね備えた施設である。

立地条件としては，学校と盛り場の中間地点が適している。

ターゲットとしては，大学生の男女共用，女子学生のみに限る場合などがあるが，全国的にみると，少子化傾向の中で大学生の数は減少してきているが，外国人留学生や社会人との同居を前提とした新しいスタイル等も登場している。

家賃とは別に入居金を取れる場合が多く，2年ないし4年で入れ替わるため，一般のマンションよりも家賃負担能力は高くなる。

共用施設を併設するため，敷地は最低でも200坪程度は必要である。

❺単身赴任者向けマンション

単身赴任する会社の幹部クラスを対象にしたマンションであり，学生ハイツと同様に，フロント機能や食堂，ランドリーなどの共用施設を兼ね備えた施設である。

個室にも家具や食器類などを用意しているタイプが好まれている。

基本的なパイは増加しないため，ほぼ需給がバランスしているといえる。

周辺の競合施設との差別化がポイントとなる。

盛り場周辺の都心立地が好まれるが，決定するのは入居者の奥様の場合が多く，セキュリティーの面も大切な要素である。

家賃負担能力はビジネスホテル並みと想定できる。

❻サービス付き高齢者専用住宅

高齢化社会の進行で需要は増大している。

一室当たり25㎡以上（1人部屋）で，台所，浴室が備えられ，自活できる要素を整えていることが補助金を得る要件として必要である。

しかし，商品としては，共用施設として食堂（談話室），大浴場を備えておくと良い。

デイサービス施設，診療所等が併設しているともっと良い。

食費，水道光熱費込みで月・15万円前後。終身利用型もある。

居住環境優先で，駅からバス利用でも立地可能である。

❼SOHO（Small Office Home Office）

事務所を兼用する新しい居住タイプであり，雇用形態の多様化やアウトソーシングの伸展などで需要は増大している。

仕事場と寝室を分離するため，住戸タイプは2LDKが中心となる。

インターネットなどの通信インフラを安く大量に供給することがポイントであり，光ファイバーが敷設済みの立地が望ましい。

立地条件としては，一般事務所立地の一筋裏手でも可能である。

家賃は，周辺相場が基本となる。

(2)　業務系

❶一般事務所

通勤等のアクセスが良好で，ワンフロアーが広く，インターネットなどの通信インフラが整備されているビルに人気が集中している。最低敷地面積として100坪は必要である。

賃料は周辺相場による。

❷銀行・金融

法改正により店舗同士の離隔距離などの立地に関する規制は廃止されたが，企業の統合化と業種の規制緩和により，店舗の統廃合が進み，出店環境は厳しくなっている。

出店場所は歩行者の通行量が多い前面道路に面した1階が原則であるが，賃料は基準階賃料の2倍以上を設定できる。

支店などの標準店舗では50坪程度，ATMのみのサテライト店舗では5坪程度からある。

❸データセンター

ビッグデータ需要や金融機関，クラウドシステムを使うソフトウェア会社など需要が多い。

光ファイバーの敷設地域であれば立地は問わないが，通勤者もいるため駅から徒歩圏内が望まれる。

通信ケーブルを敷設できるフリーアクセスフロアーにするため，建物の階高は4m以上必

要である。

　また，大型コンピュータの搬出入のため，動線の確保とセキュリティーに配慮する必要がある。

　効率性から考えると，１フロアー200坪程度は必要である。

　賃料は，近隣事務所エリアの相場並みと設定できる。

❹研究施設

　駅からの通勤圏内であれば，立地は問わないし，工業地域でも可能である。

　どのような実験施設にも対応できるように，４m以上の階高，広い縦シャフト，十分な床荷重に対する構造体，セキュリティーに対する配慮が必要である。

　１フロアー200坪程度は必要である。

　賃料は，近隣事務所エリアの相場並みと設定できる。

❺ショールーム

　情報手段の多様化により，ショールームの存在意義は薄れている。

　ビルの１階，大型商業施設の中，ターミナルビルなど視認性の優れた場所が原則である。

　規模は，10坪程度から数百坪まで様々である。

　賃料は，一般店舗並みと設定できる。

(3) 商業系

❶百貨店

　店のブランドにより，高級品を中心として総合的な品揃えをする伝統的な業態である。

　都心立地としては，商圏規模100万人クラスの地域中心商業街区に限られ，消費の低迷で新規出店意欲がおとろえており，新規の業態を模索している企業が多い。

　また，市の中心街から，駐車場を充分に備えた郊外型のリージョナル・ショッピングセンターに移転する傾向に対しては，郊外への出店規制により難しくなっている。

　店舗規模としては，物販以外の機能を含め，最低１万坪程度が必要である。

　出店条件は，保証金坪80万円，家賃月・坪8,000円程度が目安である。

❷GMS（ゼネラル・マーチャンダイジング・ストアー）（大型スーパー）

　スーパー・マーケットを展開しているチェーン・ストアーが，セルフサービスにより，生活者レベルの価格帯で総合的な品揃えをする業態である。

　立地戦略としては，駐車場をとりやすい郊外型志向が強かったが，郊外への出店規制により再び都心回帰を志向している。

　店舗規模としては最低3,000坪程度で，店舗面積10坪に１台程度（3,000坪：300台）の駐車場が必要である。

　保証金は坪40万円（建築費相当分），賃料は月・坪4,000円（保証金の1/100）程度が目安であるが，最近では，建築費の低廉化により保証金が30万円を下回る例も登場している。

❸SM（スーパー・マーケット）

　セルフサービスにより，食料品や日用雑貨品を中心とした品揃えで展開する業態である。

　この品揃えでは，最低500坪程度が必要面積であり，立地条件に合わせて品揃え項目を追加し，店舗規模も異なってくる。

　必要駐車場，賃料条件はGMSと同様と設定できる。

❹大型専門店

　家具，家電，本，ホビー，アウトドアー用品などの1業種での特化型と，安売りを目玉として様々な商品を扱う総合型がある。

　店舗規模は様々である。

　立地条件には，駅前商業地型と，車のアクセスがよい郊外型がある。

　出店条件，施設条件などはSMと同様と設定できる。

❺一般専門店

　低価格志向，健康志向，本物志向など，時代のニーズに合った様々な業種・業態の店が登場している。

　店舗面積は10坪〜50坪程度であり，基本的には専門店ビル計画の1テナントとしての位置づけになる。

　賃料負担能力は，売上げの8％程度が目安となる。

　立地条件にもよるが，衣料，身の回り，食料品などで専用面積当たり月・坪1万5,000円程度，家具，CD，本などで同じく月・坪1万円程度である。

❻大型飲食店

　消費が低迷する中でも外食比率は定着しており，様々な業態のチェーン店が多店舗展開を図っている。

　店舗面積は，厨房を含め100坪以上が必要である。

　出店条件は，大型専門店と同様と設定できる。

❼一般飲食店

　外食比率の安定化によって，チェーン店などの出店意欲は旺盛である。

　店舗面積は10坪〜50坪程度であり，基本的にはビル計画の1テナントとしての位置づけになる。

　賃料負担能力は，売上げの15％程度が目安となる。

　夜間の営業が可能な立地で専用面積当たり月・坪2万円程度，昼中心で同じく月・坪1万5,000円程度である。

❽コンビニエンス・ストアー

生活必要品を24時間営業で提供する業態であり，今や商業のリーダー的存在になっている。

店舗面積は30坪以上を標準とし，半径500m程度が基本商圏である。

すでに数多くの店舗が出店済みであり，既存店との競合関係が問題となる。

出店場所はビルの1階が原則だが，様々なタイプのビルに適合できる有効な業態である。

(4)　ホテル系

❶ビジネスホテル

1泊単位の宿泊と，朝食サービスを基本とする業態である。

したがって，宿泊室以外の付帯施設としては，原則としてレストランのみとなる。

立地条件は，最寄り駅からタクシーでワンメーター以内の範囲が基本である。

1部屋8坪前後で，運営効率上30室（延べ床面積350坪程度）が最低規模である。

賃料負担能力はグロス坪当たり月8,000円程度（敷金10か月分）であり，内装や家具・什器などはテナント負担が原則である。

❷シティホテル

宿泊機能に，婚礼を含む各種宴会場，レストランなどの飲食施設，ショッピング機能などを兼ね備えた複合施設である。

潜在的な需要が周辺地域にあれば，立地条件や運営者の営業力などにより，高いマーケットシェアーを獲得することも可能である。しかし，婚礼の多様化や施設の老朽化等で撤退する例も目立ち，都心の一部地域を除いて，新規の出店意欲は低くなっている。

一括賃貸としてグロス坪当たり月6,000円程度（敷金10か月分）であり，内装や什器はテナント負担が原則である。

敷地規模としては，容積率等にもよるが，1,000坪以上は必要である。

❸専門式場

婚礼を中心とした宴会を専門とする施設である。

全国的には，婚姻数の減少，レストランなどで行う婚礼宴会の多様化などにより，マーケットは縮小傾向にある。

最近では，新たなマーケットとして，葬儀を専門にする式場の方が出店意欲は旺盛である。

出店条件，敷地規模などは，シティホテル並みと設定できる。

(5)　教育系

❶文化教室

英会話，パソコン等の教室が増加している。

中心市街地の商業ビルなどの1テナントとして立地する。

店舗(教室)の面積は10坪から50坪程度,賃料負担能力は地域の相場にもよるが,坪8,000円前後というところか。

❷カルチャーセンター

新聞社等のマスコミ系企業が展開する総合型から個人が開く小規模なものまで様々なタイプがある。

総合型の出店はほぼ完了しているが,最近では,専門学校との中間領域ともいえる資格取得のための教室などが駅前を中心に増加している。

店舗面積は総合型で100坪以上,賃料負担能力としては月・坪5,000円程度が限界である。

小規模なタイプには20坪程度からあり,賃料負担能力は一般事務所並みの相場と設定できる。

❸専門学校

学校法人の認可を受けている学校を対象とするため,生徒にはカルチャースクールと違って学割が効くメリットがある。

施設は自己所有が原則であるが,分校として開設する場合はテナントでも可能である。

週5日制の影響で,子供の学力低下を不安視する保護者が増え順調な成長が続いている。

さらに,少子化による学生数の減少に対処するため,学歴よりも技術を身につけようとするニーズや,生涯教育の一環とする中高年層をターゲットとした業態に変わってきている。

周辺の学校法人がテナント対象となるが,出店する場合は最低100坪以上のまとまった床を必要とする。

賃料は,周辺事務所並みと設定できる。

(6)　スポーツ・レジャー系

❶フィットネスクラブ

マシーントレーニングを中心とするジム,プール,そしてテニスやゴルフなどのゲーム性のある種目が,フィットネスクラブを構成する三要素である。

ジム機能のみでは200坪,プールを加えると500坪,三要素をすべて備えた総合タイプでは1,000坪程度が標準規模である。

立地条件により,都心型では小規模タイプ,郊外型では総合タイプが多くみられる。また,スイミングスクール中心の単独プール施設もあるが,新規出店としては,これらの要素を包括するタイプがほとんどである。

賃料負担能力は,小規模タイプで月・坪8,000円程度,総合タイプで月・坪4,000円程度である。

❷ボーリング場

若者やファミリーを中心に手軽なレジャーとして人気が定着している。

平均30レーンで，1レーン当たり30坪が標準規模である。

立地条件は，中心市街地型と郊外型の二つがある。

賃料負担能力としては，月・坪8,000円程度を見込める。

❸シネマコンプレックス

100席から500席程度の映画館を，5から十数館同時に持つ業態である。

従来の配給系列にこだわらず様々な映画を上映する。

人気のある映画は，時間をずらして数館同時に上映することもある。

コンサートなど音楽イベントの開催やセミナー，講演などの場所貸しもある。

標準的な規模は合計で2,000席程度であり，1席当たり1坪，延べ床面積2,000坪で，立地条件によるが，席数の半分近くの駐車場を必要とする。

❹ゲームセンター

通常のコインマシーンを主体とした50坪程度から，参加型の大型マシーンを中心にした1,000坪程度まで様々ある。

上記のボーリング場等と同じような立地タイプがある。

賃料負担能力としては，月・坪1万円程度と設定できる。

❺パチンコホール

一時の開発ラッシュは沈静化し，装置産業からの脱却を目指して，人材教育によるサービス向上がキーワードになっている。

施設規模は1台当たり1坪がバックヤードを含むグロス面積で，200坪〜400坪が標準である。

中心市街地や駅前型および郊外型があるが，駐車場の設置が義務づけられているため，役所との協議が必要となる。

1台当たりの売上げは月50万円程度を想定でき，賃料負担能力も月・坪4万円前後となる。

しかし，出店は1階が前提であり，ビルのイメージを左右することになるため，単独立地としては良好だが，テナントミックスを図る場合は注意を要する。

❻カラオケ

全国の店舗数は1996年の16万件をピークに，現在は13万件程度に減少しており，少数の繁盛店と，多数の低迷店という二極化が明確になっている。

繁盛店は飲食サービスが充実しており，これが集客と売上げの鍵を握っている。

標準的な店舗面積は1室5坪前後で，15室〜30室，全体で90坪〜120坪程度である。

また，全国チェーン店が一棟借りをする例もある。

平均売上げは1室月当たり40万円，賃料負担能力は月・坪6,000円程度である。

❼スーパー銭湯

いろいろな風呂と飲食施設の複合業態で，手軽に楽しめる施設として増加しているが，現在では過当競争に入っているエリアもある。

温泉施設を充実させた高級型と，固定客を中心とする日常型とがある。

店舗面積は，150坪～500坪が標準規模である。

客単価は，高級型で2,000円前後，日常型で800円～1,000円，賃料負担能力はどちらも月・坪5,000円程度である。

(7) 医療系

❶診療所

入院病床数19床以下の小規模病院をいう。内科，小児科などの各科目の専門診療所を一箇所に集めたクリニックモールという業態が流行っている。

病床がなければ20坪前後，病床があればプラス1床当たり5坪前後必要。

賃料は，地域の相場にもよるが，月・坪1万円前後。

いずれにしろ，地域医師会との調整が必要となる。

❷病　院

入院病床数20床以上で内科，外科等主要5科目と100床以上で総合病院という。

規模は，総合病院で1床当たり6坪前後，賃料は，一括借りで医療収入の8％程度である。

これも地域医師会との調整が必要となる。

❸グループホーム

有料老人ホームのうち，認知症高齢者を対象とするタイプである。

1ユニットは9室が基本であり，その他は有料老人ホームと同じと考えてよい。

敷地規模は100坪程度から可能だが，迷惑施設とみなされる場合があり，近隣との調整を慎重に行わなければならない。

❹有料老人ホーム

65歳以上の高齢者を対象とした住宅であり，今後，高齢者人口の増加により需要増が見込める施設である。

高額な入居金を取るタイプは，一部の施設を除いて経営が破綻している。

2000年の介護保険の導入により，基本的な住まいと介護サービスを提供する介護専用型が増加したが，現在は総量規制により一時減少して，規制の対象外となる高専賃（高齢者専用賃貸住宅）が増加している。

有料老人ホームは，バリアフリー施設等のハード面の対応はもちろん，介護や食事の世話などのサービスを行うタイプで，18㎡以上の個室を中心とした15室程度が基本ユニットとな

図表2　立地比準表

住宅系	市場要因				地域要因							
	常住人口		就業人口		駅距離		駅性格		商業地距離		商業地性格	
	人	採点	人	採点	m	採点		採点	m	採点		採点
高級（外国人向け）マンション	評価対象外		評価対象外		～399	10	①	10	～399	10	①	10
					400～	5	②	10	400～	5	②	不可
					600～	0	③	不可	600～	0	③	不可
					800～	-5	④	不可	800～	-5		
					1,000～	-10			1,000～	-10		
一般（ファミリー向け）マンション	評価対象外		評価対象外		～399	10	①	5	～399	10	①	5
					400～	5	②	5	400～	5	②	0
					800～	0	③	2	600～	0	③	-5
					1,200～	-5	④	0	800～	-5		
					1,600～	-10			1,000～	-10		
ワンルームマンション	評価対象外		評価対象外		～399	20	①	20	～199	10	①	10
					400～	10	②	10	200～	5	②	不可
					600～	0	③	0	400～	0	③	不可
					800～	-10	④	-20	600～	-5		
					1,000～	不可			800～	-10		
学生ハイツ	評価対象外		評価対象外		～399	10	①	5	～199	10	①	5
					400～	5	②	2	200～	5	②	不可
					600～	0	③	0	400～	0	③	不可
					800～	-10	④	不可	600～	-5		
					1,000～	不可			800～	-20		
単身赴任者向けマンション	評価対象外		評価対象外		～399	10	①	5	～199	10	①	5
					400～	5	②	2	200～	5	②	不可
					600～	0	③	0	400～	0	③	不可
					800～	-10	④	不可	600～	-5		
					1,000～	不可			800～	-20		
サービス付き高齢者専用住宅	評価対象外		評価対象外		～999	10	①	5	～399	10	①	5
					1,000～	8	②	5	400～	5	②	0
					2,000～	6	③	4	600～	0	③	-5
					3,000～	4	④	4	800～	-5		
					4,000～	2			1,000～	-10		
SOHO（Small Office Home Office）	評価対象外		評価対象外		～399	20	①	15	～199	20	①	15
					400～	10	②	10	200～	10	②	不可
					600～	0	③	不可	400～	0	③	-15
					800～	-10			600～	-10		
					1,000～	不可			800～	-20		

〈凡例〉　駅性格　　：①都心ターミナル　②都心ローカル　③郊外ターミナル　④郊外ローカル
　　　　　商業地性格：①中心商業地　②郊外SC　③近隣商業地

前面道路幅員		アプローチ		居住環境		画地要因									
						用途地域		敷地面積		容積率		間口距離		奥行距離	
m	採点		採点		採点		採点	㎡	採点	%	採点	m	採点	m	採点
~5	不可	①	10	①	20	⓪~⑨	0	~199	不可	~99	5	~19	不可	~11	不可
6~	-10	②	0	②	不可	⑩	-50	200~	-10	100~	5	20~	-5	12~	0
8~	10	③	不可	③	不可	⑪~⑫	不可	300~	0	200~	2	30~	0		
16~	0							400~	5	300~	0	40~	2		
32~	不可							500~	10	400~	0	50~	5		
~3	不可	①	5	①	20	⓪~⑨	0	~49	不可	~99	10	~17	不可	~11	不可
4~	-10	②	0	②	-20	⑩	-20	50~	-40	100~	10	18~	-5	12~	0
8~	10	③	-5	③	不可	⑪~⑫	不可	200~	0	200~	5	20~	0		
16~	0							500~	10	300~	0	22~	2		
32~	-10							1,000~	20	400~	0	24~	5		
~3	不可	①	5	①	10	⓪~⑨	0	~29	不可	~99	0	~5	不可	~6	不可
4~	-5	②	0	②	0	⑩	-20	30~	-5	100~	2	6~	-2	7~	0
6~	0	③	-5	③	-10	⑪~⑫	不可	60~	0	200~	2	8~	0		
8~	5							120~	5	300~	5	10~	2		
16~	-10							240~	10	400~	5	12~	5		
~3	不可	①	5	①	10	⓪~⑨	0	~99	不可	~99	0	~14	不可	~19	不可
4~	-5	②	0	②	0	⑩	-20	100~	-10	100~	2	15~	-5	20~	0
8~	5	③	-5	③	不可	⑪~⑫	不可	200~	0	200~	5	20~	0		
16~	0							300~	0	300~	0	25~	2		
32~	-5							400~	0	400~	0	30~	5		
~3	不可	①	5	①	10	⓪~⑨	0	100~	不可	~99	0	~14	不可	~19	不可
4~	-5	②	0	②	0	⑩	-20	100~	-10	100~	2	15~	-5	20~	0
8~	5	③	-5	③	不可	⑪~⑫	不可	200~	0	200~	5	20~	0		
16~	0							300~	0	300~	0	25~	2		
32~	-5							400~	0	400~	0	30~	5		
~3	不可	①	5	①	20	⓪~⑨	0	~49	不可	~99	10	~7	不可	~11	不可
4~	-10	②	0	②	-20	⑩	-20	50~	-40	100~	10	8~	-5	12~	0
8~	10	③	-5	③	不可	⑪~⑫	不可	200~	0	200~	5	12~	0		
16~	0							500~	10	300~	0	16~	2		
32~	不可							1,000~	20	400~	0	20~	5		
~5	不可	①	5	①	5	⓪~⑨	0	~49	不可	~99	0	~11	不可	~11	不可
6~	-5	②	0	②	0	⑩	-50	50~	-2	100~	2	12~	-2	12~	0
8~	5	③	-5	③	-5	⑪~⑫	不可	100~	0	200~	2	14~	0		
16~	0							150~	2	300~	5	16~	2		
32~	-5							200~	5	400~	5	18~	5		

用途地域　：⓪第1種低層住専　①第2種低層住専　②田園住居　③第1種中高層住専　④第2種中高層住専
　　　　　　⑤第1種住居　⑥第2種住居　⑦準住居　⑧近隣商業　⑨商業　⑩準工業　⑪工業　⑫工業専用
アプローチ：①優れる　②普通　③劣る
居住環境　：①優れる　②普通　③劣る

業務系	市場要因				地域要因					
	常住人口		就業人口		駅距離		駅性格	商業地距離		商業地性格
	人	採点	人	採点	m	採点	採点	m	採点	採点
一般事務所	評価対象外		評価対象外		~399	10	① 20	~199	10	① 20
					400~	5	② 10	200~	5	② -20
					600~	0	③ 0	400~	0	③ -20
					800~	-10	④ -20	600~	-5	
					1,000~	不可		800~	-20	
銀行・金融 (500m圏)	~999	-10	~999	-10	~399	10	評価対象外	0	20	① 10
	1,000~	-5	1,000~	-5	400~	5		1~	不可	② -10
	3,000~	0	3,000~	0	600~	0				③ -5
	5,000~	5	5,000~	5	800~	-5				
	10,000~	10	10,000~	10	1,000~	-10				
データセンター	評価対象外		評価対象外		~399	10	評価対象外	評価対象外		評価対象外
					400~	5				
					600~	0				
					800~	-5				
					1,000~	不可				
研究施設	評価対象外		評価対象外		~399	10	評価対象外	評価対象外		評価対象外
					400~	5				
					600~	0				
					800~	-5				
					1,000~	不可				
ショールーム (10km圏)	~49,999	-10	~49,999	-10	~399	10	評価対象外	0	20	① 10
	50,000~	-5	50,000~	-5	400~	5		1~	不可	② -10
	100,000~	0	100,000~	0	600~	0				③ -10
	200,000~	5	200,000~	5	800~	-5				
	300,000~	10	300,000~	10	1,000~	-10				

〈凡例〉　駅性格　　：①都心ターミナル　②都心ローカル　③郊外ターミナル　④郊外ローカル
　　　　　商業地性格：①中心商業地　②郊外SC　③近隣商業地

前面道路幅員		アプローチ		居住環境	画地要因									
---	---	---	---	---	用途地域		敷地面積		容積率		間口距離		奥行距離	
m	採点		採点	採点		採点	㎡	採点	%	採点	m	採点	m	採点
~7	不可	①	5	評価対象外	⓪~⑤	不可	~99	不可	~299	0	~11	不可	~11	不可
8~	-10	②	0		⑥~⑨	0	100~	-50	300~	0	12~	-50	12~	0
12~	10	③	-5		⑩~⑪	-50	200~	0	400~	2	16~	0		
16~	10				⑫	不可	300~	5	500~	5	20~	5		
30~	5						400~	10	600~	5	24~	10		
~5	不可	①	5	評価対象外	⓪~⑤	不可	~49	不可	~299	0	~11	不可	~11	不可
6~	-10	②	0		⑥~⑨	0	50~	-10	300~	0	12~	-10	12~	0
8~	10	③	-5		⑩~⑪	-50	100~	0	400~	0	16~	0		
12~	10				⑫	不可	200~	0	500~	5	20~	5		
30~	5						300~	0	600~	5	24~	10		
~5	不可	①	20	評価対象外	⓪~⑤	不可	~149	不可	~199	0	~19	不可	~19	不可
6~	-10	②	0		⑥~	0	150~	-20	200~	5	20~	-10	20~	0
8~	0	③	-20				200~	0	300~	10	24~	0		
12~	10						400~	10	400~	5	28~	10		
20~	20						800~	20	500~	0	32~	20		
~5	不可	①	20	評価対象外	⓪~⑨	不可	~149	不可	~199	0	~19	不可	~19	不可
6~	-10	②	0		⑩~⑫	0	150~	-20	200~	5	20~	-10	20~	0
8~	0	③	-20				200~	0	300~	10	24~	0		
12~	10						400~	10	400~	5	28~	10		
20~	20						800~	20	500~	0	32~	20		
~5	不可	①	5	評価対象外	⓪~⑤	不可	~49	不可	~299	0	~11	不可	~11	不可
6~	-5	②	0		⑥~⑨	0	50~	-5	300~	0	12~	-5	12~	0
8~	0	③	-5		⑩~⑪	-50	100~	0	400~	2	16~	0		
12~	10				⑫	不可	200~	0	500~	5	20~	5		
30~	5						300~	0	600~	5	24~	10		

用途地域　　：⓪第1種低層住専　①第2種低層住専　②田園住居　③第1種中高層住専　④第2種中高層住専
　　　　　　　⑤第1種住居　⑥第2種住居　⑦準住居　⑧近隣商業　⑨商業　⑩準工業　⑪工業　⑫工業専用
アプローチ：①優れる　②普通　③劣る
居住環境　　：①優れる　②普通　③劣る

商 業 系	市場要因				地域要因					
	常住人口		就業人口		駅距離		駅性格	商業地距離		商業地性格
	人	採点	人	採点	m	採点	採点	m	採点	採点
百貨店（10km圏）	~99,999	-10	~99,999	-10	~399	5	① 10	0	10	① 10
	100,000~	-5	100,000~	-5	400~	0	② -10	1~	不可	② 不可
	200,000~	0	200,000~	0			③ 5			③ 不可
	300,000~	5	300,000~	5			④ 不可			
	500,000~	10	500,000~	10						
GMS（大型スーパー）（5km圏）	~24,999	不可	評価対象外		~399	5	① 5	0	5	① 5
	25,000~	-10			400~	0	② 0	1~	-5	② 0
	50,000~	0					③ 5			③ 不可
	100,000~	10					④ 0			
	200,000~	20								
SM（スーパー・マーケット）（5km圏）	~7,499	不可	評価対象外		~399	10	評価対象外	0	10	評価対象外
	7,500~	-10			400~	0		1~	-10	
	15,000~	0								
	30,000~	10								
	50,000~	20								
大型専門店（5km圏）	~24,999	不可	評価対象外		~399	5	① 5	0	5	① 5
	25,000~	-10			400~	0	② 0	1~	-5	② 0
	50,000~	0					③ 5			③ 不可
	100,000~	10					④ 0			
	200,000~	20								
一般専門店（5km圏）	~7,499	-20	評価対象外		~399	20	評価対象外	0	20	評価対象外
	7,500~	-10			400~	0		1~	不可	
	15,000~	0								
	30,000~	10								
	50,000~	20								
大型飲食店（5km圏）	~24,999	不可	評価対象外		~399	10	① 10	0	10	① 10
	25,000~	-10			400~	0	② 0	1~	-10	② 0
	50,000~	0					③ 5			③ 不可
	100,000~	10					④ 0			
	200,000~	20								
一般飲食店（5km圏）	~7,499	-20	評価対象外		~399	20	評価対象外	0	20	評価対象外
	7,500~	-10			400~	0		1~	不可	
	15,000~	0								
	30,000~	10								
	50,000~	20								
コンビニエンス・ストアー（250m圏）	~499	-20	~499	-20	~399	10	評価対象外	0	10	評価対象外
	500~	-10	500~	-10	400~	0		1~	0	
	1,000~	0	1,000~	0						
	1,500~	10	1,500~	10						
	2,000~	20	2,000~	20						

〈凡例〉 駅性格 　：①都心ターミナル　②都心ローカル　③郊外ターミナル　④郊外ローカル
　　　　商業地性格：①中心商業地　②郊外SC　③近隣商業地

前面道路幅員		アプローチ		居住環境	画地要因									
					用途地域		敷地面積		容積率		間口距離		奥行距離	
m	採点		採点	採点		採点	㎡	採点	%	採点	m	採点	m	採点
~11	不可	①	10	評価対象外	⓪~⑤	不可	~1,999	不可	~299	0	~39	不可	~39	不可
12~	-10	②	0		⑥~⑨	0	2,000~	-10	300~	0	40~	-10	40~	0
16~	0	③	-100		⑩~⑪	-50	3,000~	0	400~	2	50~	0		
20~	5				⑫	不可	4,000~	5	500~	5	60~	5		
30~	10						5,000~	10	600~	5	70~	10		
~11	不可	①	20	評価対象外	⓪~⑤	不可	~999	不可	~199	0	~29	不可	~29	不可
12~	-20	②	-20		⑥~⑨	0	1,000~	-50	200~	0	40~	-10	30~	0
16~	0	③	-100		⑩~⑪	-50	2,000~	0	300~	2	50~	0		
20~	10				⑫	不可	3,000~	2	400~	5	60~	5		
30~	20						4,000~	5	500~	5	70~	10		
~7	不可	①	20	評価対象外	⓪~⑤	不可	~299	不可	~199	0	~19	不可	~19	不可
8~	-20	②	-20		⑥~⑨	0	300~	-50	200~	0	20~	-10	20~	0
12~	0	③	不可		⑩~⑪	-50	500~	0	300~	2	25~	0		
16~	10				⑫	不可	600~	2	400~	5	30~	5		
20~	20						700~	5	500~	5	35~	10		
~11	不可	①	20	評価対象外	⓪~⑤	不可	~299	不可	~299	0	~19	不可	~19	不可
12~	0	②	-20		⑥~⑨	0	300~	-50	300~	0	20~	-10	20~	0
16~	5	③	不可		⑩~⑪	-50	500~	0	400~	2	25~	0		
20~	10				⑫	不可	600~	2	500~	5	30~	5		
30~	20						700~	5	600~	5	35~	10		
~5	不可	①	10	評価対象外	⓪~⑤	不可	~29	不可	~299	0	~9	不可	~9	不可
6~	5	②	0		⑥~⑩	0	30~	-5	300~	0	10~	-5	10~	0
8~	10	③	-10		⑪	-50	40~	0	400~	2	15~	0		
10~	5				⑫	不可	50~	2	500~	5	20~	5		
12~	0						60~	5	600~	5	25~	10		
~11	不可	①	10	評価対象外	⓪~⑤	不可	~99	不可	~299	0	~14	不可	~14	不可
12~	-10	②	-10		⑥~⑩	0	100~	-50	300~	0	15~	-10	15~	0
16~	0	③	-100		⑪	-50	200~	0	400~	2	20~	0		
20~	5				⑫	不可	300~	2	500~	5	25~	5		
30~	10						400~	5	600~	5	30~	10		
~5	不可	①	10	評価対象外	⓪~⑤	不可	~29	不可	~299	0	~9	不可	~9	不可
6~	5	②	0		⑥~⑩	0	30~	-5	300~	0	10~	-5	10~	0
8~	10	③	-10		⑪	-50	40~	0	400~	2	15~	0		
10~	5				⑫	不可	50~	2	500~	5	20~	5		
12~	0						60~	5	600~	5	25~	10		
~5	不可	①	10	評価対象外	⓪	不可	~29	不可	~99	0	~9	不可	~9	不可
6~	0	②	0		①~⑪	0	30~	-5	100~	0	10~	-5	10~	0
12~	10	③	-10		⑫	不可	40~	0	200~	2	15~	0		
18~	5						50~	2	300~	5	20~	5		
24~	0						60~	5	400~	5	25~	10		

用途地域　：⓪第１種低層住専　①第２種低層住専　②田園住居　③第１種中高層住専　④第２種中高層住専
⑤第１種住居　⑥第２種住居　⑦準住居　⑧近隣商業　⑨商業　⑩準工業　⑪工業　⑫工業専用
アプローチ　：①優れる　②普通　③劣る
居住環境　：①優れる　②普通　③劣る

ホテル系	市場要因				地域要因							
	常住人口		就業人口		駅距離		駅性格		商業地距離		商業地性格	
	人	採点	人	採点	m	採点		採点	m	採点		採点
ビジネスホテル（1km圏）	評価対象外		~1,499	不可	~399	10	①	10	~199	10	①	10
			1,500~	-5	400~	5	②	5	200~	5	②	0
			3,000~	0	600~	0	③	0	400~	0	③	-10
			4,500~	5	800~	-10	④	-10	600~	-5		
			6,000~	10	1,000~	不可			800~	-10		
シティホテル（5km圏）	~24,999	不可	評価対象外		~399	10	①	10	~199	10	①	10
	25,000~	-5			400~	5	②	5	200~	5	②	不可
	50,000~	0			600~	0	③	0	400~	0	③	不可
	100,000~	5			800~	-5	④	不可	600~	-5		
	300,000~	10			1,000~	-10			800~	不可		
専門式場（5km圏）	~24,999	不可	評価対象外		~399	10	①	10	~199	10	①	10
	25,000~	-10			400~	5	②	5	200~	5	②	0
	50,000~	0			600~	0	③	0	400~	0	③	不可
	100,000~	10			800~	-5	④	不可	600~	-5		
	300,000~	20			1,000~	-10			800~	-10		
教育系												
文化教室（5km圏）	~2,499	-10	~2,499	-10	~399	10	①	10	~199	10	①	10
	2,500~	-5	2,500~	-5	400~	0	②	10	200~	5	②	0
	5,000~	0	5,000~	0			③	10	400~	0	③	-5
	7,500~	5	7,500~	5			④	0	600~	-5		
	10,000~	10	10,000~	10					800~	不可		
カルチャーセンター（5km圏）	~4,999	-10	~4,999	-10	~399	10	①	10	~199	10	①	10
	5,000~	-5	5,000~	-5	400~	0	②	10	200~	5	②	0
	10,000~	0	10,000~	0			③	10	400~	0	③	-5
	50,000~	5	50,000~	5			④	0	600~	-5		
	100,000~	10	100,000~	10					800~	不可		
専門学校（10km圏）	~24,999	不可	評価対象外		~399	20	①	20	~199	10	①	10
	25,000~	-5			400~	10	②	10	200~	5	②	0
	50,000~	0			600~	0	③	20	400~	0	③	-10
	100,000~	5			800~	-10	④	不可	600~	-5		
	300,000~	10			1,000~	不可			800~	-10		

〈凡例〉　駅性格　　：①都心ターミナル　②都心ローカル　③郊外ターミナル　④郊外ローカル
　　　　　商業地性格：①中心商業地　②郊外SC　③近隣商業地

前面道路幅員 m	採点	アプローチ	採点	居住環境	採点	用途地域	採点	敷地面積 ㎡	採点	容積率 %	採点	間口距離 m	採点	奥行距離 m	採点
~5	不可	①	10	①	10	⓪~⑤	不可	~199	不可	~299	不可	~9	不可	~9	不可
6~	-5	②	0	②	0	⑥~⑨	0	200~	-5	300~	0	10~	-5	10~	0
8~	0	③	-10	③	-10	⑩~⑪	-50	300~	0	400~	2	20~	0		
10~	5					⑫	不可	400~	2	500~	5	30~	5		
12~	10							500~	5	600~	5	40~	10		
~7	不可	①	10	①	10	⓪~⑤	不可	~999	不可	~99	0	~39	不可	~39	不可
8~	-10	②	0	②	0	⑥~⑨	0	1,000~	-5	100~	0	40~	-5	40~	0
12~	0	③	-10	③	-10	⑩~⑪	-50	2,000~	0	200~	2	50~	0		
16~	5					⑫	不可	3,000~	2	300~	5	60~	5		
20~	10							4,000~	5	400~	5	70~	10		
~7	不可	①	10	評価対象外		⓪~⑤	不可	~499	不可	~99	0	~39	不可	~39	不可
8~	-10	②	0			⑥~⑨	0	500~	-5	100~	0	40~	-5	40~	0
12~	0	③	-10			⑩~⑪	-50	1,000~	0	200~	2	50~	0		
16~	5					⑫	不可	1,500~	2	300~	5	60~	5		
20~	10							2,000~	5	400~	5	70~	10		

前面道路幅員 m	採点	アプローチ	採点	居住環境	採点	用途地域	採点	敷地面積 ㎡	採点	容積率 %	採点	間口距離 m	採点	奥行距離 m	採点
~3	不可	①	10	評価対象外		⓪~③	不可	~29	不可	~99	0	~3	-10	~9	不可
4~	-5	②	0			③~⑨	0	30~	-5	100~	0	4~	-5	10~	0
6~	0	③	-5			⑩~⑪	-50	40~	0	200~	2	8~	0		
8~	10					⑫	不可	50~	2	300~	5	15~	5		
12~	5							60~	5	400~	5	20~	10		
~7	不可	①	10	評価対象外		⓪~③	不可	~29	不可	~99	0	~9	-10	~9	不可
8~	-5	②	0			③~⑨	0	30~	-5	100~	0	10~	-5	10~	0
10~	0	③	-5			⑩~⑪	-50	40~	0	200~	2	15~	0		
12~	10					⑫	不可	50~	2	300~	5	20~	5		
14~	5							60~	5	400~	5	25~	10		
~5	不可	評価対象外		評価対象外		⓪~②	不可	~99	不可	~99	0	~14	-10	~14	不可
6~	-5					②~⑨	0	100~	-5	100~	0	15~	-5	15~	0
8~	0					⑩	-50	200~	0	200~	2	20~	0		
10~	10					⑪⑫	不可	300~	2	300~	5	30~	5		
12~	5							400~	5	400~	5	40~	10		

用途地域　：⓪第1種低層住専　①第2種低層住専　②田園住居　③第1種中高層住専　④第2種中高層住専
　　　　　　⑤第1種住居　⑥第2種住居　⑦準住居　⑧近隣商業　⑨商業　⑩準工業　⑪工業　⑫工業専用
アプローチ：①優れる　②普通　③劣る
居住環境　：①優れる　②普通　③劣る

スポーツ・レジャー系	市場要因 常住人口 人	採点	就業人口 人	採点	地域要因 駅距離 m	採点	駅性格	採点	商業地距離 m	採点	商業地性格	採点
フィットネスクラブ（1km圏）	~1,499	-10	~1,499	-10	~399	10	①	10	~199	10	①	10
	1,500~	-5	1,500~	-5	400~	0	②	10	200~	5	②	0
	3,000~	0	3,000~	0			③	10	400~	0	③	-10
	4,500~	5	4,500~	5			④	0	600~	-5		
	6,000~	10	6,000~	10					800~	-10		
ボーリング場（5km圏）	~24,999	不可	評価対象外		~399	5	①	5	~199	10	①	10
	25,000~	-10			400~	0	②	5	200~	5	②	0
	50,000~	0					③	5	400~	0	③	-10
	100,000~	10					④	0	600~	-5		
	300,000~	20							800~	-10		
シネマコンプレックス（5km圏）	~24,999	-10	0	-10	~399	10	①	10	~199	10	①	10
	25,000~	-5	25,000	-5	400~	0	②	10	200~	5	②	0
	50,000~	0	50,000	0			③	10	400~	0	③	-10
	100,000~	5	100,000	5			④	0	600~	-5		
	300,000~	10	300,000	10					800~	-10		
ゲームセンター（500m圏）	500未満	不可	評価対象外		~399	20	評価対象外		~199	20	①	10
	500~	-5			400~	0			200~	不可	②	0
	1,000~	0									③	0
	3,000~	5										
	5,000~	10										
パチンコホール（5km圏）	~4,999	不可	評価対象外		~399	10	評価対象外		~199	10	①	10
	5,000~	-5			400~	0			200~	0	②	0
	10,000~	0									③	0
	50,000~	5										
	100,000~	10										
カラオケ（5km圏）	~4,999	-10	~4,999	-10	~399	10	評価対象外		~199	20	①	10
	5,000~	-5	5,000~	-5	400~	0			200~	0	②	0
	10,000~	0	10,000~	0					400~	-5	③	0
	50,000~	5	50,000~	5					600~	-10		
	100,000~	10	100,000~	10					800~	不可		
スーパー銭湯（5km圏）	~4,999	不可	評価対象外		評価対象外		評価対象外		~199	20	①	10
	5,000~	-5							200~	0	②	0
	10,000~	0							400~	0	③	0
	50,000~	5							600~	0		
	100,000~	10							800~	0		

〈凡例〉　駅性格　　：①都心ターミナル　②都心ローカル　③郊外ターミナル　④郊外ローカル
　　　　　商業地性格：①中心商業地　②郊外SC　③近隣商業地

前面道路幅員 m	採点	アプローチ	採点	居住環境 採点	画地要因 用途地域	採点	敷地面積 ㎡	採点	容積率 %	採点	間口距離 m	採点	奥行距離 m	採点
~7	不可	①	10	評価対象外	⓪~⑤	不可	~399	不可	~99	0	~19	不可	~19	不可
8~	-5	②	0		⑥~⑩	0	400~	-5	100~	0	20~	-5	20~	0
10~	0	③	-10		⑪	-50	500~	0	200~	2	30~	0		
12~	5				⑫	不可	600~	2	300~	5	40~	5		
14~	10						700~	5	400~	5	50~	10		
~7	不可	①	20	評価対象外	⓪~⑤	不可	~399	不可	~99	0	~19	不可	~19	不可
8~	-10	②	0		⑥~⑩	0	400~	-10	100~	0	20~	-10	20~	0
12~	0	③	不可		⑪	-50	500~	0	200~	2	30~	0		
16~	5				⑫	不可	600~	2	300~	5	40~	5		
20~	10						700~	5	400~	5	50~	10		
~7	-100	①	10	評価対象外	⓪~⑧	不可	~599	不可	~99	0	~39	不可	~29	不可
8~	-10	②	0		⑨~⑩	0	600~	-10	100~	0	40~	-10	30~	0
12~	0	③	不可		⑪	-50	700~	0	200~	2	60~	0		
16~	10				⑫	不可	800~	2	300~	5	80~	5		
20~	20						900~	5	400~	5	100~	10		
~7	不可	①	10	評価対象外	⓪~⑤	不可	~29	不可	~99	0	~9	-10	~9	不可
8~	-5	②	0		⑥~⑩	0	30~	-5	100~	0	10~	-5	10~	0
10~	0	③	-5		⑪	-50	40~	0	200~	2	15~	0		
12~	10				⑫	不可	50~	2	300~	5	20~	5		
14~	5						60~	5	400~	5	25~	10		
~7	不可	①	20	評価対象外	⓪~⑤	不可	~99	不可	~99	0	~19	不可	~9	不可
8~	-10	②	0		⑥~⑩	0	100~	-5	100~	0	20~	-10	10~	0
10~	0	③	不可		⑪	-50	150~	0	200~	2	25~	0		
16~	10				⑫	不可	200~	2	300~	5	30~	5		
20~	20						250~	5	400~	5	35~	10		
~5	不可	①	10	評価対象外	⓪~⑤	不可	~29	不可	~99	0	~9	-10	~9	不可
6~	-5	②	0		⑥~⑫	0	30~	-5	100~	0	4~	-5	10~	0
8~	0	③	-5				40~	0	200~	2	4~	0		
10~	10						50~	2	300~	5	8~	5		
12~	5						60~	5	400~	5	15~	10		
~3	不可	①	20	評価対象外	⓪~⑨	0	~299	不可	~199	0	~19	不可	~19	不可
4~	-5	②	0		⑪	-50	300~	-10	200~	2	20~	-10	20~	0
6~	0	③	不可		⑫	不可	400~	0	300~	5	40~	0		
8~	5						500~	2	400~	2	60~	5		
12~	10						600~	5	500~	0	80~	10		

用途地域 ：⓪第1種低層住専　①第2種低層住専　②田園住居　③第1種中高層住専　④第2種中高層住専　⑤第1種住居　⑥第2種住居　⑦準住居　⑧近隣商業　⑨商業　⑩準工業　⑪工業　⑫工業専用

アプローチ：①優れる　②普通　③劣る

居住環境 ：①優れる　②普通　③劣る

医療系	市場要因				地域要因							
	常住人口		就業人口		駅距離		駅性格		商業地距離		商業地性格	
	人	採点	人	採点	m	採点		採点	m	採点		採点
診療所（1km圏）	~2,499	-10	~2,499	-10	~399	10	①	10	~199	10	①	10
	2,500~	-5	2,500~	-5	400~	0	②	10	200~	5	②	0
	5,000~	0	5,000~	0			③	10	400~	0	③	-5
	7,500~	5	7,500~	5			④	0	600~	-5		
	10,000~	10	10,000~	10					800~	-10		
病院（5km圏）	~4,999	-10	~4,999	-10	~399	10	①	10	~599	10	①	10
	5,000~	-5	5,000~	-5	400~	0	②	10	600~	0	②	0
	10,000~	0	10,000~	0			③	10	1,200~	0	③	-10
	50,000~	5	50,000~				④	0	2,400~	-5		
	100,000~	10	100,000~						4,800~	-10		
グループホーム	評価対象外		評価対象外		~399	10	①	5	~399	5	①	5
					400~	5	②	5	400~	2	②	0
					800~	0	③	2	600~	0	③	0
					1,200~	-5	④	0	800~	-2		
					1,600~	-10			1,000~	-5		
有料老人ホーム	評価対象外		評価対象外		~399	10	①	5	~399	5	①	5
					400~	5	②	5	400~	2	②	0
					800~	0	③	2	600~	0	③	0
					1,200~	-5	④	0	800~	-2		
					1,600~	-10			1,000~	-5		
デイサービスセンター（5km圏）	~2,499	-10	評価対象外		評価対象外		評価対象外		~199	10	①	10
	2500~	-5							200~	5	②	0
	5,000~	0							400~	0	③	-5
	7500~	5										
	10,000~	10										
物流系												
レンタル倉庫（5km圏）	~4,999	-10	~4,999	-10	評価対象外		評価対象外		~199	10	①	10
	5,000~	-5	5,000~	-5					200~	5	②	0
	10,000~	0	10,000~	0					400~	0	③	-5
	50,000~	5	50,000~	5								
	100,000~	10	100,000~	10								
配送センター	評価対象外		評価対象外		評価対象外		評価対象外		~199	10	①	10
									200~	5	②	0
									400~	0	③	-5

〈凡例〉　駅性格　：①都心ターミナル　②都心ローカル　③郊外ターミナル　④郊外ローカル
　　　　　商業地性格：①中心商業地　②郊外SC　③近隣商業地

前面道路幅員		アプローチ		居住環境		画地要因									
						用途地域		敷地面積		容積率		間口距離		奥行距離	
m	採点		採点		採点		採点	㎡	採点	%	採点	m	採点	m	採点
～3	不可	①	10	①	10	⓪～⑨	0	～29	不可	～99	0	～3	-10	～9	不可
4～	-5	②	0	②	0	⑩～⑪	-50	30～	-5	100～	0	4～	-5	10～	0
6～	0	③	-5	③	-10	⑫	不可	40～	0	200～	2	8～	0		
8～	10							50～	2	300～	5	15～	5		
12～	5							60～	5	400～	5	20～	10		
～7	不可	①	10	①	10	⓪～②	不可	～399	不可	～99	0	～19	不可	～19	不可
8～	-5	②	0	②	0	③～⑨	0	400～	-5	100～	0	20～	-5	20～	0
10～	0	③	-10	③	-10	⑩～⑪	-50	500～	0	200～	2	30～	0		
12～	10					⑫	不可	600～	2	300～	5	40～	5		
14～	5							700～	5	400～	5	50～	10		
～3	不可	評価対象外		①	50	⓪～⑨	0	～99	不可	～99	5	1～7	不可	～24	不可
4～	-5			②	-20	⑩	-20	100～	-5	100～	5	18～	-5	25～	0
6～	0			③	-100	⑪～⑬	不可	150～	0	200～	2	20～	0		
8～	5							200～	5	300～	0	22～	2		
16～	-10							250～	10	400～	5	24～	5		
～3	不可	評価対象外		①	50	⓪～⑨	0	～99	不可	～99	5	1～7	不可	～24	不可
4～	-5			②	-20	⑩	-20	100～	-5	100～	5	18～	-5	25～	0
6～	0			③	-100	⑪⑫	不可	150～	0	200～	2	20～	0		
8～	5							200～	5	300～	2	22～	2		
16～	-10							250～	10	400～	5	24～	5		
～3	不可	①	10	①	10	⓪～②	不可	～49	0	～99	0	～3	-10	～9	不可
4～	-5	②	0	②	0	③～⑨	0	50～	0	100～	0	4～	-5	10～	0
6～	0	③	-5	③	-10	⑩	-50	70～	2	200～	2	8～	0		
8～	5					⑫	不可	100～	5	300～	5	15～	5		
12～	10							200～	5	400～	5	20～	10		

前面道路幅員		アプローチ		居住環境		用途地域		敷地面積		容積率		間口距離		奥行距離	
～5	不可	①	10	評価対象外		⓪～⑥	不可	～29	不可	～199	0	～3	-20	～19	不可
6～	5	②	0			⑦～⑫	0	30～	-20	200～	2	4～	-10	20～	0
8～	10	③	不可					40～	0	300～	5	8～	0		
10～	15							50～	10			15～	10		
12～	20							60～	20			20～	20		
～5	不可	①	20	評価対象外		⓪～⑨	不可	～299	不可	～199	0	～7	不可	～19	不可
6～	-50	②	-50			⑩～⑫	0	300～	-10	200～	5	8～	-10	20～	0
10～	0	③	不可					500～	0	300～	10	16～	0		
15～	10							750～	10			24～	10		
20～	20							1,000～	20			32～	20		

用途地域　：⓪第1種低層住専　①第2種低層住専　②田園住居　③第1種中高層住専　④第2種中高層住専
　　　　　　⑤第1種住居　⑥第2種住居　⑦準住居　⑧近隣商業　⑨商業　⑩準工業　⑪工業　⑫工業専用
アプローチ：①優れる　②普通　③劣る
居住環境　：①優れる　②普通　③劣る

る。

　介護サービスは介護保険からの別収入となるため，入居の基本料金は住まいと食事のサービス料で月当たり15万円程度となる。

　この入居料で運営者が負担できる家賃は月・坪5,000円〜6,000円程度である。

❺デイサービスセンター

　高齢化社会をむかえ需要が増加している。

　通所介護の保険対象施設で，定住型の有料老人ホーム，サービス付き高齢者専用住宅との複合も考えられる。

　規模は，収容人数20人〜50人で，1人当たり3㎡前後。

　賃料は，月・坪6,000円〜8,000円程度である。

(8)　物流系

❶レンタル倉庫

　倉庫というスペースを月極で貸し出す業態で，IT化の進行，住宅事情等により需要は高まっている。特に生活道路の周辺で多く見られる。

　規模は，1室5坪〜150坪と様々である。

　賃料は，地域の相場にもよるが，月・坪4,000円前後。

❷配送センター

　インターネット通販や日用品などの消費関連企業が物流の効率化を狙って，需要が高まっている。幹線道路沿いや高速道路のIC付近などに集積が見られる。

　延べ床面積が1,000坪以上で，大型車のアプローチが可能な立地が求められる。

　賃料は，一括貸で月・坪4,000円前後というところか。

　以上の事柄を踏まえた「立地比準表」を36ページ〜47ページに示す。

③ 用途構成企画

　図表3に掲げた立地条件を有する計画地を仮定し，評価対象業種で選択した40業種を**図表2**の基準により評価した結果を**図表4**（50ページ～57ページ）に示す。

　なお，評価としては，総合点が70点以上を◎，40点～69点を○，０点～39点を△，マイナス点および一つでも不可がある場合は×で示している。

　これをみると，ワンルームマンション，SOHO，文化教室，専門学校，ゲームセンター，診療所，レンタル倉庫などが立地可能業種として高い評価となった。

　そして，次の作業としては，事業の目的と整合させて次のような観点からプライオリティーをつけることを行う。

① 　賃料負担能力が最も高いこと（高収益性）

② 　将来の社会変革に対応できる業態であること（安定性）

③ 　計画地のサイズに適合すること（土地の有効利用）

　評価対象業種の中から選定された業種のうち，一つの業種で計画地の持つ容積が消化でき

図表3　設定条件表

市場要因	常住人口	250m圏	1,000	人	地域要因	駅からの距離		50	m
		500m圏	5,000	人		駅の性格		都心ローカル	
		1km圏	20,000	人		商業地からの距離		10	m
		5km圏	50,000	人		商業地の性格		中心商業地	
		10km圏	100,000	人		前面道路の幅員		8	m
	就業人口	250m圏	2,000	人		前面道路のアプローチ性	普通		
		500m圏	10,000	人		居住環境	普通		
		1km圏	30,000	人	画地要因	用途地域	商業		
		5km圏	40,000	人		敷地面積		1,000	坪
		10km圏	50,000	人		容積率		500	%
						間口距離		30	m
						奥行距離		100	m

図表4 立地可能業種選定表

		業界動向	市場条件	地域・画地条件
住宅系	高級（外国人向け）マンション	▪ 利便性，居住性が良いエリアは，品薄気味 ▪ 今後，更なる国際化の中で，需要は増加傾向	──	▪ 都心エリアの駅から徒歩圏 ▪ 中心商業地に近接 ▪ 眺望がよい高度な居住環境 ▪ 良好な地域イメージ
	一般（ファミリー向け）マンション	▪ 利便性の良い都心か，面的環境整備を行った郊外型に人気集中	──	▪ 通勤可能なエリア ▪ 周辺に生活利便施設の存在 ▪ 居住環境がよく，南向き住戸が中心となる東西軸の長い敷地
	ワンルームマンション	▪ 投資用物件としては，選別の時代	──	▪ 駅から徒歩圏 ▪ 商業地に近接
	学生ハイツ	▪ 学生の数は減少傾向 ▪ 需給はバランスしている ▪ 留学生，社会人との相部屋スタイルが増加している	──	▪ 学校と盛り場の中間 ▪ 駅から徒歩圏 ▪ 商業地に近接
	単身赴任者向けマンション	▪ 支店長クラスになると需要に限りがあり，需給はバランスしている	──	▪ 盛り場の周辺 ▪ 駅から徒歩圏
	サービス付き高齢者専用住宅	▪ 高齢化社会の進行により需要は増大	──	▪ 周辺に医療施設の立地 ▪ バス便等でも可
	SOHO（Small Office Home Office）	▪ 雇用形態の多様化，アウトソーシングの進行により需要増大	──	▪ 都心の駅より徒歩圏 ▪ 中心商業地に近接
業務系	一般事務所	▪ 空室率は減少傾向にある ▪ 同じ立地でも管理の行き届いたビルに人気集中	──	▪ マストラ駅より徒歩圏 ▪ 8ｍ以上の道路に接道 ▪ 中心商業地に近接
	銀行・金融	▪ 立地規制は撤廃 ▪ 企業統廃合による店舗再編成は一段落 ▪ 個人向けの小型店舗戦略	▪ 500m圏常住人口 3,000人以上 ▪ 500m圏就業人口 3,000人以上	▪ 駅より徒歩圏 ▪ 商業地の一角 ▪ 主要道路に接する1階
	データセンター	▪ クラウドコンピューティングの進行により需要は増加 ▪ IDC（インターネット・データ・センター）として，一括借りもあり	──	▪ 通勤可能エリア ▪ 光ファイバーが整備済み
	研究施設	▪ IT関連ベンチャー企業，外資系企業等の事務所を兼ねた需要がある	──	▪ 通勤可能エリア
	ショールーム	▪ 情報手段の多様化により存在意義は薄れつつある	▪ 10km圏常住人口 10万人以上 ▪ 10km圏就業人口 10万人以上	▪ 中心商業地の一角 ▪ 駅から徒歩圏 ▪ 人通りの多い視認性の良好な場所

建築条件	家賃負担能力	評価	備考
▪ 1戸当たり最低30坪 　（2寝室，2浴室以上） ▪ 車の寄り付き確保を考慮して 　最低敷地面積400坪，間口12m	▪ 周辺一般マンション相場の 　1.2倍〜1.5倍 ▪ サービス提供（リネン，清掃） 　により，さらなる高収益が可	×	
▪ 1戸当たり15坪程度より ▪ 各戸1台の駐車場 ▪ コストのかからない駐車場のために 　敷地面積300坪以上	▪ 周辺相場による	○	賃料設定と企画勝負
▪ 1戸当たり8坪前後 ▪ 最低敷地面積100坪 ▪ 最低間口4m	▪ 周辺相場による	◎	施設グレード設定が鍵
▪ 1室当たり8坪前後 ▪ 共用施設として，食堂（談話室） ▪ 最低30室（延床面積400坪）	▪ 周辺相場賃料プラス入居金（家 　賃の10か月程度）受領が可	△	大学との提携など差別化 戦略が必要
▪ 施設規模は，学生ハイツと同様 ▪ 施設グレード，セキュリティーなど 　仕様設定が鍵	▪ グレードにより相場の20％〜 　30％増は可能	△	周辺競合施設との差別化 が必要
▪ 1室当たり25㎡以上（一人部屋） ▪ 共用施設として，食堂（談話室）	▪ 食費，光熱費込みで15万円前 　後（年金の範囲内） ▪ 終身利用権の方式もある	○	今後のマーケットは増大
▪ 1戸当たり20坪前後（2LDKが標準） ▪ インターネット，デジタルTV等の情報 　提供サービスは基本仕様	▪ 周辺相場プラス提供サービス使 　用料	◎	付加価値サービスの検討
▪ ワンフロアーは100坪以上 ▪ 間口8m以上 ▪ インテリジェント対応は必須	▪ 周辺相場による ▪ 一般マンションよりは負担力あ 　り	○	主用途の第一候補
▪ 営業所で店舗面積50坪以上 ▪ 小型店舗10坪〜20坪 ▪ 間口12m以上	▪ 基準階事務所賃料の2倍	×	
▪ 敷地面積200坪以上 ▪ 機器搬入導線の確保 ▪ 二重床のため階高は4m以上 ▪ セキュリティーの確保	▪ 一般事務所並み賃料	○	一括賃貸が可能
▪ 敷地面積200坪以上 ▪ 階高は4m以上 ▪ 床荷重，防振対応	▪ 一般事務所並み賃料	×	
▪ 店舗面積10坪程度から様々	▪ 一般店舗並み賃料	×	

		業界動向	市場条件	地域・画地条件
商業系	百貨店	▪ 国内での新規出店意欲は乏しい	▪ 10km圏で常住人口20万人または, 就業人口20万人以上	▪ 中心商業地の一角 ▪ 駅から徒歩圏 ▪ 前面道路12m以上
	GMS（大型スーパー）	▪ 新立地法による規制により, 立地選択基準は厳しい	▪ 5km圏で常住人口5万人以上	▪ 既存中心商業地 ▪ ニュータウン中心商業地 ▪ アプローチ性のよい幹線道路サイドなど
	SM（スーパー・マーケット）	▪ 新立地法による規制により, 立地選択基準は厳しい	▪ 5km圏で常住人口1万5,000人以上	▪ 中心市街地 ▪ 近隣商業地 ▪ 生活道路サイドなど
	大型専門店	▪ 一業種に特化した専門型と安売りを目玉にした総合型がある	▪ 業種にもよるが, 5km圏5万人以上	▪ 中心商業地 ▪ 生活道路サイド ▪ GMS, SMとの複合
	一般専門店	▪ 低価格, 健康指向, 本物志向など, 時代ニーズにそった店舗が登場している	▪ 業種にもよるが, 5km圏1万5,000人以上	▪ 中心商業地, 近隣商業地 ▪ GMS, SMの小判ざめ ▪ 生活道路サイド
	大型飲食店	▪ 外食傾向は定着している ▪ 新業態の様々な店舗が登場している	▪ 5km圏で常住人口5万人以上	▪ 中心商業地 ▪ 生活道路サイド ▪ GMS, SMとの複合
	一般飲食店	▪ 外食傾向は定着している ▪ 新業態の様々な店舗が登場している	▪ 5km圏で常住人口1万5,000人以上	▪ 中心商業地, 近隣商業地 ▪ GMS, SMの小判ざめ ▪ 生活道路サイド
	コンビニエンス・ストアー	▪ 今や商業のリーダーである ▪ 自社競合, 不採算店の見直しが始まっている	▪ 250m圏で1,000人以上	▪ 生活道路に接する1階 ▪ 自社競合（500m）しないこと
ホテル系	ビジネスホテル	▪ B&B（Bed & Breakfast）タイプの低価格志向業態が強い	▪ 1km圏の就業人口3,000人以上	▪ 中心市街地 ▪ 郊外ターミナル駅より徒歩圏
	シティホテル	▪ 婚礼需要の低迷から, 宿泊, 飲食中心へ移行	▪ 5km圏で5万人以上	▪ 中心市街地 ▪ 郊外ターミナル駅 ▪ 駅周辺またはタクシーワンメータ
	専門式場	▪ 結婚適齢期人口は減少 ▪ 葬祭マーケットは増加	▪ 5km圏で5万人以上	▪ 中心市街地 ▪ 郊外ターミナル駅 ▪ 駅周辺またはタクシーワンメータ

建築条件	家賃負担能力	評　価	備　　考
▪ 店舗面積1万坪が基本 ▪ 間口は50m以上で，視認性のよい位置 ▪ 中心商業地でも駐車場は必須	▪ 一括借り保証金　建築費相当額 月・坪家賃　保証金／100程度	×	
▪ 店舗面積3,000坪以上 ▪ 店舗面積10坪に1台程度の自走式駐車場	▪ 一括借り保証金　建築費相当額 月・坪家賃　保証金／100程度	×	
▪ 店舗面積500坪以上 ▪ 店舗面積10坪に1台程度の自走式駐車場	▪ 一括借り保証金　建築費相当額 月・坪家賃　保証金／100程度	×	
▪ 業種にもよるが，店舗面積100坪以上 ▪ 自走式駐車場 ▪ 間口距離15m以上	▪ 一括借り保証金　建築費相当額 月・坪家賃　保証金／100程度	×	
▪ 専門店ビルの1テナント ▪ ロードサイドでは自走式駐車場 ▪ 店舗面積10坪〜50坪	▪ 売上額の8％程度 ▪ 衣料，身の回り，食料品で月・坪1万5,000円，家具，本，CDで月・坪1万円前後	×	
▪ 単独立地としては店舗面積100坪以上，間口距離15m以上 ▪ ロードサイドでは自走式駐車場	▪ 一括借り保証金　建築費相当額 月・坪家賃　保証金／100程度	×	
▪ 専門店ビルの1テナント ▪ ロードサイドでは自走式駐車場 ▪ 店舗面積10坪〜50坪	▪ 売上額の12％程度 ナイト飲食立地で月・坪2万円，昼中心で月・坪1万5,000円前後	×	
▪ 店舗面積30坪以上 ▪ 間口距離10m以上 ▪ 1階が原則	▪ 地域の相場によるが，月・坪2万円前後	△	住宅系用途の1階テナントとして最適
▪ 1室6坪前後 ▪ 最低50室以上 ▪ 飲食施設，ロビー等を加え延べ床面積400坪以上	▪ 一括借りで月家賃7,000円前後 ▪ 敷金10か月程度	○	住宅系との賃料比較
▪ 飲食，宴会場，店舗等を含み1室当たり30坪前後の延べ床面積 ▪ 最低100室以上（延べ床面積3,000坪） ▪ 敷地面積1,000坪以上	▪ 一括借りで月家賃6,000円前後 ▪ 敷金10か月程度	×	
▪ 結婚式，葬祭など目的の明確化 ▪ 敷地面積500坪以上	▪ 一括借りで月家賃6,000円前後 ▪ 保証金提供の場合もあり	×	

		業界動向	市場条件	地域・画地条件
教育系	文化教室	▪ 英会話，パソコン等の教室が増大している	▪ 5km圏で常住人口または就業人口が5,000人以上	▪ 中心市街地 ▪ 居住地駅周辺
	カルチャーセンター	▪ マスコミ系はほぼ出店が完了	▪ 5km圏で常住人口または就業人口が1万人以上	▪ 中心市街地 ▪ 居住地駅周辺
	専門学校	▪ 学生数は減少している ▪ IT関連の特需はある ▪ 高齢化社会での生涯教育需要は増大	▪ 10km圏で常住人口5万人以上	▪ 都心駅か，郊外ターミナル駅より徒歩圏 ▪ 学校法人の許可取得エリア
スポーツ・レジャー系	フィットネスクラブ	▪ 健康指向は根強いが，施設は飽和状態 ▪ 新業態による差別化	▪ 1km圏で常住人口または就業人口が3,000人以上	▪ 中心商業地 ▪ 居住地駅周辺 ▪ 生活道路サイド
	ボーリング場	▪ 手軽なレジャーとして定着	▪ 5km圏の常住人口が5万人以上	▪ 中心商業地 ▪ 居住地駅周辺 ▪ 生活道路サイド
	シネマコンプレックス	▪ 出店は一段落した ▪ スポーツイベントの上映，セミナー，講演等の場所貸し利用も始めた	▪ 5km圏の常住人口または就業人口が5万人以上	▪ 中心商業地 ▪ 居住地駅周辺 ▪ ショッピングセンターとの複合
	ゲームセンター	▪ 専業店，大型店化がすすむ ▪ VRを使った擬似体験化	▪ 規模によるが，小規模店は500m圏に1,000人以上	▪ 中心商業地 ▪ 居住地駅周辺 ▪ ショッピングセンター内 ▪ 風営法のチェック
	パチンコホール	▪ 装置産業からサービス産業への脱却が図られている	▪ 5km圏で常住人口が1万人以上	▪ 中心商業地 ▪ 居住地駅周辺 ▪ 生活道路サイド ▪ 風営法のチェック
	カラオケ	▪ 競合激化の中で，少数の繁盛店と多数の低迷店という二極化が明確になっている ▪ 飲食サービス付帯が必要	▪ 5km圏で常住人口または就業人口が1万人以上	▪ 中心商業地 ▪ 居住地駅周辺 ▪ ショッピングセンター内
	スーパー銭湯	▪ 手軽なレジャーとして増加 ▪ エリアによっては過当競争	▪ 5km圏常住人口が1万人以上	▪ 居住地駅周辺 ▪ 生活道路サイド

建築条件	家賃負担能力	評価	備考
▪ 専門店ビルの1テナント ▪ 店舗面積10坪～50坪	▪ 地域の相場によるが，月・坪8,000円前後	◎	複合ビルの1テナント
▪ 総合型専有面積100坪～200坪 （5教室～10教室）	▪ 地域の相場によるが，月・坪5,000円前後	○	複合ビルのテナントとして有効
▪ 業態にもよるが，敷地面積100坪以上	▪ 周辺事務所並み賃料 ▪ 賃貸の場合は，許可条件を確認	◎	本校の増設が原則
▪ 中心商業地タイプ500坪 ▪ 居住地駅周辺タイプ1,000坪 ▪ 生活道路サイドタイプ1,500坪	▪ 中心商業地タイプ月・坪8,000円 ▪ 居住地駅周辺タイプ月・坪6,000円 ▪ 生活道路サイドタイプ月・坪5,000円	○	複合ビルのテナントとして有効
▪ 1レーン当たり30坪の延べ床面積 ▪ 30レーン以上（延べ床面積900坪）	▪ 月・坪8,000円前後	△	レジャービルの核テナントとして有効
▪ 平均100席館を10館程度 ▪ 延べ床面積1,000坪（1席当たり1坪） ▪ 敷地面積500坪以上	▪ 月・坪8,000円前後	×	
▪ TVゲーム中心店舗50坪 ▪ 参加型店舗1,000坪	▪ 月・坪1万円前後	◎	流行に左右されやすい
▪ 1台当たり1坪 ▪ 店舗面積200坪以上 ▪ 1階が原則 ▪ 付置義務駐車場の設置が可能	▪ 月・坪売上げ額50万円前後 ▪ 月・坪賃料4万円	○	1階が原則で，上部利用が課題
▪ 1室5坪前後 ▪ 部屋数15室以上 ▪ 店舗面積90坪以上 ▪ 飲食サービス付帯が必要	▪ 1室月売上額40万円前後 ▪ 月・坪賃料6,000円前後	○	飲食施設との複合化が原則
▪ 標準店舗面積150坪 ▪ 飲食施設，娯楽施設等の複合化により増床 ▪ 敷地面積200坪以上	▪ 客単価900円前後 ▪ 月・坪賃料5,000円前後	△	様々な業態が可能

		業界動向	市場条件	地域・画地条件
医療系	診療所	• 入院病床数19床以下 • 各科目の診療所を集めたクリニックモール • 地域医師会との調整が必要	• 1km圏で1,000人以上	• 住宅地型，駅前型の両者有り
	病院	• 入院病床数20床以上 • 内科，外科等主要5科目と100床以上で総合病院 • 地域医師会との調整が必要	• 5km圏で常住人口1万5,000人以上	• 住宅地駅周辺 • 生活道路サイド
	グループホーム	• 認知症入居者の需要は増大 • 近隣との調整が課題	──	• 住宅地およびその周辺
	有料老人ホーム	• 高齢化社会を向かえ需要増加 • 高額な入居金をとる業態は苦戦 • 賃貸型が主流となる	──	• 住宅地およびその周辺 • リゾート地
	デイサービスセンター	• 高齢化社会を向かえ需要増加 • 有料老人ホーム，サ高住との複合	• 5km圏で常住人口1万以上（65歳以上の高齢者3,000人）	• 住宅地およびその周辺
物流系	レンタル倉庫	• IT化の進行，住宅事情等により需要は高まっている	──	• 生活道路サイド
	配送センター	• インターネット通販や日用品など消費関連企業が物流の効率化を狙って，需要が高まっている	──	• 幹線道路沿い

建築条件	家賃負担能力	評　価	備　　考
▪病床がなければ20坪前後 ▪プラス1床当たり5坪前後	▪地域の相場によるが，月・坪1万円前後	◎	診療所を集めたクリニックモールもあり
▪1床当たり6坪前後	▪一括借りで医療収入の8％程度	○	地域医療計画，医師会との調整が必要
▪18㎡以上の個室（トイレ付き） ▪10室程度を1ユニットとして共用部分が老人ホームより必要 ▪1ユニット110坪程度	▪月・坪5,000円〜6,000円	△	有料老人ホームの1業態
▪18㎡以上の個室（トイレ付き） ▪15室程度を1ユニットとして共用の食堂，浴室を含め，1ユニット170坪程度	▪月・坪5,000円〜6,000円	△	住宅系複合化の1候補
▪収容人数20〜50人 ▪1人当たり3㎡	▪月・坪6,000円〜8,000円	○	サ高住との複合も有効
▪1室5坪〜150坪	▪地域の相場によるが，月・坪4,000円前後	◎	空調設備を備えた高級路線
▪延床1,000坪以上 ▪大型車のアプローチ可	▪一括貸で月・坪4,000円前後	×	

れば問題はないが，複数の業種を複合する必要がある場合は，その組み合わせによって相乗効果が出る場合と，逆の場合がありうる。

この立地条件の場合，ワンルームマンション，SOHO，専門学校は，それぞれ単独の業種として立地が可能と考えられる。また，住宅系というコンセプトの中でワンルームとSOHOスタイルのマンションをミックスし，1階に診療所，医師会との調整がつけばクリニックモールという用途構成が考えられる。さらに専門学校をキーテナントとすれば，それに補完する文化教室等のサブテナントをミックスし教育系というコンセプトも考えられる。

次に，業種を複合させる場合に，相乗効果を発揮する業種の組み合わせについての原則的な考え方を述べる。

❶量の集積

同じ系統の業種を集積させ，量の集積効果により選択性を高め，商圏を拡げる。

ファッション系の専門店を集めた商業ビルや，ボーリング場，ゲームセンター，カラオケなどを集積したレジャービル，様々な業態の飲食店を集めた飲食ビル等が考えられる。

これが街区レベルにまで拡がった顕著な例として，秋葉原の電気街がある。秋葉原の商圏は，値段の安さと，豊富な品揃えの特化集積街として商圏は関東一円100km圏に拡がっている。

❷質の補完

顧客の生活行動を補完する業種を集め，利便性を高める。

たとえば，ビジネスホテルにレストランはもちろん，コンビニエンス・ストアーやレンタルビデオ店をテナントとして導入したり，共働き夫婦をターゲットとするマンションに託児所や様々な生活支援サービス施設を複合させる等が考えられる。

ただし，この場合，立地条件からみてそれぞれの業種単独でも採算がとれることが大前提であり，いくら補完的には欲しい業種であっても，単独店としての採算を度外視するのは危険である。

その業種単独でも採算がとれるが，さらに複数の業種が組み合わさって相乗効果が期待できる業種を選択する視点が重要である。

❸量の集積，質の補完

量の集積をベースに質の補完機能を導入する手法である。

ショッピングセンターの考え方が，基本的にこれにあたる。百貨店やGMSを核店舗とし，専門店を加えることで，品揃えの質的な補完と同時に量の集積を図っている。

さらに，単に買い物だけでなく，飲食を含む様々なサービス業やレジャー施設を加えることで，半日あるいは終日滞在の機能を補完することにより集客の増大効果を狙っている。

また，シティホテルも，数日間滞在しても顧客にすべてのサービスを提供できる業種を集積させるという意味で，考え方は同じである。

3

企画段階──その❷：

建築可能空間の算定と事業性のチェック

1 用途別必要建築機能

　用途構成企画により選択された企画案をベースに計画地の敷地形状や法規制などを考慮して実現できる建築空間をつくる作業が企画段階の建築計画である。

　計画地の敷地が充分に広く，事業計画において土地の取得費を考慮しなくてもよい前提ならば自由な建築計画が可能であるが，建築プロジェクトの大半は土地の最有効利用を目論むことが目的であり，それには計画地に係わる様々な法規制を考慮しなければならない。

　建築基準法第1条には，「この法律は，建築物の敷地，構造，設備及び用途に関する最低の基準を定めて，国民の生命，健康及び財産の保護を図り，もって公共の福祉の増進に資することを目的とする。」と規定されている。

　建築基準法上の規制を大きく分けると，次のようになる。

① 　建築用途に関する規制

② 　容積率などの建築規模に関する規制

③ 　高さなどの建築形態に関する規制

④ 　構造，避難などのそれぞれの建築に対する単体規制

　このうち④の単体規制は建築計画の内容に関する規制であり，これについては後記4の「建築基本計画」で詳述する。

　企画段階では，上記①〜③の規制によって計画地に建築可能なボリュームを算定する。

　具体的にいえば，計画用途が要求する建物の各階の床面積（建築面積）と延べ床面積がこれらの規制による建築可能面積の限度と整合しているかをチェックする。

　仮に100％の容積利用が可能だとしても，上層階になるにしたがって建築面積を小さくせざるをえない場合には，用途構成企画により選択された業種の要求機能を満足できないことがあり，用途構成に課題が残る。

　なお，近年，より良い街づくりの観点から，建築形態の規制を緩和する制度がいろいろ出されているので，これらの制度を計画の目的に整合させて利用していくことも重要である。

　図表5は，評価対象業種で選択した業種が要求する建築面積の基本ユニットとなるサイズ

と階高等を示している。原則として，この平面基本ユニットの組み合わせが各階の建築面積になる。

　法規制により，これより小さくなるような建築面積を上層階に積み上げていっても機能上使えないし，効率上も無理な計画となる。

図表5　評価対象業種の建築面積（平面基本ユニット）と最低基準階階高

立地可能業種		建築面積 （平面基本ユニット）		最低基準階 階高（m）	備　　　考
		幅（m）	奥行（m）		
住宅系	高級（外国人向け） マンション	12	9	3.5	南面が中心 採光を考慮
	一般（ファミリー向け） マンション	6	9	3.2	南面が中心 採光を考慮
	ワンルームマンション	3	8	3.2	採光を考慮
	学生ハイツ	3	6	3.2	採光を考慮 共用の食堂，談話室
	単身赴任者向け マンション	3	8	3.2	採光を考慮 共用の食堂，談話室
	サービス付き 高齢者専用住宅	3	9	3.2	個室25㎡ 台所，浴室付き
	SOHO	6	9	3.2	採光を考慮
業務系	一般事務所	10	5	3.5	方向性は自由
	銀行・金融	10	5	3.5	
	データセンター	20	20	4.0	
	研究施設	20	20	4.0	
	ショールーム	10	5	3.5	
商業系	百貨店	40	40	3.7	1階の階高は4.5
	GMS （大型スーパー）	30	30	3.5	1階の階高は4.0
	SM （スーパー・マーケット）	20	20	3.5	
	大型専門店	20	20	3.5	
	一般専門店	10	10	3.2	
	大型飲食店	15	15	3.5	
	一般飲食店	10	10	3.2	
	コンビニエンス・ ストアー	10	10	3.2	
ホテル系	ビジネスホテル	15	7	3.0	
	シティホテル				上層部はビジネスホテル 低層部は専門式場と同様
	専門式場	40	40	4.5	

立地可能業種		建築面積 (平面基本ユニット)		最低基準階 階高(m)	備　　考
		幅(m)	奥行(m)		
教育系	文化教室	10	5	3.5	方向性は自由
	カルチャーセンター	10	5	3.2	方向性は自由 採光を考慮
	専門学校	15	10	3.2	方向性は自由 採光を考慮
スポーツ・レジャー系	フィットネスクラブ	20	40*	4.0	*プールにより決まる 方向性は自由
	ボーリング場	20	40*	4.0	*レーンの長さにより決まる 方向性は自由
	シネマコンプレックス	60*	30*	6.0	*1館の大きさにより決まる 方向性は自由
	ゲームセンター	10	5	3.5	方向性は自由
	パチンコホール	10	20	3.5	方向性は自由
	カラオケ	10	5	3.2	方向性は自由
	スーパー銭湯	20	40	4.0	方向性は自由
医療系	診療所	5	10	3.2	採光を考慮
	病　院	10	20	3.5	採光を考慮
	グループホーム	3	6	3.2	個室18㎡×9室が1ユニット プラス食堂，浴室等
	有料老人ホーム	3	6	3.2	個室18㎡×15室が1ユニット プラス食堂，浴室等
	デイサービスセンター	5	10	3.2	採光を考慮
物流系	レンタル倉庫	3	9	3.5	方向性は自由
	配送センター	30	30	4.0	方向性は自由
付属駐車場	自走式	25	30	2.7	斜路の取りかた
	機械式 (水平循環)	12*	16		(*仕組みとして必要)
	機械式 (垂直循環)	8	8		

② 用途規制

　都市計画法第9条，建築基準法第48条，第52条〜第56条では，市街化区域に所在する建築物の用途をその敷地が属する地域に基づいて規制している。

　この地域は用途によって区別されることから「用途地域」と呼ばれ，次の12種に分けて，それぞれ立地可能な業種が設定されている。

> ・住居系——第1種低層住居専用地域，第2種低層住居専用地域，第1種中高層住居
> 　　　　　専用地域，第2種中高層住居専用地域，第1種住居地域，第2種住居地域，
> 　　　　　準住居地域，田園住居地域の8地域
> ・商業系——近隣商業地域，商業地域の2地域
> ・工業系——準工業地域，工業地域，工業専用地域の3地域
> ・上記以外の無指定地域

　これらの地域における建築制限の内容は**図表1**（22ページ〜25ページ）に示してある。

　この用途規制に基づき，評価対象業種として設定した40業種と付属駐車場に対して，業種からみた規制内容を**図表6**に示す。

図表6　評価対象業種別用途規制

		第1種低層住専	第2種低層住専	田園住居地域	第1種中高層住専	第2種中高層住専
住宅系	高級（外国人向け）マンション	○	○	○	○	○
	一般(ファミリー向け)マンション	○	○	○	○	○
	ワンルームマンション	○	○	○	○	○
	学生ハイツ	○	○	○	○	○
	単身赴任者向けマンション	○	○	○	○	○
	サービス付き高齢者専用住宅	○	○	○	○	○
	SOHO	○	○	○	○	○
業務系	一般事務所	×	×	×	×	2階以下1,500㎡以下
	銀行・金融	×	×	×	×	2階以下1,500㎡以下
	データセンター	×	×	×	×	2階以下1,500㎡以下
	研究施設	×	×	2階以下（農産物主体）150㎡以下	×	2階以下1,500㎡以下
	ショールーム	×	×	×	×	2階以下1,500㎡以下
商業系	百貨店	×	×	×	×	×
	GMS（大型スーパー）	×	×	×	×	×
	SM（スーパー・マーケット）	×	×	×	×	2階以下1,500㎡以下
	大型専門店	×	×	×	×	2階以下
	一般専門店	×	2階以下150㎡以下	2階以下（農産物主体）500㎡以下	2階以下500㎡以下	2階以下1,500㎡以下
	大型飲食店	×	×	×	2階以下500㎡以下	2階以下1,500㎡以下
	一般飲食店	×	2階以下150㎡以下	×	2階以下500㎡以下	2階以下1,500㎡以下
	コンビニエンス・ストアー	×	2階以下150㎡以下	×	2階以下500㎡以下	2階以下1,500㎡以下
ホテル系	ビジネスホテル	×	×	×	×	×
	シティホテル	×	×	×	×	×
	専門式場	×	×	×	×	×
教育系	文化教室	×	2階以下150㎡以下	2階以下500㎡以下	2階以下500㎡以下	2階以下1,500㎡以下
	カルチャーセンター	×	2階以下150㎡以下	×	2階以下500㎡以下	2階以下1,500㎡以下
	専門学校	×	×	×	○	○
スポーツ・レジャー系	フィットネスクラブ	×	×	×	×	×
	ボーリング場	×	×	×	×	×
	シネマコンプレックス	×	×	×	×	×
	ゲームセンター	×	×	×	×	×
	パチンコホール	×	×	×	×	×
	カラオケ	×	×	×	×	×
	スーパー銭湯	○	○	○	○	○
医療系	診療所	○	○	○	○	○
	病院	×	×	×	○	○
	グループホーム	○	○	○	○	○
	有料老人ホーム	○	○	○	○	○
	デイサービスセンター	○	○	○	○	○
物流系	レンタル倉庫	×	×	×	×	○
	配送センター	×	×	×	×	×
付属駐車場	自走式・機械式	1階以下600㎡以内駐車場以外の延べ床以内	1階以下600㎡以内駐車場以外の延べ床以内	1階以下600㎡以内駐車場以外の延べ床以内	2階以下3,000㎡以内駐車場以外の延べ床以内	2階以下3,000㎡以内駐車場以外の延べ床以内

第1種住居	第2種住居	準住居	近隣商業	商　業	準工業	工　業	工業専用
○	○	○	○	○	○	○	×
○	○	○	○	○	○	○	×
○	○	○	○	○	○	○	×
○	○	○	○	○	○	○	×
○	○	○	○	○	○	○	×
○	○	○	○	○	○	○	×
○	○	○	○	○	○	○	×
3,000㎡以下	○	○	○	○	○	○	○
3,000㎡以下	○	○	○	○	○	○	○
3,000㎡以下	○	○	○	○	○	○	○
3,000㎡以下	○	○	○	○	○	○	○
3,000㎡以下	○	○	○	○	○	○	○
×	10,000㎡以下	10,000㎡以下	○	○	○	10,000㎡以下	×
×	10,000㎡以下	10,000㎡以下	○	○	○	10,000㎡以下	×
3,000㎡以下	10,000㎡以下	10,000㎡以下	○	○	○	10,000㎡以下	×
3,000㎡以下	10,000㎡以下	10,000㎡以下	○	○	○	10,000㎡以下	×
3,000㎡以下	10,000㎡以下	10,000㎡以下	○	○	○	10,000㎡以下	×
3,000㎡以下	10,000㎡以下	10,000㎡以下	○	○	○	10,000㎡以下	×
3,000㎡以下	10,000㎡以下	10,000㎡以下	○	○	○	10,000㎡以下	×
3,000㎡以下	10,000㎡以下	10,000㎡以下	○	○	○	10,000㎡以下	×
3,000㎡以下	○	○	○	○	○	×	×
×	○	○	○	○	○	×	×
3,000㎡以下	○	○	○	○	○	×	×
3,000㎡以下	○	○	○	○	○	○	×
3,000㎡以下	○	○	○	○	○	○	×
○	○	○	○	○	○	×	×
3,000㎡以下	○	○	○	○	○	○	×
3,000㎡以下	○	○	○	○	○	○	×
×	×	200㎡以下	○	○	○	×	×
×	○	○	○	○	○	○	×
×	○	○	○	○	○	○	×
×	○	○	○	○	○	○	○
○	○	○	○	○	○	○	○
○	○	○	○	○	○	×	○
○	○	○	○	○	○	○	×
○	○	○	○	○	○	○	×
○	○	○	○	○	○	○	×
×	×	○	○	○	○	○	○
2階以下 駐車場以外の延べ床以内	2階以下 駐車場以外の延べ床以内	○	○	○	○	○	○

③ 規模規制

各用途地域には，建物の用途以外に建物規模を規制する容積率や建ぺい率などが，それぞれの用途地域の特徴にそって定められている。

また，容積率および建ぺい率は，同じ用途地域でもそれぞれの場所や土地の実状に応じて何段階かに分けて設定されているので確認する必要がある。

(1) 容積率制限

容積率とは，建築延べ床面積の敷地面積に対する割合をいう（建築基準法第52条）。

この最高限度が都市計画で定められる用途地域ごとに設定されている。

ただし，次のような特例がある。

❶計画地が接している前面道路が12m未満の場合

前面道路の幅員に，第1種低層住居専用地域から準住居地域までは0.4を，近隣商業地域から無指定までは0.6をかけた値が，計画地の基準容積率よりも小さい場合は，この数値により規制される（建築基準法第52条第2項）。

たとえば商業地域で，基準容積率が600％であっても，前面道路の幅員が8mとすると，8m×0.6＝4.8となり，480％がその敷地の容積率となる。

ただし，敷地に接する道路の幅員が6m以上で，幅員15m以上の道路から70m以内にある場合は，**図表7**のように緩和される。

図表中のL（幅員15mの道路からの距離）が35m，前面道路の幅員が8m（Wr）とすると，

$$Wa = (12-8) \times (70-35) / 70 = 2$$

となり，前面道路の幅員は2m広くみなされて10mとなる。

その結果，10m×0.6＝6.0となり，基準容積率と同じ容積率とみなされることになる。

図表7 容積緩和

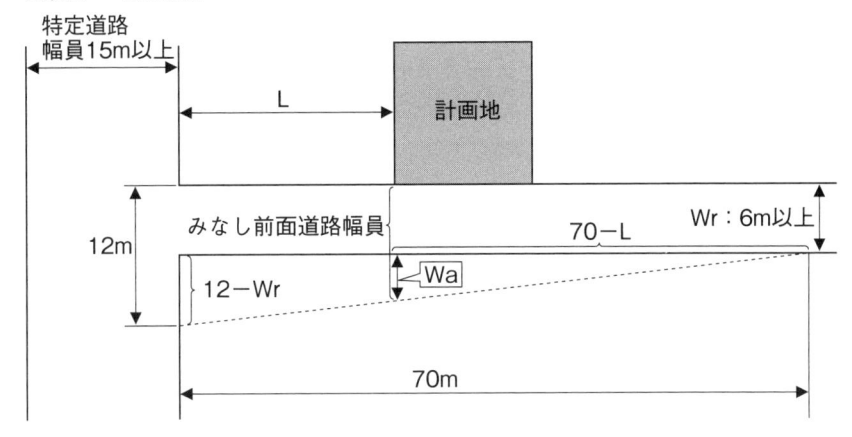

$$Wa＝（12－Wr）×（70－L）／70$$

$$計画地の容積率＝（Wa＋Wr）×6／10（または4／10）$$

$$\begin{pmatrix} Wa：建築基準法第52条第9項の政令による数値（m）\\ Wr：前面道路の幅員（m）\\ L：計画地から特定道路までの距離（m）\end{pmatrix}$$

❷用途による緩和

① 自動車車庫，その他自動車の停留・駐車施設の用に供する部分の床面積について，建物の延べ床面積の5分の1までは容積率対象の床面積から除くことができる。

② 共同住宅で，住宅の用に供する部分を地階に設けた場合は，その住宅の用に供する部分の延べ床面積の3分の1までは容積率対象の床面積から除くことができる。

③ 共同住宅の共用廊下または階段部分は，容積率対象の床面積から除くことができる。

④ その他，都市施設といわれる発電室，大型受水槽室，コージェネレーション施設などの用途に対して容積率緩和の特例がある。

⑤ 観光立国を目指して，宿泊施設の整備に対し，その割合に応じて指定容積率の1.5倍以下かつ300％を上限に容積率を緩和する。

なお，計画地の地域地区が二つ以上にまたがり，それぞれの容積率が異なる場合は，それ

図表8 異容積

$$\frac{（400％×300㎡）＋（200％×200㎡）}{300㎡＋200㎡}＝320％$$

ぞれの容積率の加重平均が計画地全体の容積率とされる。

たとえば**図表8**のような場合は，前ページの計算により320％となる。

(2)　建ぺい率制限

建ぺい率とは，建築面積（建築物の外壁またはこれに代わる柱の中心で囲まれた部分の水平投影面積）の敷地面積に対する割合をいい，容積率と同様に最高限度が用途地域ごとに設定されている。ただし，次の緩和規定がある（建築基準法第53条）。

①　防火地域における耐火建築物に対しては，原則10％上乗せする。

②　角地（道路交差点，道路と公園，道路と河川などに，当該敷地の二辺以上が一定の割合で接している敷地）の場合は，すべての用途地域に対して10％上乗せする。

したがって，上記の二つにあてはまる場合は20％の上乗せとなり，基準建ぺい率が80％の地域では100％となる。

なお，防火地域とは，火災発生の危険性が高い密集地域の建物に建築構造上の規制をかけることにより都市の不燃化を図ることを目的にして，用途地域とは別に定められているエリアである。

なお，計画地が建ぺい率規制の異なる二つの地域にまたがる場合は，容積率と同様に，それぞれの敷地に対する加重平均となる。

4 形態規制

　形態規制の主なものは建物の高さに関する制限であり，これまでは斜線制限と日影規制で規制されていた。

　従来の斜線制限では，まず敷地境界線上での建物の高さを定め，敷地境界線から離れるほど建てられる高さが高くなるようになっており，主な斜線制限には道路斜線，隣地斜線，北側斜線がある。

　その他に，各自治体が高度利用地区内で定める高度斜線などがあるが，考え方は同じであり，個々の斜線制限をチェックし，制限のきついものが適用される。

　なお，屋上にある階段室や機械室等で，建築面積の8分の1以下のものは斜線制限の対象に含めない。

　その結果，敷地境界線から斜めにカットした建物が数多く出現し，デザインの自由性や，街並みの景観などが損なわれていた。

　平成15年の建築基準法の改正により，「天空率」という形態制限の考え方が導入され，建築物の特定部分の高さを制限するのではなく，建築物全体で従来の斜線制限と同等以上の天空率が確保されていれば規制を満足するという性能規定が付与されることになった。

　したがって，従来の斜線制限を満足している建築物は改正後の法規を満足していることになるし，新たに計画する場合は，特定の斜線制限ごとに従来の法規と改正後の法規のどちらかを選べることになる。

　この形態規制の大幅な緩和により，従来よりも高く，効率のよい建築計画が可能になったといえよう。

　また，日影規制は，建物によって生じる1日のうちの最長の日影時間を定めている。

　この規制は，商業地域，工業地域および工業専用地域以外の用途地域に課せられており，上記の斜線制限等をクリアしても，この日影規制によって建築可能な形態が決まることが多く，特に住居系の用途地域についてはチェックが必要である。

(1) 道路斜線制限

道路斜線制限とは，敷地境界線が道路に接している場合に適用される制限である（建築基準法第55条，第56条，第91条，別表第三）。

道路の反対側の境界線から当該敷地側の上空に向かって指定された勾配で斜面をつくり，その斜面と敷地で囲まれた領域が建築できる範囲となる。

用途地域別に指定されている斜線制限の数値を**図表9，10**に示す。

なお，この図表中の適用距離（L）とは道路斜線が影響する範囲のことであり，道路の反対側から適用距離を超える部分に対しては道路斜線はかからない。また，数値／1が指定される勾配となる。

これに対して，次のような緩和規定がある。

①　建築物を道路境界線から後退して建築する場合は，後退した距離だけ敷地の反対側の道路境界線が後退したものとみなすことができる（**図表9のℓ₁**）。

②　道路を挟んで反対側に公園，水面，鉄道線路などがあるときには，それらの幅を加えた距離を道路幅員とみなすことができる。

③　幅員の異なる二以上の道路に接している場合は，広い方の道路境界線から道路幅員の2倍かつ35m以内の範囲については，狭い道路も広い道路の幅員による制限が適用される。また，この範囲を超える部分でも，狭い道路の中心から10mを超える範囲については，最も広い道路幅員を前面道路とみなすことができる。

(2) 隣地斜線制限

隣地斜線制限とは，敷地境界線が隣地に接している場合に適用される制限である（建築基準法第56条第1項第2号）。

隣地境界線上の高さの限界は直接与えられている。

敷地内については，敷地境界線上の高さ制限の上端から指定された勾配で斜面をつくり，その斜面と敷地で囲まれた領域が建築できる範囲となる。

用途地域別に指定されている隣地斜線制限の数値を**図表9，10**に示す。

これに対して，次のような緩和規定がある。

①　建築物を隣地境界線から後退して建築する場合は，後退した距離だけ隣地境界線が後退したものとみなすことができる（**図表9のℓ₂**）。

②　敷地の地盤面が隣地の地盤面より1m以上低い場合は，高低差から1mを差し引き，残りの1／2だけ敷地の地盤面が高い位置にあるものとみなす。

図表9 斜線制限

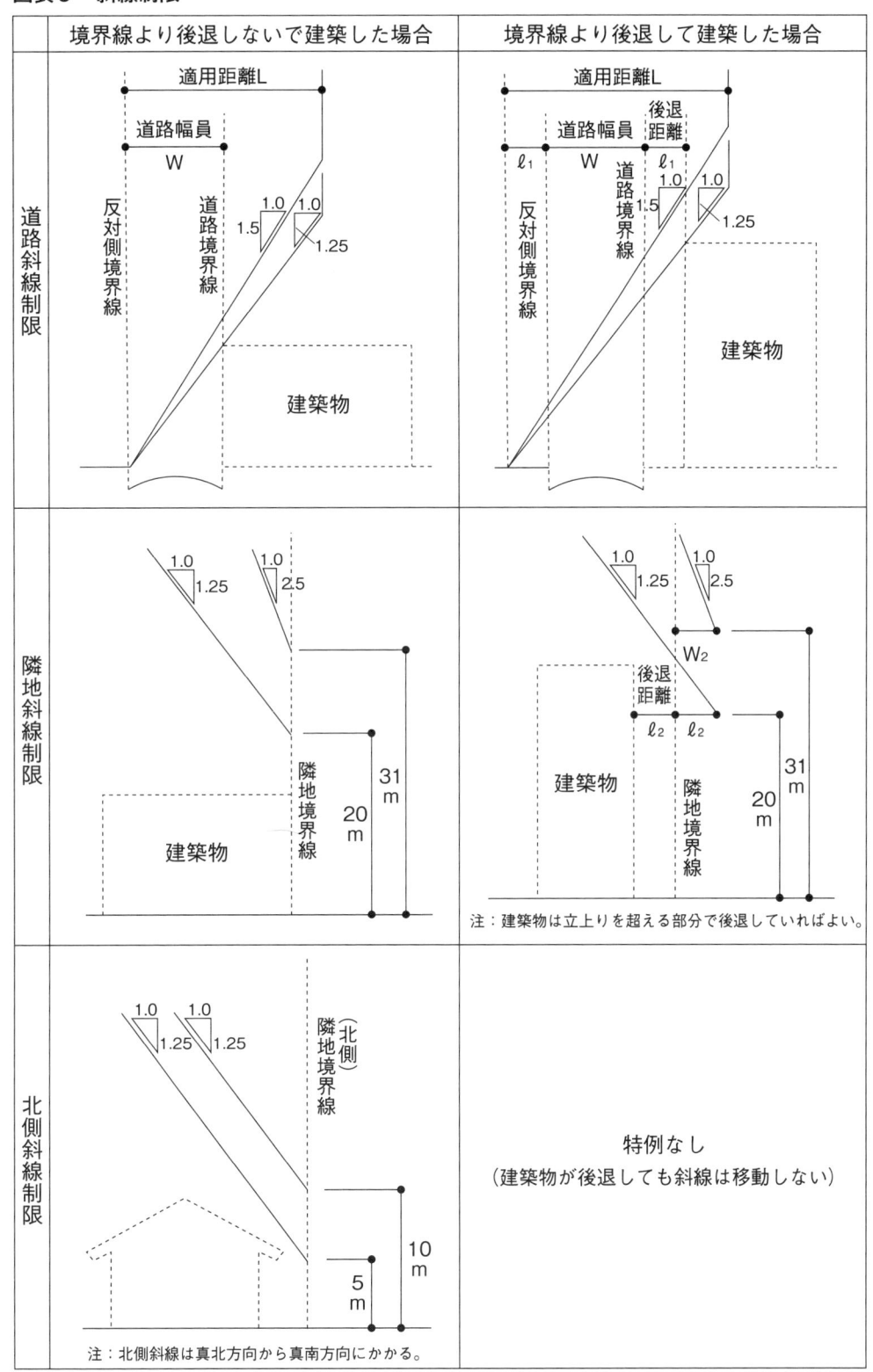

境界線より後退しないで建築した場合	境界線より後退して建築した場合

道路斜線制限

隣地斜線制限

注：建築物は立上りを超える部分で後退していればよい。

北側斜線制限

特例なし
（建築物が後退しても斜線は移動しない）

注：北側斜線は真北方向から真南方向にかかる。

図表10　斜線制限

用途地域	容積率	道路斜線		隣地斜線	北側斜線
		適用距離(L)	数　値	数　値	数　値
第1種低層住居専用地域 第2種低層住居専用地域 田園住居地域	200%以下	20m	1.25	絶対高さ 10m(12m)	5m+1.25
第1種中高層住居専用地域 第2種中高層住居専用地域	200%超え300%以下	25m		20m+1.25	10m+1.25
第1種住居地域 第2種住居地域	300%超え400%以下	30m			な　し
準住居地域	400%以下	35m			
近隣商業地域 商業地域	400%以下	20m	1.5	31m+2.5	
	400%超え600%以下	25m			
	600%超え800%以下	30m			
	800%超え1,000%以下	35m			
	1,000%超え1,100%以下	40m			
	1,100%超え1,200%以下	45m			
	1,200%超え	50m			
準工業地域 工業地域 工業専用地域	200%以下	20m	1.5	31m+2.5	
	200%超え300%以下	25m			
	300%超え400%以下	30m			
	400%超え	35m			
無指定地域	200%以下	20m	1.5	31m+2.5	
	200%超え300%以下	25m			
	300%超え	30m			

　③　隣地が公園，広場，水面等に接する場合は，それらの幅員の1／2だけ外側に隣地境界線があるものとみなす。

　なお，第1種および2種低層住居専用地域には絶対高さの制限（10mまたは12m）があり，これ以上に高い建物は建てられない。

(3)　北側斜線制限

　第1種，2種低層住居専用地域および第1種，第2種中高層住居専用地域において，少しでも北に面している敷地境界線に対して適用される制限である（建築基準法第55条，第56条，同法施行令第135条の4）。

　境界線上の高さ制限の上端から指定された勾配で斜面をつくる。

　ただし，斜面の方向は南北軸に平行とする（他の斜線制限は境界線に直角）。

その斜面と敷地で囲まれた領域が建築できる範囲となる。その数値を**図表9，10**に示す。なお，敷地が道路に接している場合は，反対側の道路境界線から上記の数値を適用する。また，緩和事項としては，隣地斜線における緩和規定の②，③が同様に適用される。

⑷　天空率

　建築基準法の改正により，平成15年1月1日から，従来の道路斜線制限，隣地斜線制限，北側斜線制限と同等以上の採光，通風等が確保される建築物については，これらの制限を適用しなくてもよいという規制緩和がなされた（建築基準法第56条第7項，同法施行令第135条の5〜第135条の8）。

　この改正により，街中でよく見受けられる，道路に向かって斜めにちょん切られるような建物以外の選択肢が増すことになり，自由な建築可能空間の創出ができることになった。

　この際の判断基準として用いられる手法が「天空率」である。

　天空率とは，ある測定点に立って空を見上げた場合，頭上に広がる全天空の面積に対して，建物等によってさえぎられる部分の割合をいう。

　したがって，視界をさえぎるものが何一つない状況では，天空率は100％となる。

　その算定方法は，以下のように行う。

①　測定点を中心として，その水平面上に半球（これを「天球」という）を想定する。

②　この天球の表面に，測定点を投影の中心として計画している建築物を投影する。

③　次に，天球を水平面上に正投影する。この投影図を「天空図」という。

④　天空図上の建築物の投影面積を天空図全体の面積から引いて，天空図全体の面積で割った値が天空率となる。

　図表11（75ページ）の**図A**に示す建物が，従来の斜線制限により建築可能な範囲の建物とする（これを「適合建築物」という）と，これの天空率は，**天空図-A**から求める。

　次に，新たに建築計画を行い，道路よりセットバックしたり，間口寸法を縮小することにより（これを「計画建築物」という），天空図は**天空図-B**のようになったとする。

　その結果，**天空図-A**よりも，**天空図-B**のほうが天空率の値が上回ったとすると，従来の斜線制限で建てられなかった高さを超えて，**図B**のような建物を建築できることになる。

❶適合建築物

　適合建築物とは，従来の斜線制限で建てられる範囲を建築物に置き換えたもので，斜線制限ごと（規制条件が変わる場合は，その規制が適用される範囲ごとに区分），および境界線ごとに適合建築物を区分けし，その適合建築物と計画建築物の天空率を比較するために設定するものである。

　設定に対しての考え方は，先に述べた，道路斜線制限，隣地斜線制限，北側斜線制限の規

制内容を基本とするが，以下の注意が必要となる。

① 境界線ごとの適合建築物の立ち上げは，各境界線から計画建物の後退位置までの間であれば，どの位置に立ち上げてもよいことになっている。

② 計画建物の高さに合わせて適合建築物を設定する必要があるため，敷地に3m以上の高低差がある場合は，3m以内ごとの高さに区分けする。

③ 道路境界線に対しては，斜線制限の適用距離（**図表10**中のL）までが，適合建築物の設定範囲となる。

④ 北に面する境界線に対しては，すべての境界線をひとつの適合建築物として設定する。

❷計画建築物

計画用途が必要とする平面形状や，容積率等の規模規制を想定した計画建物を設定する。

なお，通風・採光をさえぎるものという観点から，従来の斜線制限では考慮しなくてもよい，屋上にある階段室，機械室等で，建築面積の1／8以下の建築物も，天空率の算定においては，すべて計画建築物に算入しなければならない。

❸測定ポイント（天空率算定位置）

適合建築物と計画建築物の天空率を求めるために必要となる測定ポイント（算定位置）は，次のように定められている。

なお，同じ境界線であっても，規制条件が変わる場合は，その規制が適用される範囲ごとに区分して設定する。

そして，これらの測定ポイントのすべてにおいて，適合建築物の天空率より，計画建築物の天空率のほうが上回っていなければならない（安全率を考慮して，0.02％以上の差を確保）。

①道路斜線

前面道路の反対側が測定ラインとなり，両端およびその間を，道路幅員の1／2以内の等間隔で測定する。

②隣地斜線

隣地斜線の勾配が1.25の場合は，隣地境界線から水平距離16mが測定ラインとなり，両端およびその間を，8m以内の等間隔で設定する。

隣地斜線の勾配が2.5の場合は，隣地境界線から水平距離12.4mが測定ラインとなり，両端およびその間を，6.2m以内の等間隔で設定する。

③北側斜線

第1種および第2種低層住居専用地域（5m立ち上がり）の場合は，北側境界線から真北方向に水平距離4mが測定ラインとなり，両端およびその間を，1m以内の等間隔で設定する。

第1種および第2種中高層住居専用地域（10m立ち上がり）の場合は，北側境界線から真北方向に水平距離8mが測定ラインとなり，両端およびその間を，2m以内の等間

図表11　天空率のイメージ（住居系用途地域）

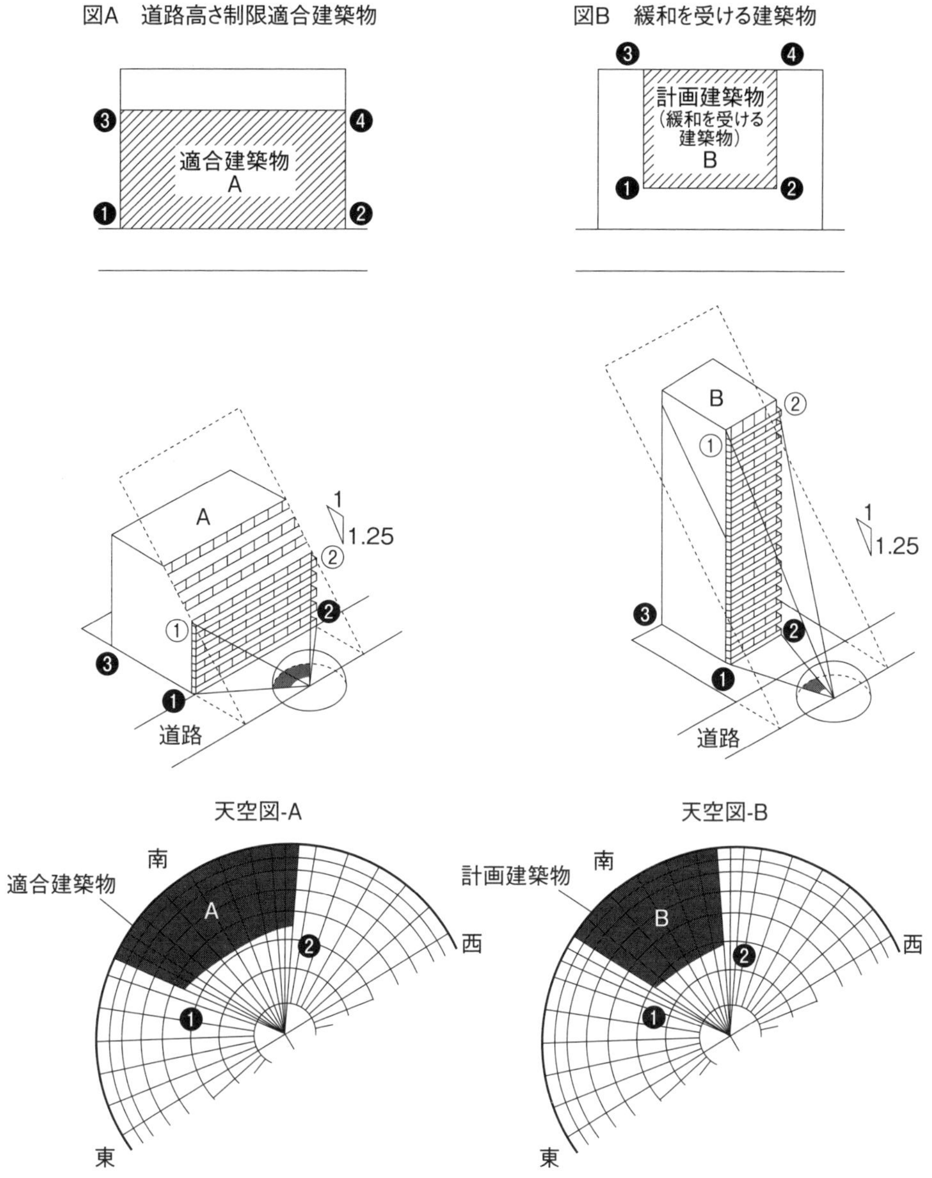

図A　道路高さ制限適合建築物

図B　緩和を受ける建築物

天空図-A

天空図-B

　隔で設定する。

　なお，測定ポイントの高さは計画敷地の地盤面であるが，道路や隣地の地盤面と高低差が
あり，従来の斜線制限の緩和を適用した場合は，その高さが測定ポイントの高さになる。

❹確認申請時のチェック項目と添付図書

　天空率による斜線制限の適用除外を受ける場合，建築確認審査におけるチェックポイント
は，以下のような項目である。

　・適合建築物が，斜線制限ごとに正しく区分されているか。

・測定ポイントが，正しく配置されているか。

・天空率の計算結果が，正しいか。

これらのチェックを受けるためには，以下のような添付図書が必要となる。

①配置図

基本的には，一般申請における配置図と同様だが，天空率を算定する建築物単位で分けることと，測定ポイントの位置を明示する必要がある。

②天空図と天空率計算結果表

正射投影法で描かれた適合建築物，計画建築物の測定ポイントごとの天空図と，天空率の算定結果表で，すべてのポイントで計画建築物の天空率が上回ることを判定する。

③求積図と正射投影図（建築物）位置確認表

天空率計算結果の合否を判断するために，建築物の正射投影面積（天空率のマイナス部分）を算定するための三斜求積図である。

測定ポイントごとに，「各建築物ポイントの高さ」，「各建築物ポイントまでの水平距離」，「測定ポイントから各建築物ポイント高さまでの角度（仰角）」，「方位角」，「天空図上の建築物投影部分の天空図（円）中心から建築物頂部までの距離」を表記する。

ただし，審査機関によっては別の判断基準があり，必要としない場合もある。

❺簡易チェック法

以上のように，天空率を正確に算出するためには，大量で複雑な計算を必要とするため，コンピュータに頼らなければならない。

また，計画をチェックする際に，「逆天空率」といって，設定した計画建物に対して，その天空率の正否を判定するソフトも販売されている。

企画段階においても，これらのソフトを使ってチェックするほうが正確な答えが得られるが，ここでは，コンピュータを使わずに簡易に検討する方法を解説する。

① ひとつの境界線に対して，計画建物の壁面線の位置を設定する。

② その位置における，適合建築物の立面積を算出する。

③ 同様に，計画建築物の立面積を算出する。

④ ②＞③ならば，OKとなる。

⑤ 以上のチェックを，境界線ごとに行う。

ただし，この方法は簡易的なものであり，②と③の差の余裕をみておくことが必要である。

(5) 日影規制

日影規制は，計画建物が一定の日に，一定の場所につくる影が，一定の時間をこえてはならないという規制であり，住居系地域などにおいて，中高層建物の建設による日照条件の悪

化を防ぐ目的でつくられた制度である（建築基準法第56条の2，同法施行令第135条の12，第135条の13）。

天空率により高さ制限をクリアしても，日影規制により建てられない場合があるのでチェックを要する。

❶規制対象

商業地域，工業地域，工業専用地域においては，日影規制はかからない。

ただし，計画地がこれらの用途地域に属していても，日影を及ぼす地域がそれ以外であれば規制の対象となる。

規制対象となる地域において，地盤面からの高さが10mを超える建物（第1種，第2種低層住居専用地域においては，軒高が7mを超える建物または地階を除いた階数が3階以上の建物）が日影規制の対象となる。

なお，屋上の階段室，機械室等で，水平投影面積の合計が建築面積の1／8以内のものは，その部分の高さ5mまでは規制対象の高さに算入しなくてもよいことになっている（建築基準法施行令第2条第1項第6号ロ）。

計画建物が日影時間の制限の異なる二つの地域にまたがる場合には，その建物の各部分が属している地域ごとに高さを測り，対象建築物になるかどうかを決めることになる。

ただし，対象建築物になった場合には，建物全体が規制対象となる（建築基準法施行令第135条の13）。

同一敷地内に二つ以上の建築物がある場合も同様であり，これらの全部の建物を一つの建築物とみなし，どれか一つの建物が規制対象となれば，全部の建物が規制対象となる（建築基準法第56条の2第2項）。

❷規制対象時間

「一定の日」とは，冬至日の真太陽時による8時〜16時（北海道では9時〜15時）の間をいう。

「真太陽時」とは，計画地における太陽の動きを基本とした時刻であり，我が国では，東経135度にある明石市の真太陽時を全国の中央標準時として採用しているため，通常使っている時刻とは多少異なる。

日影時間は，この1日のうちで日差しがさえぎられていた時間の総量となるため，最大でも8時間（北海道では6時間）ということになる。

❸日影制限時間

「一定の場所」とは，敷地境界線からの水平距離が，10m以内と，10mを超える場所に分かれ，その場所において日影になる「一定の時間」を超えてはならないとされている。

建築基準法別表第四に示されている規制値を**図表12**に示す。

これに基づき，地方自治体によって，用途地域，容積率のように，地域ごとにこの規制時間が定められている。

図表12　日影規制（建築基準法別表第四）

	(い) 地域または区域	(ろ) 制限を受ける建築物	(は) 平均地盤面からの高さ		(に) 敷地境界線からの水平距離が10m以内の範囲における日影時間	(に) 敷地境界線からの水平距離が10mを超える範囲における日影時間
1	第1種低層住居専用地域 第2種低層住居専用地域 田園住居地域	軒の高さが7mを超える建築物または地階を除く階数が3以上の建築物	1.5m	(1)	3時間（道の区域内にあっては、2時間）	2時間（道の区域内にあっては、1.5時間）
				(2)	4時間（道の区域内にあっては、3時間）	2.5時間（道の区域内にあっては、2時間）
				(3)	5時間（道の区域内にあっては、4時間）	3時間（道の区域内にあっては、2.5時間）
2	第1種中高層住居専用地域 第2種中高層住居専用地域	高さが10mを超える建築物	4m または 6.5m	(1)	3時間（道の区域内にあっては、2時間）	2時間（道の区域内にあっては、1.5時間）
				(2)	4時間（道の区域内にあっては、3時間）	2.5時間（道の区域内にあっては、2時間）
				(3)	5時間（道の区域内にあっては、4時間）	3時間（道の区域内にあっては、2.5時間）
3	第1種住居地域 第2種住居地域 準住居地域 近隣商業地域 準工業地域	高さが10mを超える建築物	4m または 6.5m	(1)	4時間（道の区域内にあっては、3時間）	2.5時間（道の区域内にあっては、2時間）
				(2)	5時間（道の区域内にあっては、4時間）	3時間（道の区域内にあっては、2.5時間）
4	用途地域の指定のない区域	イ 軒の高さが7mを超える建築物または地階を除く階数が3以上の建築物	1.5m	(1)	3時間（道の区域内にあっては、2時間）	2時間（道の区域内にあっては、1.5時間）
		ロ 高さが10mを超える建築物	4m	(2)	4時間（道の区域内にあっては、3時間）	2.5時間（道の区域内にあっては、2時間）
				(3)	5時間（道の区域内にあっては、4時間）	3時間（道の区域内にあっては、2.5時間）

この表において、平均地盤面からの高さとは、当該建築物が周囲の地面と接する位置の平均の高さにおける水平面からの高さをいうものとする。

図表13　東京都における日影規制（東京都日影による中高層建築物の高さの制限に関する条例）
〔別表第1〕——対象区域および規制値

	対象区域			規制値
	地　域	容積率	高度地区	
一	第1種低層住居専用地域，第2種低層住居専用地域，田園住居地域	$\frac{5}{10}$, $\frac{6}{10}$ または $\frac{8}{10}$	第1種高度地区	(1)
		$\frac{10}{10}$ または $\frac{15}{10}$	第1種高度地区または第2種高度地区	(2)
		$\frac{20}{10}$	第1種高度地区または第2種高度地区	(3)
二	第1種中高層住居専用地域または第2種中高層住居専用地域	$\frac{10}{10}$ または $\frac{15}{10}$	第1種高度地区または第2種高度地区	(1)
		$\frac{20}{10}$	第1種高度地区または第2種高度地区	(1)
			第3種高度地区	(2)
		$\frac{30}{10}$	第2種高度地区	(1)
			第3種高度地区	(2)
三	第1種住居地域，第2種住居地域または準住居地域	$\frac{20}{10}$	第1種高度地区，第2種高度地区もしくは第3種高度地区または指定なし	(1)
		$\frac{30}{10}$	第2種高度地区	(1)
			第3種高度地区または指定なし	(2)
四	近隣商業地域	$\frac{20}{10}$	第2種高度地区または第3種高度地区	(1)
		$\frac{30}{10}$	第2種高度地区	(1)
			第3種高度地区	(2)
五	準工業地域	$\frac{20}{10}$	第1種高度地区，第2種高度地区または第3種高度地区	(1)
			指定なし	(2)
		$\frac{30}{10}$	第2種高度地区	(1)
			第3種高度地区	(2)

（注）　「規制値」欄の数字は，建築基準法別表第四（図表12）の(に)欄に掲記されている数字を指す。

〔別表第2〕——別表第1による対象区域から除く区域

	区　　　域	地域地区		
		地　域	容積率	高度地区
1	千代田区のうち，紀尾井町，麹町6丁目，三崎町1丁目，神田駿河台2丁目，神田駿河台4丁目，神田淡路町2丁目および外神田2丁目の各地内の区域	第1種住居地域	$\frac{30}{10}$	指定なし
2〜46	〔省　　略〕			

東京都の例を**図表13**（79ページ）に示す。

❹測定線

敷地境界線から5m以内の場所は規制対象から除外されているので、日影時間をチェックするためには、敷地境界線から5mおよび10m離れた線を作図する。

この線を、「5m測定線」、「10m測定線」と呼ぶ。

敷地が幅員10m以下の道路や川などに接する場合には、敷地境界線はその幅員の1／2だけ外側にあるものとみなされ、それらの幅員が10mを超える場合には、反対側の境界線から敷地側に5m寄った線が敷地境界線とみなされる（建築基準法施行令第135条の12第1項第1号）。

そして、この測定線が日影時間の規制の異なる地域にまたがる場合は、測定線が位置するそれぞれの地域の規制に応じて制限を受けることになる。

したがって、計画地が日影規制対象の区域外であっても、測定線が規制対象の区域内にあれば規制を受けることになる（建築基準法施行令第135条の13）。

❺測定面

日影時間は、同じ場所でも測定する高さによって異なる。

日影時間は、地盤面から4m（第1種、第2種低層住居専用地域では1.5m）の高さの平面でチェックすることになっている。

この平面を「測定面」と呼ぶ。

ただし、隣地の地盤面が1m以上高い場合には、その高低差から1m引いたものの1／2だけ敷地の地盤面が高いところにあるものとみなされる（建築基準法施行令第135条の12第1項第2号）。

❻チェックポイントと提出図書

以上にもとづいて日影規制をチェックするさまざまなコンピュータソフトが市販されている。

コンピュータを使ってアウトプットされる日影規制に関する図面等には次のようなものがある。

①時刻日影図

確認申請図書の提出時に必要となる図面である。

冬至日において、計画建物が測定面につくり出す各時刻の影の形状で、計画建物の影の影響が及ぶ範囲を確認できる。

ただし、これで直接に日影規制の合否を確認することはできない。

②等時間日影図

測定面上で、対象となる建物による日影時間の中で同じ値を持つ地点をつないだ曲線を「等時間線」という。

計画地に対して規制されている日影規制時間の等時間線を作図し，測定線と整合させれば，そのまま日影規則の合否を確認することができる。

各等時間線が各測定線内に完全に入っていれば，日影規制をクリアしているということになる。

③日影チャート

測定線上における日影時間を表示した表であり，前記の等時間線だけでは日影規制の合否の判断が難しい場合（たとえば，等時間線と測定線が重なって見えるようなとき）に利用する。

一般的に，等時間線よりも誤差が少なく，計算結果の確認も楽にできる。

④逆日影計算プログラム

計画敷地内に一定のメッシュによるポイントを設定し，そのポイントごとに日影規制等をクリアする建築可能な高さを算出する。

アウトプットとしては，アイソメトリック的に示す鳥かご図，平面的に見た等高線図，断面図等があり，計画初期にチェックするには便利なソフトである。

(6)　日ざし曲線メジャー

企画段階において，建築可能なボリュームを算出するためには，日影規制のチェックは避けて通れない。

ここでは，コンピュータソフトを使わずに，企画段階で初期のチェックをする方法として，彰国社発行，日照計画研究会編の日ざし曲線メジャーといわれるチャート図を使って算出する方法を解説する。

なお，この作成根拠は難解であるため割愛する。

①基準点Ｐ

日影時間を算出する測定点であり，敷地境界から５ｍ，10ｍの線上の点となる。

②時刻線

基準点Ｐから見た太陽方向を示す直線として，１時間を６等分して，10分単位で示している。

③等高線

水平面からの高さを示す双曲線である。この等高線より建物の相対高さが上回ったポイントと基準点Ｐの範囲が，日影になる範囲である。

縮尺は１／200を基本としており，１／100，１／500に対応できるように，メモリを分けて表示している。

④方　位

図表14

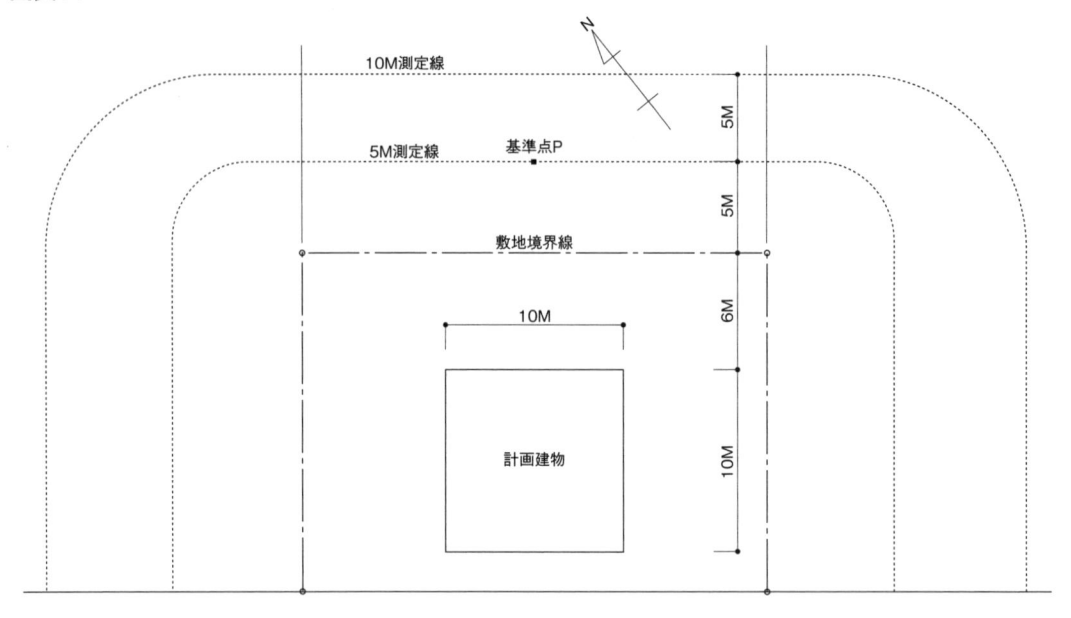

N，E，Wで示している。

チェックする図面の方位と，この日ざし曲線メジャーの方位を一致させる必要がある。

⑤敷地境界線接円

P点を中心として，各縮尺で描いた半径5mと10mの同心円である。

これらの円は，P点を正しく測定線上に導くガイドとして利用できる。

❶日影時間の算出

日ざし曲線メジャーを使って，日影時間の算出法を解説する。

縮尺は，1／200とする。

その日影時間算出のモデルとする敷地および計画建物を**図表14**に示す。

地域地区は第1種中高層住居専用地域で，測定面高さ4m，敷地境界線からの距離5m
で3時間，10mで2時間とする。

なお，測定線は，特別の場合を除き，直径5mと直径10mの円が，敷地境界線の外側に
沿って転がったと考えたときの円の軌跡となる。

敷地および周辺の高低差はないものとする。

《計画建物の高さが11mの場合》

建物の相対高さは，11m（計画建物の高さ）－5m（測定面の高さ）＝6mである。

日ざし曲線メジャーに基準点Pと一致させ，方位を合わせたものが**図表15**である。

6mの等高線と建物外郭線が交わった点をA_1，A_2とする。

図表15

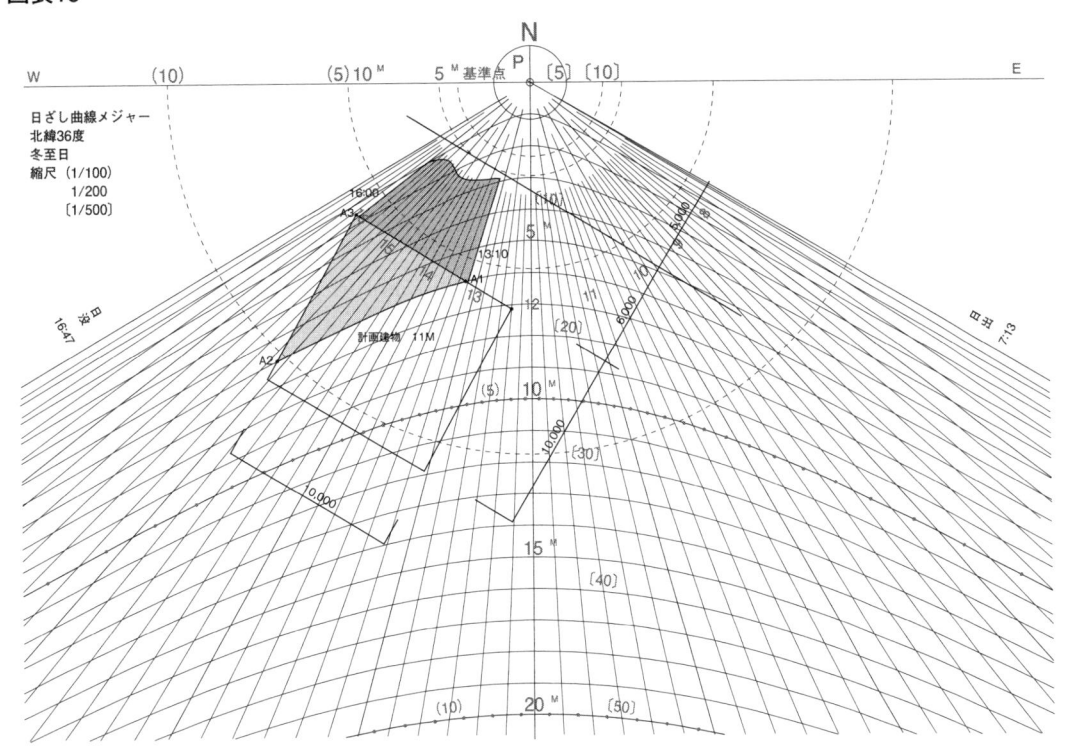

図表16

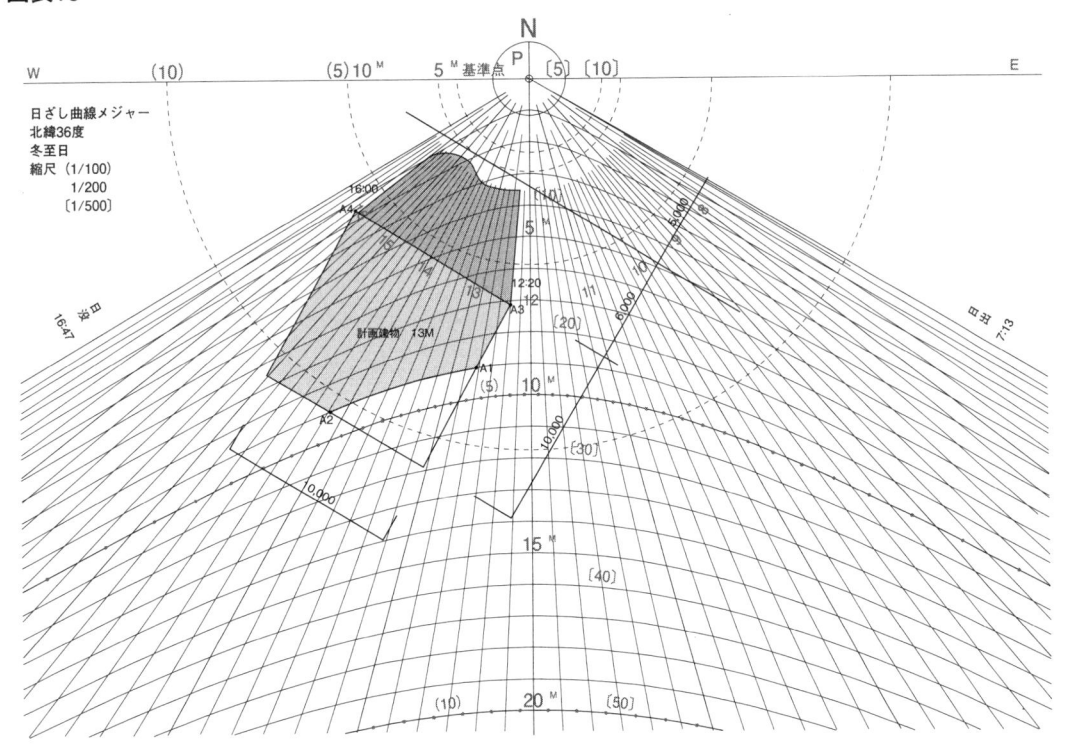

図表17

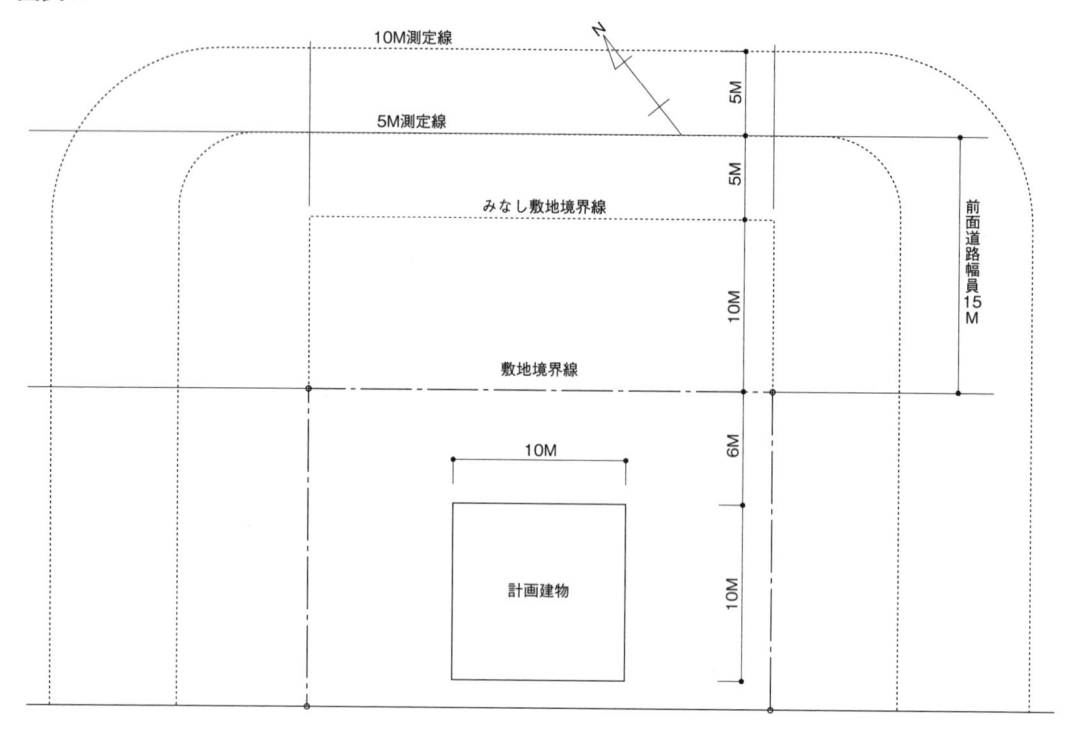

図表18

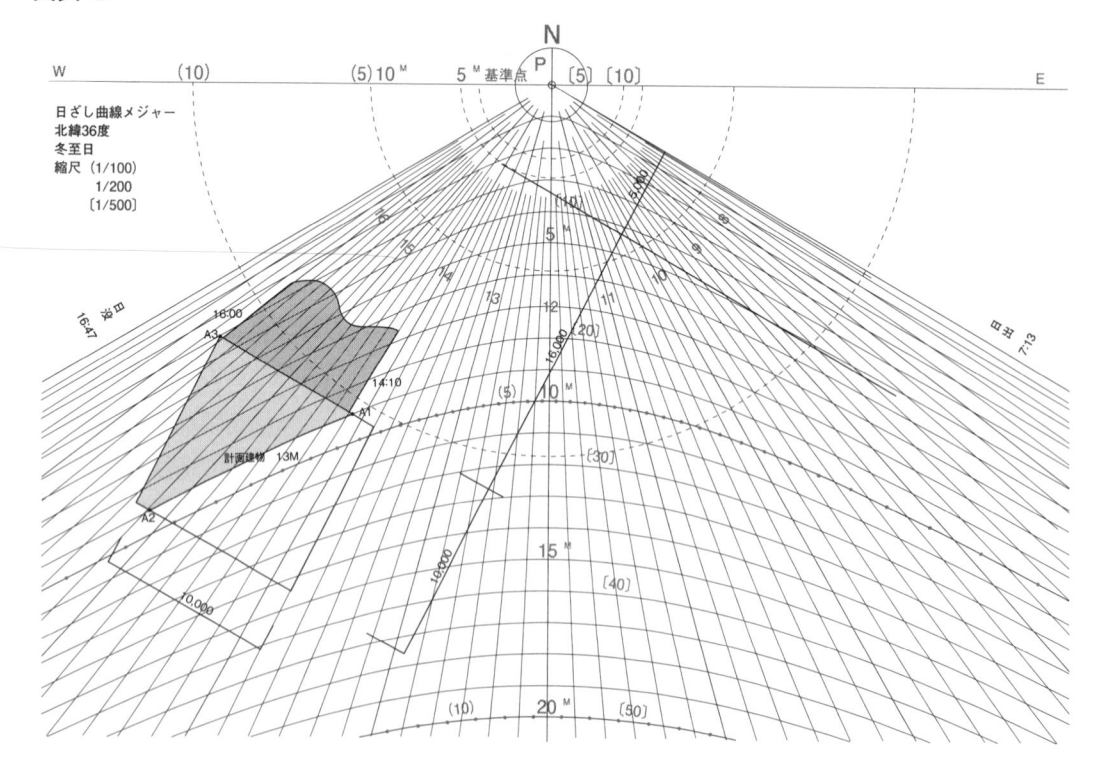

基準点に日影がかかり出すA₁の時刻線は13：10である。

A₂と基準点の間に計画建物が存在するため，日影がかからなくなる点はA₃となり，その時刻線は16：00である。

したがって，基準点Pの日影時間は，13：10〜16：00の2時間50分となり，規制時間の範囲内となる。

なお，計画建物を西側にスライドさせた方が日影時間は長くなるが，日影規制の対象時間は16：00までとなっており，日影規制はクリアできる。

《計画建物の高さが13mの場合》

建物相対高さは，13m（計画建物の高さ）－4m（測定面の高さ）＝9mである。

日ざし曲線メジャーに基準点Pと一致させ，方位を合わせたものが**図表16**（83ページ）である。

9mの等高線と建物外郭線が交わった点をA₁，A₂とする。

A₁と基準点の間に計画建物が存在するため，日影がかかりだす点はA₃となり，その時刻線は12：20である。

A₂と基準点の間に計画建物が存在するため，日影がかからなくなる点はA₄となり，その時刻線は16：00である。

したがって，基準点Pの日影時間は，12：20〜16：00の3時間40分となり，規制時間の範囲を超える。

《計画建物の高さが13mで，北側に15mの道路がある場合》

建物の相対高さは，13m（計画建物の高さ）－4m（測定面の高さ）＝9mである。

北側に幅員15mの道路があるとすると，道路の反対側の境界線から敷地側に5m寄った線（幅員が10m以下の場合は，道路幅員の1／2まで）を敷地境界線とみなせるので，測定線からの距離は**図表17**（84ページ）のようになる。

これを，日ざし曲線メジャーに基準点Pと一致させ，方位を合わせたものが**図表18**（84ページ）である。

9mの等高線と建物外郭線が交わった点をA₁，A₂とする。

基準点に日影がかかり出すA₁の時刻線は14：10である。

A₂と基準点の間に計画建物が存在するため，日影がかからなくなる点はA₃となり，その時刻線は16：00である。

したがって，基準点Pの日影時間は14：10〜16：00の1時間50分となり，規制時間の範囲内である。

❷算出結果の考察と関連図面

日影時間の算出のうち，これらのケースでは，北側に面する計画建物の幅が7.5m程度に収まれば，どの位置に計画建物を置いても，影を落とす時刻線の幅は3時間以内になる。

　これは，計画建物の高さをいくら高く設定しても，基準点に3時間以上の影を落とすことはないということを示している。

　したがって，日影規制をクリアする建物計画の上で，北側に面する建物の幅が大きな影響を及ぼす。

　また，最後のケースで明確なように，計画敷地の北側に広い道路があれば有利となる。

　したがって，日影規制を受ける敷地の土地利用計画においては，道路の位置がひとつのポイントとなる。

5 規模・形態規制の緩和手法

　前述のような建築基準法に基づいた規模規制および形態規制は，市街地における一般的な建築行為に対する規制であって，その結果，必ずしも良好な都市環境を創出しているとは思えない建物を生み出す原因になっている。

　そこで，良好な都市環境を形成するために有効であると認められる建築計画に対しては，建築基準法の上位法である都市計画法によって，規模規制および形態規制を緩和する計画制度の手法を指定している。

　これらの制度は，その発生から手続きのフローとして，

①　行政主体が良好な市街地を形成するために自ら誘導していくもの……地区計画制度，高度利用地区制度等

②　民間からの申請により都市計画法の地域地区として設定するもの……特定街区制度等

③　都市計画法，建築基準法に則した制度として存在するもの……総合設計制度，一団地建築物設計制度，連担建築物設計制度等

に分けられる。

　実際の技術的な適用については細かい規定が様々あるため，ここでは詳述を避けるが，民間からの申請により適用可能となる上記②および③について，その概要を解説する。

(1)　特定街区制度

　四方を道路で囲まれた街区を都市計画の最小単位とし，一般的な形態規制の適用を除外して，別に定める実行型の基準によって個々の計画を都市計画として承認していく制度であり，いわば事業者と行政側とのパートナーシップに基づく制度といえる。

　適用可能な前提条件としては，街区として形が整い，その面積が，

①　第1種・第2種低層住居専用地域……5,000㎡以上

②　近隣商業地域，商業地域………………2,000㎡以上

　　③　その他の用途地域……………………………3,000㎡以上

であることと，接する道路の幅員が，

　　①　容積率300％以下 ……… 主要道路8m以上，その他の道路6m以上

　　②　容積率400％〜600％……主要道路12m以上，その他の道路6m以上

　　③　容積率700％〜800％……主要道路16m以上，その他の道路8m以上

　　④　容積率900％〜1,000％…主要道路22m以上，その他の道路8m以上

が基本的な条件となる。

　ただし，主要道路は敷地周長の1／6以上接することが必要である。

　これらの条件が整えば，行政との打ち合わせによる有効空地の整備等により，高さ制限の緩和や容積率の割増しなどが認められることになる。

　ただし，原則として日影規制は緩和されない。

(2)　総合設計制度

　昭和44年の建築基準法の改正により制度化され，特定街区制度よりは適用条件が汎用的であるため，積極的に活用されている。

　適用可能な敷地面積は，次のとおりである。

　　①　第1種・第2種低層住居専用地域，田園住居地域………3,000㎡以上（1,000㎡以上）

　　②　上記以外の地域………………………1,000㎡以上（500㎡以上）

　ただし，（　）内は特定行政庁が引き下げることができる面積であり，東京都をはじめ大都市のほとんどでは，これを適用している。

　接道幅員条件は，

　　①　第1種・第2種低層住居専用地域，第1種・第2種中高層住居専用地域，

　　　第1種・第2種住居地域，準住居地域，田園住居地域，準工業地域………6m以上

　　②　近隣商業地域，商業地域，工業地域，工業専用地域……8m以上

である。ただし，接道長さは，敷地周長の1／6以上が基本的な条件となる。

　その上で，制度化された基準に則して計画的に一定の有効空地を確保することにより，容積率や道路斜線の制限が一定の範囲で緩和される。

　たとえば，東京都では，都市中心部周辺での住宅の確保という観点から，「共同住宅建替誘導型総合設計」「市街地住宅総合設計（市住総)」等を設け，確保する住宅面積の規模等により容積の割増し係数を変動させている。

　ただし，適用エリアは三大都市圏などの既成市街地内における住居系地域，商業系地域などとされているので，工業地域，工業専用地域，無指定地域は対象外となる。

　ただし，日影規制が緩和されないのは，特定街区制度と同様である。

(3)　一団地建築物設計制度

　建築基準法の原則は，用途上密接に関連して不可分であることが認められる場合を除いて，一つの敷地に対して一つの建物という設定に基づき適用されることになっている。

　しかし，特定街区制度や総合設計制度を適用して，広い敷地に数棟の建物を計画する場合は，全体を一つの敷地として計画した方が，総合的に良好な環境を創出できる可能性が高い場合がある。

　そこで，特定行政庁が，建物の配置や構造について，安全上，防火上，衛生上支障がないと認めた場合には，弾力的な取扱いができるようになっている。

　この制度の適用により，敷地の異なる容積の移転などの事例も出現している。

(4)　連担建築物設計制度

　前述の余剰容積の移転をより簡便にできる制度として，平成10年の建築基準法の改正で設けられた。

　(3)の一団地建築物設計制度と比較すると，この連担建築物設計制度は，「現に存在する建築物の位置および構造を前提として」，その適用が認められるものである。

　したがって，余剰容積の移転はもちろん，計画地が主要道路から奥に入り，道路付けが悪く，基準容積が消化できない場合にも，主要道路に接している既存敷地と連担して一団地と認定されれば，建築の可能性が拡大することになる。

　これまでの特定行政庁の制度活用事例をみると，4ｍ以上の適正な幅員の道路を敷地内に設け，敷地の一定幅員道路への接道長も1／4や1／6以上を求める一団地認定に準じた「標準型」と，密集市街地などで，防火措置の強化と引き換えに接道長を最低限で可としたり，幅員4ｍ未満の通路でも認める「特例型」とに分類できる。

　「標準型」の東京都の認定基準をみると，
　・区域面積：原則500㎡以上
　・敷地の接道長：3,000㎡未満は原則幅員4ｍ以上の道路に1／6以上，3,000㎡以上は原則幅員6ｍ以上の道路に1／4以上
　・幅員12ｍ以上の道路に接する以外の容積上乗せは1.5倍が限度
などとなっている。

6 その他の規制

その他の規制にも様々なものがあるが，ここでは，その中から，企画段階でチェックが必要と思われる三項目の規制をとり上げる。

(1) 駐車場付置義務

地方公共団体は，条例により，自動車交通が輻輳する一定の地域や，自動車の駐車需要の発生割合が高い建築の用途（特定用途）に応じ，一定規模以上の建築の新増設に対して駐車施設の付置義務を課している。

付置義務の対象となる地域は市区町村により様々であり，確認が必要である。大都市の商業地域や近隣商業地域では，駐車場付置義務があると想定したほうがよい。

面積の算定基準も市区町村により異なるが，東京都区部の駐車場整備地区の例では，特定用途の床面積（非特定用途では床面積の3／4を乗じた面積）の合計が1,500㎡以上で付置義務対象となり，基本的には特定用途床面積250㎡に1台(百貨店，その他の店舗では200㎡に1台)，非特定用途床面積450㎡に1台の駐車台数が必要となる。

「特定用途」とは，評価対象業種で設定した業種のうち，業務系，商業系，ホテル系，スポーツ・レジャー系が該当する。

また，付置義務駐車場の設置が不可能な場合は，隔地駐車場制度として，計画建物から300m以内の場所に設置することも認められる場合がある。

なお，住宅系の用途に対しては，各地方公共団体において，「集合住宅駐車施設付置要綱」などのように，別の条例により規制している例が多くみられる。

(2) 住宅付置義務

東京都心部などのように，人口減少地域における市区町村では，一定規模以上の住宅以外

の建物の新設に対し，一定割合以上の住宅の付置義務を課している場合がある。

しかし，東京都中央区などのように，近年マンションが急増している市区では，この付置義務を廃止した例もあり，基準等も様々であるので，確認が必要である。

また，付置義務駐車場と同様に，同区内の別の敷地に付置義務住宅を設置することも認められている。

(3) 大規模小売店舗立地法

売場面積が1,000㎡を超える物販店舗が対象である。

これまでの中小商店の保護を目的とした「大規模小売店舗法」（大店法）に代わるものであり，

① 大型店への来客，物流による交通・環境問題等の周辺の生活環境への影響について適切な対応を図るなど，大型店が積極的に地域づくりに貢献していくこと

② 都道府県，政令指定都市が法律の運用主体となり，地域住民の意見を反映しつつ，国が定める共通の手続きとルールに従って，個別のケースごとに地域の実情に応じた運用を行う新たな制度を構築すること

を目的とするものである。

さらに，円滑な交通の確保その他，大規模小売店舗の周辺地域住民の利便性の確保および商業その他の業務の利便性の確保のために配慮すべき事項（交通渋滞，駐車・駐輪，交通安全等），駐車需要の充足その他による大規模小売店舗の周辺の生活環境の悪化防止のために配慮すべき事項（騒音，廃棄物等）が示されている。

したがって，交通渋滞対策，駐車場対策，騒音対策，ごみ処理対策などが審査される。

この中で，企画段階で特に関連するのが，交通対策のうちの駐車場の必要台数であり，大店立地法指針によると次の式で算定される。

> 駐車場必要台数 ＝ （来店者原単位・人／千㎡・日）×（店舗面積・千㎡）×（自動車分担率・%）×（ピーク率・%）×（平均駐車時間係数）／（平均乗車人員・人／台）

たとえば，来店者原単位：1,000人／千㎡・日，店舗面積1万㎡，自動車分担率70%，ピーク率15.7%，平均時間係数1.75，平均乗車人員2.5人／台とすれば，

$$1,000 \times 10 \times 0.7 \times 0.157 \times 1.75 / 2.5 = 769.3$$

となり，約770台分の駐車場が必要となる。ただし，原単位の取り方などは地方自治体や店舗業態などで異なるため，確認が必要である。

7 事業性のチェック

　企画段階における建築計画により得られる建築計画の諸元としては，計画建物の用途構成と，建物階数，各階の建築面積，建築延べ床面積の概算値程度である。

　したがって，企画段階における事業性のチェックは，事業性に影響を及ぼす事業収支の大項目によりその関連性を把握しておくことが主要なポイントとなる。

　その結果，クライアント（土地所有者）の希望する利回りや投資回収年等と，家賃収入や建築工事費等の設定コストの客観的な実現性がかけ離れているのであれば，次のステップに進むことは無意味であるし，後でトラブルの元になる。

　クライアントの多くは，自分の所有地を過大に評価する傾向があるので，客観的で冷静な判断が必要である。

⑴　事業収支の基本項目と概算値

　建築プロジェクトの事業収支計画を構成する基本項目と一般的な概算設定値をまとめると，図表19のようになる。

　この中で，初期投資のうち，土地取得費を除くと，建築工事費との関連で設定数値が変動する項目が多く，その合計を概算すると建築工事費の約15％とみることができる。

　また，営業支出も同様にみると，その合計概算値は建築工事費の４％程度となる。

⑵　事業成立性に影響の大きい項目とその設定値

　一般に事業計画における基本的な三要素は，ヒト，モノ，カネといわれるが，建築プロジェクト事業計画における三要素は，ヒトにあたるテナントからの家賃収入，モノとしての土地を含む建物，そしてカネということができる。

　これを図表19でいうと，土地取得費，建築工事費，家賃収入，および資金調達の金利の四

図表19　事業収支の基本項目と概算設定値

項　　目		概算設定値
初期投資	土地取得費	敷地面積 × 土地単価
	土地取得登録税	土地取得費 × １／２ × 70％（評価率）× 4.3％（税率）
	解体整地費	既存建物延べ床面積 × 工事単価
	建築工事費	計画延べ床面積 × 工事単価
	設計料	建築工事費 × ３％〜８％（設計内容，工事金額等による）
	建物取得登録税	建築工事費 × 70％（評価率）× 4.4％（税率）
	抵当権設定料	借入金額 × 0.4％（税率）
	期中金利	工期 × 建築工事費 × 金利 × １／２（支払条件による）
	開業費	建築工事費 × １％〜３％（事業方式による）
資金調達	自己資金	事業収支状況に応じて配当
	敷金	金利をつけずに契約解消時に返済
	保証金	金利，返済期間などの条件をつけて返済
	銀行借入金	金利は長期プライムレート＋１％〜２％
営業収入	家賃収入	周辺相場による
	更新費	契約更新時に家賃の１か月分〜２か月分
	礼金	契約時に家賃の１か月分〜２か月分
	共益費	維持管理費，水道光熱費と実費精算
	駐車場収入	周辺相場による
営業支出	運営費	家賃収入 × ２％〜４％（事業方式による）
	維持管理費	共益費と実費精算
	水道光熱費	共益費と実費精算
	修繕費	建築工事費 × 0.7％〜0.9％（建築用途，グレード等による）
	火災保険料	建築工事費 × 0.1％（料率）
	公租公課［土地］	更地価格 × 70％（評価率）× 1.7％（税率）
	公租公課［建物］	建築工事費 × 70％（評価率）× 1.7％（税率）

つが，事業収支計画に大きな影響を及ぼす項目といえる。

❶土地取得費

　土地は価格が変動するものの，使用によって価値が下がらない資産である（減価償却しない資産である）。

　したがって，仮に貸ビル経営の途中で土地・建物を丸ごと売却しようとすれば，土地はその時の時価で評価し，売却できる。

　開業後の土地価格の変動は，土地の有する立地特性によってまちまちであり，景気動向など様々な要因で推移していくことになるので，事業収支計画上での予測は不可能であるし，建築プロジェクトの本質とかかわりはない。

　したがって，土地価格の変動がないものとして，その取得資金を自己資金（金利のかからない資金）で賄うのであれば，事業収支計画上は無視してもよいことになる。

　また，金利のかかる資金により土地を取得してビル事業計画をもくろむ場合は，借入残額の合計が土地の取得費を下回った時点（土地取得資金の金利を負担しながら，土地取得費以外の投資資金の回収を完了した時点）で投下資本を回収したと評価してよいと思われる。

　なぜなら，土地価格が変動しないとすれば，事業者は事業に対する借入残額金を上回る土地資産を有していることになるからである。

　したがって，クライアントの事業動機，目的等にもよるが，企画段階における事業性のチェックでは，土地取得費は事業費の構成項目から除外した方が明確になる。

❷建築工事費

　計画地の立地条件に応じて，最適な用途構成を計画したり，客層に合わせてグレードを設定することは，建築プロジェクトの本質的な部分である。

　企画段階における事業性のチェックでは，事業の成立性からみて，建築工事費にかけられる予算を把握することが主目的であり，事業計画に関連する必要費用も建築工事費に対する割合で算出することができる。

　したがって，目標とする建築工事費の予算立てが重要となるが，ここでは，後述する（一財）建設物価調査会の2004年〜2016年のJBCIデータより，用途別・地域別の面積当たり単価を**図表20**に示す。

　事業性からみて設定する建築工事費と，過去のデータから実現している建築工事費との比較検討が大切である。

　また，事業収支計画上，重要な検討項目として建築計画におけるレンタブル比がある。

　「レンタブル比」とは，ビル全体の面積に対して収入を生む面積，つまり貸室面積がどのくらい取れているかという比率である。

　面積当たりの賃料単価が同じであれば，レンタブル比が高いほど，全体収入は上がる。

　しかし，効率を重視しすぎると，入口周りのロビー空間やエレベータホールなどが貧弱になり，ビル全体のグレード感に影響を及ぼす。

　無駄な部分を極力なくし，効果的な空間を創造する建築計画のデザイン力にかかってくることになる。

　いかに収益性を高めながら建物の価値を保っていくかが建築計画のポイントになる。

　企画段階において目標とすべきレンタブル比は，建物の用途，全体規模，敷地形状，設定グレードなどにより異なるが，70％〜80％程度が設定基準値となる。

❸家賃収入

　企画段階における家賃収入は，家賃に関連するその他の収入も含め，事業全体に対する収入として捉える。

　当然，収入全体の最大化を目指すことになるが，安易に入居条件を高目に設定するのは危険である。

図表20　工事単価

	事務所ビル系	東京	大阪	名古屋	札幌	仙台	広島	福岡	平均・合計
一般事務所	2004年	237	249	170	153	190	186	176	200
		68	38	85	15	32	23	26	287
	2007年	245	208	183	186	186	218	191	211
		65	46	32	15	14	18	24	214
	2010年	274	239	222	215	198	187	183	231
		76	49	53	26	20	20	27	271
	2013年	285	222	214	228	231	221	210	237
		67	37	52	18	30	18	33	255
	2016年	356	268	266	271	311	235	228	293
		72	35	34	17	21	22	24	225
貸事務所	2004年	238	199	201	111	174	0	151	215
		41	11	7	2	8	0	2	71
	2007年	245	210	155	243	160	203	167	212
		27	10	11	1	3	1	2	55
	2010年	326	256	252	177	214	199	204	279
		58	23	10	4	11	1	10	117
	2013年	294	173	207	194	227	121	213	260
		32	3	4	3	1	1	5	49
	2016年	356	263	336	309	206	0	232	337
		26	1	1	3	1	0	2	34
銀行・金融	2004年	263	258	220	255	212	204	179	226
		7	8	7	2	7	7	6	44
	2007年	243	301	273	180	203	222	200	249
		4	13	4	5	5	1	3	35
	2010年	358	327	279	181	222	206	198	263
		5	10	6	3	6	5	7	42
平　均		285	241	207	211	218	208	197	238
合　計		548	284	306	114	159	117	171	1,699

	共同住宅系	東京	大阪	名古屋	札幌	仙台	広島	福岡	平均・合計
分譲マンション	2004年	185	154	142	133	150	150	125	164
		344	162	86	27	29	38	51	737
	2007年	191	162	153	135	150	132	138	168
		240	83	65	18	21	27	67	521
	2010年	236	196	184	168	175	166	156	205
		218	69	43	13	19	28	59	449
	2013年	217	176	167	143	156	174	154	198
		212	50	28	13	10	13	14	340
	2016年	252	208	202	192	252	201	184	229
		168	43	19	11	5	12	39	297
賃貸マンション	2004年	196	181	144	130	145	164	144	170
		176	75	46	35	54	42	47	475
	2007年	202	167	155	152	151	161	143	174
		185	70	47	38	33	11	65	449
	2010年	247	190	170	150	161	161	151	201
		170	76	34	32	18	23	53	406
	2013年	223	184	141	173	171	178	155	189
		96	65	27	18	23	13	22	264
	2016年	260	194	186	186	262	222	193	225
		121	66	30	10	16	8	33	284
ワンルームマンション	2004年	226	179	154	128	152	161	150	199
		128	25	17	4	11	14	17	216
	2007年	233	173	168	164	165	146	139	201
		109	31	13	3	11	10	18	195
	2010年	253	207	173	203	184	195	178	232
		97	31	8	1	8	6	2	153
	2013年	239	183	174	0	140	0	161	212
		36	20	5	0	1	0	2	64
	2016年	287	235	215	0	0	188	169	256
		43	9	8	0	0	2	8	70
平　均		220	178	161	150	164	163	151	191
合　計		2,343	875	476	223	259	247	497	4,920

テナント候補企業の属する業界の景気動向を把握し，周辺相場を充分調査の上，設定することが必要である。

その中で，月次賃料と入居の際に受領する一時金とのバランスを考慮しなければならない。

一時金には，解約時に返済する敷金と，一定の条件により契約継続中でも返済をする保証金がある。

特に商業施設などでは保証金の額が大きいので，周辺相場などと比較する場合は，一時金の金利相当分を月次賃料に加える実質賃料で検討する方が正確である。

実質賃料の算定は，たとえば大型商業施設で，入居一時金（保証金および敷金）50万円，月次賃料5,000円，金利を3％とすると，

$$5,000円 ＋ 50万円 × 3\% ／ 12月 ＝ 6,250円$$

となる。

これらの一時金と家賃の設定は，テナントの支払能力（業界，地域により慣習のようなものは存在する），事業主体者の資金調達能力等を考慮して設定する。

❹調達金利

事業に必要な資金をいかに調達するかは，ビル事業に限らず，事業経営にとってもっとも重要な事柄である。

ビル事業に特殊な調達資金には，前述のように，敷金と保証金があるが，一括借上げ方式等の一部の事業方式以外は，この二つだけで初期投資の全額をまかなうことは不可能であり，事業主自らの資金調達が必要となる。

金利のかからない自己資金がもっとも安全な調達資金であるが，銀行からの借入れとなれば，少しでも金利の低い相手先を探すことが事業性を高める上で重要となる。

金利は常に変動しているし，今後の景気動向により異なってくる。

長期金利の基準としては，10年物国債（満期までの期間が10年の国債）の利回りが基本的な指標となる（長期金利の推移は**図表125**（226ページ）を参照）。

建築プロジェクトの事業資金として調達できる設定金利には，借入側の信用力等によっても異なるが，長期金利プラス1.0％〜1.5％程度をみておけばよい。したがって，長期金利を1.0％とすると2.0％〜2.5％程度となる。

(3) 事業性チェック指標

以上のような事業成立性の影響要因を用いて事業性を示す指標には様々なものがある。ここでは，ビル事業の投資インデックスとして，キャップレートといわれる還元利回りを中心としていくつかの指標を解説する。

❶還元利回り

　還元利回り（Cap Rate）は，初期投資額に対する営業利益率（Income Gain）と売却時に発生する資産利益率（Capital Gain）の合計で計算する。

　ただし，土地取得費で述べたように，資産利益率は不確実性が大きく，実際の投資対象としては大きな要素であるが，当初より値上がりを設定するのは危険であるし，建築プロジェクトの事業収支計画の本質とは異なる。

　したがって，ここでは資産利益率は変動しないものとして，営業利益率のみを対象とする。

　その結果，還元利回りは次の数式により計算できる。

　なお，この指標は，NOI（Net Operating Income）ともいわれる。

> 還元利回り ＝ （営業収入 － 営業支出） ／ 初期投資額

　ここで，初期投資額のうちもっとも影響度が大きい建築工事費と家賃収入の関係をみると，図表19から，

> 初期投資額 ＝ 建築工事費（A）× 115％
> 営業収入 ＝ テナント専用面積当たりの年間家賃（B）× レンタブル比
> 営業支出 ＝ 建築工事費（A）× 4％

となり，レンタブル比を80％，還元利回りの目標値を7％とすると，

> （（B）× 80％ －（A）× 4％）／（（A）× 115％）＝ 7％

となる。

　これより，年間坪当たり家賃（B）を14.4万円（月・坪1.2万円）とすると，坪当たりの建築工事費（A）は96.6万円となる（28.9万円／㎡）。

　還元利回りの目標値は，平均調達金利との関係による。

　還元利回りと，初期の調達資金の金利との差が，実際の投資利回りになる。

　つまり，上記の例で，調達資金の金利を平均2％とすると，投資利回りは7％－2％＝5％となる。

　これを事業リスクと勘案して，クライアントが要求する利回りと整合しているかを判断することになる。

　また，物価の変動がないものとし，投資利回り5％とすると，投資の回収期間（利回りの累計が100％となる期間）は，100％ ÷ 5％ ＝ 20年となる。

　図表21は，不動産鑑定士市場賃料研究会が発表している東京のマンション利回りを示す。

　この図表は，平成16年1～12月の1年間の，都内の賃貸マンションの賃貸事例11,300件余のデータによる賃貸マンション利回りの分析である。この会の資料は平成16年が最後である

図表21　東京マンション利回り

(1) 23区	住宅地 （築５年） 容積率100%	商業地 （築５年） 容積率300%
千代田	2.2%	6.2%
中央	3.8%	7.1%
港	3.8%	9.8%
新宿	4.3%	6.6%
文京	3.9%	7.3%
台東	3.6%	7.5%
墨田	4.7%	7.1%
江東	4.9%	8.0%
品川	4.0%	6.9%
目黒	4.5%	7.7%
大田	4.1%	7.4%
世田谷	4.2%	7.4%
渋谷	4.1%	5.0%
中野	4.3%	6.9%
杉並	4.4%	7.8%
豊島	4.4%	7.5%
北	4.2%	6.5%
荒川	4.1%	6.9%
板橋	4.1%	6.1%
練馬	4.5%	6.6%
足立	4.8%	7.0%
葛飾	4.3%	6.4%
江戸川	4.7%	6.9%
平均	4.2%	7.1%

全体平均	4.5%	7.0%
総平均	5.8%	

(2) 24市	住宅地 （築５年） 容積率100%	商業地 （築５年） 容積率300%
八王子	6.0%	7.4%
立川	5.1%	6.5%
武蔵野	5.0%	8.5%
三鷹	5.8%	9.8%
青梅	4.1%	4.8%
府中	4.6%	7.2%
昭島	4.7%	6.3%
調布	4.8%	7.4%
町田	5.8%	7.4%
小金井	5.0%	7.8%
小平	4.7%	6.6%
日野	5.3%	6.7%
東村山	4.5%	5.9%
国分寺	4.8%	7.2%
国立	4.3%	6.8%
西東京	4.8%	7.5%
福生	4.5%	6.1%
狛江	5.1%	7.4%
東大和	4.7%	6.8%
清瀬	4.9%	6.2%
東久留米	5.1%	7.2%
多摩	5.3%	7.1%
稲城	4.5%	7.0%
羽村	3.9%	5.1%
平均	4.9%	6.9%

ので，その後のデータは**図表22**に示す。これによると，建築費の高騰もあり，投資利回りは低下している。

　なお，この図表の利回りは，経費込みのグロスの利回りであるため，上記の還元利回りの計算式のうち，分子の営業支出を引いていない値である。

　通常の賃貸マンションの営業支出率は営業収入の20％〜30％程度であるので，この図表の数値に0.8〜0.7をかけたものがネットの還元利回りとみてよい。

❷DCR（Debt Coverage Ratio：借入金償還余裕率）

　還元利回りは事業の収益性をみる指標であり，その資金調達の内容は考慮していない。

図表22　都心５区，都23区西，横浜・川崎のマンションの表面利回り

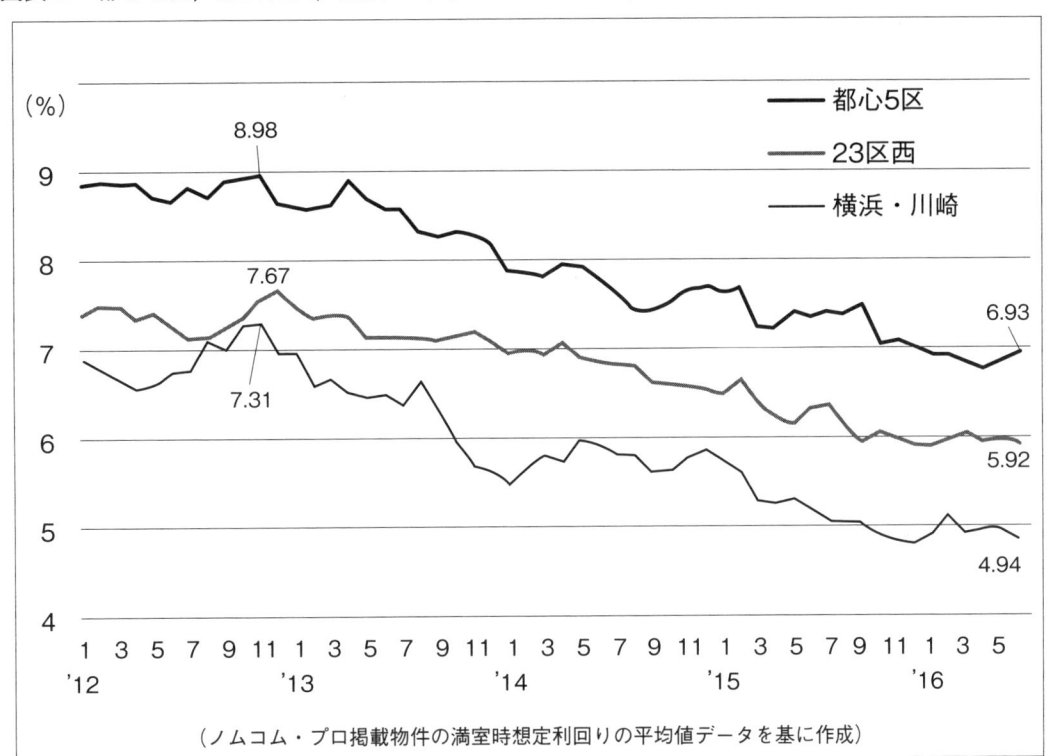

（ノムコム・プロ掲載物件の満室時想定利回りの平均値データを基に作成）

　したがって，収益性はあっても，実際に事業収支計算を行ってみると，ある期間，資金がショートする場合がある。

　そこで，事業に対する借入金と収益の関係をチェックする指標が，DCRと呼ばれる借入金償還余裕率である。

　これは，次式で算出する。

$$\text{DCR ＝ （営業収入 － 営業支出） ／ 借入金返済額}$$

　単年度における借入金返済の余裕をみると，1.2以上であることが望ましい。

　借入金割合を初期投資額の90％（自己資金等が10％），償還年数を20年（年間償還割合５％），借入金利を２％，初年度の借入金返済額を元金均等として，前記の例で計算すると，

$$\frac{\{(B)（家賃の面積当り単価） \times 80\%（レンタブル比） － (A)（建築工事費） \times 4\%\}}{\{(A) \times 115\% \times 90\%（借入金割合） \times （5\%（年間償還割合） ＋ 2\%（借入金利））\}} > 1.2$$

となる。

　ここで，（A）（建築工事費）を90万円／坪，（B）（家賃）を年・坪14.4万円とすると，1.21となり，適正な借入金割合となる。

また，同様の指標としては，

BER（Break Even Ratio：損益分岐比率）＝（営業支出＋借入金返済額）／ 営業収入

LTV（Loan to Value Ratio：借入金割合）＝ 借入額 ／ 総投資額

などがある。

4

基本計画段階──その❶：

建築基本計画

1 建築基準法上の単体規制

　企画段階で設定した用途構成が必要とする空間機能を，敷地に適合させた形で図面化する作業が建築基本計画である。

　ここでは，企画段階で述べた法規制の中で，単体規制といわれる法規をチェックする必要がある。それには，隣地境界線との離隔距離を規定する居室の採光（これは，特に住居系に必要）と，避難のための階段数，およびその位置が主な事項である。

(1) 居室の採光

　居室とされる部分には，自然採光を取れる一定の面積の窓を確保しなければならない（建築基準法第28条，同法施行令第19条）。

　「居室」とは，居住，執務，作業，集会，娯楽等の目的で継続的に使用する部屋をいい，玄関，廊下，階段，便所，更衣室，倉庫，機械室，車庫などは含まれない。

　また，店舗，事務所，ホテル，遊技場などの居室は，自然採光を考慮する対象から除外されている。

　住居系の居室では床面積の１／７以上，専修学校などの教室では床面積の１／10以上の採光に有効な窓面積を確保する必要がある。この場合，採光に有効とみなされる窓面積は，実際の窓面積（W）に採光補正係数（A）をかけた数値で計算する。

　採光補正係数の算出は，**図表23**に示す（建築基準法施行令第20条）。

　図表中の「Aの修正値」で示すように，計画地の属する用途地域に応じて，D以上の後退距離を設ければ，すべての開口部で採光上有効とみなされることになる。

　また，道路に面する場合は，後退距離を設けなくてもすべて有効である。

　しかし，隣地境界線との距離が図表中のD以下の場合は，次のような算定になる。

・第１種中高層住居専用地域

・建物高さ（ｈ）20m（階高４mとして，５階建て）

図表23　採光面積

有効採光面積 ＝ W × A（W：窓の面積，A：採光補正係数）

ただし，A ＝ d ／ h × α － β

（d：窓から隣地境界線等までの水平距離，h：窓の中心から真上の建築物の各部分までの垂直距離）

用途地域	α	β	D	Aの修正値	
				道路に面しない場合	道路に面する場合
住居系地域	6	1.4	7 m	d ＞ ＝ D，A ＜ 1 ……A ＝ 1 d ＜ D，A ＜ 0 ……A ＝ 0	A ＜ 1 ……A ＝ 1
工業系地域	8	1	5 m		
商業系地域 無指定地域	10	1	4 m		

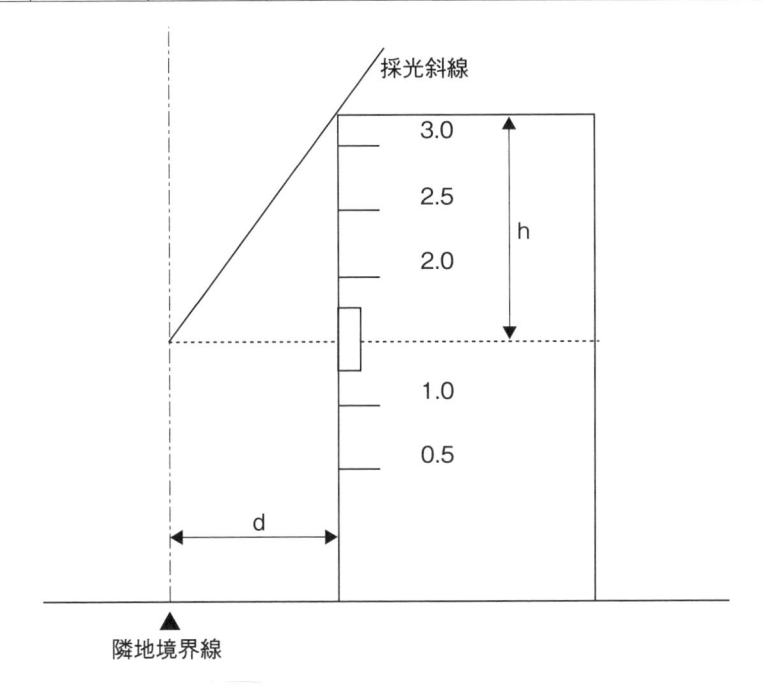

・隣地との離隔距離（d）2 m

とすると，

$$A ＝ 2m ／ h × 6（α）－ 1.4（β）$$
$$h ＝ 12 ／（A ＋ 1.4）$$

となり，Aを100％採光が有効となる1とすると，h ＝ 5mとなり，最上階の5階のみが100％有効階となる。

　逆に，最下階の1階の窓の高さを1.5mとして，hを20m － 1.5m ＝ 18.5mとすると，

$$A ＝ 2／18.5 × 6 － 1.4 ＝ －0.75$$

となり，自然採光が必要な居室を隣地境界に面しては設置できないことになる。

なお，特例事項としては，次のような規定がある。

① 窓が公園，広場，川等に面する場合は，その幅の１／２だけ外側に隣地境界があるものとみなす。

② 天窓の場合は，**図表23**の計算で算出した値の３倍が採光補正係数となる。ただし，３を上限値とする。

③ 窓の外側に縁側（濡れ縁，バルコニーを除き幅90cm以上）がある場合は，採光補正係数は**図表23**の計算で算出した値の0.7倍を採用する。

なお，障子，ふすま等の可動間仕切りで仕切られた２室は１室とみなすことができる。

(2) 窓先空地

地方自治体によっては，避難上有効な空地を設けることを条例で義務付けている。

たとえば東京都建築安全条例第19条では，共同住宅等の居室のうち１室以上に，道路に面する窓か，**図表24**に示す幅員以上の窓先空地に面する窓を設けることが義務付けられている。

図表24　窓先空地

住戸等の床面積の合計	幅　員
100㎡以下	1.5m
100㎡超え300㎡以下	2m
300㎡超え500㎡以下	3m
500㎡超え	4m

（注） 耐火建築物の場合の床面積は２倍とみなす。

したがって，道路に面しない住戸を設ける場合は，上記の採光条件で算出した隣地境界からの距離か，この基準を超える隣地との離隔距離との，大きい数値の距離を取る必要がある。

(3) 二以上の直通階段の設置

用途および階数により一定の面積以上の建物を計画する場合には，避難階や屋外に通じる二以上の直通階段を設ける必要がある（建築基準法第35条，同法施行令第121条）。

「直通階段」とは，各階で次の階段まで誤りなく通じ，避難階または地上まで直通する階段をいう。主要構造部が準耐火構造，不燃材料の場合のその基準を**図表26**に示す。

(4) 標準的な階段の幅

階段の最低幅は，**図表26**の①の用途では140cm以上，それ以外の用途では120cmが基本で

図表25　標準的な階段の幅

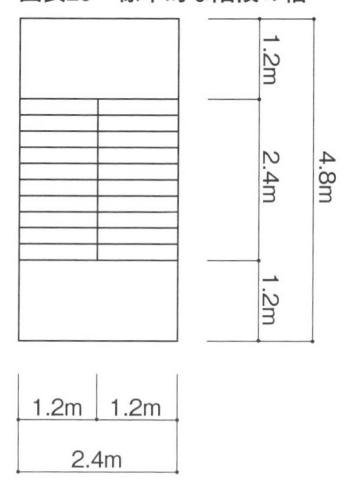

図表26　二以上の直通階段を設置する建物

	用途および階	対象階	面　積
①	劇場・映画館・集会場・物販店舗（床面積の合計＞1,500㎡）等	客席・集会室・売場等のある階	全部に適用
②	キャバレー・カフェー・ナイトクラブ・バー	客席のある階	原則として全部に適用
③	病院・診療所等	病室・主たる用途に供する居室のある階	＞100㎡
④	ホテル・旅館・共同住宅・下宿・寄宿舎	宿泊室・居室・寝室のある階	＞200㎡
⑤	その他用途で6階以上の階	居室のある階	＞200㎡　ただし避難上有効なバルコニー，屋外通路等があり，その階より屋外避難階段等に通じていること
⑥	その他用途で5階以下の避難階の直上階	居室のある階	＞400㎡
⑦	その他用途で5階以下のその他階	居室のある階	＞200㎡

（注）　面積数値は，その階における関係居室面積の合計。

ある。

　また，用途によって規定があるが，けあげ20cm，踏面24cm，踊り場幅120cmとし，階高4mの折り返し形の階段を想定すると，

$$4\text{m（階高）} \div 20\text{cm（けあげ）} = 20\text{段}$$

$$20\text{段} \times 24\text{cm（踏面）} = 4.8\text{m（片側2.4m）}$$

と，踊り場が2か所必要になるため，1.2m ＋ 2.4m ＋ 1.2m ＝ 4.8mとなり，階段1か所の標準的な平面寸法は，幅2.4m × 長さ4.8mとなる。

ただし，これらは有効寸法であるので，柱，壁等の幅を考慮する必要がある。

(5) 直通階段に至る歩行距離

各階の居室から直通階段に至る歩行距離の制限が設けられている（建築基準法第35条，同法施行令第117条，第120条）。

したがって，計画された位置の直通階段から各階のすべての居室までの距離がこの制限内にない場合は，階段の位置を変更するか，あるいはもう1か所階段を設置する必要がある。

なお，この歩行距離とは，直線距離ではなく，計画建物の中で実際に歩行して直通階段に達する距離である。主要構造部が準耐火構造，不燃材料の場合の基準を**図表27**に示す。

図表27　直通階段に至る歩行距離

	用途および階	歩行距離
①	無窓階の居室（有効採光面積＜居室の床面積×1／20），百貨店，マーケット，展示場，キャバレー・カフェー・ナイトクラブ・バー，ダンスホール，遊技場，公衆浴場，飲食店，物販店舗（床面積＞10㎡）等の主用途の居室	30m以上
②	その他の居室	50m以上
③	14階以下で，居室，避難路の内装を準不燃材料としたもの	上記に10m加算
④	15階以上で，居室，避難路の内装が上記に該当しないもの	上記に10m減算
⑤	15階以上で，居室，避難路の内装を準不燃材料としたもの	上記に10m減算

ただし，上記の規定により2以上の直通階段を設けることになった場合は，二方向避難の趣旨に鑑み，居室からこれらの階段に至る歩行距離をできるだけ重複しないようにすべきである。もし重複する区間があれば，その長さは図表に示す歩行距離の1／2以下にしなければならない。

なお，廊下の幅は，両側に居室のある場合で1.6m以上，その他の場合で1.2m以上と定められている。

(6) 物販店舗における階段の幅

延べ床面積が1,500㎡を超える物販店舗では，避難が特に重視され，避難階段等は次式で算出した幅以上でなければならないと規定されている。

（その階の直上階以上の階のうち，床面積が最大の階の床面積）／ 100㎡ × 0.6m

すなわち，床面積100㎡につき60cm以上の階段幅が必要になるということである。

なお，これらは，その階の階段幅の合計であり，その個所数や位置等は上記の規定による。

図表30　住戸タイプ

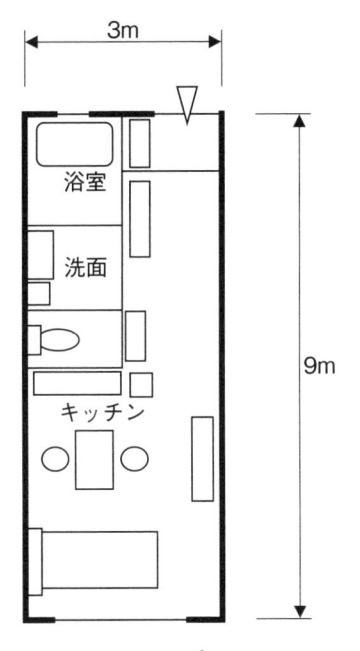

ワンルームタイプ
（27㎡：8.2坪）

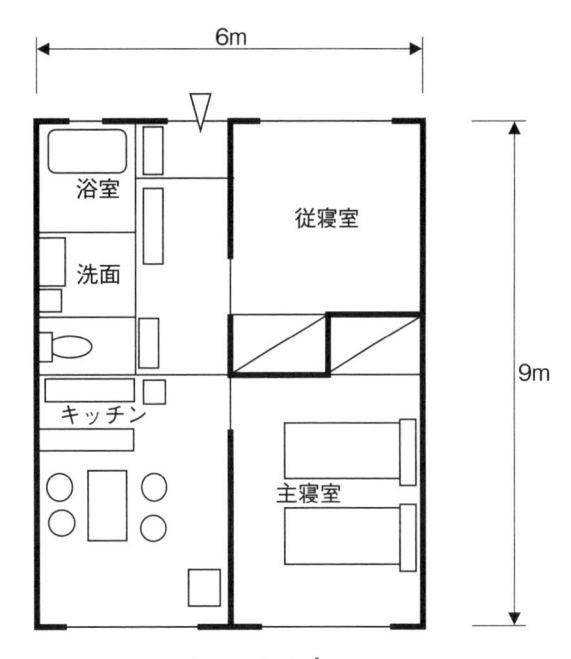

ファミリータイプ
（54㎡：16.3坪）

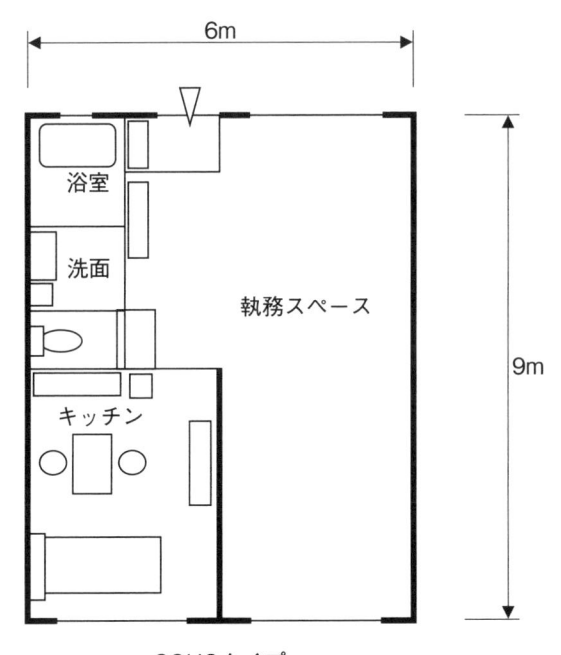

SOHOタイプ
（54㎡：16.3坪）

　したがって，これを基本ベースとして組み合わせていけばよいが，これは実空間の広さの尺度であり，建築基本計画上は，柱や壁等の厚さがあるため，余裕をみて，2ｍ×1ｍを基本モジュールとした方が望ましい。

　このような考え方で作成した商品企画別のプロトタイプを**図表30**に示す。

　次に考慮すべき点は，日照に配慮した住棟の向きである。

　これは，特に居住環境を重視するファミリータイプのマンションでは重要である。

　敷地の形状や方位等を考慮し，できるだけ南に面した住戸を取れるように心がける。

　また，容積を稼ぐために中廊下タイプやL字タイプの住棟形式を余儀なくされる場合があるが，方位を無視した配置計画はできるだけ避けたい。

　住戸形式としては，**図表29**（108ページ）に示すように，階段室やエレベータホールから直接住戸にアクセスする階段室型，片廊下型，中廊下型や，住戸の各室を2階以上にわたって配置するスキップフロア型などがある。

(3)　有料老人ホーム

　図表31は，2000年から始まった介護保険が受けられる介護サービスとその対応施設をあらわした表であり，営利法人が提供できるサービスと，社会福祉法人などの公的な法人に限られているサービスに分けられる。老人保健施設，医療施設，特別養護老人ホーム，養護老人ホームは公的な法人に限られ，その他は民間の営利法人も企業化できる。

　1日数時間の介護を提供するデイサービスセンター，30日以内の宿泊つきの介護を提供するショートステイ，そして，入居者に生活支援と介護サービスを提供する施設が有料老人ホームである。

　介護保険では，施設全体に対して介護保険が適用される施設を「特定施設」として，一般の有料老人ホームの中でも特に認可することになっており，「特定施設入居者生活介護」と「地域密着型特定施設入居者生活介護」に分かれている。

　入居者が30人以上は都道府県，29人以下は市区町村が施設の認可先となっている。

　また，認知症に特化した有料老人ホームの施設がグループホームであり，これは地域密着型サービスに位置づけられている。

　有料老人ホームは，建築基準法上では独立したカテゴリーはなく，児童福祉施設等という中に，老人ホーム，保育所，身体障害者福祉施設等として定義されている。そして，老人ホームには，「老人福祉法」「介護保険法」でいう有料老人ホーム，デイサービス，ショートステイ，グループホームが含まれる。

　一方，最近話題になっているサービス付き高齢者賃貸住宅（サ高住）という施設がある。

　バリアフリーなどの施設構築の補助金や，低所得者向けに家賃補助をする高齢者向けの優

図表31　介護保険が受けられる介護サービスと対応施設

	介護保険	対応施設
介護サービス	①訪問介護	
	②訪問入浴介護	
	③訪問看護	
	④訪問リハビリテーション	
	⑤居宅療養管理指導	
	⑥通所介護	デイサービスセンター
	⑦通所リハビリテーション	老人保健施設，医療施設等
	⑧短期入所生活介護	ショートステイ
	⑨短期入所療養介護	老人保健施設，医療施設等におけるショートステイ
	⑩特定施設入所者生活介護	有料老人ホーム（定員30人以上の特定施設）
	⑪福祉用具貸与	
地域密着型サービス	①定期巡回・随時訪問介護看護	
	②夜間対応型訪問介護	
	③認知症対応型通所介護	認知症専用のデイサービスセンター
	④小規模多機能型居宅介護	15人以下のデイサービス＋5人以下のショートステイ＋訪問介護
	⑤認知症対応型共同生活介護	グループホーム
	⑥地域密着型特定施設入居者生活介護	有料老人ホーム（定員29人以下の特定施設）
	⑦地域密着型介護老人福祉施設サービス	特別養護老人ホーム
	⑧複合型サービス	
介護予防サービス	①介護予防訪問介護	
	②介護予防訪問入浴介護	
	③介護予防訪問看護	
	④介護予防訪問リハビリテーション	
	⑤介護予防居宅療養管理指導	
	⑥介護予防通所介護	デイサービスセンター
	⑦介護予防通所リハビリテーション	老人保健施設，医療施設等
	⑧介護予防短期入所生活介護	ショートステイ
	⑨介護予防短期入所療養介護	老人保健施設，医療施設等におけるショートステイ
	⑩介護予防特定施設入居者生活介護	有料老人ホーム（特定施設）
	⑪介護予防福祉用具貸与	
地域密着型介護予防サービス	①介護予防認知症対応型通所介護	認知症専用のデイサービスセンター
	②介護予防小規模多機能型居宅介護	15人以下のデイサービス＋5人以下のショートステイ＋訪問介護
	③介護予防認知症対応型共同生活介護	グループホーム

図表32　建築計画の原単位

一般居室	原則個室 (注1) 1室当たり18㎡以上 (注2) 便所，洗面所を設置 介護居室，一時介護居室も同様
食堂・談話室	利用者1人当たり3㎡程度 (注3)
浴室・脱衣室	要介護4以上対象の特別介助浴槽 それ以下対象の介助浴槽 1か所15㎡〜20㎡程度
廊下幅	上記一般居室の基準を満たせば，片廊下1.4m，中廊下1.8m以上 上記以外は，片廊下1.8m，中廊下2.7m以上
その他機能	医務室（健康管理室） 事務室，看護・介護職員室 厨房（配膳室），洗濯室，リネン室 共用便所，汚物処理室 機能訓練室 健康・いきがい施設

（注1）　特定施設設置基準では4人以下。
（注2）　厚生労働省ガイドラインでは13㎡以上。
（注3）　デイサービスセンターの設置基準による。

良質賃貸住宅制度があるが，この制度には，家賃の上限が決められたり，その他の制約条件が多い。

　その点，このサ高住には制約が少なく，高齢者向けの専用賃貸住宅として，需要の上昇とともに，注目を浴びている施設である。

　このサ高住は，建築基準法上は，共同住宅として定義される。共同住宅とは，各住戸の機能が独立しているもの，つまり，台所，風呂，便所が各住戸に備わっているものをいう。

　各住戸に機能が備わっていれば，共同の食堂，大浴場があっても，「共同住宅」ということになり，各住戸に機能が備わっていなければ，建築基準法上は「寄宿舎」ということになる。

　なぜ共同住宅にこだわるかといえば，「共同住宅」であれば，共用の廊下や階段等は容積不算入という規定が建築基準法第52条第4項にあるからである。

　この規定は，「共同住宅は，事業収支上採算性が悪いので，同じ土地でも，出来るだけいっぱいに建てられるように支援します」という趣旨で設けられている。通常，共同住宅の廊下や階段などの共用部分は施工延べ床面積の20%〜30%であるので，同じ敷地面積でも20%〜30%は大きく建てることが出来るということになる。

　一方，有料老人ホームは福祉施設であり，上記のような特典はない。

　実際には，建築確認をする特定行政庁の判断になるが，同じような機能を持ちながら，育ちの過程（有料老人ホームは老人福祉のための厚生労働省マター，サ高住は老人の住まいを供給するための国土交通省マター）の違いにより，建築基準法の扱いは大きく異なっている。

　図表32は，厚生労働省のガイドライン等に基づき有料老人ホーム（特定施設）の設置基準

をまとめた有料老人ホームの建築計画の原単位である。

　また，2006年3月31日付の厚生労働省告示では，サ高住が特定施設として認可される基準が次のように示されている。

　①　各戸の床面積が25㎡以上（居間，食堂，台所その他の部分が，高齢者が共同利用するため十分な面積を有する場合は18㎡以上）であること。

　②　各戸に台所，水洗便所，収納設備および浴室を備えていること（共同で利用する適切な台所，収納設備，浴室を共用部分に備えている場合は，各戸に備えていなくてもよい）。

　③　前払い家賃に対する保全措置が講じられていること。

　④　入浴，排泄もしくは食事の介護，食事の提供，洗濯，掃除等の家事または健康管理をする事業を行う賃貸住宅であること。

　③，④に関しては事業のことだが，①，②は有料老人ホームの規定を意識していることは明白である。

　そのような変遷の中で，2010年5月に「高齢者の居住の安定確保に関する法律」（高齢者住まい法）の一部を改正する法律が施行され，今後，国土交通大臣と厚生労働大臣が共同で老人ホームおよび高齢者居宅生活支援体制を策定し，強化していくことになった。そして，翌2011年4月に「サービス付き高齢者向け住宅」制度が創設され，2011年度に施行された。

　その内容は，既存の国土交通省マターである高齢者円滑入居賃貸住宅（高円賃），高齢者向け優良賃貸住宅（高優賃）制度が廃止され，「サービス付き高齢者向け住宅」制度に一本化された。さらに，有料老人ホームも「サービス付き高齢者向け住宅」の一つとして制度内に位置づけされることになった。

　さらに，新築で1戸当たり100万円，また，併設の高齢者生活支援施設にも1施設当たり1,000万円などの補助金をはじめ，固定資産税や不動産取得税の軽減などの税制優遇，住宅金融支援機構による融資支援制度の3点セットを国が用意し，新規に参入する事業者は大きなメリットが期待できる。

　一方，利用権方式の有料老人ホームと賃貸借方式のサービス付き高齢者賃貸住宅（サ高住）を一本化することへの不安や，登録業務を担う地方自治体の態勢づくりに関する課題なども残ったままで，今後，制度がどのように運用されるかについて懸念があることも確かである。今後の推移を見守ってゆきたい。

　さらに，有料老人ホームでは，ユニットケアーというゾーニングを意識する必要がある。これは，特定施設（有料老人ホーム）では12室〜15室（人）で，グループホームでは6室〜9室（人）で1ユニットを形成し，そこに食堂，談話室や看護ステーションなどを備えていくというものである。看護する単位を決めて，それをオーバーするときには新たなユニットを形成していくという考え方であり，その概念図を**図表33**に示す。

図表33 施設ゾーニング

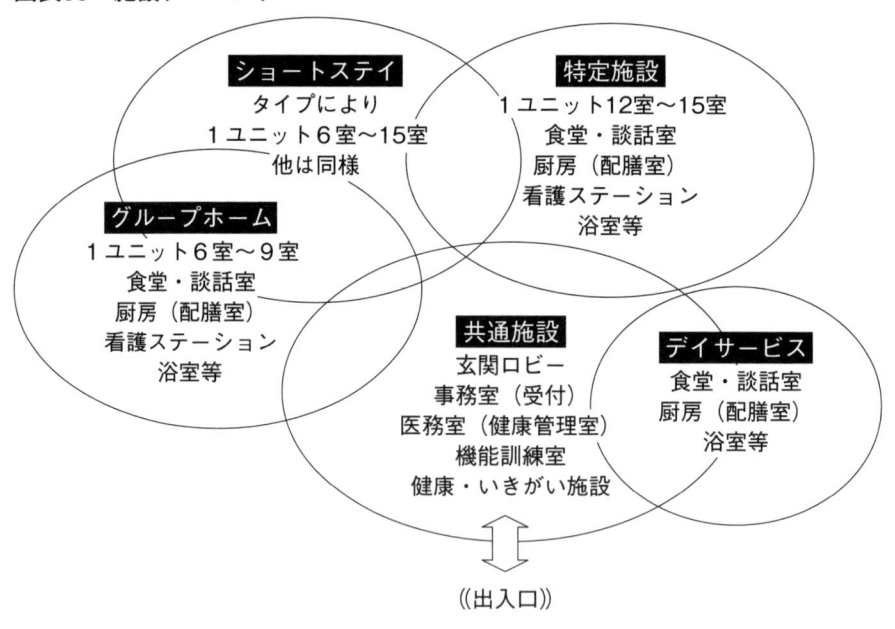

ショートステイ
タイプにより
1ユニット6室～15室
他は同様

特定施設
1ユニット12室～15室
食堂・談話室
厨房（配膳室）
看護ステーション
浴室等

グループホーム
1ユニット6室～9室
食堂・談話室
厨房（配膳室）
看護ステーション
浴室等

共通施設
玄関ロビー
事務室（受付）
医務室（健康管理室）
機能訓練室
健康・いきがい施設

デイサービス
食堂・談話室
厨房（配膳室）
浴室等

《出入口》

図表34 規模設定（有料老人ホーム1ユニット当たり）

専用部分	居室	1室当たり18㎡ × 15室 ＝ 270㎡
共用部分	食堂・談話室	15人 × 3㎡ ＝ 45㎡
	浴室・脱衣室	15㎡ × 2槽 ＝ 30㎡
	看護ステーション	常時3人 × 10㎡ ＝ 30㎡
	廊下	3m × 15室 × 1.8m ＝ 80㎡
	階段	20㎡ × 2箇所 ＝ 40㎡
	その他	45㎡～100㎡
	合 計	270㎡～325㎡
専有率		50%～45%

　その結果，1ユニット当たりの規模設定は**図表34**のようになり，共同住宅とした場合の専有率（レンタブル比）は50%～45%程度となる。

（4）　商業系

　物販系の場合は，先に述べた階段幅の確保と，その位置がポイントになる。

　館内を回遊する客の動線を確保しつつ，法規を満足する階段を効率良く配置していく計画が必要である。

　搬送設備は，エレベータよりもエスカレータがメインとなる。

　エスカレータの台数は，店舗のグレードにもよるが，建築面積（各階の床面積）1,000坪当

たり上下1台ずつが基本となる。

　さらに，企画段階で述べたように，1,000㎡以上の物販用途では駐車場の設置が義務付けられており，また，特に郊外店などでは，他店との競合により，顧客を吸引していくためには駐車場の確保は必須である。したがって，店舗と駐車場の取り方の整合性がポイントとなる。

(5)　モデルプラン

　以上の考え方や，企画段階で述べた形態規制等の法規を踏まえて，一般賃貸事務所ビル，ファミリータイプのマンションおよび有料老人ホームのモデルプランを**図表35〜図表43**（116ページ〜123ページ）に示す。

　なお，高さ制限は，従来の斜線制限を基本にチェックしている。

　このモデルプランにより，基本計画段階における各種コストの算定を行う。

図表35 事務所ビルプラン── ①

(1) 計画地概要

地域地区	商業地域／防火地域		
容積率	400%	建ぺい率	90%
敷地面積	750㎡		
可能延べ床面積	3,000㎡（750㎡×400%）		
可能建築面積	675㎡（750㎡×90%）		
日影規制	な　し		

(2) 面積表

階　数	容積対象面積（㎡）			容積非対象面積（㎡）			合　計
	専用面積	共用面積	小　計	駐車場	外部階段	小　計	
PHF		36	36			0	36
9F	216	84	300		12	12	312
8F	216	84	300		12	12	312
7F	216	84	300		12	12	312
6F	216	84	300		12	12	312
5F	216	84	300		12	12	312
4F	216	84	300		12	12	312
3F	216	84	300		12	12	312
2F	216	84	300		12	12	312
1F	98	127	225	75	12	87	312
B1F		270	270	30		30	300
B2F		27	27	273		273	300
合　計	1,826	1,132	2,958	378	108	486	3,444

(3) 計画チェック

容積率チェック	「OK」	2,958 ㎡（＜3,000㎡）
建ぺい率チェック	「OK」	312 ㎡（＜675㎡）
道路斜線	「OK」	36 m（＜（13m ＋ 8m ＋ 13m）× 1.5 ＝ 51m）
隣地斜線	「OK」	36 m（＜31m ＋（2m ＋ 2m）× 2.5 ＝ 41m） （なお，PHF（屋上への階段室およびエレベータ機械室）は， 建築面積の１／８以下のため，高さ制限の対象とはならない）

図表36　事務所ビルプラン──②

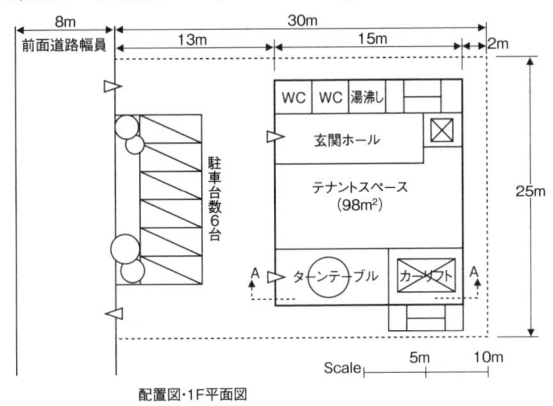

配置図・1F平面図

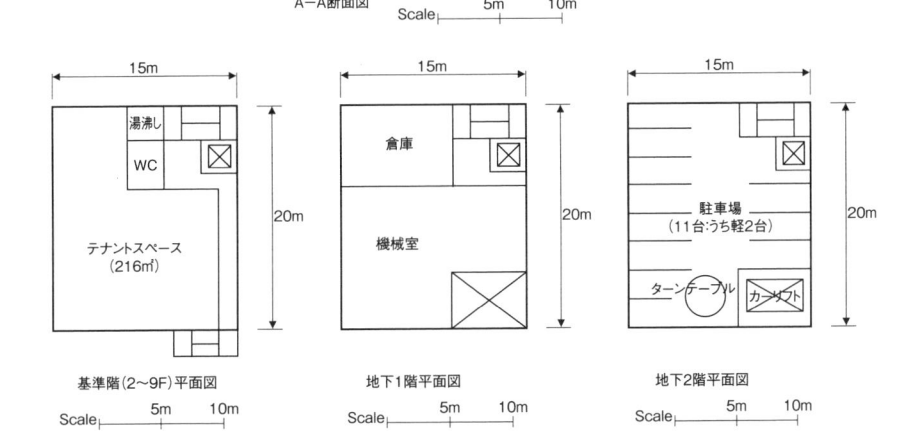

A-A断面図

基準階(2～9F)平面図　　　地下1階平面図　　　地下2階平面図

図表37　共同住宅プラン── ①

(1)　計画地概要

地域地区	第1種中高層住居専用地域／防火地域		
容積率	100%	建ぺい率	90%
敷地面積	1,000㎡		
可能延べ床面積	1,000㎡（1,000㎡ × 100%）		
可能建築面積	900㎡（1,000㎡ × 90%）		
日影規制	高さが10m超える建築物：3時間／5m，2時間／10m		

(2)　面積表

階　数	住戸数	容積対象面積（㎡）			容積非対象面積（㎡）			合　計
		専用面積	共用面積	小　計	階　段	廊　下	小　計	
PHF			9	9	21		21	30
3F	6	324	9	333	37	61	98	431
2F	6	324	9	333	37	61	98	431
1F	5	270	39	309	37	85	122	431
合　計	17	918	66	984	132	207	339	1,323

(3)　計画チェック

容積率チェック	「OK」	984 ㎡（<1,000㎡）
建ぺい率チェック	「OK」	431 ㎡（<900㎡）
道路斜線	「OK」	10 m（<（2 m + 6 m + 2 m）× 1.25 = 12.5m） （なお，PHF（屋上への階段室およびエレベータ機械室）は， 建築面積の1／8以下のため，高さ制限の対象とはならない）
隣地斜線	「OK」	10 m（<20m + （1 m + 1 m）× 1.25 = 22.5m）
北側斜線	「OK」	10 m（<10m + 10m × 1.25 = 22.5m）
日影規制	「OK」	10 m（10mを超えないため規制対象外）
窓先空地	「OK」	4 m（>3 m）

図表38　共同住宅プラン──②

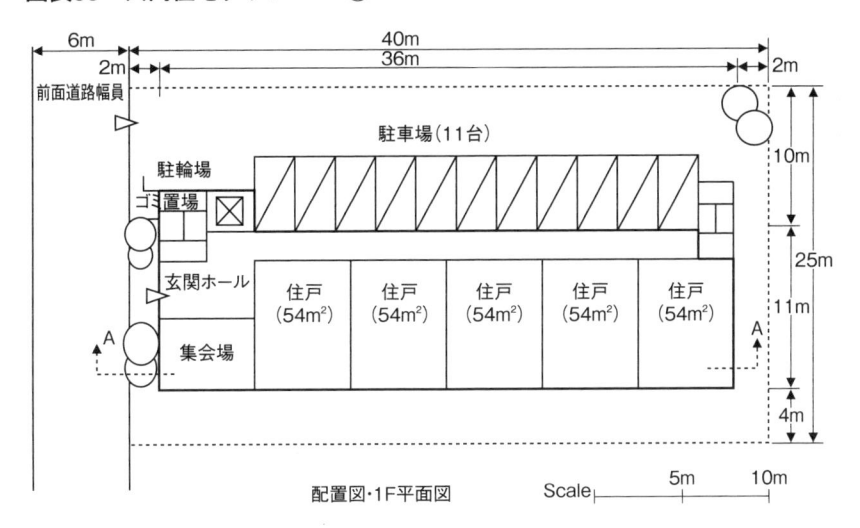

配置図・1F平面図

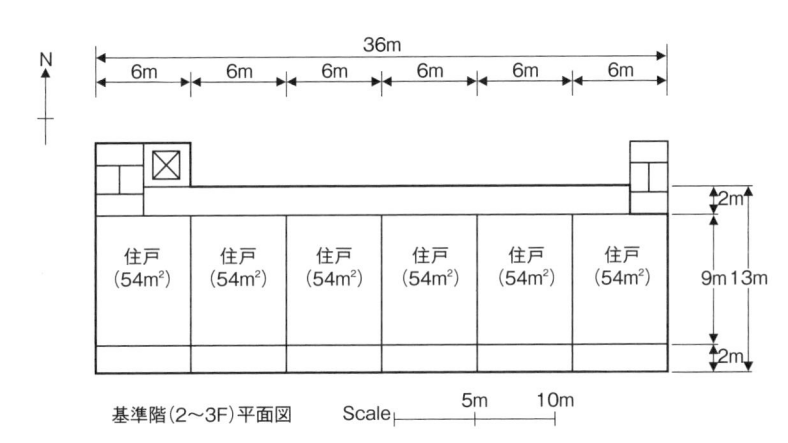

基準階(2〜3F)平面図

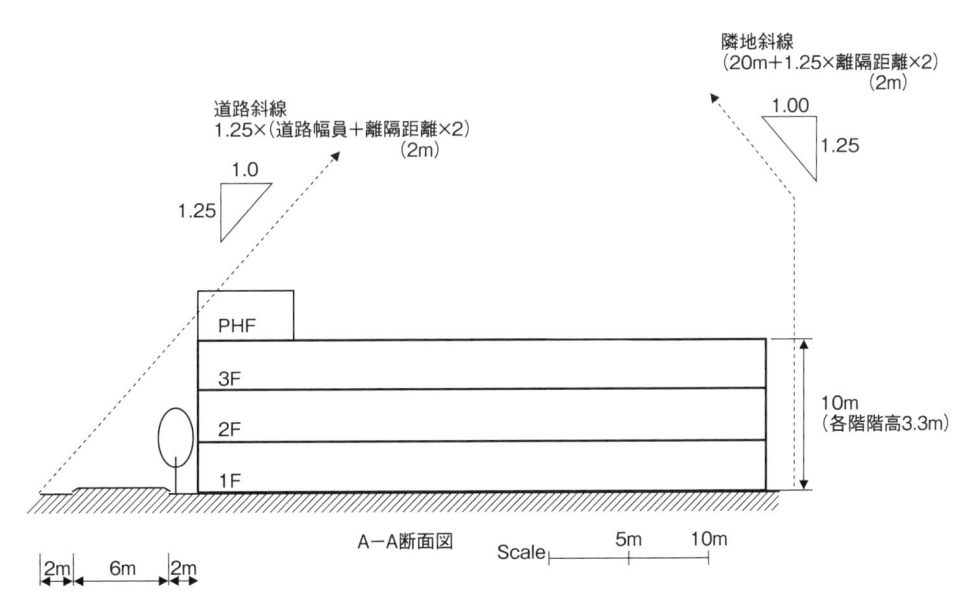

A−A断面図

図表39 有料老人ホームプラン── ①

(1) 計画地概要

地域地区	第1種中高層住居専用地域／防火地域	
容積率	200%	建ぺい率	90%
敷地面積	1,240㎡	
可能延べ床面積	2,480㎡（1,240㎡ × 200%）	
可能建築面積	1,116㎡（1,240㎡ × 90%）	
日影規制	高さが10m超える建築物：3時間／5ｍ，2時間／10m	

(2) 面積表

階 数	室 数	容積対象面積（㎡）			容積非対象面積（㎡）			合 計
		専用面積	共用面積	小 計	階 段	廊 下	小 計	
5 F	9	162	206	368	0	0	0	368
4 F	15	270	258	528	0	0	0	528
3 F	15	270	258	528	0	0	0	528
2 F	15	270	258	528	0	0	0	528
1 F	0	0	528	528	0	0	0	528
合 計	54	972	1,508	2,480	0	0	0	2,480

(3) 計画チェック

容積率チェック	「OK」	2,480㎡（ = 2,480㎡）
建ぺい率チェック	「OK」	528㎡（<1,116㎡）
道路斜線	「OK」	17.5m（<（14m ＋ 6m ＋ 14m）× 1.25 = 42.5m）
隣地斜線	「OK」	17.5m（<20m ＋（2m ＋ 2m）× 1.25 = 25.0m）
北側斜線	「OK」	17.5m（<10m ＋ 6m × 1.25 = 20.0m）
日影規制	「OK」	（検討の結果，規制をクリアしているものとする）

図表40　有料老人ホームプラン──②

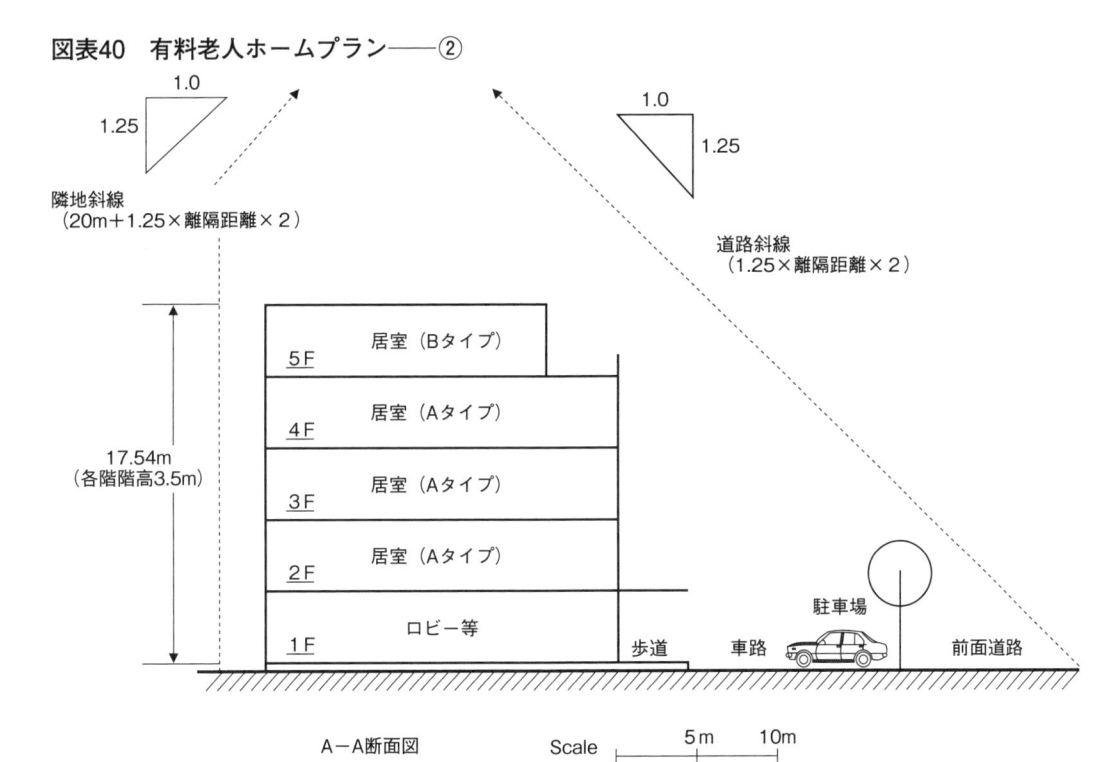

A－A断面図　　　Scale

図表41　有料老人ホームプラン──③

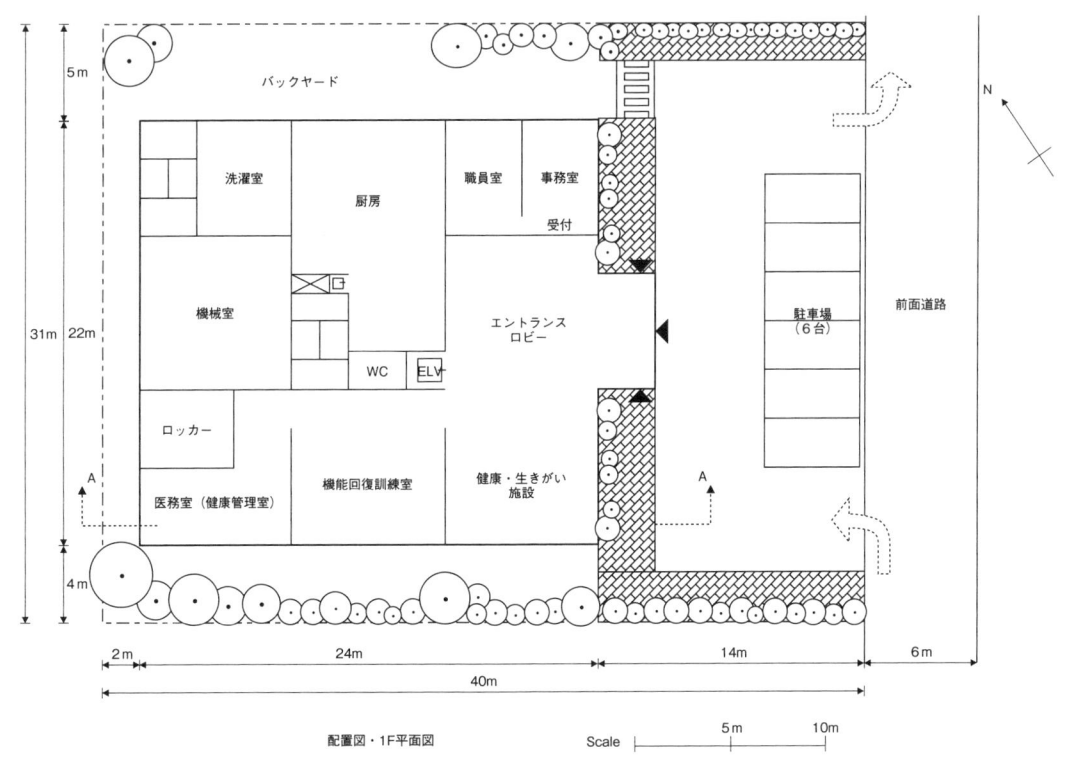

配置図・1F平面図　　　Scale

図表42 有料老人ホームプラン──④

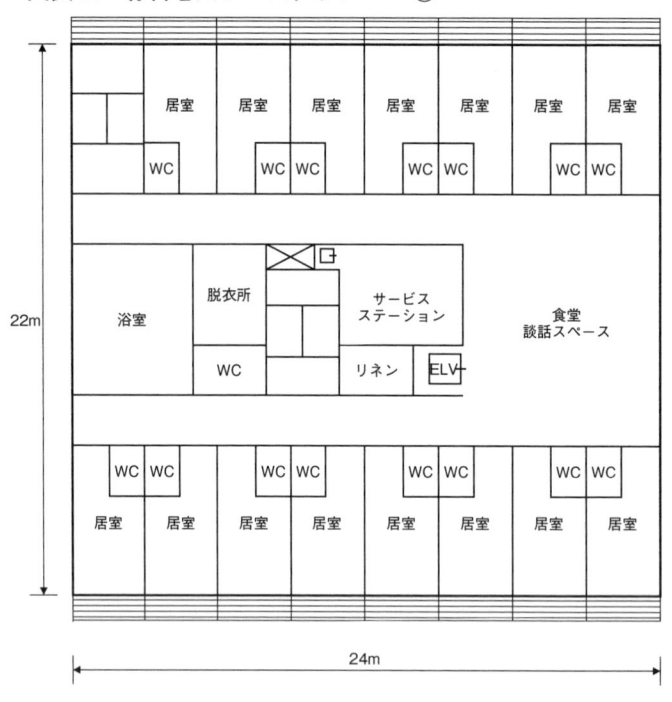

2〜4F平面図

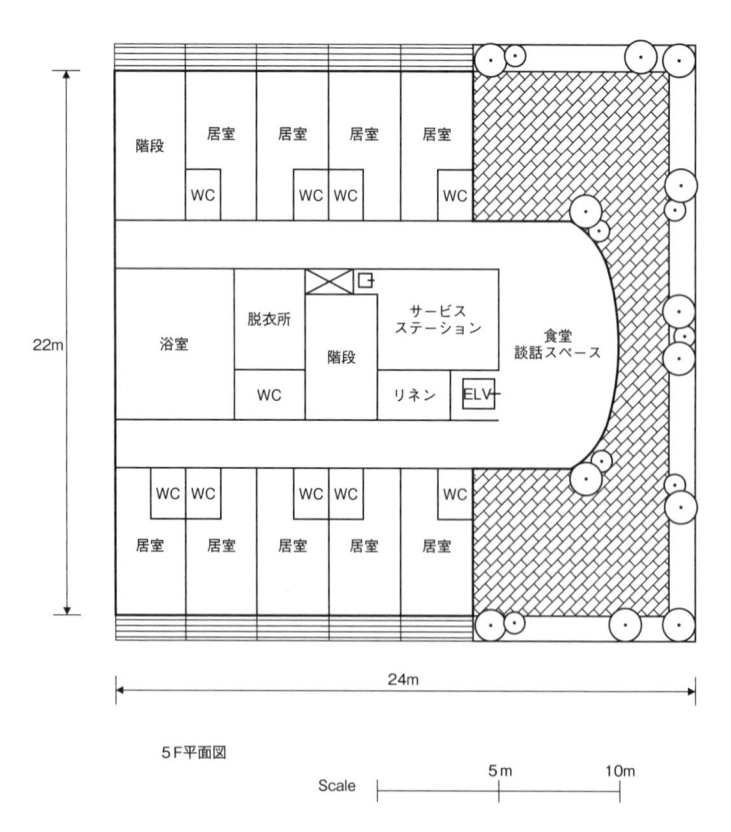

5F平面図

Scale |——————5m——————10m

図表43　有料老人ホームプラン──⑤

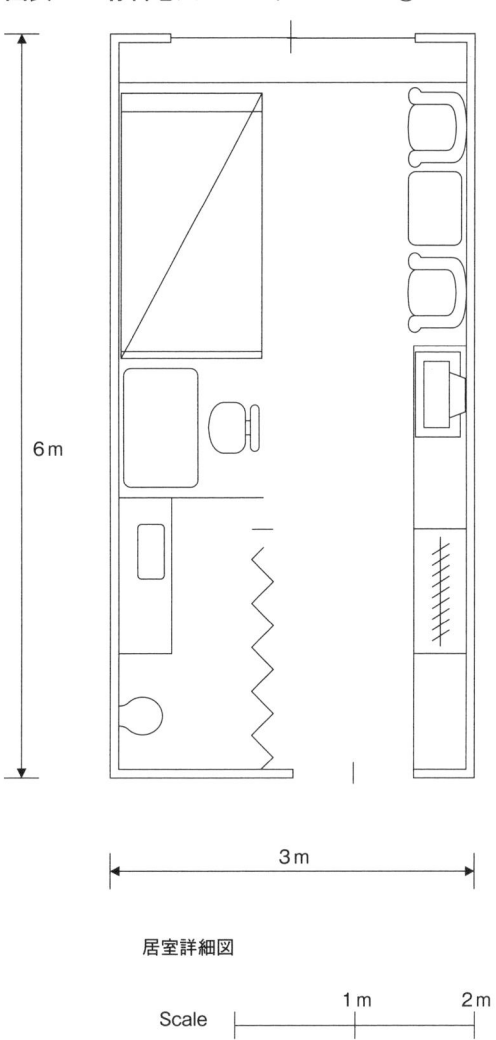

6 m

3 m

居室詳細図

Scale　1 m　2 m

5

基本計画段階——その❷：

初期投資と資金調達

① 土地取得費

(1) 土地評価の方式

　土地取得費は，企画段階の事業性チェックで述べたように，金額が大きいため，初期投資に計上する金額により，その事業性に大きく影響する。

　土地は価格の変動はあるものの，使用することにより価値が下がらない資産である（減価償却しない資産）。したがって，仮に賃貸ビル経営の途中で，土地を建物ごと分譲しようとすれば，土地は，その時の時価で評価し，売却が可能となるため，純粋な建築プロジェクトの事業収支計画上は土地取得費は無視してもよいことになる。

　また，保有している土地の高度利用を図る建築プロジェクトの場合は，当該事業において，土地取得費に対する実際の資金支出は必要ないが，その土地を，いつ，どのように，いくらで取得したかが問題となる。

　さらに，不動産ファンドのように，投資目的で建築プロジェクトを計画し，その投資利回りを計算する場合は，土地取得費を初期投資に含めることが前提となる。

　このように，土地取得費の設定に対する考え方は様々であるが，等価交換方式や共同ビル等の事業手法を取る建築プロジェクトの推進の中で，土地代を単独で評価する必要が生じる場合がある。

　また，以下の土地評価法で述べる収益還元法は，事業が成立する土地価格を算定する方式で，土地代自体を事業収支計画により算出する方法である。

　ここでは，土地評価の考え方と，建築プロジェクトの初期段階で，客観的評価が簡易にできる方法について解説する。

●土地評価の三方式

　「不動産鑑定評価基準」によれば，不動産の評価は，原価法，取引事例比較法，収益還元法の三方式で行うとされている。

　「原価法」とは，価格時点における対象不動産の再調達原価を求め，これに経年による減価修正を行って対象不動産の試算価格を求める手法である。

　つまり，宅地造成やマンション販売などで販売用不動産に加工した場合，マーケット（市場）で売れる商品とするには土地の原価がいくらなら成り立つか，という分譲事業における事業収支計画から見て成立する土地価格の逆算法である。

　たとえば，宅地造成事業では，

> （素地価格 ＋ 造成費用 ＋ 通常の付帯費用） ／ 有効宅地化率 ＝ 積算価格

となり，この計算で算出された積算価格を市場性からみて売れる値付けにするためには，素地価格がいくらでなければ成立しないか，という考え方である。

　「取引事例比較法」とは，評価地の周辺の取引事例価格を参考にして，立地評価で述べた「土地価格比準表」により事例ごとに事情補正や時点修正を行って価格を算出する方法である。

　「収益還元法」とは，対象不動産が生み出す収益に対して一定の利回りを確保するには，どのくらいの投資が必要かを算出する方法である。

　たとえば，ビル賃貸事業では，

> （営業収入 － 営業支出） ／ 還元利回り ＝ 収益価格

となる。この式で算出される収益価格を原価法でいう積算価格とし，それに見合う素地価格を算出するものである。

　以上の三方式のなかで，原価法と収益還元法は，買い手からみて事業採算に乗る価格を算出するものであり，事業収支計算により土地価格を算出する手法である。この算出価格と取引事例比較法による価格との比較により適正価格を見出すことになる。

❷取引事例のデータベース

　平成18年4月より，国土交通省は，実際に行われた土地取引の価格情報を「不動産市場の透明化，取引の円滑化・活性化等を図るために」インターネットで提供している。

　法務省より土地取引に係る登記情報の提供を受け，地価公示制度の枠組みを活用して，取引当事者（買い主）に取引価格等に関する調査を実施し，それによって得られた価格情報を個別の物件が容易に特定できないように配慮した上で公表するものとしている。

　平成19年度からは，全国の都道府県庁所在都市など，ほぼ全国の地域において調査・提供されており，次に述べる公的土地評価情報とともに，「土地総合情報システム」として運用されている（http://www. land.mlit.go.jp/webland/）。

❸公的土地評価

　土地の価格には，実際の取引価格（時価）の他に，次のように国もしくは地方自治体の公的評価による土地価格がある。

① 国（国土交通省）が毎年1月1日時点で評価する公示地価

② 都道府県が毎年7月1日時点で評価する基準地価

③ 国税庁が毎年評価する相続税路線価

④ 地方自治体が3年ごとに評価する固定資産税評価額

このうち，①と②は対象地ごとの具体的評価であるが，③と④は時価とは開きがある。

また，①の公示地価と②の基準地価は年1回の評価であり，実勢を反映していないとの批判もあるが，全国を網羅しており，❷の土地価格情報が地域限定である現状では，有効な情報源である。

③の相続税路線価は道路ごとの評価であり，面的な広がりを持つため，①②の対象地ごとの評価と組み合わせれば有効に使用できる。また，その価格は時価の80%を目標に定めることとなっているので，路線価から時価を類推できる。

④の固定資産税評価額は，事業収支計画において算出する税額の根拠になる情報である。

全国の土地に評価額が設定されており，時価の70%を目標に定めることになっているので，路線価の設定されていない地域では唯一根拠となる情報である。

なお，①の公示地価および②の基準地価は前ページの「土地総合情報システム」より，③の路線価はhttp://www.rosenka.nta.go.jp/より入手できる。

④の固定資産税評価額は各市町村のサイトにあるが，（一財）資産評価システム研究センターで入手することができる（http://www.chikamap.jp/）。

(2) 路線価による土地価格の評価

相続税額や贈与税額を算定する場合に土地価格を評価するときの計算手法を解説する。

相続税や贈与税での土地評価額は，原則として相続や贈与によって土地を取得したときの「時価」によると規定されている（相続税法第22条）。

しかし，このような抽象的な規定では，具体的にどう評価すればよいのか，納税者も税務署の担当者も戸惑ってしまうので，国税庁は「財産評価基本通達」という通達を出して，具体的な評価の仕方を規定している。

「不動産鑑定評価基準」における取引事例比較法の鑑定評価は，個々の不動産の価格を形成する要因をひとつ残らず拾いあげて，その要因が価格に与える程度を反映させていく。

しかし，「財産評価基本通達」の評価方法は，多くの要因をひとまとめの「水準」として規定している。水準なので，実際には高いものもあれば，低いものもあるという前提である。不動産の特性である形状や高低差，傾斜，土質，地盤の良否もすべて平均化して，標準的な補正率により一律に評価する方法である。

このため，「財産評価基本通達」の評価方法では，その価格はおおむね不動産の鑑定評価

の20%引きの価格水準となっている。

　これを逆に考えると，標準的な補正率により一律に評価できるため，共同ビルなどの建築プロジェクトの初期段階で，権利割合などの目安を立てるときに有効な手法といえる。そして，算出結果の20%増しが，時価評価とみることもできる。

　評価方式には「路線価方式」と「倍率方式」があり，地域ごとにそのエリアが表示されている。

　「路線価」は，東京都23区をはじめ大都市のほとんどの地域に設定されているが，地方の中小都市などでは設定されていない地域もある。

　路線価が設定されていない地域には「評価倍率」が設定されており，固定資産税評価額に評価倍率をかけて評価額を算出することになる。

　地方の中小都市や町村では，評価地がいずれの地域にあるかを判定することがまず必要となるが，建築プロジェクトが成立するような地域には路線価が整備されていると考えてよいであろう。ここでは，路線価方式について解説する。

❶路線価図の読み方

　路線価図での路線価の表示方法を，**図表44**および**図表45**と下記により解説する。

　この記号の中央に書かれている数字は，1 ㎡当たりの価格（単位・千円）を表している。この例では，1 ㎡当たりの価格は1,360万円である。

　記号の形は，地区を表している。この例の楕円形は，「高度商業地区」を表している。地区別は，画地ごとの計算をするときに必要になる。

　記号の模様は，適用範囲を表している。黒く塗られている側は道路沿いのみという意味である。この例では，道路を中心として黒く塗られている側の道路沿いの地域が1,360万円であり，斜線側はこの価格ではないということを表している。

　また，数字の横のアルファベットは，**図表46**のように借地権の割合を示している。

　この例のAは，借地権割合が90％であることを表している。

図表46　借地権割合

記号	借地権割合
A	90%
B	80%
C	70%
D	60%
E	50%
F	40%
G	30%

図表44　路線価図の例——東京都渋谷区

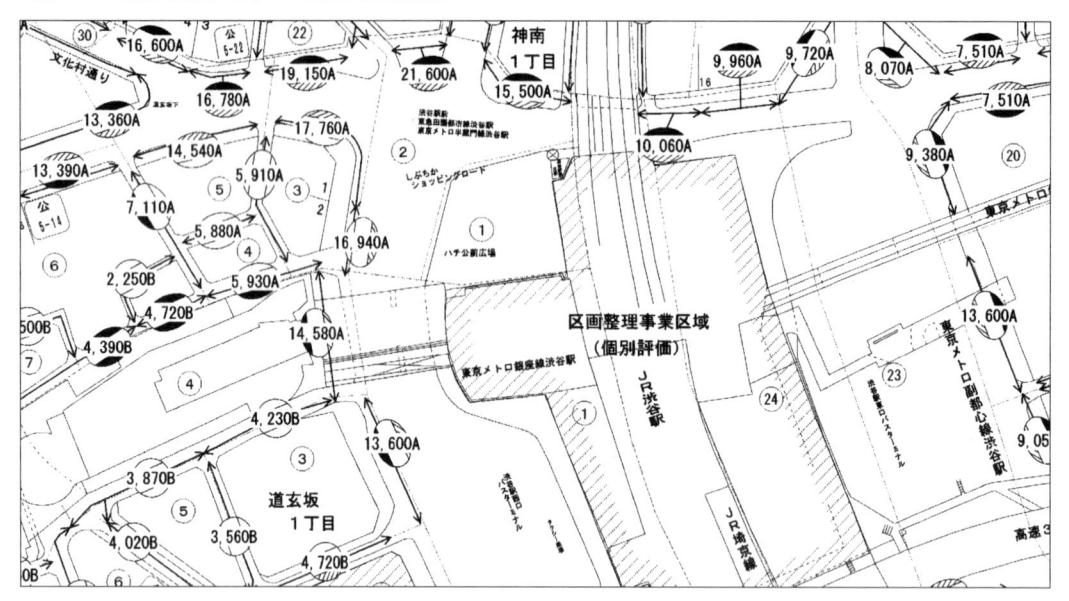

図表45　路線価図の凡例

(ア)地区区分の判定記号

地　　　　区	記　号
ビ ル 街 地 区	⬡
高 度 商 業 地 区	⬭
繁 華 街 地 区	⬡
普 通 商 業 ・併 用 住 宅 地 区	◯
中 小 工 場 地 区	◇
大 工 場 地 区	▭
普 通 住 宅 地 区	無 印

(イ)地域区分の適用範囲

適 用 範 囲	記　号
道路の両側の全地域	⊖
道 路 の 南 側（下 方）の 　全 　地 　域	⊘
道 路 沿 い	◒
道路の北側（上方）の道路沿いと南側（下 方）の 全 地 域	◓
道路の北側(上方)の道路沿いのみの地域	◓

（注）　適用範囲は，「普通商業・併用住宅地区」の地区記号により表示。

❷一般宅地の評価法

　次に，この路線価を使って，土地評価の方法を解説する。

　なお，土地の「地目」には，宅地，田，畑，山林，雑種地など様々なものがあり，その地目に応じた評価方法が規定されている。

　ただし，田や畑を建築プロジェクト等で開発する場合は農地転用許可が必要になる。ここでは，宅地を前提として述べる。

　なお，青空駐車場は「雑種地」とされているが，宅地の自用地とほぼ同じような評価をすればよいことになっている。

①利用区分

「自用地」または「自用地以外」となる。

「自用地」とは，自分の所有地に，自分の建物を建て，自分で使用している宅地，または建物が建っていない空き地の状態の宅地（更地）であり，100％の権利を保有している場合をいう。

「自用地以外」とは，借地権をはじめ様々な権利がついている場合で，その権利割合に応じて最終の所有価格が算出されるが，土地評価そのものには影響しない。なお，権利関係の詳細は後述する。

②地区区分

奥行や間口などが評価に及ぼす影響は，住宅地，商業地または工場地などの地区によって異なってくる。

路線価図には，都市計画図の用途地域のような地区が設定されており，評価地の正面路線に対する地区区分を設定する。

なお，最初に設定した正面路線が変更になった場合は，変更後の正面路線の地区に変更する。

③総地積

評価地の面積を設定する。

登記簿の公図で区画された土地の区画と，実際に使用されている土地の区画とが違っている場合があるので，注意が必要である。

計画レベルにもよるが，敷地測量を必要とする場合もある。

登記簿で二筆以上になっている土地をまとめて一区画とする場合は，一区画として評価する。

共同ビル事業計画などにおいては，まず従前評価として地権者ごとの個別の評価をし，一体の敷地にまとまった段階で従後の評価をする。

これにより全体の評価額が高くなることが想定され，これが共同化を図るひとつのメリットである。

④正面路線価

二以上の路線に接している画地については，原則として，その中での最高の路線価を「正面路線価」として採用する。

ただし，その算定は，各路線価に図表68（151ページ）の補正率を乗じて求めた価格を比較して求めることになっているため，路線価図に示されている最高の路線価が正面路線価にならない場合がある。

以下に，その算定法を示す。

また，複数の路線価が付されている場合は，各路線価に接する間口距離により加重平

図表47　例示

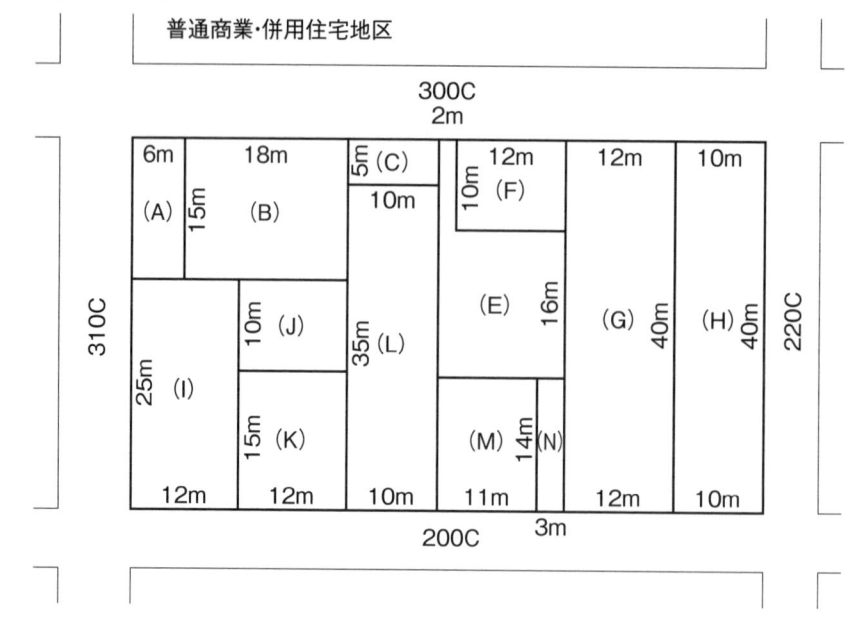

均した価格になる。

　たとえば，**図表47**の**(A)**は，300,000円／㎡と310,000円／㎡の路線に接しているが，これらに**図表67**（151ページ）の補正率を乗じると，

$$300{,}000円／㎡ × \underset{(奥行価格補正率)}{1.00} = 300{,}000円／㎡$$

$$310{,}000円／㎡ × \underset{(奥行価格補正率)}{0.95} = 294{,}500円／㎡$$

となるので，300,000円／㎡を正面路線価として評価することになる。

　なお，**図表48**のような住宅地では，がけ下の商業地に接している路線Bの価格の方が高い路線価になるが，この路線を利用することが常識的にみて困難である場合は，路線Aの価格が正面路線価となる。

図表48　例示

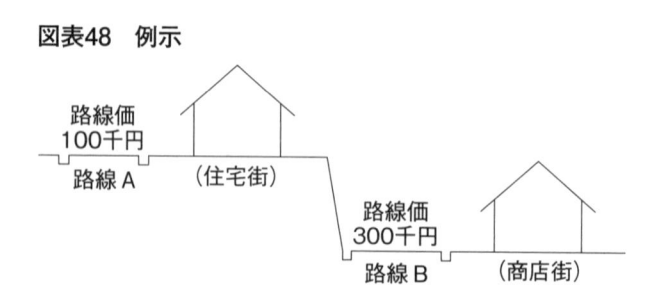

図表49　間口距離の測り方

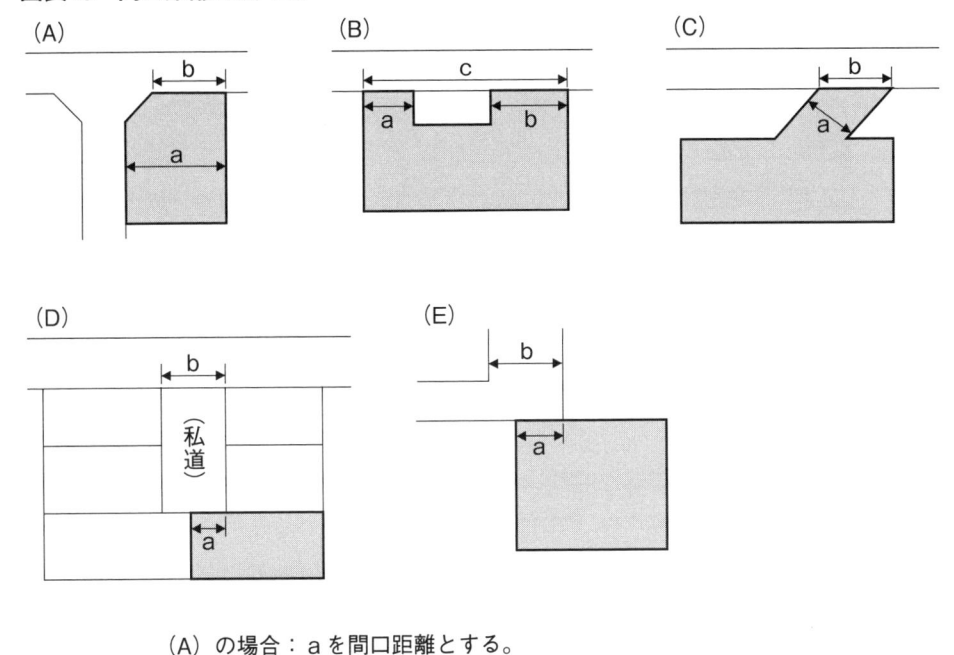

（A）の場合：aを間口距離とする。
（B）の場合：a＋bを間口距離とする。
（C）の場合：aを間口距離とする。
（D）の場合：aを間口距離とする。
（E）の場合：aを間口距離とする。

⑤**間口距離**

　評価地が正面路線に接する部分の距離を設定する。

　間口距離の測り方は，**図表49**のように行う。

⑥**奥行距離**

　評価地の奥行距離を設定する。

　奥行距離の測り方は，**図表50**のように行う。

　奥行距離は，原則として正面路線に対する垂線の距離になる。

　不整形地のように奥行距離が一様でないものは，平均的な奥行距離を算出する。

　不整形地の奥行距離の測り方は，

　①　不整形地の地積÷不整形地の間口距離

　②　想定整形地の奥行距離

のいずれか短い方をとる。

　屈折路に面している不整形地の間口距離は，

　①　その整形地に係る想定整形地の間口に相当する距離

　②　屈折路に実際に面している距離

図表50　奥行距離の測り方

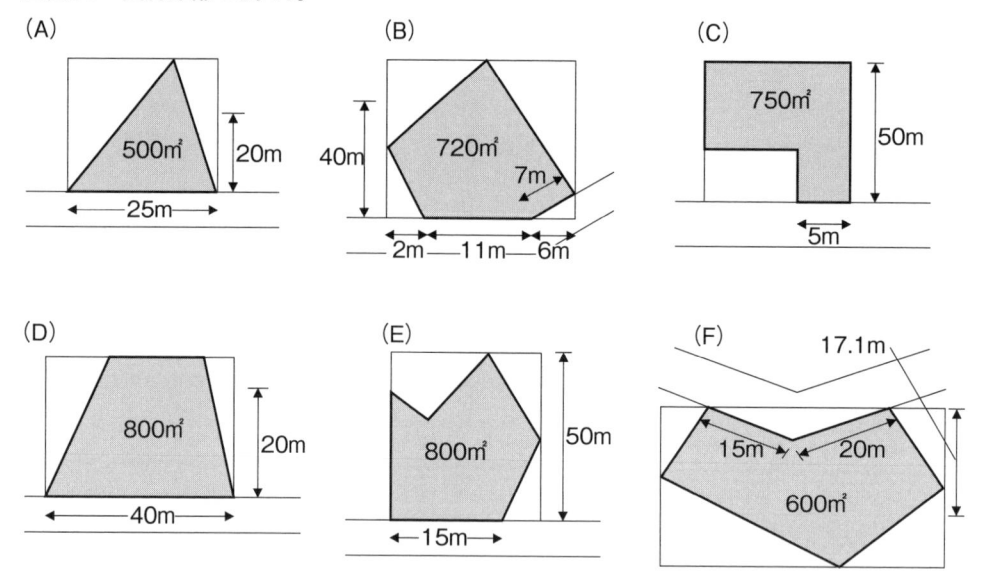

のいずれか短い方となる。

　したがって，**図表50**の**(B)**の場合の間口距離は，屈折路に実際に面している距離の18m（＝11m＋7m）となり，奥行距離は，720㎡ ÷ 18m ＝ 40mとなる。

　以上により設定した奥行距離と地区区分により，**図表67**（151ページ）の補正率を選択する。

⑦側方・裏面路線加算

　評価地が二路線以上に接している場合は，正面路線以外の路線の種類，奥行距離を設定する。

　五路線以上の路線に接している場合でも，最終的に四路線以下にまとめる。

　画地と路線の接し方により，「側方路線（角地）」，「側方路線（準角地）」，「裏面路線」の種別を選択する。

　なお，準角地とは，**図表51**のように一系統の路線の屈折部の内側に位置するものをいう。

図表51　準角地

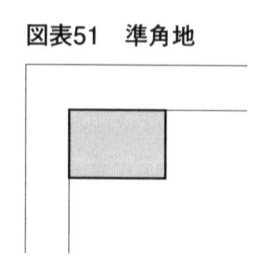

　そして，路線種別ごとに次のように算定し，基準価額に加算する。

① 路線種別：設定した側方・裏面などの路線種別。

② 路線価：それぞれの路線価。

③ 奥行補正率：その路線を正面とした奥行距離と地区から，**図表67**（151ページ）により補正率を選択する。

④ 影響加算率：路線種別および地区から，**図表68**（151ページ）により加算率を選択する。

⑤ 影響加算単価：②×③×④により計算する。

⑧**不整形地補正**

間口距離×奥行距離＝総地積であれば，評価地は整形であるため，不整形地補正の必要はない。それ以外の土地については，不整形地としての補正が必要になる。

不整形地補正は，以下の方法で行う。

■ **想定整形地**

「想定整形地」とは，**図表53**，**図表54**（136ページ）で示すように，評価しようとする不整形地の全域を囲み，はみ出す部分がないような正面路線に面する矩形または正方形の土地をいう。

図表52のように想定整形地を設定し，想定整形地の間口×奥行距離により地積を算出する。

図表52　想定整形地

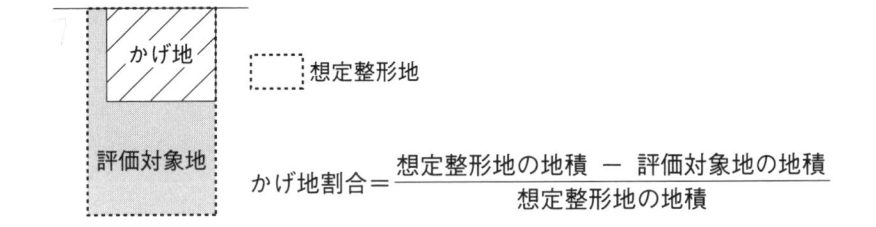

① 評価地積：評価する土地の総地積。

② 想定整形地面積：設定した想定整形地の地積。

③ かげ地面積：②－①により算出する。

④ かげ地割合：③÷②により算出する。

⑤ 不整形地補正率表による補正率：地区区分および総地積により，**図表69**（151ページ）からА，В，Ｃを選択する。次に，かげ地割合および地区区分により，**図表70**（152ページ）より補正率を選択する。

⑥ 奥行長大補正率：評価地の奥行距離／間口距離，および地区により**図表71**（152ページ）から補正率を選択する。

図表53　想定整形地の取り方──その(1)

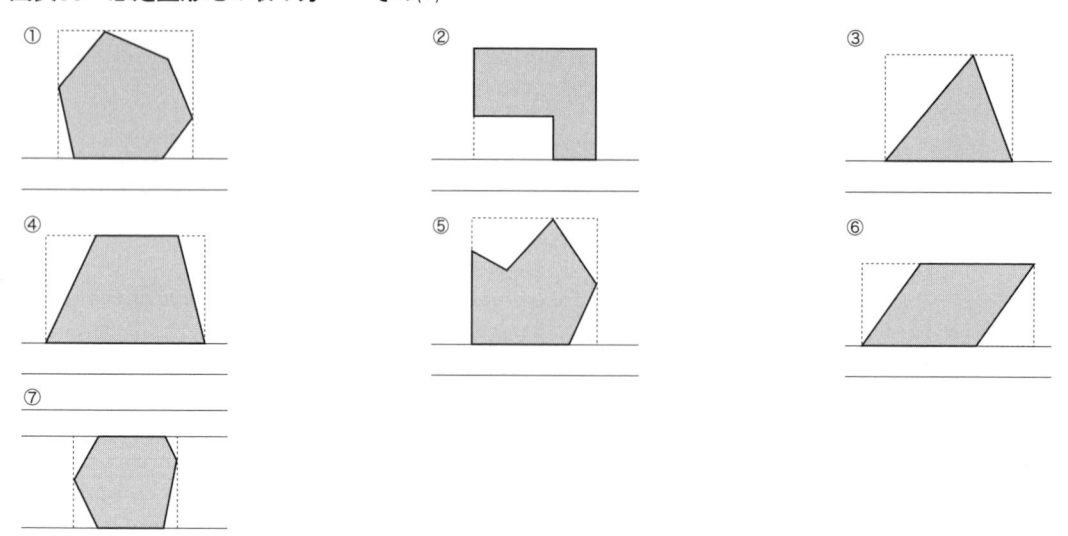

図表54　想定整形地の取り方──その(2)

下図の○が相当，×が不相当である。

正面路線に面する矩形または正方形の土地を想定しているか否かで，相当か不相当かを判断する。

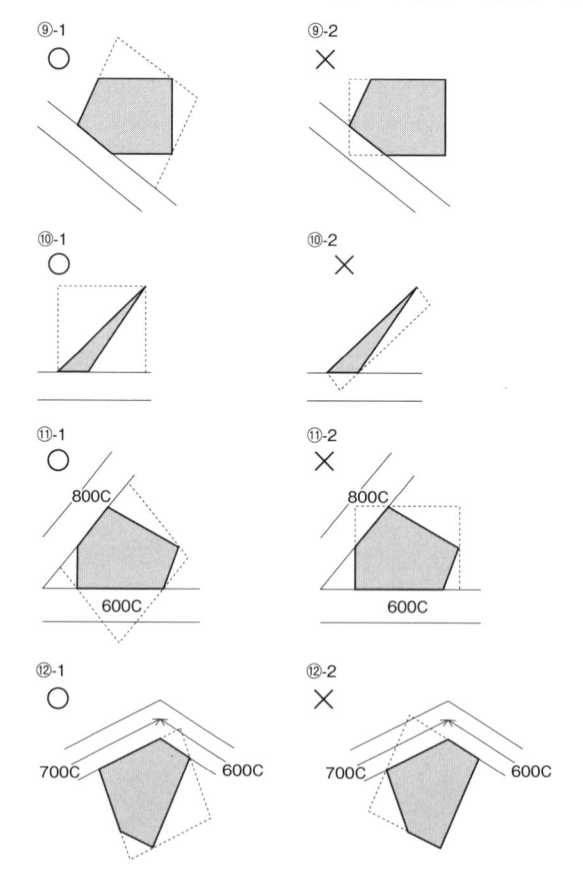

⑦　間口狭小補正率：評価地の間口距離，地区により**図表72**（152ページ）から補正率を選択する。

⑧　補正率⑴：⑤×⑥により算出する（小数第2位未満は切り捨て）。

⑨　補正率⑵：⑥×⑦により算出する（小数第2位未満は切り捨て）。

⑩　不整形補正率（間口狭小補正率）：⑧，⑨のうち小さい方の値を選択し，⑧なら不整形補正率，⑨なら間口狭小補正率として補正率を決定する。ただし，0.6を限度とする。

⑨がけ地補正

評価地にがけ地がある場合には，がけ地部分の地積を設定する。

二方向以上に斜面を有するがけ地の場合は，斜面方向ごとにがけ地の地積を設定し，次にがけ地の傾斜方向を選択する。

図表55のように西向きに低くなっている場合は，がけ地方向は西になる。

図表55　がけ地

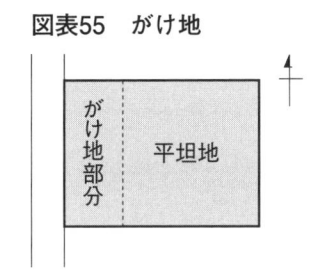

なお，がけの方向が東南などの場合は，がけ地積の東50％，南50％と設定する。

補正率は，区分したがけ地ごとに次のように算出する。

①　がけ地面積：設定したがけ地面積。

②　がけ地割合：①÷総地積。

③　がけ地方位：設定したがけ地方位。

④　がけ地補正率：②および③により**図表73**（152ページ）より補正率を選択する。

⑤　全体がけ地補正率：Σ（①×④）÷（Σ①）

⑩異容積補正

図表56のように容積率の異なる二以上の地域にわたる宅地を評価するには，それぞれの容積率と地積を設定し，加重平均でその容積率を求める。

図表56 異容積補正

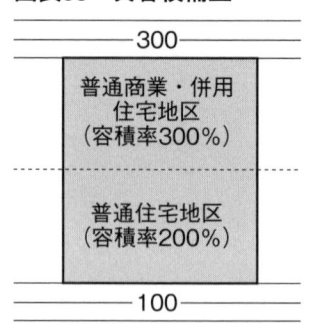

ただし，高度商業地区，繁華街地区，普通商業・併用住宅地区，普通住宅地区に限ってこの補正を行い，他の地区では行わない。

また，容積率の異なる地域が正面路線に対して直角に接する場合も，その容積率を前提として路線価が設定されているため，この補正は必要ない。

なお，企画段階の建築計画で述べたように，前面道路の幅員が12m未満のときは，その幅員との関係で，都市計画上の容積率（都市計画図に記載された容積率）と建築基準法との容積率が異なることがある。その場合は，次のようにして容積率を算出する。

第1種・第2種低層住居専用地域，第1種・第2種中高層住居専用地域，第1種・第2種住居地域，準住居地域では前面道路の幅員のメートル数値に4／10を乗じたもの，その他の地域では6／10を乗じたものが，都市計画で定められたその地域の容積率より小さいときは，その割合までがその土地の容積率となる。さらに緩和事項もあるので，詳細は企画段階の建築計画を参照されたい。

異容積補正率は，次のように算出する。

① 基本容積：正面路線に接する評価地の基本となる容積率に，評価地の総地積を乗じて算出する。
② 実容積：異なる容積率ごとに可能延べ床面積を算出し，合計した値を算出する。
③ 異容積割合：②÷①により算出する。
④ 影響度：地区区分により，**図表74**（152ページ）から選択する。
⑤ 控除割合：（1－③）×④により算出する。
⑥ 異容積補正率：（1－⑤）により算出する。

⑪私　道

自分の所有地を複数の者の通行の用に供している場合の宅地評価である。

敷地内の通路は私道ではなく，敷地の一部として評価する。

また，その私道が不特定多数の者の用に供されているとき，たとえば通り抜け私道などは，評価対象にはならない。

　なお，私道の評価額は自用地とした場合の価額の30％として評価する。

⑫セットバックを必要とする宅地

　評価地が建築基準法第42条第2項に規定する道路（2項道路）に面しており，将来，建物の建替え時に，同法の規定に基づき道路として提供しなければならない部分を有する場合には，その面積を設定する。

　この補正率は，次のように算出する。

① 　評価地積：評価地の総地積。

② 　セットバック地：セットバックが必要な土地の面積。

③ 　予定地割合：②÷①により算出する。

④ 　補正率：0.7。

⑤ 　セットバック補正率：1－（③×④）により算出する。

⑬都市計画道路予定地の区域内にある宅地

　都市計画道路予定地が評価地の中にある場合は，その予定地の該当地積を設定する。

　この補正率は，次のように算出する。

① 　評価地積：評価地の総地積。

② 　道路予定地：都市計画道路予定地の面積。

③ 　予定地割合：②÷①により算出する。

④ 　補正率：0.3。

⑤ 　都市計画道路補正率：1－（③×④）により算出する。

⑭大規模工場地等

　評価地が大規模工場地区にあり，その総地積が20万㎡以上の場合には，0.95の補正率を乗じる。

　なお，総地積が5万㎡以上の大規模工場地区の場合は，側方・裏面加算や各種の補正は適用されない。

⑮地積規模の大きな宅地の評価

　戸建住宅分譲用地として開発され，道路等の潰れ地が生じる土地については，これまでは広大地として評価され，今までに述べた評価法は適用されないとされてきたが，財産評価基本通達の「広大地通達」が廃止され，「地積規模の大きな宅地」として2018年1月1日より，以下に述べる方法で評価することとなる。

　普通商業・併用住宅地区および普通住宅地区にある地積規模の大きな宅地（三大都市圏においては500㎡以上，それ以外の地域においては1,000㎡以上の地積の宅地）は，今までに述べた評価法で算出した評価額に，次の算式で算出した「規模格差補正率」を乗じる。

　なお，三大都市圏とは，首都圏整備法，近畿圏整備法，中部圏開発整備法に規定する都市整備地域をいう。

$$規模格差補正率 ＝ \frac{Ⓐ × Ⓑ ＋ Ⓒ}{地積規模の大きな宅地の地積Ⓐ} × 0.8$$

(イ) 三大都市圏に所在する宅地

地区区分　　記号 地積（㎡）	普通商業・併用住宅 地区，普通住宅地区	
	Ⓑ	Ⓒ
500以上1,000未満	0.95	25
1,000 〃 3,000 〃	0.90	75
3,000 〃 5,000 〃	0.85	225
5,000 〃	0.80	475

(ロ) 三大都市圏以外の地域に所在する宅地

地区区分　　記号 地積（㎡）	普通商業・併用住宅 地区，普通住宅地区	
	Ⓑ	Ⓒ
1,000以上3,000未満	0.90	100
3,000 〃 5,000 〃	0.85	250
5,000 〃	0.80	500

　　ただし，市街化調整区域，工業専用地域，指定容積率が400％以上（東京都23区内は300％以上）の地域は除く。

❸権利割合

　評価地が共有地である場合は，その共有持分割合の数値になる。

　また，土地に対する主な権利形態には，次のようなものがある。

　それらに対する権利割合は，**図表57**，**図表58**で示している。

①借地権

　　借地をしている場合の借地人の権利をいう（財産評価基本通達27）。

　　借地権とは，建物所有の目的で土地を賃借している者の権利をいう。

　　また，定期借地権や相当の地代で賃借している場合には，定期借地権，相当の地代で賃借している借地権の評価方法による。

②使用貸借

　　無償で土地を貸借している場合を使用貸借という。

　　この場合，借地人の使用権はないものとし，貸主の宅地は自用地として評価する（個別通達「使用貸借に係る土地についての相続税及び贈与税の取扱いについて」昭和48年11月1日）。

③貸宅地

　　借地権を設定して，他人に土地を貸している場合の宅地をいう。

　　借地権というのは，上記のように建物所有を目的とする賃借権であり，建物所有を目的としないもの，たとえば青空駐車場などで貸しているものは貸宅地には該当しない。

　　また，たとえば青空駐車場の一部に小屋を付設したように建物が従である場合にも貸宅地には該当しないし，建物所有を目的とする賃貸であっても，建設工事現場の事務所などに一時的に貸しているものも貸宅地に該当しない。

図表57　借家権の割合

	地域区分	借家権割合
大阪局管内	市制地域および路線価設定地域	40%
	上記以外の地域	30%
東京局その他の国税局管内の地域		30%

図表58　借地権等の割合

記号	借地権	貸宅地	貸家建付地	貸家建付借地権	転貸借地権	転借権	貸家建付転借権	借家権
A	0.90	0.10	0.73 (0.64)	0.63 (0.54)	0.09	0.81	0.57 (0.49)	0.30 (0.40)
B	0.80	0.20	0.76 (0.68)	0.56 (0.48)	0.16	0.64	0.45 (0.38)	0.30 (0.40)
C	0.70	0.30	0.79 (0.72)	0.49 (0.42)	0.21	0.49	0.34 (0.29)	0.30 (0.40)
D	0.60	0.40	0.82 (0.76)	0.42 (0.36)	0.24	0.36	0.25 (0.22)	0.30 (0.40)
E	0.50	0.50	0.85 (0.80)	0.35 (0.30)	0.25	0.25	0.18 (0.15)	0.30 (0.40)
F	0.40	0.60	0.88 (0.84)	0.28 (0.24)	0.24	0.16	0.11 (0.10)	0.30 (0.40)
G	0.30	0.70	0.91 (0.88)	0.21 (0.18)	0.21	0.09	0.06 (0.05)	0.30 (0.40)
H	0.20	0.80	0.94 (0.92)	—	—	—	—	0.30 (0.40)

(注)　（　）内は，借家権割合が40％の場合の貸家建付地割合，貸家建付借地権割合，貸家建付転借権割合である。

④貸家建付地

　　自己所有の土地に，自己所有の建物を建てて賃貸している場合の敷地をいう。

　　マンションなどで賃貸部分とその他の部分とに分かれている場合には，賃貸部分の面積割合で求める。

　　なお，持続的に賃貸されているが，一時的に空室であったものも賃貸部分に含めて計算する（財産評価基本通達26）。

⑤貸家建付借地権

　　借地している土地の上に建物を建てて賃貸している場合の借地人の権利をいう（財産評価基本通達28）。

⑥転貸借地権

　　借地権を転貸している場合の借地人の権利をいう（財産評価基本通達29）。

⑦転借権

　　借地権を転借している場合の転借人の権利をいう（財産評価基本通達30）。

⑧借家人の権利

建物を賃借している場合の借家人の土地に対する権利をいう。

ただし，借家権として権利金等を授受して取引される慣行のあるもの以外は評価しない（財産評価基本通達31）。

❹評価事例

①三路線に面する宅地

図表59の土地に対して評価した結果を**図表75**（153ページ）に示す。

この出力表は，相続税などの資産評価で税務申告をするときに使用するものである。

なお，この土地の所在地は三大都市圏とする。

図表59

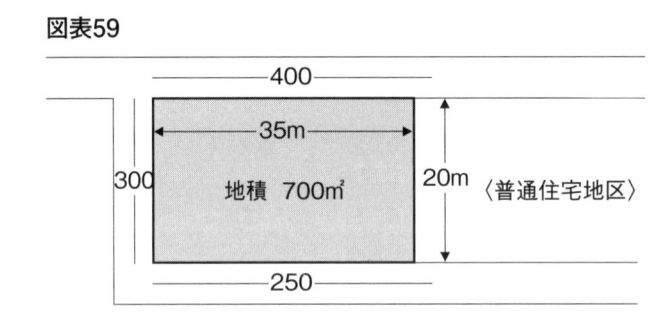

以下，その計算方法を解説する。

■**一路線に面する宅地**

正面路線に面する宅地として算出する。

①　正面路線価：400,000円／㎡

②　奥行距離：20m

③　奥行補正率（②および普通住宅地区から**図表67**（151ページ）により）：1.00

④　評価単価：①　×　③　＝　400,000円／㎡　＝　（A）

■**二路線に面する宅地**

側方路線の影響を算出し，（A）に加算する。

①　側方路線価：300,000円／㎡

②　奥行距離：35m

③　奥行補正率（②および普通住宅地区から**図表67**（151ページ）により）：0.93

④　影響加算率（**図表68**（151ページ）より角地のため）：0.03

⑤　評価単価：（A）＋　①　×　③　×　④　＝　408,370円／㎡　＝　（B）

■**三路線に面する宅地**

裏面路線の影響を算出し，（B）に加算する。

①　裏面路線価：250,000円／㎡

②　奥行距離：20m

③ 奥行補正率（②および普通住宅地区から**図表67**（151ページ）により）：1.00

④ 影響加算率（**図表68**（151ページ）より裏面路線のため）：0.02

⑤ 評価単価：(B)＋ ① × ③ × ④ ＝ 413,370円／㎡ ＝ (C)

■ **規模格差補正**

　三大都市圏に所在する地積700㎡の土地で，普通住宅地区であるので，規模格差補正が必要である。

① 地積：700㎡

② 補正率Ⓑ：0.95

③ 補正率Ⓒ：25

④ 規模格差補正率（140ページの式より）：0.79

⑤ 評価単価：(C) × 0.79 ＝ 325,972円／㎡

■ **評価額**

　四路線目，およびその他の補正はないので，上記評価単価が当該地の評価単価となる。

　評価総額は，325,972円／㎡×700㎡ ＝ 228,180,400円となる。

②不整形地

　「近似整形地」とは，評価しようとする不整形地の形状にできるだけ類似した矩形または長方形から構成される整形地を求め，その整形地からはみ出す不整形地の部分の面積と，その整形地に包含される不整形地以外の部分の面積とがおおむね等しく，かつその合計面積が最小となるような整形地をいう。

　不整形地補正等を行うための基準価格を算出する際に，より詳細にその価格を算出することができる。

　近似整形地の取り方には，その評価法によって，**図表60**（144ページ）のように四つの考え方がある。

　このうち，②は一般宅地の評価法で述べた方法であり，それ以外は，区分した近似整形地ごとに地積と奥行距離を設定し，評価計算を行い，加減算を行う。

　ここでは，**図表61**（144ページ）の不整形地を評価する。

　評価した結果を**図表76**（154ページ）に示す。

■ **一路線に面する宅地**

① 正面路線価：1,000,000円／㎡

② 奥行距離：45mだが，896㎡／21m（地積／間口） ＝ 42.7mの方が小さいので，これを想定奥行距離として採用する。

③ 奥行補正率（②および普通商業・併用住宅地区より）：0.93

④ 評価単価：① × ③ ＝ 930,000円／㎡

図表60　近似整形地の取り方

① 不整形地を区分して求めた整形地を基として評価する方法

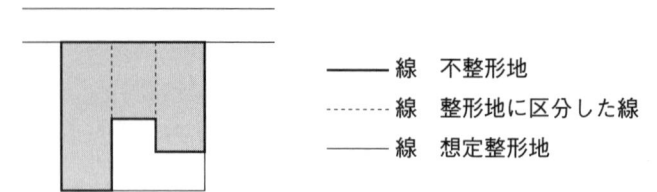

——— 線　不整形地
······· 線　整形地に区分した線
——— 線　想定整形地

② 奥行が一様でない場合に計算上の奥行距離を算出して評価する方法

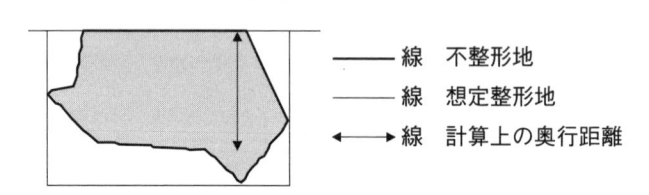

——— 線　不整形地
——— 線　想定整形地
◄——► 線　計算上の奥行距離

③ 近似整形地を求め，その設定した近似整形地を基として評価する方法

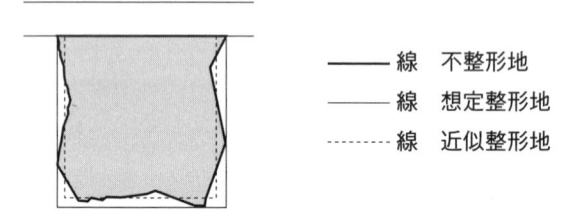

——— 線　不整形地
——— 線　想定整形地
······· 線　近似整形地

④ 近似整形地と隣接する整形地とを合わせた後の全体の整形地を基として評価する場合

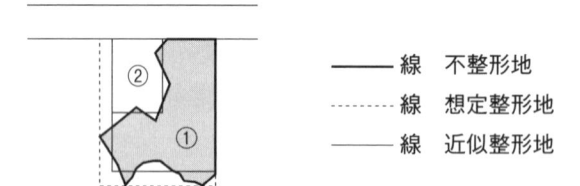

——— 線　不整形地
······· 線　想定整形地
——— 線　近似整形地

図表61　不整形地の例

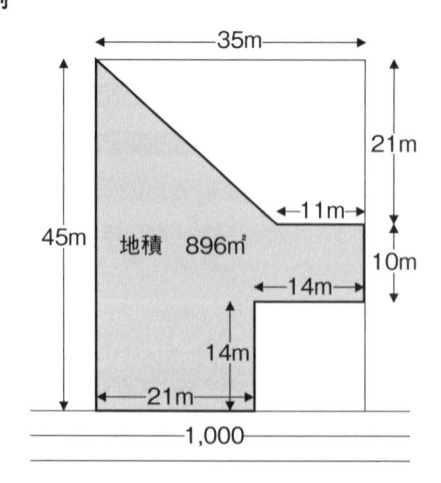

■ **不整形地**

① 不整形補正率

想定整形地の地積（1,575㎡）に対するかげ地部分の地積の割合（かげ地割合）を求める。

（1,575㎡ － 896㎡）÷ 1,575㎡ ＝ 43.1%

図表69（151ページ）のＢに該当し，**図表70**（152ページ）により，補正率は0.93となる。

② 奥行長大補正率

評価地の奥行距離 ／ 間口距離 ＝ 45m ÷ 21m ＝ 2.14

図表71（152ページ）により，補正率は1.00となる。

③ 間口狭小補正率

評価地の間口距離と地区により，**図表72**（152ページ）により，補正率は1.00となる。

④ 判　定

補正率のうち，②×③と③×④のうちの小さい値を採用する。

この場合，両方とも0.93となる。

⑤ 評価額

その他の補正はないので，評価単価は，930,000円 × 0.93 ＝ 864,900円となる。

■ **規模格差補正**

三大都市圏所在，地積896㎡，普通商業・併用住宅地区

① 補正率Ⓑ：0.95

② 補正率Ⓒ：25

③ 規模格差補正率（140ページの式より）：0.78

④ 評価単価：864,900円／㎡ × ③ ＝ 676,630円／㎡

③**無道路地の評価法**

どの道路にも接していない画地を「無道路地」という。

図表62の㋐は完全に道路に接していないが，㋑は狭小（幅員1.5m）な通路で道路に通じている。

建築基準法では，都市計画区域内の敷地は道路に２m以上接していなければならないとされている（建築基準法第43条）。

したがって，建築基準法上の接道義務を満たしていない画地も，ここでいう無道路地に含まれる（財産評価基本通達20-3）。

図表62　無道路地

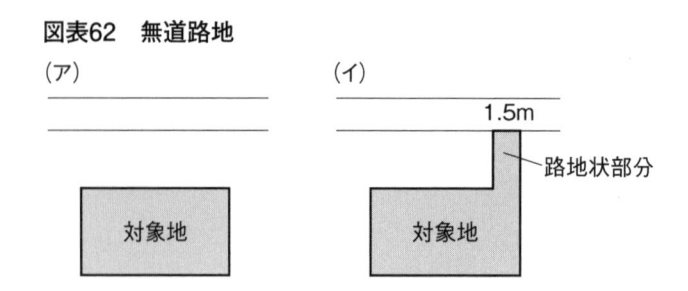

　なお，接道距離が2m以上あっても，路地状部分の幅員によって各都道府県で特別の規制を設けていることがある。東京都では東京都建築安全条例第3条で路地状部分の延長と建築物の関係で，**図表63**の制限を設けている。

図表63　路地状部分の長さと幅員（東京都）

路地状部分の長さ	路地状部分の幅員	
	右記以外の場合	耐火建築物および準耐火建築物以外の建築物で延べ面積が200㎡を超えるものの場合
20m以下のもの	2m	3m
20mを超えるもの	3m	4m

（注）　同一敷地内に二以上の建築物がある場合は，それらの延べ面積の合計とする。

　図表64のような無道路地の評価を行う。

図表64　無道路地

① 　正面路線価：200,000円／㎡

② 　奥行距離：20m

③ 　奥行補正率：②および中小工場地区より1.00

④ 　評価単価：200,000円／㎡

（中小工場地区のため規模格差補正はない）

　評価した結果を**図表77**（155ページ）に示す。

■ **不整形地補正後の価額**

① 　不整形補正率

かげ地割合＝（900㎡ － 500㎡）÷ 900㎡ ＝ 44.44％

図表69（151ページ）により，Aに該当する。

図表70（152ページ）より，補正率は0.90となる。

② 奥行長大補正率

評価地の奥行距離／間口距離 ＝ 20m ÷ 2 m ＝ 10

図表71（152ページ）より，補正率は0.90となる。

③ 間口狭小補正率

評価地の間口距離，地区により，**図表72**（152ページ）より補正率は0.80となる。

④ 判 定

補正率のうち，①×③と②×③のうちの小さい値を採用する。

① × ③ ＝ 0.90 × 0.80 ＝ 0.72（小数点第２位未満切り捨て）

② × ③ ＝ 0.90 × 0.80 ＝ 0.72

したがって，0.72（不整形地補正率）を採用する。

⑤ 評価額

（奥行補正後の価額） （不整形地補正率）
200,000円／㎡ × 0.72 ＝ 144,000円／㎡

144,000円／㎡ × 500㎡ ＝ 72,000,000円

■**道路地としての斟酌**

① 通路部分の価額相当額：200,000円 × 40㎡ ＝ 8,000,000円

② 斟酌の限度：72,000,000円 × 40％ ＝ 28,800,000円

③ 判 定：①＜②により，①を採用する。

斟酌割合は，8,000,000円 ÷ 72,000,000円 ＝ 0.111111となる。

■**評価対象地の評価単価**

（不整形地補正後の価額） （0.4の範囲内で相当とする割合）
144,000円／㎡ × （1 － 0.111111） ＝ 128,000円／㎡

❺**土地取得費算定への適用**

これまでの手法により得られた土地の評価額は，相続税や贈与税の評価額を算定する根拠としてそのまま使えるし，これを0.8で割った値が実勢価格とみることもできる。

また，次に述べるような方法で利用することができる。

①**相対的な土地の評価**

たとえば複数の地権者が共同してビル賃貸事業を行う場合には，従前の土地に対する各地権者の権利の持ち分割合を出す必要がある。

その場合，各地権者の持ち分ごとに評価をすることにより，標準地を100とした相対的な数値を算出することができる。また，地権者ごとの個別評価の合計と，それら

の土地を一体とした場合の評価を比べることも可能である。

　事業の初期段階での試算に用いたり，専門家による鑑定評価の補助的手法としても利用できる。

②取引事例などとの比較

　同じエリアに属する取引事例地，地価公示地，基準地を選び，この手法で評価を行う。

　同様に計画地の評価も行い，その結果と取引事例地価等の比率を求め，取引事例地価を乗ずれば，計画地の価格が求められる。参考事例が多ければ，客観性は増す。

　図表65に示すように，複数の地権者で共同ビルを建設する場合の適用例を掲げる。

　全体の敷地の形状や地域地区等は，**図表35**，**図表36**（116ページ～117ページ）に示す事務所ビルプランと同様とする。

　現状は，老朽化した木造2階建ての建物が建っている。

　この敷地に，A～Dの4人の地権者が共同して事務所ビルを建設する計画を想定する。

　まず，路線価方式を使ってそれぞれの土地の従前の土地評価を行い，その結果を**図表78～図表81**（156ページ～159ページ）に示す。なお，地区区分は普通商業・併用住宅地区とする。

　また，一体の土地として評価した場合の価格を**図表82**（160ページ）に示す。

　これによると，一体評価の価格は948,000,000円であり，「A」～「D」の個別評価の合計価格796,368,000円の約1.2倍となる。これが，権利形態にある程度の制約が生じるものの，共同ビル事業を行うメリットのひとつである。

　土地を一体評価するか，個別評価するかという問題は，次に述べる建築工事費を含む事業費を出資する企業（通常はデベロッパー）と地権者との力関係によるところが大きい。

　地権者がまとまってデベロッパーと交渉するような場合は，一体評価に近いところで合意できる可能性がある。また，地権者の合意形成までデベロッパーにゆだねるようであれば，個別評価になってしまう。

　いずれにしろ，デベロッパーの事業採算に合うことが前提になるが，ここにもPMの能力を発揮できる場面がある。

　ここでは，個別評価を前提に計算方法を解説する。

　個別評価を集計し，地権者別の持分割合を算出した表が**図表66**（150ページ）の(1)である。

　借地権割合は，C地域・70%としている。その評価額を0.8で割り，想定時価を算出する。

　次に，共同ビルを建設するための事業費を算出する。この場合における建築工事費を含む事業費（初期投資額）は，⑧の「②　事務所ビル計画」の**図表184**（329ページ）で示す消費税込みの1,682,573千円とする。

　この事業費と前述の従前土地評価額を合計した総事業費に対する各地権者の持分割合を新たに算出して新築建物の取得床面積を算出したものが**図表66**の(2)である。ここでは，従後の所有形態は共有を想定し，取得床に対する階層別効用比等は計算に含まれていない。

図表65　敷地図

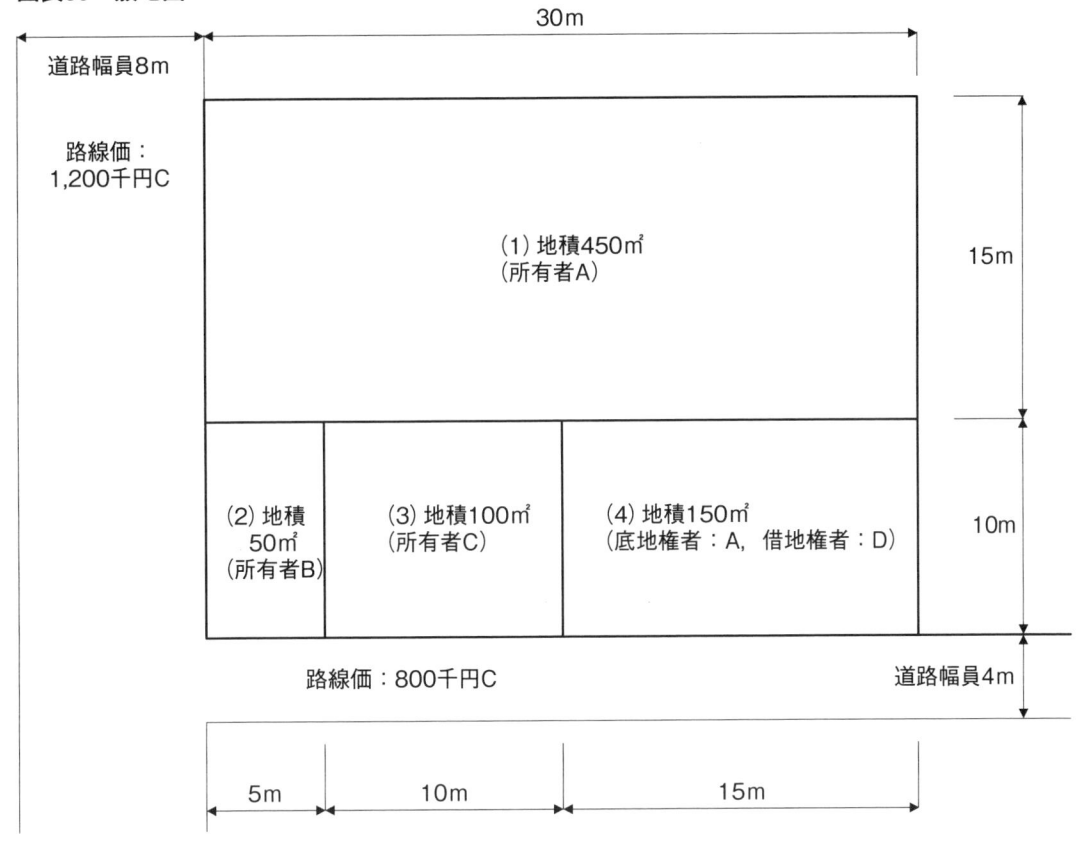

取得床面積は従後の持分割合に，新築建物の施工延べ床面積(3,444㎡)および賃貸面積(1,826㎡) を乗じて算出している。

その結果，たとえば地権者Bは，従前の土地面積は50㎡であるが，新築建物の施工床に対する取得床面積は118㎡になっている。

$$118㎡ \div 50㎡ = 2.36$$

地権者Bは，新規の投資をせずに土地を供出するだけで，従前の土地面積の2.36倍の床面積を取得できる計算となる。

また，地権者Bが従前に所有土地面積の2倍（200%）の建物を所有していたとしても，118㎡÷（50㎡×200%）＝1.18となる。この数値を「還元率」といい，法定再開発やマンション建替え事業においても計算のしくみは同様であり，事業の成否を左右する基礎的な数値となる。

この還元率が1.00を下回る場合は，地権者にとってみれば，建物が新しくなるとはいえ，従前より小さい床の取得をせまられることになり，その合意形成は困難なものとなる。

なお，地権者のうち，事業費の一部を出資して，増し床として取得することも可能である。

図表66　権利変換計画

(1)　従前土地評価

地番	面積 (㎡)	路線価評価額 (円／㎡)	想定単価 (円／㎡)	想定時価 (千円)	所有者名	権利割合 (%)	評価額 (千円)	持分合計 (千円)	持分割合 (%)
1	450.00	1,200,000	1,500,000	675,000	A	100	675,000	719,550	72.28
2	50.00	1,167,360	1,459,200	72,960	B	100	72,960	72,960	7.33
3	100.00	792,000	990,000	99,000	C	100	99,000	99,000	9.95
4	150.00	792,000	990,000	148,500	A	30	44,550		
					D	70	103,950	103,950	10.44
合計	750.00			995,460				995,460	100.00

(注)　想定単価は路線価評価額÷0.8で算出。

(2)　権利変換計画

所有者名	出資額 (千円)	持分割合 (%)	取得床 (施工床㎡)	取得床 (賃貸床㎡)
権利床				
A	719,550	33.87	1,167	618
B	72,960	3.43	118	63
C	99,000	4.66	160	85
D	103,950	4.89	169	89
小計	995,460	46.86	1,614	856
保留床				
出資者	1,128,941	53.14	1,830	970
合計	2,124,401	100.00	3,444	1,826

(3)　仲介手数料

　土地の購入に当たり不動産会社に仲介を依頼する場合は，その費用も取得費に算入する。

　旧建設省告示の「宅地建物取引業者が宅地又は建物の売買等に関して受け取ることができる報酬の額」によると，売買または交換の仲介の場合に依頼者双方から受け取れる金額は，売買金額が，

　　・200万円以下 ……………… 5／100

　　・200万円～400万円以下…… 4／100

　　・400万円超 ………………… 3／100

となっている。

　したがって，売買価格の3％プラス6万円が上限である。

図表67　奥行価格補正率表

奥行距離＼地区区分	ビル街	高度商業	繁華街	普通商業・併用住宅	普通住宅	中小工場	大工場
4m未満	0.80	0.90	0.90	0.90	0.90	0.85	0.85
4〜 6m未満	0.80	0.92	0.92	0.92	0.92	0.90	0.90
6〜 8m未満	0.84	0.94	0.95	0.95	0.95	0.93	0.93
8〜10m未満	0.88	0.96	0.97	0.97	0.97	0.95	0.95
10〜12m未満	0.90	0.98	0.99	0.99	1.00	0.96	0.96
12〜14m未満	0.91	0.99	1.00	1.00	1.00	0.97	0.97
14〜16m未満	0.92	1.00	1.00	1.00	1.00	0.98	0.98
16〜20m未満	0.93	1.00	1.00	1.00	1.00	0.99	0.99
20〜24m未満	0.94	1.00	1.00	1.00	1.00	1.00	1.00
24〜28m未満	0.95	1.00	1.00	1.00	0.97	1.00	1.00
28〜32m未満	0.96	1.00	0.98	1.00	0.95	1.00	1.00
32〜36m未満	0.97	1.00	0.96	0.97	0.93	1.00	1.00
36〜40m未満	0.98	1.00	0.94	0.95	0.92	1.00	1.00
40〜44m未満	0.99	1.00	0.92	0.93	0.91	1.00	1.00
44〜48m未満	1.00	1.00	0.90	0.91	0.90	1.00	1.00
48〜52m未満	1.00	0.99	0.88	0.89	0.89	1.00	1.00
52〜56m未満	1.00	0.98	0.87	0.88	0.88	1.00	1.00
56〜60m未満	1.00	0.97	0.86	0.87	0.87	1.00	1.00
60〜64m未満	1.00	0.96	0.85	0.86	0.86	0.99	1.00
64〜68m未満	1.00	0.95	0.84	0.85	0.85	0.98	1.00
68〜72m未満	1.00	0.94	0.83	0.84	0.84	0.97	1.00
72〜76m未満	1.00	0.93	0.82	0.83	0.83	0.96	1.00
76〜80m未満	1.00	0.92	0.81	0.82	0.83	0.96	1.00
80〜84m未満	1.00	0.90	0.80	0.81	0.82	0.93	1.00
84〜88m未満	1.00	0.88	0.80	0.80	0.82	0.93	1.00
88〜92m未満	1.00	0.86	0.80	0.80	0.81	0.90	1.00
92〜96m未満	0.99	0.84	0.80	0.80	0.81	0.90	1.00
96〜100m未満	0.97	0.82	0.80	0.80	0.81	0.90	1.00
100m以上	0.95	0.80	0.80	0.80	0.80	0.90	1.00

図表68　影響加算率表

地区区分	側方（角地）	側方（準角地）	裏面路線
ビル街	0.07	0.03	0.03
高度商業	0.10	0.05	0.07
繁華街	0.10	0.05	0.07
普通商業・併用住宅	0.08	0.04	0.05
普通住宅	0.03	0.02	0.02
中小工場	0.03	0.02	0.02
大工場	0.02	0.01	0.02

図表69　不整形地補正率を算定する際の地積区分表

地区区分	A	B	C
高度商業	1,000㎡未満	A＜または＜C	1,500㎡以上
繁華街	450㎡未満	A＜または＜C	700㎡以上
普通商業・併用住宅	650㎡未満	A＜または＜C	1,000㎡以上
普通住宅	500㎡未満	A＜または＜C	750㎡以上
中小工場	3,500㎡未満	A＜または＜C	5,000㎡以上
大工場	―	―	―

図表70 不整形地補正率表

かげ地割合	普通住宅地区以外			普通住宅地区		
	A	B	C	A	B	C
10%未満	1.00	1.00	1.00	1.00	1.00	1.00
10〜15%未満	0.99	0.99	1.00	0.98	0.99	0.99
15〜20%未満	0.98	0.99	0.99	0.96	0.98	0.99
20〜25%未満	0.97	0.98	0.99	0.94	0.97	0.98
25〜30%未満	0.96	0.98	0.99	0.92	0.95	0.97
30〜35%未満	0.94	0.97	0.98	0.90	0.93	0.96
35〜40%未満	0.92	0.95	0.98	0.88	0.91	0.94
40〜45%未満	0.90	0.93	0.97	0.85	0.88	0.92
45〜50%未満	0.87	0.91	0.95	0.82	0.85	0.90
50〜55%未満	0.84	0.89	0.93	0.79	0.82	0.87
55〜60%未満	0.80	0.87	0.90	0.75	0.78	0.83
60〜65%未満	0.76	0.84	0.86	0.70	0.73	0.78
65%以上	0.70	0.75	0.80	0.60	0.65	0.70

図表71 奥行長大補正率表

奥行距離／間口距離 ＼ 地区区分	ビル街	高度商業	繁華街	普通商業・併用住宅	普通住宅	中小工場	大工場
2未満	1.00	1.00	1.00	1.00	1.00	1.00	1.00
2〜3未満	1.00	1.00	1.00	1.00	0.98	1.00	1.00
3〜4未満	1.00	0.99	0.99	0.99	0.96	0.99	1.00
4〜5未満	1.00	0.98	0.98	0.98	0.94	0.98	1.00
5〜6未満	1.00	0.96	0.96	0.96	0.92	0.96	1.00
6〜7未満	1.00	0.94	0.94	0.94	0.90	0.94	1.00
7〜8未満	1.00	0.92	0.92	0.92	0.90	0.92	1.00
8以上	1.00	0.90	0.90	0.90	0.90	0.90	1.00

図表72 間口狭小補正率表

間口距離 ＼ 地区区分	ビル街	高度商業	繁華街	普通商業・併用住宅	普通住宅	中小工場	大工場
4m未満	—	0.85	0.90	0.90	0.90	0.80	0.80
4〜 6m未満	—	0.94	1.00	0.97	0.94	0.85	0.85
6〜 8m未満	—	0.97	1.00	1.00	0.97	0.90	0.90
8〜10m未満	0.95	1.00	1.00	1.00	1.00	0.95	0.95
10〜16m未満	0.97	1.00	1.00	1.00	1.00	1.00	1.00
16〜22m未満	0.98	1.00	1.00	1.00	1.00	1.00	1.00
22〜28m未満	0.99	1.00	1.00	1.00	1.00	1.00	1.00
28m以上	1.00	1.00	1.00	1.00	1.00	1.00	1.00

図表73 がけ地補正率表

がけ地地積／総地積	がけ地の方位			
	南	東	西	北
10%未満	1.00	1.00	1.00	1.00
10〜20%未満	0.96	0.95	0.94	0.93
20〜30%未満	0.92	0.91	0.90	0.88
30〜40%未満	0.88	0.87	0.86	0.83
40〜50%未満	0.85	0.84	0.82	0.78
50〜60%未満	0.82	0.81	0.78	0.73
60〜70%未満	0.79	0.77	0.74	0.68
70〜80%未満	0.76	0.74	0.70	0.63
80〜90%未満	0.73	0.70	0.66	0.58
90%以上	0.70	0.65	0.60	0.53

図表74

地区区分	影響度
高度商業，繁華街	0.8
普通商業・併用住宅	0.5
普通住宅	0.1

図表75 標準地の計算例

土地評価明細書

地目	正面路線価	側方路線(角地)	裏面路線	―
宅地	400,000 円	300,000 円	250,000 円	― 円
地積	間口距離	奥行距離	利用区分	地区区分
700.00 ㎡	35.00 m	20.00 m	自用地	普通住宅地区

1. 一路線に面する宅地

	正面路線価 400,000円 ×	奥行補正率 1.00		1㎡当たりの価格 400,000 円	A

2. 二路線に面する宅地

(A) 400,000 円 + (	路線価 300,000円 ×	奥行補正率 0.93 ×	路線影響加算率 0.03)	1㎡当たりの価格 408,370 円	B

3. 三路線に面する宅地

(B) 408,370 円 + (	路線価 250,000円 ×	奥行補正率 1.00 ×	路線影響加算率 0.02)	1㎡当たりの価格 413,370 円	C

4. 四路線に面する宅地

(C) 円 + (	路線価 円 ×	奥行補正率 ― ×	路線影響加算率)	1㎡当たりの価格 ― 円	D

5-1. 間口が狭小な宅地

(A)～(D) 円 ×	間口狭小補正率 ― ×	奥行長大補正率 ―		1㎡当たりの価格 ― 円	E

5-2. 不整形地

(A)～(D) 円 ×	不整形地補正率 ―			1㎡当たりの価格 ― 円	F

*不整形地補正率の計算

想定整形地の間口距離 m ×	想定整形地の奥行距離 m =	想定整形地の地積 ㎡	
(想定整形地の地積 ㎡ ―	不整形地の地積 ㎡) ÷	想定整形地の地積 ㎡ =	かげ地割合 ― %
不整形地表補正率 1.00 ×	間口狭小補正率 1.00 =	1.00 ①	
奥行長大補正率 1.00 ×	間口狭小補正率 1.00 =	1.00 ②	不整形地補正率

7. 無道路地

(F) 円 ×	0.4の範囲内で相当とする割合 (1 ― #)		1㎡当たりの価格 ― 円	G

*0.4の範囲内で相当とする割合の計算

(正面路線価) (円 ×	(通路部分の地積) ㎡) ÷	(F) (円 ×	(評価対象地の地積) ㎡) =	―

8. がけ地等を有する宅地

(A)～(G) 円 ×	がけ地補正率		1㎡当たりの価格 ― 円	H

9. 容積率の異なる2以上の地域にわたる宅地

(A)～(H) 円 ×	(1 ―	控除割合)	1㎡当たりの価格 ― 円	I

10. 私道

自用地とした場合の価額 円 ×	0.3		1㎡当たりの価格 ― 円	J

11. 規模格差補正

自用地とした場合の価額 413,370 円 ×	補正率B 0.95	補正率C 25.00	係数 0.8	1㎡当たりの価格 325,972 円	J

自用地1㎡当たりの価額		地積	評価総額	
325,972 円		700.00 ㎡	228,180,400	K

○セットバックを必要とする宅地の評価額

				総額	
自用地の評価額 円 ― (	自用地の評価額 円 ×	当該地積÷総地積 ― ×	0.7)	― 円	M

○都市計画道路予定地の区域内にある宅地

				総額	
(A)～(G) 円 ×	自用地の評価額 円 ×	当該地積÷総地積 ― ×	0.3)	― 円	N

○大規模工業用地等

			総額	
正面路線価 円 ×	地積 ㎡ ×	地積が20万㎡以上の場合は0.95	― 円	O

1㎡当たりの価額	地積	持分割合	権利割合	総額	
325,972 円	700.00 ㎡	1.00	1.00	228,180,400 円	

図表76 不整形地の計算例

土地評価明細書

地目	正面路線価	側方路線（角地）	裏面路線	―
宅地	1,000,000 円	― 円	― 円	― 円
地積	間口距離	奥行距離	利用区分	地区区分
896.00 ㎡	21.00 m	45.00 m	自用地	普通商業・併用住宅地区

1．一路線に面する宅地

	正面路線価	奥行補正率		1㎡当たりの価格	A

2．二路線に面する宅地

(A)	路線価	奥行補正率	路線影響加算率	1㎡当たりの価格	B
円 ＋ (	円 ×	― ×	0.08)	― 円	

3．三路線に面する宅地

(B)	路線価	奥行補正率	路線影響加算率	1㎡当たりの価格	C
円 ＋ (	円 ×	― ×	0.05)	― 円	

4．四路線に面する宅地

(C)	路線価	奥行補正率	路線影響加算率	1㎡当たりの価格	D
円 ＋ (	円 ×	― ×	―)	― 円	

5－1．間口が狭小な宅地

(A)～(D)	間口狭小補正率	奥行長大補正率		1㎡当たりの価格	E
円 ×	― ×	―		― 円	

5－2．不整形地

(A)～(D)	不整形地補正率			1㎡当たりの価格	F
930,000 ×	0.93			864,900 円	

＊不整形地補正率の計算

想定整形地の間口距離	想定整形地の奥行距離	想定整形地の地積		
35m ×	45m ＝	1,575㎡		
想定整形地の地積	不整形地の地積	想定整形地の地積	かげ地割合	
(1,575㎡ －	896㎡)÷	1,575㎡ ＝	43.11 %	
不整形地表補正率	間口狭小補正率			
0.93 ×	1.00 ＝	0.93 ①		
奥行長大補正率	間口狭小補正率		不整形地補正率	
1.00 ×	1.00 ＝	1.00 ②	0.93	

7．無道路地

(F)		0.4の範囲内で相当とする割合		1㎡当たりの価格	G
円 ×	(1	― ＃)		― 円	

＊0.4の範囲内で相当とする割合の計算

(正面路線価)	(通路部分の地積)	(F)	(評価対象地の地積)	
(円 ×	㎡)÷ (	円 ×	㎡) ＝	―

8．がけ地等を有する宅地

(A)～(G)	がけ地補正率			1㎡当たりの価格	H
円 ×	―			― 円	

9．容積率の異なる2以上の地域にわたる宅地

(A)～(H)		控除割合		1㎡当たりの価格	I
円 ×	(1	― ―)		― 円	

10．私道

自用地とした場合の価額				1㎡当たりの価格	J
円 ×	0.3			― 円	

11．規模格差補正

自用地とした場合の価額	補正率B	補正率C	係数	1㎡当たりの価格	J
864,900 円 ×	0.95	25.00	0.8	676,630 円	

自用地1㎡当たりの価額	地積	評価総額	
676,630 円	896.00 ㎡	606,260,480 円	K

○セットバックを必要とする宅地の評価額

自用地の評価額	自用地の評価額	当該地積÷総地積	総額	M
円 － (	円 ×	― × 0.7)	― 円	

○都市計画道路予定地の区域内にある宅地

自用地の評価額	自用地の評価額	当該地積÷総地積	総額	N
円 × (	円 ×	― × 0.3)	― 円	

○大規模工業用地等

正面路線価	地積	地積が20万㎡以上の場合は0.95	総額	O
円 ×	㎡ ×	―	― 円	

1㎡当たりの価額	地積	持分割合	権利割合	総額	
676,630 円	896.00 ㎡	1.00	1.00	606,260,480 円	

図表77　無道路地の計算例

土地評価明細書				
地目	正面路線価	側方路線（角地）	裏面路線	－
宅地	200,000　円	－　円	－　円	－　円
地積	間口距離	奥行距離	利用区分	地区区分
500.00　㎡	2.00　m	25.00　m	自用地	中小工場地区

1．一路線に面する宅地

	正面路線価 200,000円　×	奥行補正率 1.00		1㎡当たりの価格 200,000　円	A

2．二路線に面する宅地

(A) 　円　＋（	路線価 　円　×	奥行補正率 －　×	路線影響加算率 0.03　）	1㎡当たりの価格 －　円	B

3．三路線に面する宅地

(B) 　円　＋（	路線価 　円　×	奥行補正率 －　×	路線影響加算率 0.02　）	1㎡当たりの価格 －　円	C

4．四路線に面する宅地

(C) 　円　＋（	路線価 　円　×	奥行補正率 －　×	路線影響加算率 　）	1㎡当たりの価格 －　円	D

5－1．間口が狭小な宅地

(A)～(D) 　円　×	間口狭小補正率 －　×	奥行長大補正率 －		1㎡当たりの価格 －　円	E

5－2．不整形地

(A)～(D) 200,000円　×	不整形地補正率 0.72			1㎡当たりの価格 144,000　円	F

＊不整形地補正率の計算

想定整形地の間口距離 20m　×	想定整形地の奥行距離 45m　＝	想定整形地の地積 900㎡		
想定整形地の地積 （　900㎡　－	不整形地の地積 500㎡　）÷	想定整形地の地積 900㎡　＝	かげ地割合 44.44　％	
不整形地表補正率 0.90　×	間口狭小補正率 0.80　＝	0.72　①		
奥行長大補正率 0.90　×	間口狭小補正率 0.80　＝	0.72　②	不整形地補正率 0.72	

7．無道路地

(F) 144,000円　×	（1	0.4の範囲内で相当とする割合 －　0.11111111　）		1㎡当たりの価格 128,000　円	G

＊0.4の範囲内で相当とする割合の計算

（正面路線価 （　200,000円　×	（通路部分の地積） 40㎡　÷	(F) （　144,000円　×	（評価対象地の地積） 500㎡　）＝	0.11111111

8．がけ地等を有する宅地

(A)～(G) 　円　×	がけ地補正率 			1㎡当たりの価格 －　円	H

9．容積率の異なる2以上の地域にわたる宅地

(A)～(H) 　円　×	（1	控除割合 －　）		1㎡当たりの価格 －　円	I

10．私道

自用地とした場合の価額 　円　×	0.3			1㎡当たりの価格 －　円	J

11．規模格差補正

自用地とした場合の価額 128,000　円　×	補正率B 1.00	補正率C 1.00	係数 1	1㎡当たりの価格 128,000　円	J

自用地1㎡当たりの価額		地積		評価総額	
128,000　円		500.00　㎡		########　円	K

○セットバックを必要とする宅地の評価額				総額	
自用地の評価額 　円　－（	自用地の評価額 　円　×	当該地積÷総地積 －　×	0.7）	－　円	M

○都市計画道路予定地の区域内にある宅地				総額	
自用地の評価額 　円　×（	自用地の評価額 　円　×	当該地積÷総地積 －　×	0.3）	－　円	N

○大規模工業用地等				総額	
正面路線価 　円　×	地積 ㎡　×	地積が20万㎡以上の場合は0.95 －		－　円	O

1㎡当たりの価額	地積	持分割合	権利割合	総額	
128,000　円	500.00　㎡	1.00	1.00	########　円	

図表78　図表65のＡ地の土地評価明細書

土地評価明細書					
地目	正面路線価	ー	ー	ー	
宅地	1,200,000　　円	ー　円	ー　円	ー　円	
地積	間口距離	奥行距離	利用区分	地区区分	
450.00　　㎡	15.00　　m	30.00　　m	自用地	普通商業併用住宅地区	

１．一路線に面する宅地

	正面路線価	奥行補正率		1㎡当たりの価格	A
	1,200,000円　　×	1.00		1,200,000　　円	

２．二路線に面する宅地

(A)	路線価	奥行補正率	路線影響加算率	1㎡当たりの価格	B
円　＋（	円　×	ー　×	ー　）	ー　円	

３．三路線に面する宅地

(B)	路線価	奥行補正率	路線影響加算率	1㎡当たりの価格	C
円　＋（	円　×	ー　×	ー　）	ー　円	

４．四路線に面する宅地

(C)	路線価	奥行補正率	路線影響加算率	1㎡当たりの価格	D
円　＋（	円　×	ー　×	ー　）	ー　円	

５－１．間口が狭小な宅地

(A)～(D)	間口狭小補正率	奥行長大補正率	1㎡当たりの価格	E
円　×	ー　×	ー	ー　円	

５－２．不整形地

(A)～(D)	不整形地補正率		1㎡当たりの価格	F
円　×	ー		ー　円	

＊不整形地補正率の計算

想定整形地の間口距離	想定整形地の奥行距離	想定整形地の地積	
m　×	m　＝	㎡	

想定整形地の地積	不整形地の地積	想定整形地の地積	かげ地割合
（　450㎡　－	450㎡　）÷	450㎡　＝	0.00　　％

不整形地表補正率	間口狭小補正率		
1.00　　×	1.00　　＝	1.00　　①	

奥行長大補正率	間口狭小補正率		不整形地補正率
1.00　　×	1.00　　＝	1.00　　②	ー

７．無道路地

(F)		0.4の範囲内で相当とする割合	1㎡当たりの価格	G
円　×	（1	－　＃　）	ー　円	

＊0.4の範囲内で相当とする割合の計算

（正面路線価)	（通路部分の地積)	（F)	（評価対象地の地積)	
（　円　×	㎡　)÷（	円　×	㎡　)＝	ー

８．がけ地等を有する宅地

(A)～(G)	がけ地補正率	1㎡当たりの価格	H
円　×	ー	ー　円	

９．容積率の異なる２以上の地域にわたる宅地

(A)～(H)	控除割合	1㎡当たりの価格	I
円　×（1	－　ー　）	ー　円	

10．私道

自用地とした場合の価額		1㎡当たりの価格	J
円　×	0.3	ー　円	

自用地1㎡当たりの価額	地積	評価総額	
1,200,000　　円	450.00　　㎡	540,000,000　　円	K

○セットバックを必要とする宅地の評価額			総額	
自用地の評価額	自用地の評価額	当該地積÷総地積		M
円　－（	円　×	ー　×	0.7)　　　　　ー　円	

○都市計画道路予定地の区域内にある宅地			総額	
(A)～(G)	自用地の評価額	当該地積÷総地積		N
円　×（1	円　×	ー　×	0.3)　　　　　ー　円	

○大規模工業用地等			総額	
正面路線価	地積	地積が20万㎡以上の場合は0.95		O
円　×	㎡　×		ー　円	

1㎡当たりの価額	地積	持分割合	権利割合	総額	
1,200,000　　円	450.00　　㎡	1.00	1.00	540,000,000　　円	

図表79　図表65のＢ地の土地評価明細書

土地評価明細書				
地目	正面路線価	側方路線（角地）	―	―
宅地	1,200,000　円	800,000　円	―　円	―　円
地積	間口距離	奥行距離	利用区分	地区区分
50.00　㎡	10.00　m	5.00　m	自用地	普通商業併用住宅地区

1．一路線に面する宅地				
	正面路線価	奥行補正率		1㎡当たりの価格
	1,200,000円　×	0.92		1,104,000　円　A

2．二路線に面する宅地				
(A)	路線価	奥行補正率	路線影響加算率	1㎡当たりの価格
1,104,000円　+　(	800,000円　×	0.99　×	0.08　)	1,167,360　円　B

3．三路線に面する宅地				
(B)	路線価	奥行補正率	路線影響加算率	1㎡当たりの価格
円　+　(	円　×	―　×	―　)	―　円　C

4．四路線に面する宅地				
(C)	路線価	奥行補正率	路線影響加算率	1㎡当たりの価格
円　+　(	円　×	―　×	―　)	―　円　D

5－1．間口が狭小な宅地				
(A)～(D)	間口狭小補正率	奥行長大補正率		1㎡当たりの価格
円　×	―　×	―		―　円　E

5－2．不整形地				
(A)～(D)	不整形地補正率			1㎡当たりの価格
円　×	―			―　円　F

＊不整形地補正率の計算

想定整形地の間口距離	想定整形地の奥行距離	想定整形地の地積		
m　×	m　=	㎡		
想定整形地の地積	不整形地の地積	想定整形地の地積	かげ地割合	
(　50㎡　―	50㎡　)÷	50㎡　=	0.00　%	
不整形地表補正率	間口狭小補正率			
1.00　×	1.00　=	1.00　①		
奥行長大補正率	間口狭小補正率		不整形地補正率	
1.00　×	1.00　=	1.00　②	―	

7．無道路地				
(F)		0.4の範囲内で相当とする割合		1㎡当たりの価格
円　×	(1　―	#　)		―　円　G

＊0.4の範囲内で相当とする割合の計算

(正面路線価)	(通路部分の地積)	(F)	(評価対象地の地積)	
(　円　×	㎡　)÷　(	円　×	㎡　)　=	―

8．がけ地等を有する宅地				
(A)～(G)	がけ地補正率			1㎡当たりの価格
円　×	―			―　円　H

9．容積率の異なる2以上の地域にわたる宅地				
(A)～(H)		控除割合		1㎡当たりの価格
円　×	(1　―	―　)		―　円　I

10．私道				
自用地とした場合の価額				1㎡当たりの価格
円　×	0.3			―　円　J

自用地1㎡当たりの価額	地積		評価総額	
1,167,360　円	50.00　㎡		58,368,000　円　K	

○セットバックを必要とする宅地の評価額			総額	
自用地の評価額	自用地の評価額	当該地積÷総地積		M
円　―	円　×	―　×	0.7)	―　円

○都市計画道路予定地の区域内にある宅地			総額	
(A)～(G)	自用地の評価額	当該地積÷総地積		N
円　×　(	円　×	―　×	0.3)	―　円

○大規模工業用地等			総額	
正面路線価	地積	地積が20万㎡以上の場合は0.95		O
円　×	㎡　×		―　円	

1㎡当たりの価額	地積	持分割合	権利割合	総額
1,167,360　円	50.00　㎡	1.00	1.00	58,368,000　円

図表80　図表65のＣ地の土地評価明細書

土地評価明細書								
地目	正面路線価		―		―		―	
宅地	800,000	円	―	円	―	円	―	円
地積	間口距離		奥行距離		利用区分		地区区分	
100.00 ㎡	10.00	m	10.00	m	自用地		普通商業併用住宅地区	

1．一路線に面する宅地

	正面路線価	奥行補正率	1㎡当たりの価格	A
	800,000円　×	0.99	792,000　円	

2．二路線に面する宅地

(A)	路線価	奥行補正率	路線影響加算率	1㎡当たりの価格	B
円　＋（	円　×	―　×	― ）	―　円	

3．三路線に面する宅地

(B)	路線価	奥行補正率	路線影響加算率	1㎡当たりの価格	C
円　＋（	円　×	―　×	― ）	―　円	

4．四路線に面する宅地

(C)	路線価	奥行補正率	路線影響加算率	1㎡当たりの価格	D
円　＋（	円　×	―　×	― ）	―　円	

5－1．間口が狭小な宅地

(A)～(D)	間口狭小補正率	奥行長大補正率	1㎡当たりの価格	E
円　×	―　×	―	―　円	

5－2．不整形地

(A)～(D)	不整形地補正率	1㎡当たりの価格	F
円　×	―	―　円	

＊不整形地補正率の計算

想定整形地の間口距離	想定整形地の奥行距離	想定整形地の地積	
m　×	m　＝	㎡	
想定整形地の地積	不整形地の地積	想定整形地の地積	かげ地割合
（ 100㎡　―	100㎡ ）÷	100㎡　＝	0.00　％
不整形地表補正率	間口狭小補正率		
1.00　×	1.00　＝	1.00 ①	
奥行長大補正率	間口狭小補正率		不整形地補正率
1.00　×	1.00　＝	1.00 ②	―

7．無道路地

(F)	0.4の範囲内で相当とする割合	1㎡当たりの価格	G
円　×	（1　― # ）	―　円	

＊0.4の範囲内で相当とする割合の計算

（正面路線価）	（通路部分の地積）	（F）	（評価対象地の地積）	
（ 円　×	㎡ ）÷（	円　×	㎡ ）＝	―

8．がけ地等を有する宅地

(A)～(G)	がけ地補正率	1㎡当たりの価格	H
円　×	―	―　円	

9．容積率の異なる2以上の地域にわたる宅地

(A)～(H)	控除割合	1㎡当たりの価格	I
円　×	（1　―　― ）	―　円	

10．私道

自用地とした場合の価額		1㎡当たりの価格	J
円　×	0.3	―　円	

自用地1㎡当たりの価額	地積	評価総額	
792,000　円	100.00　㎡	79,200,000　円	K

○セットバックを必要とする宅地の評価額　　総額

自用地の評価額	自用地の評価額	当該地積÷総地積			M
円　― （	円　×	―　×	0.7)	―　円	

○都市計画道路予定地の区域内にある宅地　　総額

(A)～(G)	自用地の評価額	当該地積÷総地積			N
円　×	円　×	―　×	0.3)	―　円	

○大規模工業用地等　　総額

正面路線価	地積	地積が20万㎡以上の場合は0.95		O
円　×	㎡　×		―　円	

1㎡当たりの価額	地積	持分割合	権利割合	総額
792,000　円	100.00　㎡	1.00	1.00	79,200,000　円

図表81 図表65のＤ地の土地評価明細書

土地評価明細書

地目	正面路線価		－		－		－	
宅地	800,000	円	－	円	－	円	－	円
地積	間口距離		奥行距離		利用区分		地区区分	
150.00 ㎡	15.00	m	10.00	m	自用地		普通商業併用住宅地区	

1．一路線に面する宅地

	正面路線価		奥行補正率				1㎡当たりの価格		A
	800,000円	×	0.99				792,000	円	

2．二路線に面する宅地

(A)			路線価		奥行補正率	路線影響加算率	1㎡当たりの価格		B
	円	＋ （		円 ×	－ ×	－ ）	－	円	

3．三路線に面する宅地

(B)			路線価		奥行補正率	路線影響加算率	1㎡当たりの価格		C
	円	＋ （		円 ×	－ ×	－ ）	－	円	

4．四路線に面する宅地

(C)			路線価		奥行補正率	路線影響加算率	1㎡当たりの価格		D
	円	＋ （		円 ×	－ ×	－ ）	－	円	

5－1．間口が狭小な宅地

(A)～(D)		間口狭小補正率	奥行長大補正率	1㎡当たりの価格		E
	円 ×	－ ×	－	－	円	

5－2．不整形地

(A)～(D)		不整形地補正率		1㎡当たりの価格		F
	円 ×	－		－	円	

＊不整形地補正率の計算

想定整形地の間口距離	想定整形地の奥行距離	想定整形地の地積		
m ×	m ＝	㎡		

想定整形地の地積	不整形地の地積	想定整形地の地積	かげ地割合	
（ 150㎡ －	150㎡ ）÷	150㎡ ＝	0.00 ％	

不整形地表補正率	間口狭小補正率			
1.00 ×	1.00 ＝	1.00 ①		

奥行長大補正率	間口狭小補正率		不整形地補正率	
1.00 ×	1.00 ＝	1.00 ②	－	

7．無道路地

(F)		0.4の範囲内で相当とする割合	1㎡当たりの価格		G
	円 × （ 1	－ ＃ ）	－	円	

＊0.4の範囲内で相当とする割合の計算

（正面路線価）	（通路部分の地積）	（F）	（評価対象地の地積）	
（ 円 ×	㎡ ）÷ （	円 ×	㎡ ） ＝	－

8．がけ地等を有する宅地

(A)～(G)		がけ地補正率	1㎡当たりの価格		H
	円 ×	－	－	円	

9．容積率の異なる2以上の地域にわたる宅地

(A)～(H)		控除割合	1㎡当たりの価格		I
	円 × （ 1	－ ）	－	円	

10．私道

自用地とした場合の価額		1㎡当たりの価格		J
円 ×	0.3	－	円	

自用地1㎡当たりの価額		地積		評価総額		K
792,000 円		150.00 ㎡		118,800,000	円	

○セットバックを必要とする宅地の評価額 — 総額

自用地の評価額	自用地の評価額	当該地積÷総地積			M
円 － （	円 ×	－ ×	0.7）	－ 円	

○都市計画道路予定地の区域内にある宅地 — 総額

(A)～(G)	自用地の評価額	当該地積÷総地積			N
円 － （	円 ×	－ ×	0.3）	－ 円	

○大規模工業用地等 — 総額

正面路線価	地積	地積が20万㎡以上の場合は0.95			O
円 ×	㎡ ×			－ 円	

1㎡当たりの価額		地積		持分割合	権利割合	総額	
792,000 円		150.00 ㎡		1.00	1.00	118,800,000 円	

図表82　図表65の全体の土地評価明細書

土地評価明細書							
地目	正面路線価		側方路線（角地）		―		―
宅地	1,200,000 円		800,000 円		― 円		― 円
地積	間口距離		奥行距離		利用区分		地区区分
750.00　㎡	25.00　m		30.00　m		自用地		普通商業併用住宅地区

1. 一路線に面する宅地

	正面路線価	奥行補正率		1㎡当たりの価格	A
	1,200,000円　×　1.00			1,200,000 円	

2. 二路線に面する宅地

(A)	路線価	奥行補正率	路線影響加算率	1㎡当たりの価格	B
1,200,000円　+　(	800,000円　×　1.00　×		0.08　)	1,264,000　円	

3. 三路線に面する宅地

(B)	路線価	奥行補正率	路線影響加算率	1㎡当たりの価格	C
円　+　(	円　×　―	×	)	― 円	

4. 四路線に面する宅地

(C)	路線価	奥行補正率	路線影響加算率	1㎡当たりの価格	D
円　+　(	円　×　―	×	)	― 円	

5-1. 間口が狭小な宅地

(A)～(D)	間口狭小補正率	奥行長大補正率	1㎡当たりの価格	E
×	―　×	―	― 円	

5-2. 不整形地

(A)～(D)	不整形地補正率	1㎡当たりの価格	F
円　×	―	― 円	

＊不整形地補正率の計算

想定整形地の間口距離	想定整形地の奥行距離	想定整形地の地積	
m　×	m　=	㎡	
想定整形地の地積	不整形地の地積	想定整形地の地積	かげ地割合
(750㎡	－ 750㎡	÷ 750㎡	= 0.00　%
不整形地表補正率	間口狭小補正率		
1.00　×	1.00　=	1.00　①	
奥行長大補正率	間口狭小補正率		不整形地補正率
1.00　×	1.00　=	1.00　②	―

7. 無道路地

(F)	0.4の範囲内で相当とする割合	1㎡当たりの価格	G
円　×	(1 ― #)	― 円	

＊0.4の範囲内で相当とする割合の計算

（正面路線価）	（通路部分の地積）	（F）	（評価対象地の地積）	
(円　×	㎡) ÷ (	円　×	㎡) =	―

8. がけ地等を有する宅地

(A)～(G)	がけ地補正率	1㎡当たりの価格	H
円　×	―	― 円	

9. 容積率の異なる2以上の地域にわたる宅地

(A)～(H)	控除割合	1㎡当たりの価格	I
円　×	(1 ― ―)	― 円	

10. 私道

自用地とした場合の価額		1㎡当たりの価格	J
円　×	0.3	― 円	

自用地1㎡当たりの価額	地積	評価総額	
1,264,000　円	750.00　㎡	948,000,000　円	K

○セットバックを必要とする宅地の評価額			総額	
自用地の評価額	自用地の評価額	当該地積÷総地積		M
円　－ (	円　×	― ×　0.7)	― 円	

○都市計画道路予定地の区域内にある宅地			総額	
(A)～(G)	自用地の評価額	当該地積÷総地積		N
円　×	円　×	― ×　0.3)	― 円	

○大規模工業用地等			総額	
正面路線価	地積	地積が20万㎡以上の場合は0.95		O
円　×	㎡		― 円	

1㎡当たりの価額	地積	持分割合	権利割合	総額	
1,264,000　円	750.00　㎡	1.00	1.00	948,000,000　円	

② 敷地造成費

計画敷地が傾斜地や農地などの場合は造成工事が必要であり，この費用は土地取得費に含まれる。

実際の工事費を算出するには，地質の状況，切盛土のバランス，擁壁の高さ・長さなどにより，造成費は違ってくるが，基本計画段階で概算をするには，各国税局が市街地農地等を評価するときの方法が，費用の目安としては参考になる。

これは，市街地や市街地周辺にある農地，山林，原野などの相続税評価を行う場合は，前述の「財産評価基本通達」の路線価方式によって算出した宅地の価格からこの手法により算出した宅地造成費を減額できることになっている。

東京国税局が公表している宅地造成等の単価を参考に敷地造成費の算出法を解説する。

(1) 平坦地の算出法

① 整地費……地ならし等の整地を必要とする場合……600円／㎡

② 伐採・抜根費……樹木の伐採・抜根を必要とする場合……600円／㎡

③ 地盤改良費……農地等の軟弱地盤で，地盤改良をする必要がある場合……1,400円／㎡

④ 土盛費……他から土砂を搬入して土盛を必要とする場合……4,700円／㎡

⑤ 土止費……土止めを必要とする場合……擁壁1㎡当たり55,500円

(2) 算出例

敷地面積が400㎡で，**図表83**に示すように一面が道路に面した，間口20m，奥行20mの傾斜地を例にして解説する。

道路面より下り傾斜しており，土盛を必要とする。

図表83

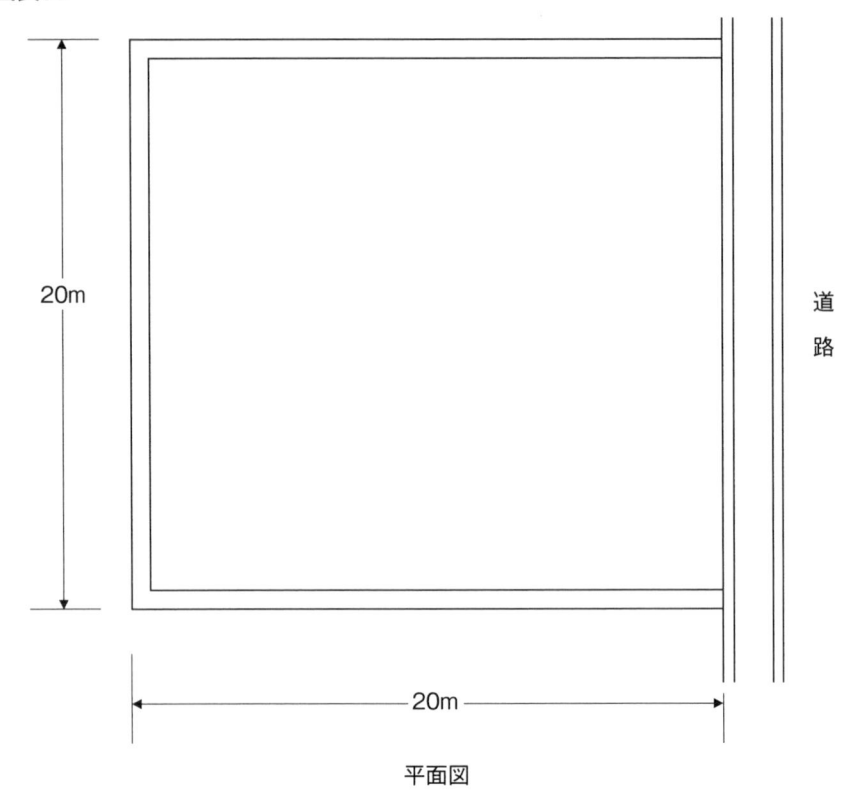

20m

20m

道 路

平面図

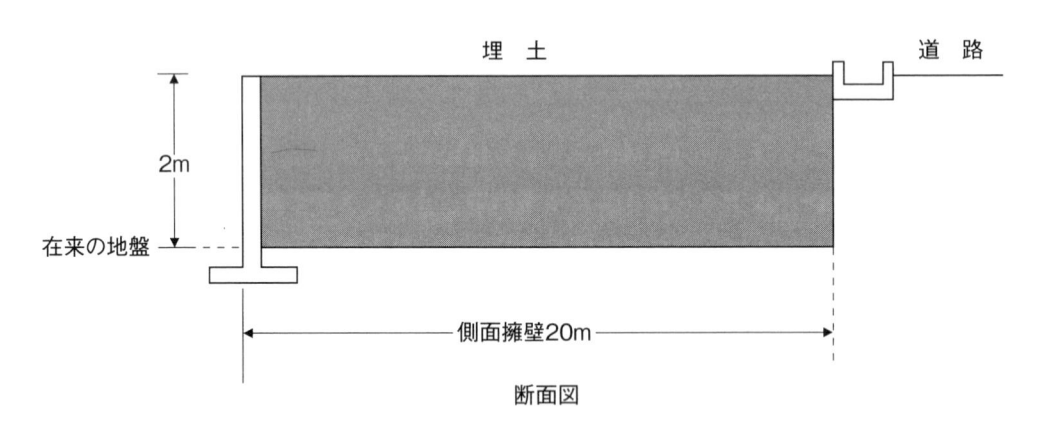

埋 土

道 路

2m

在来の地盤

側面擁壁20m

断面図

なお，伐採・抜根，地盤改良は必要ないものとする。

① 整地費

400㎡ × 600円／㎡ ＝ 240,000円

② 土盛費

盛土体積：20m × 20m × 2m ＝ 800㎥

800㎥ × 4,700円／㎥ ＝ 3,760,000円

③　土止費

擁壁面積：（20m　+　20m　+　20m）　×　2m　=　120㎡

120㎡　×　55,500円　=　6,660,000円

④　合　計

10,660,000円（26,650円／㎡）

（3）　傾斜地の算出法

東京国税局の資料によると，在来地盤の平均傾斜度に応じた単価は**図表84**の通りである。

図表84　傾斜地の宅地造成費

傾斜度	金　額
3度（5.24%）〜5度（8.75%）以下	10,600円／㎡
〜10度（17.63%）以下	18,300円／㎡
〜15度（26.79%）以下	25,300円／㎡
〜20度（36.40%）以下	41,300円／㎡

図表83の例では，擁壁底と道路の位置から，平均傾斜度は2m　÷　20m　=　10%で，㎡単価は2万円前後となり，平坦地として算出した金額よりは割安となる。

③ 解体工事費

　計画敷地の中に既存の建物がある場合に，その建物を解体・処分し，土地を整備するための費用である。

　土地を売却するために更地にする場合は，この費用は土地取得費の原価になり，建物を新築するために解体する場合は，新築建物の取得費として減価償却の対象となる。

　解体工事費の算出にあたっては，次のような項目が影響する。

①建　　物

　　・有害物（アスベスト等）の有無

　　・構造および規模

　　・特殊基礎等（機械基礎等）の有無

　　・部材および内外装

　　・用途および老朽度

　　・設備の内容

②敷　　地

　　・形状および面積

　　・敷地内障害物

　　・敷地内配管・配線

　　・地下水位

③近　　隣

　　・隣接建物等

　　・近隣住民

　　・病院，学校施設等の有無

④道　　路

　　・周辺道路の状況，幅員

　　・通行障害等

⑤処　分
- ・建設副産物の種類と量
- ・処分方法
- ・処分場の機能
- ・処分場までの運搬経路

したがって，個別の要因により変動する費用であるが，ここでは，基本計画段階における概算の算出法として，有害物質や特殊基礎等の特別な要因はないものとし，解体工事費を算出する手法を解説する。

なお，ここでは，経済調査会発行の『建設施工単価』，『積算資料』および(一財)建設物価調査会発行の『建設物価』等を参考にした。

(1)　算出法

①仮設費

敷地や近隣等の状況により変動幅の大きい項目であるが，新築工事と解体工事との工期の比較により算定するものとする。

①　⑧の(1)（211ページ）で述べる解体工期を算出する。

②　同じ条件で，⑧の(2)（213ページ）で述べる新築工事の工期を算出する。

③　新築工事の場合の仮設費を算出する（なお，新築工事の場合の仮設費の算出方法は，④（171ページ）の建築工事費の仮設工事費を参照されたい）。

④　③×①／②により，解体工事の仮設費を算出する。

②廃材量

建物の構造別・用途別に床面積当たりの廃材量を**図表85**の(1)のように設定する。

③上屋解体費

基本的に機械で解体できるものとして，建物の構造別・用途別に地上階床面積当たりの上屋解体費を**図表85**の(2)のように設定する。

解体建物の地上階床面積に，この単価をかけて算出する。

④地下解体費

機械壊し，運搬処分業者への場内渡しまでの単価を**図表85**の(3)のように設定する。

施工規模は，地下面積に，**図表85**の(1)の用途別・構造別の地下コンクリート廃材量をかけて算出する。

解体建物の施工規模に，この単価をかけて算出する。

⑤基礎解体費

機械壊し，運搬処分業者への場内渡しまでの単価を**図表85**の(4)のように設定する。

図表85　解体費
(1)　廃材量

㎡／床面積(㎡)	木造				S造				RC造				SRC造		
建物用途	①	②	③	④	①	②	③	④	①	②	③	④	①	②	③
上屋コンクリート	0	0	0	0	0.2	0.2	0.2	0.3	0.5	0.5	0.5	0.6	0.4	0.4	0.4
地下コンクリート	0.5	0.5	0.5	0.6	0.6	0.6	0.6	0.7	0.6	0.6	0.6	0.7	0.6	0.6	0.6
基礎コンクリート	0.1	0.2	0.2	0.4	0.5	0.5	0.5	0.7	0.5	0.5	0.5	0.7	0.5	0.5	0.5
上屋木屑・混廃	0.5	0.5	0.4	0.4	0.2	0.2	0.2	0.2	0.2	0.2	0.2	0.2	0.2	0.2	0.2
地下木屑・混廃	0.1	0.1	0.2	0.1	0.1	0.1	0.2	0.1	0.1	0.1	0.2	0.1	0.1	0.1	0.2

(注)　建物用途：①戸建住宅，②共同住宅，③事務所・店舗，④工場・倉庫

(2)　上屋解体費

円／床面積(㎡)	木造				S造				RC造				SRC造		
建物用途	①	②	③	④	①	②	③	④	①	②	③	④	①	②	③
100㎡未満	5,600	5,600	4,000	3,000	5,600	5,600	5,400	5,600	18,000	18,000	18,000	18,000	22,000	22,000	22,000
150㎡未満	5,000	5,000	3,800	3,000	5,000	5,000	4,800	5,000	18,000	18,000	18,000	18,000	22,000	22,000	22,000
300㎡未満	4,500	4,500	3,700	2,900	4,700	4,700	4,500	4,500	18,000	18,000	18,000	18,000	22,000	22,000	22,000
500㎡未満	4,000	4,000	3,600	2,900	4,400	4,400	4,000	4,000	15,000	15,000	15,000	15,000	18,000	18,000	18,000
1,000㎡未満	3,800	3,800	3,500	2,800	4,200	4,200	3,600	3,600	10,000	10,000	10,000	10,000	12,000	12,000	12,000
1,000㎡以上	3,600	3,600	3,400	2,700	4,000	4,000	3,600	3,600	7,000	7,000	7,000	7,000	9,000	9,000	9,000

(注)　建物用途：①戸建住宅，②共同住宅，③事務所・店舗，④工場・倉庫

(3)　地下解体費

円／施工規模(㎡)	
30㎡未満	28,000
100㎡未満	26,000
200㎡未満	20,000
200㎡以上	15,000

(4)　基礎解体費

円／施工規模(㎡)	木造	S造	RC造	SRC造
10㎡未満	18,000	20,000	30,000	30,000
30㎡未満	15,000	17,000	28,000	28,000
100㎡未満	10,000	12,000	26,000	26,000
200㎡未満	9,000	10,000	20,000	20,000
200㎡以上	9,000	10,000	14,000	14,000

施工規模は，建築面積に，**図表85**の(1)の用途別・構造別の基礎コンクリート廃材量をかけて算出する。

解体建物の施工規模に，この単価をかけて算出する。

⑥運搬処分費

施工場所と処分場との距離，交通事情，施工地域における廃棄物の処理状況等により変動するコストである。

特に最近では，建築資材の廃棄をめぐる事情が大きく変化しているので，注意を要する。

ここでは，関東建設廃材処理業協同組合の資料等により，以下のように設定する。

①　運搬費

・コンクリート類：(20,000円／台)／(2.5㎡／台) ＝ 8,000円／㎡

・混合廃棄物 ：（21,000円／台）／（6㎥／台）＝ 3,500円／㎥

② 処分費

・コンクリート類：18,000円／㎥

・混合廃棄物 ：10,000円／㎥

なお，鉄骨や鉄筋等の廃棄物は有料で廃棄業者が引き取るため，運搬処分費と相殺することとする。

上記単価に，**図表85**の⑴の用途別・構造別の廃材量をかけて算出する。

(2) 事務所ビルの算出例

建築面積（基準階面積）500㎡，延べ床面積2,000㎡，地上3階（地上部床面積1,500㎡），地下1階（地下面積500㎡），建物構造S造の事務所ビルを例にして，解体工事費の算出例を示す。

①仮設費

① 新設仮設費

図表92（181ページ）の事務所ビル系より，パラメータは建築面積／（地上階数＋地下階数×2）で，

500㎡／（3階＋1階×2）＝ 100

$63,586 + (-17,519 \times \text{Ln}(100)) + (1,418 \times \text{Ln}(100)^2) \div 0.94 = 13,809$円／㎡

② 新設工期

新設工期より，

・準備工事：$6.5543 \times \text{Ln}(2,000㎡) - 19.725 = 30$日

・地下工事：$0.056 \times 500㎡ + 74 = 102$日

・地上工事：$26.113 \times \text{Ln}(1,500㎡) - 53.966 = 115$日

・合 計 ：247日

③ 解体工期

解体工期より，74日

④ 仮設費

13,809円／㎡ × 74日 ÷ 247日 ＝ 4,137円／㎡

4,137円／㎡ × 2,000㎡ ＝ 8,274,000円

②廃材量

図表85の⑴より，

・上屋コンクリート：1,500㎡ × 0.2 ＝ 300㎡

・地下コンクリート：500㎡ × 0.6 ＝ 300㎡

　　　　・基礎コンクリート：500㎡ × 0.5 ＝ 250㎡

　　　　・上屋木屑・混廃　：1,500㎡ × 0.2 ＝ 300㎡

　　　　・地下木屑・混廃　：500㎡ × 0.2 ＝ 100㎡

③上屋解体費

　　　図表85の(2)より，1,500㎡ × 3,600円／㎡ ＝ 5,400,000円

④地下解体費

　　　②の廃材量の地下コンクリートより300㎡

　　　図表85の(3)より，300㎡ × 15,000円／㎡ ＝ 4,500,000円

⑤基礎解体費

　　　②の廃材量の基礎コンクリートより250㎡

　　　図表85の(4)より，250㎡ × 10,000円／㎡ ＝ 2,500,000円

⑥運搬処分費

　　①　運搬費

　　　　・コンクリート類：(300㎡ ＋ 300㎡ ＋ 250㎡) × 8,000円／㎡ ＝ 6,800,000円

　　　　・混合廃棄物　　：(300㎡ ＋ 100㎡) × 3,500円／㎡ ＝ 1,400,000円

　　②　処分費

　　　　・コンクリート類：(300㎡ ＋ 300㎡ ＋ 250㎡) × 18,000円／㎡ ＝ 15,300,000円

　　　　・混合廃棄物　　：(300㎡ ＋ 100㎡) × 10,000円／㎡ ＝ 4,000,000円

⑦合　計

　　①　仮設費：8,274,000円

　　②　上屋解体費：5,400,000円

　　③　地下解体費（基礎含む）：7,000,000円

　　④　運搬処分費：27,500,000円

　　⑤　合　計：48,174,000円（24,087円／㎡）

(3) 共同住宅の算出例

　建築面積（基準階面積）500㎡，延べ床面積2,500㎡，地上５階（地上部床面積2,500㎡），地下なし，建物構造RC造の共同住宅を例に，解体工事費の算出例を示す。

①仮設費

　　①　新設仮設費

　　　図表92（181ページ）の共同住宅系より，パラメータは建築面積／（地上階数 ＋ 地下階数 × 2）で，

　　　500㎡／（5階 ＋ 0階 × 2）＝ 100

$$41,997 ＋ （－10,561 × \text{Ln}(100)） ＋ （872 × \text{Ln}(100) \hat{} 2） ÷ 0.75 ＝ 15,806円／㎡$$

② 新設工期

新設工期より,

・準備工事：6.5543 × Ln（2,500㎡） － 19.725 ＝ 32日

・地下工事：0.02 × 500㎡ ＋ 40 ＝ 50日

・地上工事：0.0333 × 500㎡ ＋ 203.33 ＝ 220日

・合　計　：302日

③ 解体工期

解体工期より, 64日

④ 仮設費

15,806円／㎡ × 64日 ÷ 302日 ＝ 3,350円／㎡

3,350円／㎡ × 2,500㎡ ＝ 8,375,000円

②廃材量

図表85の⑴より,

・上屋コンクリート：2,500㎡ × 0.5 ＝ 1,250㎡

・基礎コンクリート：500㎡ × 0.5 ＝ 250㎡

・上屋木屑・混廃　：2,500㎡ × 0.2 ＝ 500㎡

③上屋解体費

図表85の⑵より, 2,500㎡ × 7,000円／㎡ ＝ 17,500,000円

④基礎解体費

②の廃材量の基礎コンクリートより250㎡

図表85の⑷より, 250㎡ × 14,000円／㎡ ＝ 3,500,000円

⑤運搬処分費

① 運搬費

・コンクリート類：（1,250㎡ ＋ 250㎡） × 8,000円／㎡ ＝ 12,000,000円

・混合廃棄物　　：500㎡ × 3,500円／㎡ ＝ 1,750,000円

② 処分費

・コンクリート類：（1,250㎡ ＋ 250㎡） × 18,000円／㎡ ＝ 27,000,000円

・混合廃棄物　　：500㎡ × 10,000円／㎡ ＝ 5,000,000円

⑥合　計

① 仮設費：8,375,000円

② 上屋解体費：17,500,000円

③ 基礎解体費：3,500,000円

④ 運搬処分費：45,750,000円

⑤　合計：75,125,000円（30,050円／㎡）

なお，有料老人ホームの解体費は，共同住宅とほぼ同じと考えてよい。

④ 建築工事費

　建築工事費は，事業収支計画の設定条件のなかで収支の結果にもっとも大きな影響を与える項目である。

　この建築工事費は，プロジェクトの進め方や発注の仕方などによって大きく変わってくる。

　図表86は，デベロッパーの森ビル等（現在はシーエムネット株式会社に変更）が主催する「シーエムネット」のホームページに掲載されていた実績例である。

　「シーエムネット」とは，インターネットのオークションシステムを利用した公正で透明性のある入札によって建築施工業者を選定するシステムとして2000年にスタートした。

　これをみると，入札参加企業は11社であり，最低入札価格はA社（戸当たり工事費58万円）であり，最高価格のK社（同74万円）とは約30％の開きがある。

　これを総戸数(174戸)にかけると，A社は1億92万円，K社は1億2,876万円となり，約3,000万円の差となる。

　ここで採用している入札方式はBQ（Bills of Quantites）といい，あらかじめ「積算数量書」が入札業者に渡されており，積算数量の違いはないはずである。

　値入れだけの行為で，しかも，どの業者も参加費を払って入札に参加し，落札を目指しておりながら，現実にはこれだけの差が出てくるのである。

　筆者は，長くゼネコンに在籍していたので，その内部事情はよくわかる。

　まず，工事支店などの積算の専門部署が，工事原価となるネット価格を算出する。

　このネット価格の値入れの際に，金額が大きい空調機などの大型機器などをメーカー等との交渉により何割引で調達できるかが企業の実力となる。

　そして，このネット価格に本社経費などの一般管理費と利益を上乗せした金額が提出価格となる。

　ネット価格に経費等を乗せる際に，建設業界には特殊な事情がある。

　つまり，次の予定工事が少ない場合は，職員をあそばせていても経費がかかるだけであるということから，極端な場合には，ネット価格を切ってでもその工事を取ろうとすることが

図表86　施工会社の選定例

【プロジェクト概要】
＜工事名＞　ESマンション　大規模修繕工事（築12年目）
＜建物概要＞所在地：埼玉県　総戸数：174戸
　　　　　　敷地面積：4,905.48㎡　延べ床面積：12,985.86㎡＋1,246.4㎡（駐車場）
　　　　　　構造：SRC造，地上12階建（建物竣工：平成○年12月）
＜工事概要＞躯体補修工事（塗装面・タイル面）・シーリング工事・塗装工事（外壁・建具・竪樋・
　　　　　　金属部他）・防水工事他
＜工　　期＞平成○年8月中旬～12月中旬

会社形態	入札参加社数
ゼネコン	4
塗装工事会社	5
リニューアル専門工事	2
計	11

戸当たり工事費

順位	会社	工事費
1位	A社	58万円
2位	B社	60万円
3位	C社	63万円
4位	D社	66万円
5位	E社	66万円
6位	F社	67万円
7位	G社	68万円
8位	H社	68万円
9位	I社	69万円
―	予算	70万円
10位	J社	71万円
11位	K社	74万円
―	概算	85万円

ある。

　余談だが，この積算の専門部署がはじくネット価格が，その建築工事にかかる絶対的なコストとはいえない。

　工事の受注が決まって，工事所長以下工事チームが編成されると，今度は，工事現場としての実行予算書が作成される。

　ゼネコンの役割は工事全体の工程管理や品質管理であり，実際に工事を行うのは左官工や塗装職人などの専門業者である。

　これらの優秀な専門業者をどれだけ知っているかが現場所長の腕である。当然，長い付き合いの中で貸し借りができ，現場の事情により専門業者に対してどの程度の金額的な無理がいえるかが現場の利益と直結してくる。

　この現場の利益は当然，現場所長の評価につながるので，甘いネット価格の現場は所長にとっては嬉しい。

　一方，工事を受注できるかどうかは営業担当者の評価になるため，営業は競争できるネッ

ト価格を求める。

　このように，建築工事費は，企業の内部事情や各担当者の立場による思惑がからみあって決まっていくのが現実である。

　しかしながら，建築プロジェクトを進めていく上で，実現可能な建築工事費の予算立てはプロジェクトの成否を左右するもっとも重要なことであり，明確な根拠に基づく算出法が求められる。

　従来のように，物件ごとに個々の事情を含んだコストを積み上げていくのではなく，土地評価の取引事例比較法に倣い，建築工事費をプライスとして比較検討すれば，裏付けのある根拠に基づく建築工事費が算出できる。

　しかし，そのためには，地域別・建物用途別等の膨大な建築工事費のデータが必要となる。

　大手の建築設計事務所やゼネコンなどは，自社の実績データを保有し，これを営業ツールとしており，一般に公表することはなかった。

　その中で，公表されている建築工事費の有効なデータ集として，（一財）建設物価調査会が2000年よりデータを取り始めたJBCI（Japan Building Cost Information）がある。

　このデータ集は，建設関連企業へのアンケート調査によって建築工事の内容と契約金額を集計・分析したものであり，我が国で公表されている唯一の建築工事費のデータベースといえる。

　いまだ非協力的な企業も数多いようであるが，2016年版では，過去３年間のデータとして3,665件もの事例が集計されている。

　しかし，2017年以降ではデータの表示方法が異なり，独自で分析できなくなってしまった。

　ここでは，2016年までのJBCIをベースにして筆者が独自に分析・加工したデータに基づいて基本計画段階での建築工事費の設定方法を解説する。

⑴　JBCIとは

　前述したように，JBCIは，（一財）建設物価調査会が発注者と施工会社との間で実際に締結された契約金額ベースの情報をアンケート調査により収集し，地域別・建物用途別に統計処理したデータ集であり，2000年から毎年発行されており，詳細は（一財）建設物価調査会のホームページ「建設navi」（http://www. kensetu-navi.com/）でも見ることができる。

　このデータ集の特徴として，次の二点が挙げられる。

①　対象とする金額（データ）は着工当初の契約金額であり，積算による予定金額や竣工後の清算金額は除外している。これは，予定金額は市場を反映していない場合があることと，清算金額は工事上の様々な諸事情が反映されてしまうからである。つまり，競争原理を踏まえた市場において，実際に契約されたプライスの取引事例である。

② 収集されたプライスデータから，地域別・用途別・工事項目別に建築諸元とプライスの相関関係を回帰分析し，最も相関関係のある建築諸元の中からパラメータを抽出して予測式を導き出す。このパラメータに使われる建築諸元とは，建築面積，延べ床面積，地上階数，地下階数，支持地盤深さ，住戸数（共同住宅系のみ必要）の6項目のみであり，評価対象物の詳細なデータがなくても想定できる数値となっている。

JBCIは，建物の用途別・地域別に，仮設，土工，地業（杭），躯体，仕上，電気設備，衛生設備，空調設備，昇降機，諸経費の大科目別の工事費単価と，それに最も相関関係の高いパラメータを選択し，散布図としてグラフ化している。しかしながら，データ数に比して建物の用途や地域などを細分化しすぎているためか，相関関係がほとんど見られない結果が数多くあり，分析方法の再検討や，データの分類法など課題も多い。

散布図では，それぞれのデータが実際のコストにどの程度相関関係があるかを確認するために，「R2乗（決定係数）」の数値を示しているが，その値の目安は次のとおりである。

0.04以下：相関なし

0.04〜0.16：弱い相関

0.16〜0.49：中程度の相関

0.49以上：強い相関

建築単価の決定には施工条件やグレード，需給バランスなど，多くの価格変動要因が複雑に寄与しているため，このR2乗値が低いデータが多いのである。

そこで，ここでは，このデータを使用するに当たり，次の方法によるものとした。

① JBCI発刊以後，現在の分析方法が定着した2002年以降，最新の2016年までのデータの中で，R2乗値，散布図を見て，最も相関関係が美しくあると筆者が思ったものを選ぶ。

② 図表87を見ると，ここ数年の値上がりは1990年当初のバブル時代以来の上昇である。特に2016年の上昇は震災後の建設需要，人手不足等が相まった一時的なものと予測される。したがって，2015年を基準としたデータの年度により表の右に示すデフレータの数値をかけることで2015年のレベルに修正する。2017年以降の建築価格は2020年の東京オリンピックまではこの高値傾向が続くと考えられる。

③ 建築用途は，事務所ビル系（JBCIの分類では，一般事務所，貸事務所）と共同住宅系（JBCIの分類では，分譲マンション，賃貸マンション）に加え，2007年以降データ数が増えた有料老人ホームの3種類とする。

④ 使用する散布図データは，データ数の最も多い東京（JBCIの分類では，東京圏）とする。ある程度の相関関係を知るには，データの数は多いほうがよいと筆者は考えている。地方都市の場合は，東京都の格差指数により算出する。

その結果，選択したデータが図表88，実際の散布図が図表89，90，91の事務所ビル，共同住宅，有料老人ホームの散布図である。

図表87　標準的な建築価格表　　　　　　（千円／㎡）

建築年	木造	SRC造	RC造	S造	デフレータ
1960年	9.1	30.9	21.4	13.4	0.09
1961年	10.3	39.5	24.0	14.9	0.10
1962年	12.2	40.9	27.2	15.9	0.11
1963年	13.5	41.3	27.2	14.7	0.11
1964年	15.2	49.1	29.6	16.6	0.13
1965年	16.8	45.0	30.4	18.0	0.13
1966年	18.2	42.4	30.7	17.9	0.13
1967年	20.0	43.6	33.8	19.6	0.14
1968年	22.3	48.6	36.2	21.8	0.15
1969年	25.0	50.9	39.0	23.6	0.16
1970年	28.0	54.3	42.9	26.1	0.17
1971年	31.2	61.2	47.2	30.3	0.20
1972年	34.3	61.7	50.2	32.5	0.21
1973年	45.3	77.6	64.4	42.2	0.27
1974年	61.9	113.0	90.2	55.7	0.37
1975年	67.8	126.5	97.5	60.6	0.41
1976年	70.4	114.6	98.2	62.2	0.40
1977年	74.2	121.9	102.0	65.4	0.42
1978年	77.9	122.4	105.9	70.2	0.44
1979年	82.6	129.0	114.3	75.5	0.46
1980年	92.6	149.4	129.7	84.2	0.53
1981年	98.3	161.8	138.7	91.8	0.57
1982年	101.4	170.9	143.0	94.0	0.59
1983年	102.2	168.0	143.9	94.3	0.59
1984年	102.9	161.2	141.7	95.3	0.58
1985年	104.3	172.2	144.6	97.0	0.60
1986年	106.2	182.0	149.5	102.6	0.62
1987年	110.0	191.8	156.7	108.5	0.66
1988年	116.5	203.6	175.0	117.4	0.71
1989年	123.1	237.3	193.3	128.4	0.79
1990年	131.7	286.8	223.0	147.4	0.91
1991年	137.6	329.9	246.9	158.7	1.01
1992年	143.6	333.7	245.7	162.4	1.02
1993年	151.0	300.3	227.6	159.3	0.97
1994年	156.6	262.9	212.8	148.4	0.90
1995年	158.3	228.8	199.0	143.2	0.84
1996年	161.0	229.7	198.1	143.6	0.85
1997年	160.6	223.0	201.1	141.1	0.84
1998年	158.6	225.6	203.8	138.7	0.84
1999年	159.4	221.0	197.9	139.4	0.83
2000年	159.0	204.3	182.7	132.4	0.78
2001年	157.2	186.1	177.9	136.5	0.76
2002年	153.7	195.2	180.5	135.1	0.77
2003年	152.8	187.4	179.6	131.5	0.75
2004年	152.2	190.1	176.2	130.7	0.75
2005年	152.0	185.7	171.5	132.8	0.74
2006年	152.9	170.5	178.6	133.7	0.73
2007年	153.7	182.5	185.9	135.7	0.76
2008年	156.1	229.1	206.2	158.3	0.87
2009年	156.6	265.3	219.0	169.6	0.94
2010年	156.6	226.4	205.9	163.1	0.87
2011年	156.8	238.5	197.0	159.0	0.87
2012年	157.7	223.4	194.0	155.7	0.84
2013年	159.9	258.5	203.8	164.3	0.91
2014年	163.0	276.3	228.1	176.5	0.98
2015年	165.4	262.3	240.3	197.3	1.00
2016年	166.0	308.4	254.2	204.1	1.08
2017年	166.7	350.4	265.5	214.6	1.15
2018年	168.5	304.2	263.1	214.1	1.10
2019年	170.1	363.3	285.6	228.8	1.21

（注）「建築着工統計」（国土交通省）の「構造別：建築物の数，床面積の合計，工事予定額」表を基に１㎡当たりの工事費予定額を算出（工事費予定額÷床面積の合計）。譲渡所得の取得費算出に使われている。

図表88　抽出データ

事務所ビル系	R2乗値	サンプル数	データ年度	建築用途
仮設	0.619	20	2009	貸事務所
土工	0.289	67	2004	一般事務所
地業	0.662	21	2010	貸事務所
躯体	0.292	55	2006	一般事務所
仕上	0.173	45	2007	一般事務所
電気	0.511	27	2003	貸事務所
衛生	0.536	22	2010	貸事務所
空調	0.521	38	2008	一般事務所
昇降機	0.730	23	2007	一般事務所

共同住宅系	R2乗値	サンプル数	データ年度	建築用途
仮設	0.414	329	2004	分譲マンション
土工	0.271	106	2016	賃貸マンション
地業	0.479	193	2009	分譲マンション
躯体	0.485	168	2007	賃貸マンション
仕上	0.387	150	2009	賃貸マンション
電気	0.543	220	2007	分譲マンション
衛生	0.573	203	2008	分譲マンション
空調	0.322	163	2010	分譲マンション
昇降機	0.639	75	2004	賃貸マンション

有料老人ホーム系	R2乗値	サンプル数	データ年度	建築用途
仮設	0.469	21	2009	有料老人ホーム
土工	0.043	37	2010	老人ホーム
地業	0.833	38	2013	老人ホーム
躯体	0.206	38	2010	老人ホーム
仕上	0.053	51	2012	老人ホーム
電気	0.162	47	2013	老人ホーム
衛生	0.262	52	2013	老人ホーム
空調	0.150	52	2011	老人ホーム
昇降機	0.873	48	2013	老人ホーム

（注）老人ホームとは，特別養護，養護，軽費，有料老人ホーム等をいう。2010年版より，区分けがそうなった。

図表89　事務所ビル系・散布図

(1) 仮設

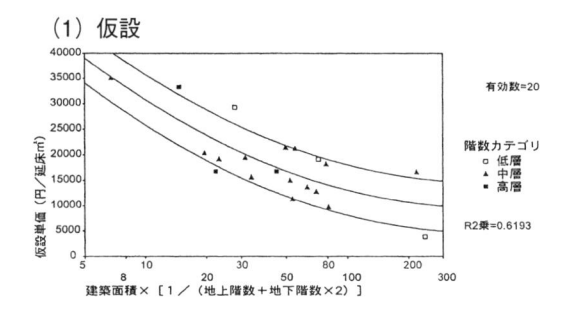

(5) 仕上

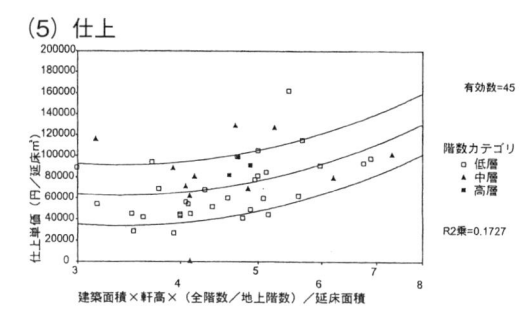

(2) 土工

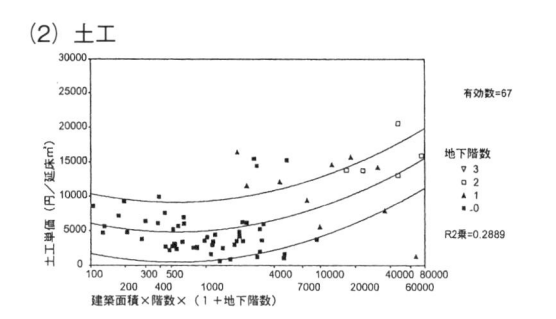

(6) 電気設備

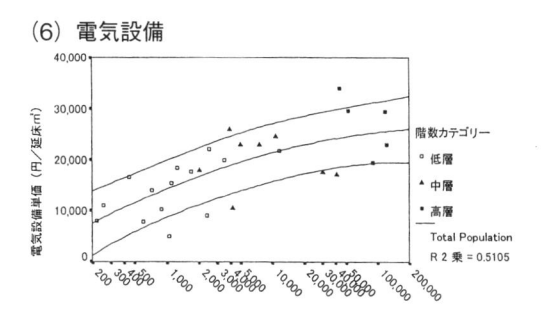

(3) 地業

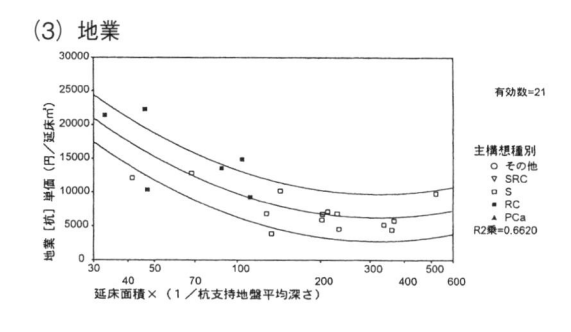

(7) 衛生設備

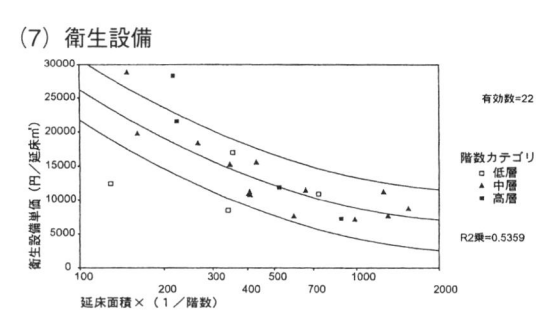

(4) 躯体

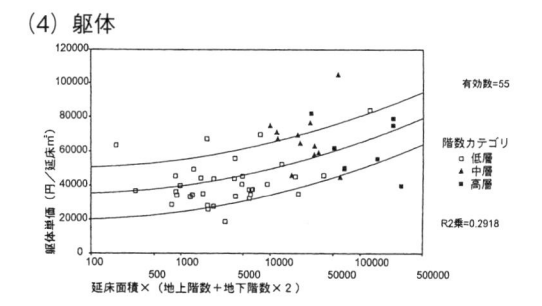

(8) 空調設備

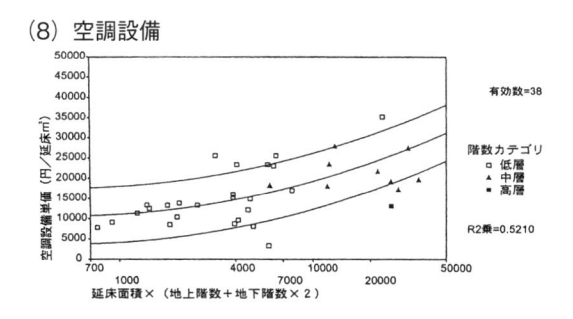

図表90 共同住宅系・散布図

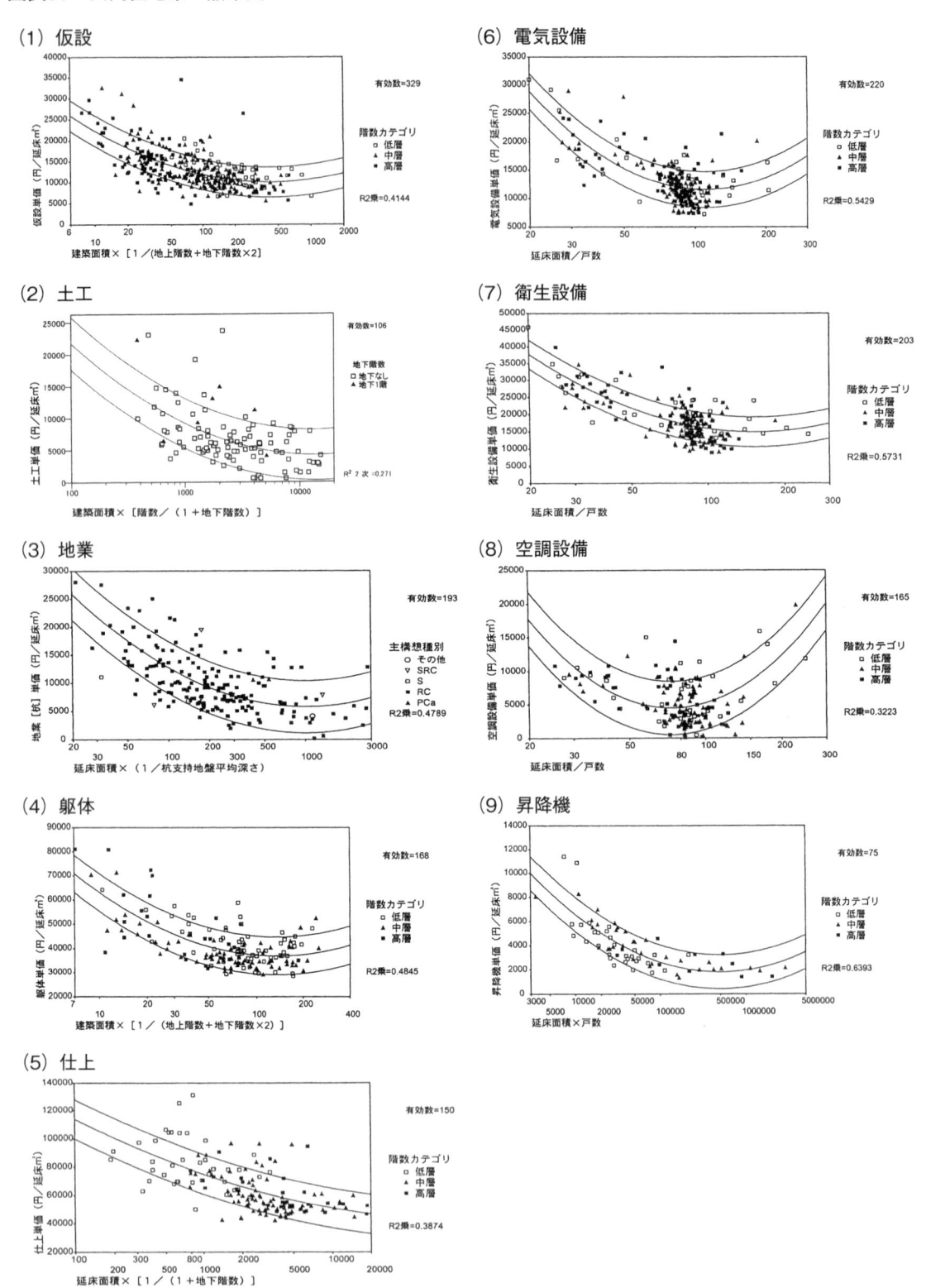

図表91 有料老人ホーム系・散布図

(1) 仮設

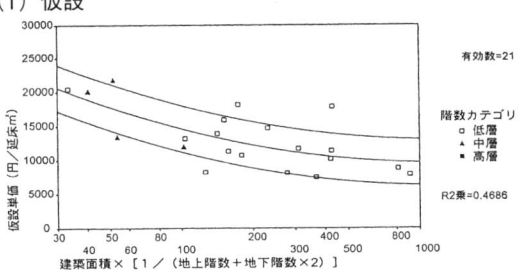

(2) 土工

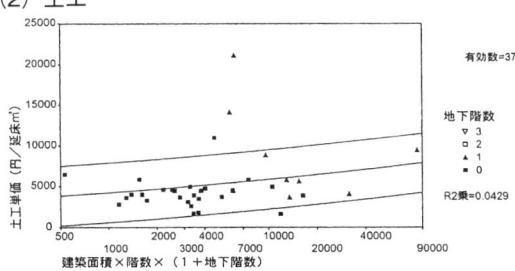

(3) 地業

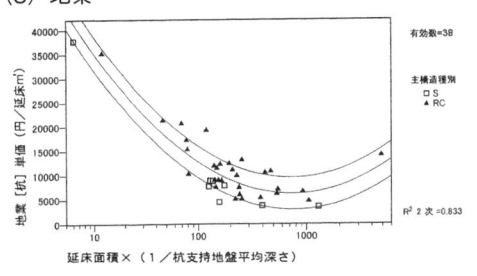

(4) 躯体

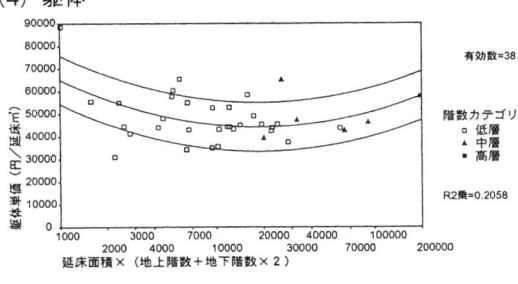

(5) 仕上

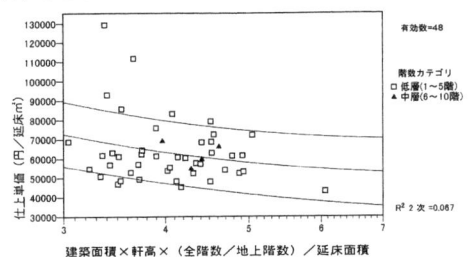

(6) 電気設備

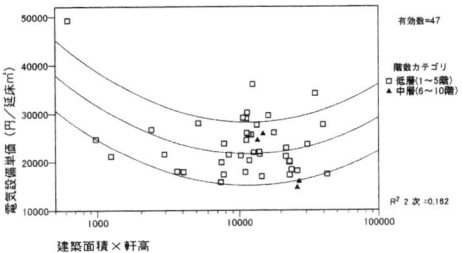

(7) 衛生設備

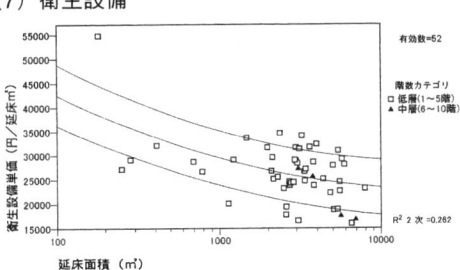

(8) 空調設備

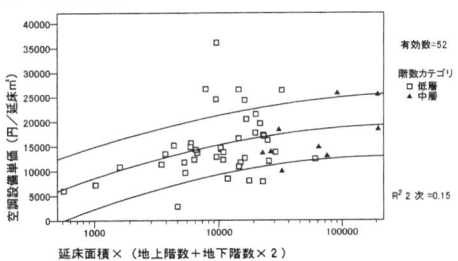

(9) 昇降機

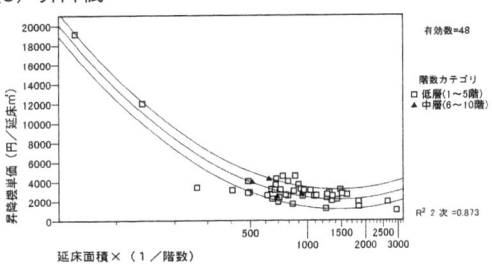

(2) 市場コスト統計方式

　JBCIでは，回帰分析に最小二乗法を用いており，分析に用いた散布図では，建築単価と最も相関関係を持つ建築諸元を組み合わせたパラメータを抽出し，全体の単価傾向を示す回帰式（二次式）による予測線を導き出している。

　また，データの分布具合を示した標準偏差σ（シグマ）の値で得られる上下の乖離線もグラフ上に目安として示している。

　この上下の中に含まれるデータ数は，理論上は約68.5%である。そして，この予測式が下記に示す式である。

　この予測式に計画建物の数値を代入して建築工事費を算定する方式を「市場コスト統計方

Y＝［a＋b×Ln（パラメータ）＋c×Ln（パラメータ）＾2］÷デフレータ　±　乖離幅

$$\begin{pmatrix} Y：工事費単価 \\ a，b，c：係数 \\ Ln：自然対数 \end{pmatrix}$$

乖離幅：正規分布といわれる68.5%のデータが含まれる範囲の上・下限値

パラメータ：

仮設	共通	建築面積÷（地上階数＋地下階数×2）
土工	共同住宅	建築面積×全階数÷（1＋地下階数）
	事務所ビル・有料老人ホーム	建築面積×全階数×（1＋地下階数）
地業（杭）	共通	延べ床面積÷支持地盤深さ
躯体	事務所ビル・有料老人ホーム	延べ床面積×（地上階数＋地下階数×2）
	共同住宅	建築面積÷（地上階数＋地下階数×2）
仕上	事務所ビル・有料老人ホーム	建築面積×軒高×（全階数÷地上階数）÷延べ床面積
	共同住宅	延べ床面積÷（1＋地下階数）
電気設備	共同住宅	延べ床面積÷住宅戸数
	事務所ビル・有料老人ホーム	建築面積×軒高
衛生設備	共同住宅	延べ床面積÷住宅戸数
	有料老人ホーム	延べ床面積
	事務所ビル	延べ床面積÷全階数
空調設備	共同住宅	延べ床面積÷住宅戸数
	事務所ビル・有料老人ホーム	延べ床面積×（地上階数＋地下階数×2）
昇降機	事務所ビル	建築面積÷軒高
	共同住宅	延べ床面積×住宅戸数
	有料老人ホーム	延べ床面積÷全階段

図表92　係数および乖離幅

事務所ビル系	a	b	c	デフレータ	乖離幅
仮設	63586	-17519	1418	0.94	4900
土工	26088	-5440	432	0.75	4200
地業	93609	-30301	2625	0.87	3200
躯体	43481	-4256	531	0.73	15300
仕上	200194	-225931	92469	0.76	28800
電気	-25569	7796	-293	0.75	5300
衛生	114599	-26933	1682	0.87	4500
空調	49608	-12456	993	0.87	6300
昇降機	15870	-4405	319	0.76	1400

共同住宅系	a	b	c	デフレータ	乖離幅
仮設	41997	-10561	872	0.75	3500
土工	69880	-13764	722	1.08	3900
地業	68388	-18106	1308	0.94	4300
躯体	129864	-37795	3838	0.76	7000
仕上	237357	-33392	1426	0.94	13900
電気	142812	-55781	5923	0.76	2800
衛生	154203	-55351	5494	0.87	4100
空調	149984	-67698	7872	0.87	3300
昇降機	55627	-8199	312	0.75	1200

有料老人ホーム系	a	b	c	デフレータ	乖離幅
仮設	49935	-11342	797	0.94	3400
土工	2421	-84	49	0.87	3700
地業	73070	-20070	1509	0.91	3200
躯体	279933	-47956	2437	0.87	9900
仕上	131613	-70636	15818	0.84	17700
電気	165533	-30694	1637	0.91	6400
衛生	89664	-13257	658	0.91	5500
空調	-30542	7730	-299	0.87	5900
昇降機	86032	-23006	1578	0.91	1000

式」と呼んでいる。

　今回使用する散布図に対応する予測式のa，b，ｃの係数と乖離幅を**図表92**に示す。

(3) 建築工事費の算出法

❶パラメータの算出

市場コスト統計方式の予測式によって，計画諸元に基づくパラメータを算出する。

必要データは，建築面積，延べ床面積，地上階数，地下階数，支持地盤深さ，住戸数（共同住宅系のみ必要），軒高である。

軒高は，地上階数に，企画段階の用途別必要建築機能の**図表5**（61ページ）で示した階高をかけて算出する。

なお，計画地のボーリングデータがない場合は，支持地盤の深さ（杭の長さ）は想定しにくいが，地盤の良し悪し程度の把握は必要である。

❷工事項目別コストの算出

パラメータと表に示した係数によって，工事項目別の床面積当たりの単価を算出する。

乖離幅は，計画建物の設定グレード等により調整すればよい。

JBCIでは，その目安を**図表94**のように示している。

以下に，工事項目別の内容と，そのグレード設定の考え方を述べる。

①仮設工事費

現場事務所の設営，敷地全体の仮囲い，コンクリート打設，外部仕上げ等の共通足場工事などにかかる費用である。

・グレード要因：施工場所がたとえば繁華街等の建物密集地の場合には，現場事務所等の費用が嵩み，コストは上昇する。

②土工事費

地下または基礎の掘削工事，土留め工事等の費用である。

・グレード要因：地下階数が多くなれば掘削量等が増え，建築面積が大きくなると掘削面積も増加し，コストは上昇する。しかし，これらはパラメータの要因に含まれているため，特殊な事情がない限り標準コストを使用してよいと思われる。

③地業費

建物荷重の支持地盤まで杭を打ち込むための工事に要する費用である。

杭が長くなれば，コストは上昇する。

杭の長さは，上部建物の荷重（階数等），支持地盤の深さなどにより異なるため，その算定はなかなか難しいが，ひとつの目安としては**図表93**のようになる。

図表93　杭の長さ

地　盤	低層（3階以下）	中層（4階〜6階）	高層（7階以上）
良い	なし	なし	10m
普通	なし	10m	20m
悪い	10m	20m	40m

図表94　グレード設定の目安

項　　目	コストグレード	上　←―――→　中　←―――→　下		
仮設	建設場所	繁華街	市街地	郊　外
土工	地下階数	2以上	1	0
地業（杭）	上部構造	SRC	RC・PCa	S耐火・S
	杭種別	鋼管	場所打ち	既製
躯体	構造	SRC・S耐火	RC・PCa	S
仕上	屋根	斜屋根化粧	歩行用	非歩行用
	外壁	石材系	タイル系	吹付系
	外部開口部	カーテンウォール	オーダー・気密	一般サッシ
		反射ガラス	フロート一般	サイズ小
	外部雑	特殊装飾	一般装飾	装飾少
	内部床	石・タイル系	カーペット系	長尺シート系
	内壁	石・タイル金属系	木・クロス系	ボード塗装系
	天井	システム天井系	岩綿吸音板系	一般ボード系
	内部雑	特殊家具多	一般家具	家具類少
電気設備	電気容量（kVA／㎡）	0.20程度	0.10程度	0.05程度
	器具材質	高	普通	低
衛生設備	特殊設備（注）	多い	普通	少ない
	器具材質	高	普通	低
空調設備	空調面積率	80％以上	60％以上	40％以下
	空調方式	高度制御	普通	個別単純
昇降機	速度（m／分）	120以上オーダー	90〜105	45〜60
	制御内装	高級	中級	既製
その他	機械駐車	地下水平型	立体ゴンドラ	2段駐車
諸経費	建物程度	高級	一般	普通
	決定方法	特命	見積り合わせ	競争

（注）　特殊設備とは，排水処理（中水，雨水利用等）・浄化槽・厨房設備・その他を指す。

・グレード要因：杭工法には次のような工法があり，上の工法ほどグレードが高い。
また，計画地の状況によっては，近隣騒音等の問題により打込み工法が出来ない場合が多い。

　鋼管杭工法：打込み工法，埋込み工法があり，高い支持力性能と信頼性があるとされている。

　場所打ちコンクリート杭工法：機械掘削工法，人力掘削工法がある。機械掘削工法には，アースドリル工法，オールケーシング工法，リバースサーキュレーション工法等がある。

　既製コンクリート杭工法：打込み工法，埋込み工法がある。

④躯体工事費

柱，梁などの構造体の工事費用である。

・グレード要因：高層ビルの鉄骨鉄筋コンクリート造（SRC）または耐火被覆の鉄骨造は，鉄筋コンクリート造（RC）に比べて割高になる。耐火被覆をしない鉄骨造は，小規模建物や仮設事務所以外は想定しないほうがよい。

⑤仕上工事費

内外の仕上工事の費用である。

仕上工事には，屋根，外壁，外部開口部，内部床，内壁，天井等の工事が含まれ，その費用は様々な要因により形成される。

JBCIは内部仕上工事と外部仕上工事を同一項目として集計しているが，内部と外部とでは変動要因が異なるため，その変動傾向を説明しにくい部分がある。

仕上工事費は総工事費に占める割合が大きいため，総工事費の大きな変動要因となる。今後のより精緻なデータを期待するところである。

・グレード要因：仕上のグレードにより変動する。これは，後で述べる修繕・更新費の算出にも影響してくる。グレード別の仕上使用材の例は**図表94**を参照。

⑥電気設備工事費

受変電設備や照明器具設備等の工事費用である。

・グレード要因：設備のグレードにより変動する。これは，後で述べる修繕・更新費の算出にも影響してくる。電気設備のグレード別の例は**図表94**を参照。

⑦衛生設備工事費

トイレや湯沸し室などの給排水設備工事の費用である。

・グレード要因：設備のグレードにより変動する。これは，後で述べる修繕・更新費

の算出にも影響してくる。衛生設備のグレード別の例は**図表94**を参照。

⑧空調設備工事費

エアコンや熱源設備などの空調設備工事の費用である。

- ・グレード要因：設備のグレードにより変動する。特に共同住宅系は換気のみで空調設備がないサンプルも含まれていると予想され，変動要因が大きい項目といえる。これは，後で述べる修繕・更新費の算出にも影響してくる。空調設備のグレード別の例は**図表94**を参照。

⑨昇降機設備工事費

エレベータ等の搬送設備工事に要する費用である。

- ・グレード要因：昇降機のスピードのグレードにより変動する。高級機120m／分，中級機90m／分，低級機60m／分というところである。

❸諸経費の算出

JBCIでは諸経費の算出もパラメータ方式でするようになっているが，データの相関性が低いため，ここでは工事項目別コストの合計に次の数値をかけて算出する。

- ・特命：15％
- ・見積もり合わせ：10％（標準）
- ・競争入札：5％

❹都市間格差の算出

計画地が東京以外の場合には，東京との都市間格差により算出する。

この格差指数は，2004年，2007年，2010年，2013年，2016年のJBCIデータより算出した。

JBCIのデータは，過去3年分を掲載している。つまり，2004年版は2001年，2002年，2003年を，2007年版は2004年，2005年，2006年を，2010年版は2007年，2008年，2009年を，2013年版は2010年，2011年，2012年を，2016年版は2013年，2014年，2015年をカバーしているため，これで2001年以降の全データを網羅できる。

図表95は，それぞれの建築用途のなかで近い用途を選択し，その集計により算出したものである。これに東京を100とした場合の係数をかければ，その地域の建築工事費を算出できる。

なお，JBCIで分類している北海道を札幌に，東北を仙台に，中部を名古屋に，近畿を大阪に，中国を広島に，九州を福岡に変えて，表示している。

(4)　事務所ビルの算出例

建築基本計画のモデルプランで示した，RC造，建築面積312㎡，延べ床面積（施工床面積）3,444㎡，地上9階，地下2階（全階数11階），軒高36m（平均階高4m），杭長20mの東京に

図表95　都市間格差

事務所ビル系		東京			大阪			名古屋			札幌	
		平均値	サンプル数	累計値	平均値	サンプル数	累計値	平均値	サンプル数	累計値	平均値	サンプル数
一般事務所	2004版	237	68	16116	249	38	9462	170	85	14450	153	15
	2007版	245	65	15925	208	46	9568	183	32	5856	186	15
	2010版	274	76	20824	239	49	11711	222	53	11766	215	26
	2013版	285	67	19095	222	37	8214	214	52	11128	228	18
	2016版	356	72	25632	268	35	9380	266	34	9044	271	17
貸事務所	2004版	238	41	9758	199	11	2189	201	7	1407	111	2
	2007版	245	27	6615	210	10	2100	155	11	1705	243	1
	2010版	326	58	18908	256	23	5888	252	10	2520	177	4
	2013版	294	32	9408	173	3	519	207	4	828	194	3
	2016版	356	26	9256	263	1	263	336	1	336	309	3
銀行・金融	2004版	263	7	1841	258	8	2064	220	7	1540	255	2
	2007版	243	4	972	301	13	3913	273	4	1092	180	5
	2010版	358	5	1790	327	10	3270	279	6	1674	181	3
合　計		285	548	156140	241	284	68541	207	306	63346	211	114
東京100指数値		100			85			73			74	
全国100指数値		120			101			87			88	

共同住宅系		東京			大阪			名古屋			札幌	
		平均値	サンプル数	累計値	平均値	サンプル数	累計値	平均値	サンプル数	累計値	平均値	サンプル数
分譲マンション	2004版	185	344	63640	154	162	24948	142	86	12212	133	27
	2007版	191	240	45840	162	83	13446	153	65	9945	135	18
	2010版	236	218	51448	196	69	13524	184	43	7912	168	13
	2013版	217	212	46004	176	50	8800	167	28	4676	143	13
	2016版	252	168	42336	208	43	8944	202	19	3838	192	11
賃貸マンション	2004版	196	176	34496	181	75	13575	144	46	6624	130	35
	2007版	202	185	37370	167	70	11690	155	47	7285	152	38
	2010版	247	170	41990	190	76	14440	170	34	5780	150	32
	2013版	223	96	21408	184	65	11960	141	27	3807	173	18
	2016版	260	121	31460	194	66	12804	186	30	5580	186	10
ワンルームマンション	2004版	226	128	28928	179	25	4475	154	17	2618	128	4
	2007版	233	109	25397	173	31	5363	168	13	2184	164	3
	2010版	253	97	24541	207	31	6417	173	8	1384	203	1
	2013版	239	36	8604	183	20	3660	174	5	870	0	0
	2016版	287	43	12341	235	9	2115	215	8	1720	0	0
合　計		220	2343	515803	178	875	156161	161	476	76435	150	223
東京100指数値		100			81			73			68	
全国100指数値		115			93			84			79	

有料老人ホーム系		東京			大阪			名古屋			札幌	
		平均値	サンプル数	累計値	平均値	サンプル数	累計値	平均値	サンプル数	累計値	平均値	サンプル数
特別養護老人ホーム	2004版	246	28	6888	234	26	6084	209	21	4389	246	2
	2007版	200	21	4200	194	10	1940	201	12	2412	193	4
有料老人ホーム	2004版	194	4	776	153	1	153	154	1	154	167	1
	2007版	202	17	3434	202	4	808	176	5	880	156	4
	2010版	223	36	8028	206	20	4120	200	11	2200	168	6
	2013版	227	55	12485	188	39	7332	184	35	6440	195	15
	2016版	251	58	14558	230	23	5290	209	15	3135	204	8
グループホーム	2004版	201	4	804	202	6	1212	184	2	368	169	4
	2007版	192	9	1728	234	1	234	180	3	540	147	6
	2010版	226	4	904	225	1	225	187	1	187	156	1
	2013版	239	9	2151	187	4	748	177	5	885	0	0
	2016版	268	4	1072	289	1	289	227	1	227	132	1
合　計		229	249	57028	209	136	28435	195	112	21817	182	52
東京100指数値		100			91			85			79	
全国100指数値		111			102			95			88	

累計値	仙台			広島			福岡			合 計		
	平均値	サンプル数	累計値	平均値	サンプル数	累計値	平均値	サンプル数	累計値	平均値	サンプル数	累計値
2295	190	32	6080	186	23	4278	176	26	4576	200	287	57257
2790	186	14	2604	218	18	3924	191	24	4584	211	214	45251
5590	198	20	3960	187	20	3740	183	27	4941	231	271	62532
4104	231	30	6930	221	18	3978	210	33	6930	237	255	60379
4607	311	21	6531	235	22	5170	228	24	5472	293	225	65836
222	174	8	1392	0	0	0	151	2	302	215	71	15270
243	160	3	480	203	1	203	167	2	334	212	55	11680
708	214	11	2354	199	1	199	204	10	2040	279	117	32617
582	227	1	227	121	1	121	213	5	1065	260	49	12750
927	206	1	206	0	0	0	232	2	464	337	34	11452
510	212	7	1484	204	7	1428	179	6	1074	226	44	9941
900	203	5	1015	222	1	222	200	3	600	249	35	8714
543	222	6	1332	206	5	1030	198	7	1386	263	42	11025
24021	218	159	34595	208	117	24293	197	171	33768	238	1699	404704
	76			73			69			84		
	91			87			83			100		

累計値	仙台			広島			福岡			合 計		
	平均値	サンプル数	累計値	平均値	サンプル数	累計値	平均値	サンプル数	累計値	平均値	サンプル数	累計値
3591	150	29	4350	150	38	5700	125	51	6375	164	737	120816
2430	150	21	3150	132	27	3564	138	67	9246	168	521	87621
2184	175	19	3325	166	28	4648	156	59	9204	205	449	92245
1859	156	10	1560	174	13	2262	154	14	2156	198	340	67317
2112	252	5	1260	201	12	2412	184	39	7176	229	297	68078
4550	145	54	7830	164	42	6888	144	47	6768	170	475	80731
5776	151	33	4983	161	11	1771	143	65	9295	174	449	78170
4800	161	18	2898	161	23	3703	151	53	8003	201	406	81614
3114	171	23	3933	178	13	2314	155	22	3410	189	264	49946
1860	262	16	4192	222	8	1776	193	33	6369	225	284	64041
512	152	11	1672	161	14	2254	150	17	2550	199	216	43009
492	165	11	1815	146	10	1460	139	18	2502	201	195	39213
203	184	8	1472	195	6	1170	178	2	356	232	153	35543
0	140	1	140	0	0	0	161	2	322	212	64	13596
0	0	0	0	188	2	376	169	8	1352	256	70	17904
33483	164	259	42580	163	247	40298	151	497	75084	191	4920	939844
	75			74			69			87		
	86			85			79			100		

累計値	仙台			広島			福岡			合 計		
	平均値	サンプル数	累計値	平均値	サンプル数	累計値	平均値	サンプル数	累計値	平均値	サンプル数	累計値
492	223	13	2899	211	4	844	212	6	1272	229	100	22868
772	198	7	1386	193	7	1351	168	14	2352	192	75	14413
167	279	1	279	211	3	633	212	2	424	199	13	2586
624	160	1	160	161	5	805	149	6	894	181	42	7605
1008	193	11	2123	189	8	1512	187	10	1870	205	102	20861
2925	195	21	4095	184	19	3496	177	29	5133	197	213	41906
1632	250	11	2750	208	11	2288	205	19	3895	231	145	33548
676	0	0	0	191	6	1146	148	6	888	182	28	5094
882	155	4	620	172	2	344	171	7	1197	173	32	5545
156	168	1	168	0	0	0	193	3	579	202	11	2219
0	0	0	0	189	3	567	163	6	978	197	27	5329
132	243	2	486	226	2	452	176	3	528	228	14	3186
9466	208	72	14966	192	70	13438	180	111	20010	206	802	165160
	91			84			79			90		
	101			93			88			100		

図表96　事務所ビル・標準工事費

	a	b	c	パラメータ	パラメータの自然対数	デフレータ	面積単価（円／㎡）	金額（千円）	構成比（%）
仮設	63586	-17519	1418	24.00	3.18	0.94	23,651	81,452	7.08
土工	26088	-5440	432	10296.00	9.24	0.75	16,939	58,338	5.07
地業	93609	-30301	2625	172.20	5.15	0.87	8,258	28,442	2.47
躯体	43481	-4256	531	44772.00	10.71	0.76	77,372	266,468	23.15
仕上	200194	-225931	92469	3.99	1.38	0.75	86,120	296,597	25.77
電気	-25569	7796	-293	11232.00	9.33	0.75	28,883	99,474	8.64
衛生	114599	-26933	1682	313.09	5.75	0.87	17,669	60,852	5.29
空調	49608	-12456	993	44772.00	10.71	0.87	34,597	119,153	10.35
昇降機	15870	-4405	319	8.67	2.16	0.76	10,322	35,551	3.09
小　計							303,811	1,046,326	
諸経費	上記計×10%						30,381	104,633	9.09
合　計							334,193	1,150,959	100.00
坪当たり工事費							1,104,769		

図表97　事務所ビル・乖離幅

	乖離幅	上限（円／㎡）	構成比（%）		乖離幅	下限（円／㎡）	構成比（%）
仮設	4900	28,551	6.57		-4900	18,751	7.77
土工	4200	21,139	4.87		-4200	12,739	5.28
地業	3200	11,458	2.64		-3200	5,058	2.10
躯体	15300	92,672	21.33		-15300	62,072	25.71
仕上	28800	114,920	26.46		-28800	57,320	23.74
電気	5300	34,183	7.87		-5300	23,583	9.77
衛生	4500	22,169	5.10		-4500	13,169	5.46
空調	6300	40,897	9.42		-6300	28,297	11.72
昇降機	1400	11,722	2.70		-1400	8,922	3.70
小　計		377,711				229,911	
諸経費	上記計×15%	56,657	13.04	上記計×5%		11,496	4.76
合　計		434,368	100.00			241,407	100.00
坪当たり工事費		1,435,928				798,040	

おける事務所ビルを例として，その算出結果を**図表96**に示す。

　設定数値よりパラメータを算出し，180ページの式より面積当たり単価を計算する。

　Lnは，自然対数である。EXCELのLN（数値）で算出できる。

　デフレータは，選択したデータの年次で2015年を1.0としたときの指数である。

　なお，パラメータがあるレンジを超えると，この計算式は信頼できないことがあるので，

図表89（177ページ）で示した散布図でその範囲を確認する必要がある。

　図表97に，乖離幅による上限と下限の算出値を示す。

　また，東京以外の場合は，**図表95**の都市間格差の指数を用いて調整すればよい。

(5)　共同住宅の算出例

　建築基本計画のモデルプランで示した，RC造，建築面積431㎡，延べ床面積（施工床面積）1,323㎡，地上3階，地下なし（全階数3階），軒高10m（平均階高3.3m），杭長10m，住戸数17戸（平均専用面積54㎡／戸）の共同住宅を例として，その算出結果を**図表98**に，乖離幅による上限と下限の算出値を**図表99**に示す。

図表98　共同住宅・標準工事費

	a	b	c	パラメータ	パラメータの自然対数	デフレータ	面積単価（円／㎡）	金額（千円）	構成比（%）
仮設	41997	-10561	872	143.67	4.97	0.75	14,737	19,497	6.49
土工	69880	-13764	722	1293.00	7.16	1.08	7,711	10,201	3.39
地業	68388	-18106	1308	132.30	4.89	0.94	11,865	15,697	5.22
躯体	129864	-37795	3838	143.67	4.97	0.76	48,453	64,103	21.33
仕上	237357	-33392	1426	1323.00	7.19	0.94	75,550	99,953	33.26
電気	142812	-55781	5923	77.82	4.35	0.76	16,084	21,279	7.08
衛生	154203	-55351	5494	77.82	4.35	0.87	19,946	26,389	8.78
空調	149984	-67698	7872	77.82	4.35	0.87	5,126	6,781	2.26
昇降機	55627	-8199	312	22491.00	10.02	0.68	7,053	9,332	3.10
小　計							206,525	273,232	
諸経費	上記計×10%						20,652	27,323	9.09
合　計							227,177	300,555	100.00
坪当たり工事費							750,999		

図表99　共同住宅・乖離幅

	乖離幅	上限(円／㎡)	構成比(%)	乖離幅	下限(円／㎡)	構成比(%)
仮設	3500	18,237	6.33	-3500	11,237	6.58
土工	3900	11,611	4.03	-3900	3,811	2.23
地業	4300	16,165	5.61	-4300	7,565	4.43
躯体	7000	55,453	19.25	-7000	41,453	24.29
仕上	13900	89,450	31.05	-13900	61,650	36.13
電気	2800	18,884	6.55	-2800	13,284	7.78
衛生	4100	24,046	8.35	-4100	15,846	9.29
空調	3300	8,426	2.92	-3300	1,826	1.07
昇降機	1200	8,253	2.86	-1200	5,853	3.43
小　計		250,525			162,525	
諸経費	上記計×15%	37,579	13.04	上記計×5%	8,126	4.76
合　計		288,103	100.00		170,651	100.00
坪当たり工事費		952,408			564,135	

(6) 有料老人ホームの算出例

　建築基本計画のモデルプランで示した，建築面積528㎡，延べ床面積（施工床面積）2,480㎡，地上５階，地下なし（全階数５階），軒高17.54m（平均階高3.5m），杭長20mの有料老人ホームの算出結果を**図表100**に，乖離幅を**図表101**に示す。

　なお，この施設は，54人収容（全個室），個室面積18㎡で，専有比率は54室×18㎡／室÷2,480㎡＝39.2％となっている。

図表100　有料老人ホーム・標準工事費

	a	b	c	パラメータ	パラメータの自然対数	デフレータ	面積単価（円／㎡）	金額（千円）	構成比（%）
仮設	49935	-11342	794	105.60	4.66	0.94	15,239	37,793	5.84
土工	2421	-84	49	2640.00	7.88	0.87	5,518	13,685	2.11
地業	73070	-20070	1509	124.00	4.82	0.91	12,515	31,037	4.79
躯体	279933	-47956	2437	12400.00	9.43	0.87	51,066	126,643	19.56
仕上	131613	-70636	15818	3.83	1.34	0.84	77,718	192,740	29.77
電気	165533	-30694	1637	9504.00	9.16	0.91	23,879	59,220	9.15
衛生	89664	-13257	658	2480.00	7.82	0.91	28,840	71,523	11.05
空調	-30542	7730	-299	12400.00	9.43	0.87	18,108	44,907	6.94
昇降機	86032	-23006	1578	496.00	6.21	0.91	4,429	10,984	1.70
小　計							237,311	588,532	
諸経費	上記計×10%						23,731	58,853	9.09
合　計							261,043	647,385	100.00
坪当たり工事費							862,950		

図表101　有料老人ホーム・乖離幅

	乖離幅	上限（円／㎡）	構成比（%）	乖離幅	下限（円／㎡）	構成比（%）
仮設	3400	18,639	5.51	-3400	11,839	6.24
土工	3700	9,218	2.73	-3700	1,818	0.96
地業	3200	15,715	4.65	-3200	9,315	4.91
躯体	9900	60,966	18.03	-9900	41,166	21.71
仕上	17700	95,418	28.22	-17700	60,018	31.65
電気	6400	30,279	8.96	-6400	17,479	9.22
衛生	5500	34,340	10.16	-5500	23,340	12.31
空調	5900	24,008	7.10	-5900	12,208	6.44
昇降機	1000	5,429	1.61	-1000	3,429	18.1
小　計		294,011			180,611	
諸経費	上記計×15%	44,102	13.04	上記計×5%	9,031	4.76
合　計		338,113	100.00		189,642	100.00
坪当たり工事費		1,117,729			626,916	

(7)　既存建物の価格算定

　以上は，建物を新築するときの価格である。

　建築プロジェクトによっては，既存の建物を取得し，それをリニューアルして事業を目論む場合もある。

　リニューアルの工事費は千差万別であり，JBCIでも参考となるデータがないため，ここでは詳述を避けるが，既存の建物を取得する場合の価格算定について解説する。

　基本的な考え方としては，まず，取得する建物と同様の建物を新たに建設する場合の建築工事費を算定する。これを「再調達価格」という。その算定法は，これまで述べてきた新築建物の工事費算出と同じである。

　この再調達価格に，新築後年月が経過し，使用していくうちに減じていく割合（これを「経年減価率」という）をかけて算出することになる。

　この経年減価率を設定するときに参考となる数値には，所得税（法人税）法で決められた耐用年数による減価償却率と，固定資産税評価に用いられる減価率があるが，ここでは，それらに加えて，より実態に近い数値として，後述する建物の修繕費や更新費によって経年減価率を設定する考え方を述べる。

❶法定耐用年数による減価計算

　減価償却費を計算するために設定された耐用年数は，建物の用途別，躯体の構造別，設備等に分類して，296ページ〜298ページの**図表167**，**図表168**のように定められている。

　ここでの取得価格は，再調達価格に設定すればよい。

　上記の方式で算出した再調達価格のうち，仮設工事費から仕上げ工事費までを建築工事費に，電気設備工事費から昇降設備工事費までを設備工事費に分類し，その耐用年数を設定する。

　なお，諸経費は，建築，設備の工事費に按分して加算する。

　減価償却費の算出法には，定率法と定額法があるが，ここでは定額法を用いる。

　定額法は，取得価格に一定の減価償却率をかけて償却額を計上する方法であり，毎年同じ金額になり，下記のように算出する。

> X年目の償却額 ＝ 取得価格 × 減価償却率
>
> X年目の残存価格 ＝ 取得価格 － （X年目の償却額 × 経過年数）

　毎年の減価償却費を算出するための減価償却率は（1／耐用年数）で計算され，これは**図表169**（299ページ）に示す。

　この計算により算出された取得時点の建築と設備工事費の合計の残存価格が既存建物全体

の取得価格となる。

　なお，減価償却の詳細は⑥の⑧「減価償却費」（294ページ以下）を参照されたい。

❷固定資産税評価に用いられる減価率

　固定資産税等を計算するために設定された減価率は，建物の用途別，躯体の構造別等に分類し，**図表102**のように定められている。

　建物の経過年数に応じて，再調達価格にこの数値をかけて取得価格を算出する。

　なお，この減価率は建物の固定資産税の算出にも使用される。

❸建物の修繕費・更新費の算出による減価率

　修繕費は，建築仕上げ材などの経年変化による汚れを刷新したり，設備機器などの機能不備を回復するのに必要な費用である。

　また，更新費は，建築仕上げ材や設備機器の耐用年数に応じて，以前の資産を滅失し新たな資産として新設する費用であり，これを「資本的支出」という。

　実際には，建物の修繕費や更新費は経年中の何らかの機会に支出されているはずであるが，前述の減価率は，これらの実態を考慮せず，一定の割合で算出されている。

　ここでは，修繕費・更新費の算出モデルによって減価率の算出法について述べる。算出についての詳細は，⑥の⑤「修繕費・更新費」（251ページ以下）を参照されたい。

　年度ごとの修繕費・更新費が新設工事費に占める割合を計算し，その値の累計減価率を**図表103**の最下欄に示している。

　これをみると，40年目の累計減価率は，標準モデルの事務所ビルでは，40年目で0.97％と，残存価値はほぼ0となっている。一方，共同住宅では，35年目からマイナスとなっている。

　これによれば，事務所ビルの耐用年数は40年，共同住宅の耐用年数は35年ということになる。

　したがって，社会的な変化等からすると，修繕費・更新費を考慮した減価率の方が実際の建物寿命に近いのではないかと考えられるが，実際にこの手法を採用する場合は，過去にこれらの修繕・更新をどのように行ったかという履歴との照合が必要となり，現実的には難しいのが実情である。

　なお，有料老人ホームは，共同住宅とほぼ同様と考えてよい。

図表102　固定資産税の建物評価における経年減価率表

構造　SRC造・RC造

用途	公衆浴場	駐車場等	店舗 ホテル 映画館 病院	戸建住宅 共同住宅	事務所 銀行 学校
耐用年数	35年	45年	50年	60年	65年
経過年数					
1	0.9771	0.9822	0.9840	0.8000	0.9877
2	0.9543	0.9644	0.9680	0.7500	0.9754
3	0.9314	0.9467	0.9520	0.7000	0.9631
4	0.9086	0.9289	0.9360	0.6912	0.9508
5	0.8857	0.9111	0.9200	0.6825	0.9385
6	0.8629	0.8933	0.9040	0.6737	0.9262
7	0.8400	0.8756	0.8880	0.6649	0.9138
8	0.8171	0.8578	0.8720	0.6561	0.9015
9	0.7943	0.8400	0.8560	0.6474	0.8892
10	0.7714	0.8222	0.8400	0.6386	0.8769
11	0.7486	0.8044	0.8240	0.6298	0.8646
12	0.7257	0.7867	0.8080	0.6211	0.8523
13	0.7029	0.7689	0.7920	0.6123	0.8400
14	0.6800	0.7511	0.7760	0.6035	0.8277
15	0.6571	0.7333	0.7600	0.5947	0.8154
16	0.6343	0.7156	0.7440	0.5860	0.8031
17	0.6114	0.6978	0.7280	0.5772	0.7908
18	0.5886	0.6800	0.7120	0.5684	0.7785
19	0.5657	0.6622	0.6960	0.5596	0.7662
20	0.5429	0.6444	0.6800	0.5509	0.7538
21	0.5200	0.6267	0.6640	0.5421	0.7415
22	0.4971	0.6089	0.6480	0.5333	0.7292
23	0.4743	0.5911	0.6320	0.5246	0.7169
24	0.4514	0.5733	0.6160	0.5158	0.7046
25	0.4286	0.5556	0.6000	0.5070	0.6923
26	0.4057	0.5378	0.5840	0.4982	0.6800
27	0.3829	0.5200	0.5680	0.4895	0.6677
28	0.3600	0.5022	0.5520	0.4807	0.6554
29	0.3371	0.4844	0.5360	0.4719	0.6431
30	0.3143	0.4667	0.5200	0.4632	0.6308
31	0.2914	0.4489	0.5040	0.4544	0.6185
32	0.2686	0.4311	0.4880	0.4456	0.6062
33	0.2457	0.4133	0.4720	0.4368	0.5938
34	0.2229	0.3956	0.4560	0.4281	0.5815
35	以降0.2	0.3778	0.4400	0.4193	0.5692
36		0.3600	0.4240	0.4105	0.5569
37		0.3422	0.4080	0.4018	0.5446
38		0.3244	0.3920	0.3930	0.5323
39		0.3067	0.3760	0.3842	0.5200
40		0.2889	0.3600	0.3754	0.5077
41		0.2711	0.3440	0.3667	0.4954
42		0.2533	0.3280	0.3579	0.4831
43		0.2356	0.3120	0.3491	0.4708
44		0.2178	0.2960	0.3404	0.4585
45		以降0.2	0.2800	0.3316	0.4462
46			0.2640	0.3228	0.4338
47			0.2480	0.3140	0.4215
48			0.2320	0.3053	0.4092
49			0.2160	0.2965	0.3969
50			以降0.2	0.2877	0.3846
51				0.2789	0.3723
52				0.2702	0.3600
53				0.2614	0.3477
54				0.2526	0.3354
55				0.2439	0.3231
56				0.2351	0.3108
57				0.2263	0.2985
58				0.2175	0.2862
59				0.2088	0.2738
60				以降0.2	0.2615
61					0.2492
62					0.2369
63					0.2246
64					0.2123
65					以降0.2

構造　S造

用途	公衆浴場	駐車場等 ホテル 映画館	店舗 病院	戸建住宅 共同住宅	事務所 銀行 学校
耐用年数	30年	35年	40年	40年	45年
経過年数					
1	0.9733	0.9771	0.9800	0.8000	0.9822
2	0.9467	0.9543	0.9600	0.7500	0.9644
3	0.9200	0.9314	0.9400	0.7000	0.9467
4	0.8933	0.9086	0.9200	0.6865	0.9289
5	0.8667	0.8857	0.9000	0.6730	0.9111
6	0.8400	0.8629	0.8800	0.6595	0.8933
7	0.8133	0.8400	0.8600	0.6459	0.8756
8	0.7867	0.8171	0.8400	0.6324	0.8578
9	0.7600	0.7943	0.8200	0.6189	0.8400
10	0.7333	0.7714	0.8000	0.6054	0.8222
11	0.7067	0.7486	0.7800	0.5919	0.8044
12	0.6800	0.7257	0.7600	0.5784	0.7867
13	0.6533	0.7029	0.7400	0.5649	0.7689
14	0.6267	0.6800	0.7200	0.5514	0.7511
15	0.6000	0.6571	0.7000	0.5378	0.7333
16	0.5733	0.6343	0.6800	0.5243	0.7156
17	0.5467	0.6114	0.6600	0.5108	0.6978
18	0.5200	0.5886	0.6400	0.4973	0.6800
19	0.4933	0.5657	0.6200	0.4838	0.6622
20	0.4667	0.5429	0.6000	0.4703	0.6444
21	0.4400	0.5200	0.5800	0.4568	0.6267
22	0.4133	0.4971	0.5600	0.4432	0.6089
23	0.3867	0.4743	0.5400	0.4297	0.5911
24	0.3600	0.4514	0.5200	0.4162	0.5733
25	0.3333	0.4286	0.5000	0.4027	0.5556
26	0.3067	0.4057	0.4800	0.3892	0.5378
27	0.2800	0.3829	0.4600	0.3757	0.5200
28	0.2533	0.3600	0.4400	0.3622	0.5022
29	0.2267	0.3371	0.4200	0.3486	0.4844
30	以降0.2	0.3143	0.4000	0.3351	0.4667
31		0.2914	0.3800	0.3216	0.4489
32		0.2686	0.3600	0.3081	0.4311
33		0.2457	0.3400	0.2946	0.4133
34		0.2229	0.3200	0.2811	0.3956
35		以降0.2	0.3000	0.2676	0.3778
36			0.2800	0.2541	0.3600
37			0.2600	0.2405	0.3422
38			0.2400	0.2270	0.3244
39			0.2200	0.2135	0.3067
40			以降0.2	以降0.2	0.2889
41					0.2711
42					0.2533
43					0.2356
44					0.2178
45					以降0.2

（注）　固定資産評価基準による。

図表103　修繕費・更新費の算出による減価率

(1) 事務所ビル

（千円）

	1年	2年	3年	4年	5年	6年	7年	8年	9年	10年	11年	12年	13年	14年	15年	16年	17年	18年	19年	20年
修繕費合計	1,448	1,448	7,611	1,448	16,925	7,611	1,979	3,500	7,611	55,772	1,448	7,611	1,448	1,979	19,892	2,253	1,448	7,611	1,448	51,493
更新費合計	—	—	—	—	—	—	—	—	—	—	—	—	—	—	70,616	—	—	—	—	136,799
総合計	1,448	1,448	7,611	1,448	16,925	7,611	1,979	3,500	7,611	55,772	1,448	7,611	1,448	1,979	90,508	2,253	1,448	7,611	1,448	188,292
新設工事費割合 (%)	0.11	0.11	0.56	0.11	1.24	0.56	0.15	0.26	0.56	4.09	0.11	0.56	0.11	0.15	6.64	0.17	0.11	0.56	0.11	13.82
累計減価率 (%)	99.89	99.79	99.23	99.12	97.88	97.32	97.18	96.92	96.36	92.27	92.16	91.61	91.50	91.35	84.71	84.55	84.44	83.88	83.78	69.96

	21年	22年	23年	24年	25年	26年	27年	28年	29年	30年	31年	32年	33年	34年	35年	36年	37年	38年	39年	40年
修繕費合計	4,657	1,448	5,648	5,462	15,247	4,401	5,189	1,448	4,401	13,933	1,448	5,206	4,657	1,979	16,188	4,657	1,448	5,648	4,657	49,412
更新費合計	—	—	—	—	41,713	—	—	—	—	495,621	—	—	—	—	28,655	—	—	—	—	217,102
総合計	4,657	1,448	5,648	5,462	56,960	4,401	5,189	1,448	4,401	509,554	1,448	5,206	4,657	1,979	44,843	4,657	1,448	5,648	4,657	266,514
新設工事費割合 (%)	0.34	0.11	0.41	0.40	4.18	0.32	0.38	0.11	0.32	37.39	0.11	0.38	0.34	0.15	3.29	0.34	0.11	0.41	0.34	19.56
累計減価率 (%)	69.62	69.51	69.10	68.70	64.52	64.19	63.81	63.71	63.38	26.00	25.89	25.51	25.17	25.02	21.73	21.39	21.28	20.87	20.53	0.97

(2) 共同住宅

（千円）

	1年	2年	3年	4年	5年	6年	7年	8年	9年	10年	11年	12年	13年	14年	15年	16年	17年	18年	19年	20年
修繕費合計	1,939	1,939	3,473	1,939	9,941	3,473	2,248	2,358	3,473	18,629	1,939	3,473	1,939	2,248	10,360	2,358	1,939	3,473	1,939	15,186
更新費合計	—	—	—	—	—	—	—	—	—	—	—	—	—	—	31,256	—	—	—	—	56,133
総合計	1,939	1,939	3,473	1,939	9,941	3,473	2,248	2,358	3,473	18,629	1,939	3,473	1,939	2,248	41,616	2,358	1,939	3,473	1,939	71,319
新設工事費割合 (%)	0.44	0.44	0.79	0.44	2.26	0.79	0.51	0.54	0.79	4.24	0.44	0.79	0.44	0.51	9.47	0.54	0.44	0.79	0.44	16.23
累計減価率 (%)	99.56	99.12	98.33	97.89	95.62	94.83	94.32	93.79	93.00	88.76	88.32	87.53	87.09	86.57	77.11	76.57	76.13	75.34	74.90	58.67

	21年	22年	23年	24年	25年	26年	27年	28年	29年	30年	31年	32年	33年	34年	35年	36年	37年	38年	39年	40年
修繕費合計	3,189	1,939	2,388	3,442	9,310	2,388	3,168	1,939	2,388	6,275	1,939	2,972	3,024	2,083	9,248	3,024	1,939	2,388	3,189	14,862
更新費合計	—	—	—	—	8,095	—	—	—	—	186,161	—	—	—	—	8,874	—	—	—	—	86,282
総合計	3,189	1,939	2,388	3,442	17,405	2,388	3,168	1,939	2,388	192,436	1,939	2,972	3,024	2,083	18,122	3,024	1,939	2,388	3,189	101,144
新設工事費割合 (%)	0.73	0.44	0.54	0.78	3.96	0.54	0.72	0.44	0.54	43.78	0.44	0.68	0.69	0.47	4.12	0.69	0.44	0.54	0.73	23.01
累計減価率 (%)	57.94	57.50	56.96	56.18	52.22	51.67	50.95	50.51	49.97	6.18	5.74	5.07	4.38	3.91	-0.22	-0.91	-1.35	-1.89	-2.62	-25.63

5 外構工事費

　敷地内の建築されずに残る部分に樹木を植えて修景したり，屋外通路や排水工事等にかかる費用である。

　計画レベルによって建築工事費に含めてもよいが，減価償却の耐用年数も異なり，大規模な屋外駐車場や高価な樹木や石を使った庭園などを計画する場合は，別項目として設定した方がよい。

(1)　算出法

　図表104は，建築資料研究社発行の『積算ポケット手帳』に掲載されている造園工事費の施工事例31データを**4**の(2)（180ページ）で述べた「市場コスト統計方式」と同様に回帰分析

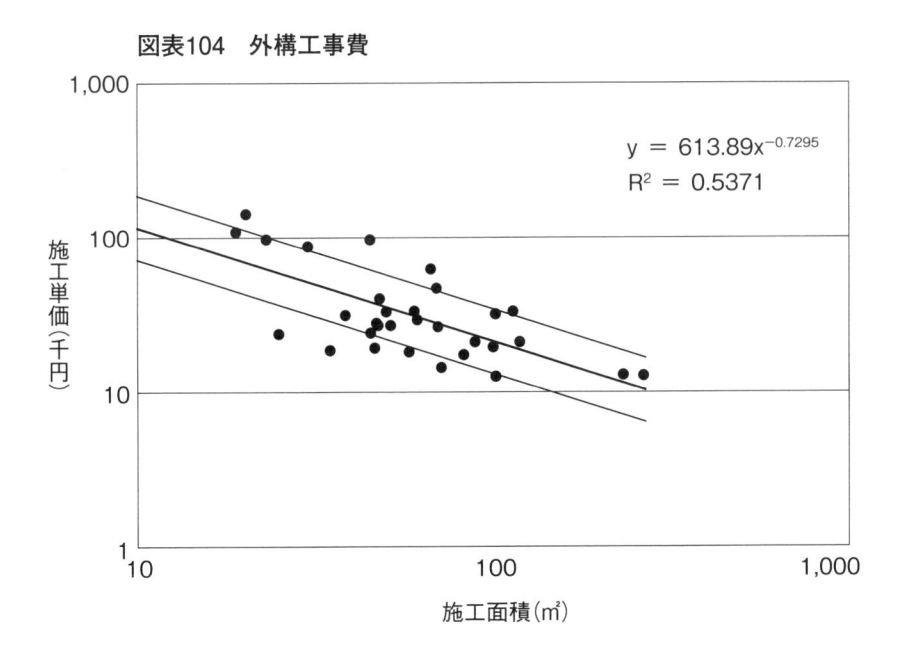

図表104　外構工事費

$y = 613.89x^{-0.7295}$
$R^2 = 0.5371$

施工単価（千円）

施工面積（㎡）

をし，施工面積と工事費の関係を示したものである。

　データの大半が100㎡以下であるが，相関関係を示すR二乗値は0.5371となっている。

　データのばらつき具合を示す標準偏差の値で得られる乖離線をグラフの上下の線で示している。

　この上下の線の間に含まれるデータ数は，理論上は約68.5％になる。

　これを数式で表示すると，以下のようになる。

上限値（グレード上）　Y ＝ 985.15 × ^ － 0.7295
中央値（グレード中）　Y ＝ 613.89 × ^ － 0.7295
下限値（グレード下）　Y ＝ 382.54 × ^ － 0.7295

　これらを参考に，施工面積とグレードを設定することにより評価できる。

　なお，これ以外のアスファルト舗装の平面駐車場は8,000円／㎡，芝生広場は5,000円／㎡程度を見込めばよいであろう。

(2)　算出例

　シティホテルの外構として，ロビーからガラス越しに見える「石や池，樹木などによる修景庭園」（グレード上）が200㎡，玄関アプローチ周りの「石張りの路面に花壇や樹木などを配置」（グレード中）が200㎡，20台収容の平面駐車場として600㎡を想定する。

　①　グレード上の庭園

　　985.15 × 200㎡ ^ － 0.7295 ＝ 20,649円／㎡

　　200㎡ × 20,649円／㎡ ＝ 4,130,000円

　②　グレード中の庭園

　　613.89 × 200㎡ ^ － 0.7295 ＝ 12,867円／㎡

　　200㎡ × 12,867円／㎡ ＝ 2,573,000円

　③　平面駐車場

　　600㎡ × 8,000円／㎡ ＝ 4,800,000円

　④　合　計

　　11,503,000円（11,503円／㎡）

6 什器備品費

　建物の運営管理室やロビー周りなどの共用部分の家具や什器関係の費用であり，ビル所有者が直接調達すべき什器備品等である。ビルの運営方式（直営か外注か）や，ビルの用途（事務所や住宅などの特定テナント対象か，商業ビルなどの不特定テナント対象か）により，スペースの広さや，調達すべき什器備品の種類が異なる。また，机や椅子などは，その仕様によって単価に大きな開きがあり，その予算立ては大きく異なる。したがって，目標となる予算立てを行い，その範囲内で備品等を調達していく方が望ましい。

　参考までに，（社）日本ファシリティマネジメント推進協会による1998年度〜1999年度のベンチマーク調査報告書による事務所ビル1 ㎡当たりの家具・什器費用を**図表105**に示す。

　また，同報告書から，2004 年および 2007 年のデータを見ると，**図表 106** のようになっている。表現法が変わって，年単位の費用となっているため，これに金属製の家具の減価償却の耐用年数 15 年をかけてみると，2004 年の全国平均では 9,000 円／㎡，2007 年の全国平均では 10,500 円／㎡となる。

図表105　家具・什器費用　　　　　　　　　　　　　　　　　　　　　　　　　　　（千円／㎡）

家具・什器	日本企業	外資系企業	小規模企業	全　体
平　均	28.2	55.9	36.7	35.9
中央値	20.0	37.0	30.0	26.0
最頻値	10.0	50.0	30.0	10.0
最　小	0.1	0.3	0.0	0.0
最　大	150.0	300.0	100.0	300.0
標本数	39	12	17	68

図表106　　　　　　　　　　　　　　　　　　　　　　　　　　　　　　　（千円／㎡・年）

	2004年			2007年		
	自己所有	賃　借	全　国	自己所有	賃　借	全　国
平　均	0.50	0.70	0.60	0.60	0.70	0.70
中央値	0.20	0.70	0.60	0.40	0.50	0.40
最　大	2.20	2.40	2.20	2.30	3.00	3.00
最　小	0.02	0.03	0.02	0.01	0.05	0.01
標本数	11	43	54	15	17	32

7 設計料

設計料および監理費は基本的には設計に携わる技術者の人件費であり，材料費などの直接原価が占める割合は小さい。

その費用は依頼する設計事務所等の規模や実績，企業方針などにより異なる。

平成17年に構造計算書の偽装事件が起きた。

この問題が生じた背景を調査・分析した結果，建築士制度の観点からは，次の3点が課題として明らかになった。

① 建築士の資質・能力不足

　構造設計や設備設計の業務内容が高度化しているにもかかわらず，専門別の業務を理解し，指示し，チェックできるだけの能力が元請建築士に不足しているケースがあるなど，建築士の資質・能力の不足が見られる。

② 建築設計の専門分化による責任の不明確化

　建築技術の高度化に伴って構造や設備など得意分野ごとの分業化が進むなかで，設計業務そのものを再委託しているにもかかわらず，納品される設計図書には元請建築士のみが記名押印するなど，建築士の責任分担が不明確になっている。

③ 建築士事務所の業務実施体制の重層化

　設計等の業務が重層化しているなかで，再委託している建築士の情報を正確に把握していないなど，その実施体制が適切に管理されていないケースが見られる。

そして，①の建築士の資質・能力不足および③の建築士事務所の業務実施体制の重層化に対しては建築士事務所を管理する管理建築士の要件の強化を，②の建築設計の専門分化による責任の不明確化に対しては構造設計一級建築士・設備設計一級建築士制度の創設等を盛り込んで建築士法等の一部を改正する法律（平成18年法律第114号）が平成18年12月20日に公布され，平成20年11月28日より施行された。

この建築士法の改正に伴い，建築物の設計・工事監理などの業務報酬基準を定めた国土交通省告示第15号が平成21年1月7日に公布，施行された（従来は昭和54年の建設省告示第1206

号で規定されていたが，同告示はこの施行に伴い廃止された）。

告示第15号では，報酬の算定を標準化した略算法が次のように見直された。

(1) 算出法

業務報酬は，「略算方法」により算出する。

「略算方法」とは，下式により設計料を求めるものである。

> **業務報酬（設計料）＝ 直接人件費 ＋ 直接経費 ＋ 間接経費**
>
> 直接人件費：図表107（200ページ）に示す建築物の類型に応じて，計画する延べ床面積別の標準業務人・時間数を算出し，それに，標準業務人の１時間に要する人件費を乗じる。
>
> 直接・間接経費：直接人件費の額に，1.0を標準とする倍率を乗じて算出する。通常の場合と著しく異なる場合は，乗ずる倍率を調整する。

(2) 算定に用いられる建築物の用途分類の細分化

従来の告示第1206号では４類に分類されていた建築物用途が15分類に細分化され，よりきめ細かい作業量が反映できるようになった。

(3) 標準業務人・時間数

建物の類型ごとに業務内容に係る標準業務人・時間数は，**図表108**（201ページ〜209ページ）のように定められている。

床面積の合計が表示間の建築物にあっては，直線補完により算出する。

なお，床面積の合計が，最も小さい値を下回る建築物，または最も大きい値を上回る建築物にあっては，この略算法は使えないこととなっている。

(4) 標準人件費

平成29年度に国土交通省より発表された「設計業務委託等技術者単価」によると，標準となる人件費は**図表109**（200ページ）のようになっている。

なお，時間単価は，１日の所定労働時間を８時間として計算している。

このうち，基準となる職種は，経験等から考慮すると，技師（C）と想定されるため，基準時間単価は3,750円とするのが通常の場合と思われる。

図表107 建築物の類型

	建築物の類型	建築物の用途等	
		第1類（標準的なもの）	第2類（複雑な設計等を必要とするもの）
1	物流施設	車庫，倉庫，立体駐車場等	立体倉庫，物流ターミナル等
2	生産施設	組立工場等	化学工場，薬品工場，食品工場，特殊設備を付帯する工場等
3	運動施設	体育館，武道館，スポーツジム等	屋内プール，スタジアム等
4	業務施設	事務所等	銀行，本社ビル，庁舎等
5	商業施設	店舗，料理店，スーパーマーケット等	百貨店，ショッピングセンター，ショールーム等
6	共同住宅	公営住宅，社宅，賃貸共同住宅，寄宿舎等	分譲共同住宅等
7	教育施設	幼稚園，小学校，中学校，高等学校等	—
8	専門的教育・研究施設	大学，専門学校等	大学（実験施設等を有するもの），専門学校（実験施設等を有するもの），研究所等
9	宿泊施設	ホテル，旅館等	ホテル（宴会場等を有するもの），保養所等
10	医療施設	病院，診療所等	総合病院等
11	福祉・厚生施設	保育園，老人ホーム，老人保健施設，リハビリセンター等	多機能福祉施設等
12	文化・交流・公益施設	公民館，集会場，コミュニティセンター等	映画館，劇場，美術館，博物館，図書館，研修所，警察署，消防署等
13	戸建住宅（詳細設計及び構造計算を必要とするもの）	戸建住宅	—
14	戸建住宅（詳細設計を必要とするもの）	戸建住宅	—
15	その他の戸建住宅	戸建住宅	—

(注) 1　社寺，教会堂，茶室等の特殊な建築物および複数の類型の混在する建築物は，本表には含まれない。

　　　2　第1類は，標準的な設計等の建築物が通常想定される用途を，第2類は，複雑な設計等が必要とされる建築物が通常想定される用途を記載しているものであり，「略算方法」による算定にあたっては，設計等の内容に応じて適切な区分を適用すること。

図表109　標準人件費　　　　　　　　　　　　（円）

技術者の職種	日額人件費	時間単価	割増対象賃金比(%)
主任技術者	64,300	8,038	50
理事，技師長	60,400	7,550	45
主任技師	51,200	6,400	50
技師（A）	45,500	5,688	50
技師（B）	37,200	4,650	50
技師（C）	30,000	3,750	50
技術員	25,400	3,175	50

図表108 標準業務人・時間数

(1) 物流施設（第1類）

床面積の合計	設　計			工事監理等		
	総　合	構　造	設　備	総　合	構　造	設　備
500㎡	450	240	220	250	100	96
750㎡	550	300	260	280	110	100
1,000㎡	630	350	290	310	130	110
1,500㎡	760	440	350	350	140	120
2,000㎡	880	510	400	380	160	130
3,000㎡	1,100	640	470	430	180	140
5,000㎡	1,400	850	590	500	210	160
7,500㎡	1,600	1,100	710	570	240	170
10,000㎡	1,900	1,200	800	620	270	180
15,000㎡	2,300	1,600	950	710	300	200
20,000㎡	2,600	1,800	1,100	770	330	210

(2) 物流施設（第2類）

床面積の合計	設　計			工事監理等		
	総　合	構　造	設　備	総　合	構　造	設　備
1,000㎡	1,200	350	290	760	130	110
1,500㎡	1,400	440	350	860	140	120
2,000㎡	1,600	510	400	940	160	130
3,000㎡	2,000	640	470	1,100	180	140
5,000㎡	2,500	850	590	1,200	210	160
7,500㎡	3,000	1,100	710	1,400	240	170
10,000㎡	3,500	1,200	800	1,500	270	180
15,000㎡	4,200	1,600	950	1,800	300	200
20,000㎡	4,800	1,800	1,100	1,900	330	210

(3) 生産施設（第1類）

床面積の合計	設　計			工事監理等		
	総　合	構　造	設　備	総　合	構　造	設　備
500㎡	460	270	140	380	84	48
750㎡	570	350	200	420	110	63
1,000㎡	670	420	250	450	120	76
1,500㎡	840	540	340	500	160	99
2,000㎡	980	660	420	530	180	120
3,000㎡	1,200	850	570	590	230	160
5,000㎡	1,600	1,200	850	670	310	220
7,500㎡	2,000	1,500	1,200	740	390	280
10,000㎡	2,400	1,900	1,400	800	460	340
15,000㎡	3,000	2,400	2,000	880	580	440
20,000㎡	3,500	2,900	2,500	950	680	540

(4) 生産施設（第2類）

床面積の合計	設　計			工事監理等		
	総　　合	構　　造	設　　備	総　　合	構　　造	設　　備
1,000㎡	1,500	420	250	1,100	120	76
1,500㎡	1,800	540	340	1,200	160	99
2,000㎡	2,200	660	420	1,300	180	120
3,000㎡	2,700	850	570	1,400	230	160
5,000㎡	3,600	1,200	850	1,600	310	220
7,500㎡	4,500	1,500	1,200	1,800	390	280
10,000㎡	5,300	1,900	1,400	1,900	460	340
15,000㎡	6,600	2,400	2,000	2,100	580	440
20,000㎡	7,700	2,900	2,500	2,300	680	540

(5) 運動施設（第1類）

床面積の合計	設　計			工事監理等		
	総　　合	構　　造	設　　備	総　　合	構　　造	設　　備
500㎡	1,300	540	490	710	250	190
750㎡	1,600	630	570	840	260	220
1,000㎡	1,900	700	650	940	260	250
1,500㎡	2,300	820	760	1,100	270	290
2,000㎡	2,700	920	860	1,300	280	320
3,000㎡	3,300	1,100	1,000	1,500	290	380
5,000㎡	4,300	1,300	1,200	1,800	310	460
7,500㎡	5,300	1,500	1,500	2,200	320	540
10,000㎡	6,200	1,700	1,600	2,400	330	600

(6) 運動施設（第2類）

床面積の合計	設　計			工事監理等		
	総　　合	構　　造	設　　備	総　　合	構　　造	設　　備
1,000㎡	2,200	700	650	940	260	250
1,500㎡	2,700	820	760	1,100	270	290
2,000㎡	3,200	920	860	1,300	280	320
3,000㎡	3,900	1,100	1,000	1,500	290	380
5,000㎡	5,100	1,300	1,200	1,800	310	460
7,500㎡	6,200	1,500	1,500	2,200	320	540
10,000㎡	7,200	1,700	1,600	2,400	330	600

(7) 業務施設（第1類）

床面積の合計	設　計			工事監理等		
	総　合	構　造	設　備	総　合	構　造	設　備
500㎡	1,000	460	340	460	160	83
750㎡	1,200	560	450	520	180	110
1,000㎡	1,400	640	540	560	190	140
1,500㎡	1,700	790	700	630	220	190
2,000㎡	1,900	910	850	690	240	240
3,000㎡	2,300	1,100	1,100	780	260	330
5,000㎡	2,800	1,400	1,500	900	310	490
7,500㎡	3,400	1,700	2,000	1,000	340	660
10,000㎡	3,800	2,000	2,400	1,100	370	830

(8) 業務施設（第2類）

床面積の合計	設　計			工事監理等		
	総　合	構　造	設　備	総　合	構　造	設　備
500㎡	2,000	460	340	890	160	83
750㎡	2,400	560	450	1,000	180	110
1,000㎡	2,700	640	540	1,100	190	140
1,500㎡	3,300	790	700	1,200	220	190
2,000㎡	3,700	910	850	1,300	240	240
3,000㎡	4,400	1,100	1,100	1,500	260	330
5,000㎡	5,500	1,400	1,500	1,700	310	490
7,500㎡	6,500	1,700	2,000	2,000	340	660
10,000㎡	7,400	2,000	2,400	2,100	370	830
15,000㎡	8,800	2,500	3,100	2,400	420	1,100
20,000㎡	10,000	2,800	3,800	2,600	460	1,400

(9) 商業施設（第1類）

床面積の合計	設　計			工事監理等		
	総　合	構　造	設　備	総　合	構　造	設　備
300㎡	910	310	280	620	110	110
500㎡	1,100	380	340	660	130	130
750㎡	1,200	460	400	700	150	150
1,000㎡	1,400	520	450	730	160	170
1,500㎡	1,500	620	530	770	190	190
2,000㎡	1,700	700	590	800	200	220
3,000㎡	1,900	840	690	850	230	250
5,000㎡	2,300	1,100	840	910	270	300
7,500㎡	2,600	1,300	990	960	300	350
10,000㎡	2,900	1,400	1,100	1,000	330	390

(10)　商業施設（第２類）

床面積の合計	設　計			工事監理等		
	総　合	構　造	設　備	総　合	構　造	設　備
300㎡	1,200	310	280	1,200	110	110
500㎡	1,400	380	340	1,300	130	130
750㎡	1,600	460	400	1,400	150	150
1,000㎡	1,700	520	450	1,400	160	170
1,500㎡	2,000	620	530	1,500	190	190
2,000㎡	2,200	700	590	1,600	200	220
3,000㎡	2,500	840	690	1,700	230	250
5,000㎡	3,000	1,100	840	1,800	270	300
7,500㎡	3,400	1,300	990	1,900	300	350
10,000㎡	3,700	1,400	1,100	2,000	330	390
15,000㎡	4,300	1,700	1,300	2,100	370	450
20,000㎡	4,700	1,900	1,500	2,200	400	490

(11)　共同住宅（第１類）

床面積の合計	設　計			工事監理等		
	総　合	構　造	設　備	総　合	構　造	設　備
500㎡	1,100	510	350	570	160	150
750㎡	1,300	630	440	680	200	180
1,000㎡	1,600	730	510	780	240	200
1,500㎡	1,900	910	640	940	300	240
2,000㎡	2,200	1,100	760	1,100	360	270
3,000㎡	2,800	1,300	950	1,300	460	330
5,000㎡	3,600	1,700	1,300	1,600	620	410
7,500㎡	4,500	2,100	1,600	1,900	790	490
10,000㎡	5,200	2,500	1,900	2,200	940	550

(12)　共同住宅（第２類）

床面積の合計	設　計			工事監理等		
	総　合	構　造	設　備	総　合	構　造	設　備
1,000㎡	2,400	730	510	1,100	240	200
1,500㎡	3,000	910	640	1,300	300	240
2,000㎡	3,400	1,100	760	1,500	360	270
3,000㎡	4,300	1,300	950	1,800	460	330
5,000㎡	5,600	1,700	1,300	2,300	620	410
7,500㎡	6,900	2,100	1,600	2,700	790	490
10,000㎡	8,100	2,500	1,900	3,100	940	550
15,000㎡	10,000	3,000	2,300	3,700	1,200	660
20,000㎡	12,000	3,500	2,700	4,200	1,400	750

⒀ 教育施設

床面積の合計	設　計			工事監理等		
	総　合	構　造	設　備	総　合	構　造	設　備
500㎡	1,100	400	420	480	120	170
750㎡	1,500	520	550	650	160	230
1,000㎡	1,800	630	670	800	200	290
1,500㎡	2,300	830	880	1,100	280	390
2,000㎡	2,800	1,000	1,100	1,300	360	490
3,000㎡	3,700	1,300	1,400	1,800	500	660
5,000㎡	5,200	1,900	2,000	2,700	760	970
7,500㎡	6,900	2,500	2,600	3,600	1,100	1,300
10,000㎡	8,400	3,000	3,100	4,500	1,300	1,600
15,000㎡	11,000	3,900	4,100	6,100	1,900	2,200
20,000㎡	13,000	4,700	4,900	7,500	2,300	2,700

⒁ 専門的教育・研究施設（第1類）

床面積の合計	設　計			工事監理等		
	総　合	構　造	設　備	総　合	構　造	設　備
1,000㎡	2,400	550	470	790	220	200
1,500㎡	2,800	690	650	890	260	230
2,000㎡	3,100	820	820	960	300	260
3,000㎡	3,500	1,000	1,100	1,100	350	310
5,000㎡	4,200	1,400	1,700	1,300	440	390
7,500㎡	4,800	1,700	2,400	1,400	520	470
10,000㎡	5,200	2,000	3,000	1,500	590	530
15,000㎡	6,000	2,600	4,100	1,700	710	630
20,000㎡	6,600	3,000	5,200	1,900	800	710

⒂ 専門的教育・研究施設（第2類）

床面積の合計	設　計			工事監理等		
	総　合	構　造	設　備	総　合	構　造	設　備
1,000㎡	2,700	550	470	1,300	220	200
1,500㎡	3,100	690	650	1,500	260	230
2,000㎡	3,400	820	820	1,600	300	260
3,000㎡	3,800	1,000	1,100	1,800	350	310
5,000㎡	4,500	1,400	1,700	2,100	440	390
7,500㎡	5,200	1,700	2,400	2,300	520	470
10,000㎡	5,700	2,000	3,000	2,500	590	530
15,000㎡	6,500	2,600	4,100	2,800	710	630
20,000㎡	7,200	3,000	5,200	3,100	800	710

⑯ 宿泊施設（第1類）

床面積の合計	設　　計			工事監理等		
	総　　合	構　　造	設　　備	総　　合	構　　造	設　　備
1,000㎡	1,700	990	690	880	210	210
1,500㎡	2,100	1,100	850	990	260	260
2,000㎡	2,500	1,300	990	1,100	310	300
3,000㎡	3,100	1,400	1,200	1,200	380	360
5,000㎡	4,100	1,700	1,600	1,400	500	450
7,500㎡	5,100	1,900	2,000	1,600	630	550
10,000㎡	5,900	2,100	2,300	1,700	740	620

⑰ 宿泊施設（第2類）

床面積の合計	設　　計			工事監理等		
	総　　合	構　　造	設　　備	総　　合	構　　造	設　　備
1,000㎡	3,200	990	690	2,000	210	210
1,500㎡	4,000	1,100	850	2,300	260	260
2,000㎡	4,700	1,300	990	2,500	310	300
3,000㎡	5,800	1,400	1,200	2,800	380	360
5,000㎡	7,700	1,700	1,600	3,200	500	450
7,500㎡	9,600	1,900	2,000	3,600	630	550
10,000㎡	11,000	2,100	2,300	3,900	740	620
15,000㎡	14,000	2,500	2,900	4,400	920	750
20,000㎡	16,000	2,700	3,300	4,800	1,100	860

⑱ 医療施設（第1類）

床面積の合計	設　　計			工事監理等		
	総　　合	構　　造	設　　備	総　　合	構　　造	設　　備
300㎡	960	690	330	490	94	97
500㎡	1,300	690	460	630	120	130
750㎡	1,600	690	600	760	140	170
1,000㎡	1,800	690	720	870	160	200
1,500㎡	2,300	850	940	1,100	190	260
2,000㎡	2,700	980	1,100	1,200	220	310
3,000㎡	3,300	1,200	1,500	1,500	260	390
5,000㎡	4,400	1,600	2,000	1,900	330	530
7,500㎡	5,500	1,900	2,600	2,200	390	680
10,000㎡	6,400	2,200	3,200	2,600	450	810

(19)　医療施設（第2類）

床面積の合計	設　計			工事監理等		
	総　合	構　造	設　備	総　合	構　造	設　備
1,000㎡	2,500	690	720	1,000	160	200
1,500㎡	3,100	850	940	1,200	190	260
2,000㎡	3,600	980	1,100	1,400	220	310
3,000㎡	4,500	1,200	1,500	1,700	260	390
5,000㎡	5,900	1,600	2,000	2,200	330	530
7,500㎡	7,400	1,900	2,600	2,600	390	680
10,000㎡	8,600	2,200	3,200	3,000	450	810
15,000㎡	11,000	2,700	4,100	3,700	540	1,000
20,000㎡	13,000	3,100	4,900	4,200	610	1,200

(20)　福祉・厚生施設（第1類）

床面積の合計	設　計			工事監理等		
	総　合	構　造	設　備	総　合	構　造	設　備
500㎡	1,100	340	350	760	130	180
750㎡	1,400	440	480	830	150	220
1,000㎡	1,700	530	610	890	180	250
1,500㎡	2,300	690	850	970	220	310
2,000㎡	2,800	830	1,100	1,000	250	360
3,000㎡	3,600	1,100	1,500	1,100	300	450
5,000㎡	5,200	1,500	2,300	1,300	390	580
7,500㎡	6,900	2,000	3,200	1,400	470	720
10,000㎡	8,400	2,400	4,000	1,500	540	830

(21)　福祉・厚生施設（第2類）

床面積の合計	設　計			工事監理等		
	総　合	構　造	設　備	総　合	構　造	設　備
500㎡	1,700	340	350	1,600	130	180
750㎡	2,200	440	480	1,700	150	220
1,000㎡	2,700	530	610	1,800	180	250
1,500㎡	3,500	690	850	2,000	220	310
2,000㎡	4,300	830	1,100	2,100	250	360
3,000㎡	5,700	1,100	1,500	2,300	300	450
5,000㎡	8,100	1,500	2,300	2,600	390	580
7,500㎡	11,000	2,000	3,200	2,900	470	720
10,000㎡	13,000	2,400	4,000	3,100	540	830

⑵ 文化・交流・公益施設（第1類）

床面積の合計	設 計			工事監理等		
	総 合	構 造	設 備	総 合	構 造	設 備
300㎡	850	430	230	380	130	180
500㎡	1,200	590	360	530	170	250
750㎡	1,500	760	510	690	210	320
1,000㎡	1,900	920	650	840	250	380
1,500㎡	2,400	1,200	930	1,100	310	500
2,000㎡	2,900	1,400	1,200	1,300	370	600
3,000㎡	3,800	1,800	1,700	1,700	460	770
5,000㎡	5,300	2,500	2,700	2,400	610	1,100
7,500㎡	6,900	3,300	3,900	3,100	770	1,400
10,000㎡	8,300	3,900	5,000	3,800	910	1,700

⑵ 文化・交流・公益施設（第2類）

床面積の合計	設 計			工事監理等		
	総 合	構 造	設 備	総 合	構 造	設 備
500㎡	1,800	590	360	970	170	250
750㎡	2,300	760	510	1,300	210	320
1,000㎡	2,800	920	650	1,500	250	380
1,500㎡	3,600	1,200	930	2,000	310	500
2,000㎡	4,400	1,400	1,200	2,400	370	600
3,000㎡	5,700	1,800	1,700	3,100	460	770
5,000㎡	7,900	2,500	2,700	4,400	610	1,100
7,500㎡	10,000	3,300	3,900	5,700	770	1,400
10,000㎡	12,000	3,900	5,000	6,900	910	1,700
15,000㎡	16,000	5,000	7,100	9,000	1,100	2,100
20,000㎡	19,000	6,000	9,100	11,000	1,300	2,600

⑵ 戸建住宅（詳細設計及び構造計算を必要とするもの）

床面積の合計	設 計			工事監理等		
	総 合	構 造	設 備	総 合	構 造	設 備
100㎡	710	140	110	180	30	38
150㎡	760	180	130	240	48	49
200㎡	800	220	140	290	66	59
300㎡	860	290	150	390	100	77

⑵ 戸建住宅（詳細設計を必要とするもの）

床面積の合計	設 計			工事監理等		
	総 合	構 造	設 備	総 合	構 造	設 備
100㎡	350	81	110	180	30	38
150㎡	490	97	130	240	48	49
200㎡	610	110	140	290	66	59
300㎡	850	130	150	390	100	77

㉖ その他の戸建住宅

床面積の合計	設　　計	工事監理等
100㎡	270	120
150㎡	360	170
200㎡	430	210
300㎡	570	290

(5) 算出例

　延べ床面積1,000㎡の標準的な共同住宅をモデルとして，従来の略算と比較してみよう。

　図表110が告示第15号による計算結果であり，図表111が従来の告示第1206号による計算結果である。

　なお，工事費割合を算定する根拠となる建築工事費は，1,000㎡×300千円／㎡＝300,000千円としている。

図表110　告示第15号（平成21年）による設計料の計算結果

時間人件費単価	3,750円／時間				
	標準業務人・時間数(時間)	直接人件費（千円）	直・間接費（千円）	合計（千円）	工事費割合（%）
設計総合	1,600	6,000	6,000	12,000	4.00
設計構造	730	2,738	2,738	5,476	1.83
設計設備	510	1,913	1,913	3,826	1.28
小　計	2,840	10,651	10,651	21,302	7.10
工事監理総合	780	2,925	2,925	5,850	1.95
工事監理構造	240	900	900	1,800	0.60
工事監理設備	200	750	750	1,500	0.50
小　計	1,220	4,575	4,575	9,150	3.05
合　計	4,060	15,226	15,226	30,452	10.15

図表111　告示第1206号（昭和54年）による設計料の計算結果

日額人件費	32,580円				
	業務人・日数（日）	直接人件費（千円）	諸経費（千円）	技術料（千円）	合計（千円）	工事費割合（%）
基本設計	74	2,411	2,411	1,205	6,027	2.01
実施設計	173	5,636	5,636	2,818	14,091	4.70
工事監理	115	3,747	3,747	1,873	9,367	3.12
合　計	362	11,794	11,794	5,897	29,485	9.83

図表112　報酬料の目安　　　　　　　　　　　　　　　　　　　　　（%）

建築工事費	倉庫・車庫等	事務所・店舗・共同住宅等	ホテル・料理店等
1,000万円	10.8	12.0	13.2
5,000万円	7.2	8.0	8.8
1億円	6.5	7.2	7.9
5億円	4.3	4.8	5.3
10億円	3.6	4.0	4.4
50億円	2.5	2.8	3.1
100億円	2.3	2.6	2.9

(注) 1　この料率は，基本設計，実施設計，工事監理を含んだものである。
　　 2　基本設計，実施設計，工事監理の比率は，1：2：1.5が基本となる。

　また，筆者がヒヤリング等で調査した結果を踏まえ，建築士事務所への報酬料の目安を建築工事費に対する割合で**図表112**に示す。

(6)　実際の契約価格

　算出結果を工事費割合でみると，新基準（告示第15号）では10.15%，旧基準（告示第1206号）では9.83%となっている。
　ヒヤリング結果では，4.8%～7.2%となっている。
　実際の契約では，発注者との関係性，競合条件等により様々である。
　なお，算定方式が構造と設備に分化されたことについては，構造設計者や設備設計者から評価する声が挙がっている。

8 建築工期（開業前金利）

建築に要する工期は，事業収支計画上，開業前にかかる金利に影響を及ぼす。

建築工事費にかかる金利は，建築，設備等の減価償却費の取得価格の一部に含まれ，工事期間や資金需要のタイミングなどが異なるため，開業後の金利とは別に開業前の費用として初期投資に計上する。

たとえば土地取得費を着工前に全額借入金で賄うとすれば，工期中，土地取得費全額の金利がかかる。

また，建築工事費の支払条件を着工時1／3，中間時1／3，竣工時1／3とし，その全額を借入金で賄うとすれば，建築工事費にかかる金利は建築工期×建築工事費×金利×1／2となる。

(1) 解体工期

解体工事に要する期間は，その施工状況により変化する。

ここでは，③の解体工事費で述べた特殊な要因がないものとして，彰国社刊，工程計画研究会編著『建築工程表の作成実務』より作成した**図表113**および**図表114**に基づき算定する。

① 木造，地下なし：**図表113**の式に，x ＝ 解体床面積 ＝ 延べ床面積を代入して算定する。

② S造，地下なし：鉄骨等の搬出処理を考慮して，上記の算定結果の50％増しとする。

③ RC造，SRC造，地下なし：**図表114**の式に，x ＝ 解体床面積 ＝ 建築面積 ＋ 延べ床面積を代入して算定する。

④ 木造，S造，地下あり：**図表114**の式に，x ＝ 解体床面積 ＝ （建築面積 ＋ 地下面積）× 2を代入して算定した地下部分の工期に，上記①または②の地下なしで算定した工期を加えて算出する。

⑤ RC造，SRC造，地下あり：**図表114**の式に，x ＝ 解体床面積 ＝ （建築面積 ＋ 地

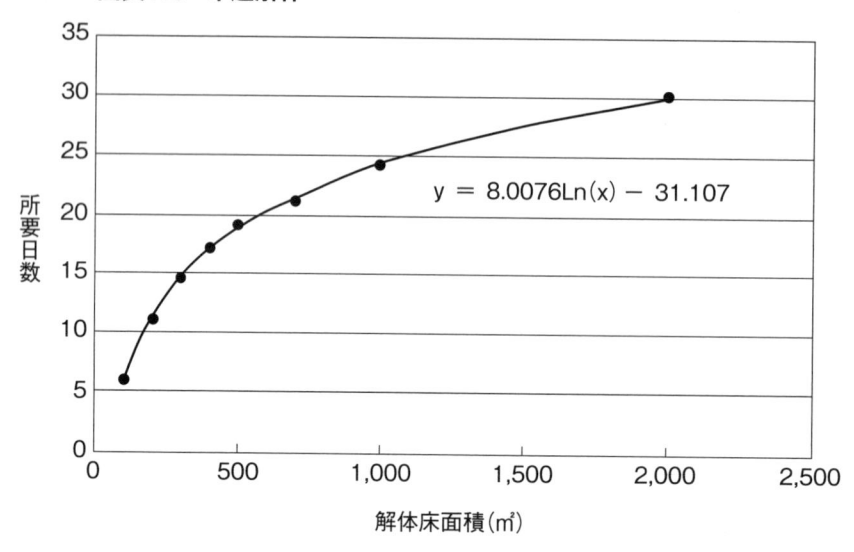

図表113　木造解体

$$y = 8.0076 \mathrm{Ln}(x) - 31.107$$

所要日数 — 解体床面積(㎡)

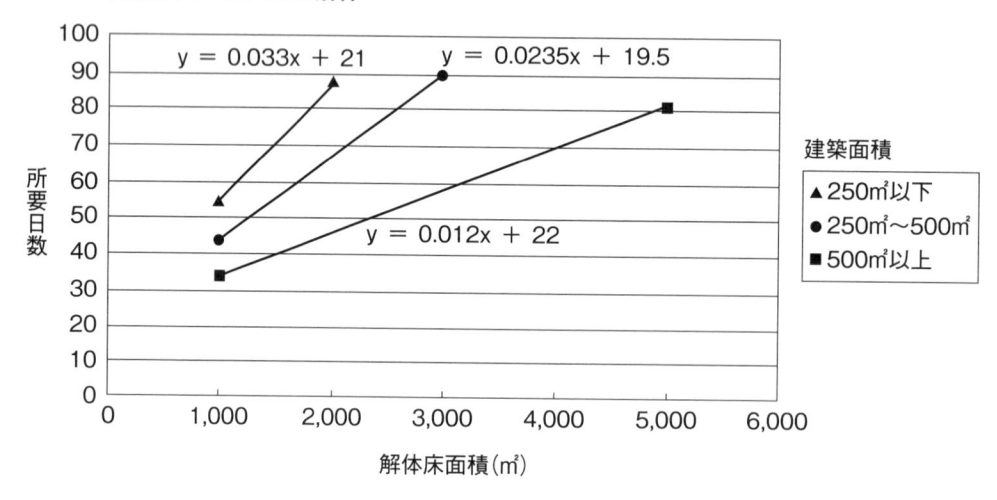

図表114　RC・SRC解体

$$y = 0.033x + 21$$
$$y = 0.0235x + 19.5$$
$$y = 0.012x + 22$$

所要日数 — 解体床面積(㎡)

建築面積
▲250㎡以下
●250㎡〜500㎡
■500㎡以上

下面積）× 2 + 地上延べ床面積を代入して算定する。

❶事務所ビルの算出例

解体工事費で示した事務所ビルの標準モデルである，建築面積（基準階面積）500㎡，延べ床面積2,000㎡，地上3階（地上部床面積1,500㎡），地下1階（地下面積500㎡），建物構造S造で算出すると，**図表113，114**より次のようになる。

① 地下部分

解体床面積 =（500㎡ + 500㎡）× 2 = 2,000㎡

0.012 × 2,000㎡ + 22 = 46日

② 地上部分

$$(8.0076 \times Ln (1,500㎡) - 31.017) \times 1.5 = 28日$$

③　解体工期

$$46日 + 28日 = 74日$$

❷共同住宅の算出例

解体工事費で示した共同住宅の標準モデルである，建築面積（基準階面積）500㎡，延べ床面積2,500㎡，地上５階（地上部床面積2,500㎡），地下なし，建物構造RC造で算出すると，次のようになる。

①　解体床面積

$$500㎡ + 2,500㎡ = 3,000㎡$$

②　解体工期

$$0.012 \times 3,000㎡ + 22 = 58日$$

なお，これは実働日数の工期である。実際の契約工事期間を算出する場合には，次の新築工期で述べる暦日換算をする。

(2)　新築工期

新築の場合の工程計画は，

①　企画段階で作成する「概略工程」

②　施工方法，標準的な資機材や労務費から算定する「標準工程」

③　工事契約段階で，標準工程に，建築基本設計の完成後に施工数量や建築主の要求する事業的要因を加えて作成する「契約工程」

④　そして，「契約工程」をもとに，実際施工を念頭において作成する「実施工程」

に分けられる。

ここでは，過去の建築工期を分析し，建物の構造や規模などから，一般的な建築工事の「概略工程」を求めることにする。したがって，特殊な工法や敷地条件および近隣問題などは考慮していない。

なお，前掲の『建築工程表の作成実務』およびNTTの「工事工程」（チェック）などを分析データの参考とした。

❶準備工事

受注が決定してから本工事に着手するまでに行う現地調査，現場事務所および仮囲いの設置，所轄官庁への申請・届出，鉄骨や杭などの先行発注，および建築工事計画の作成に要する期間である。

図表115に，施工面積と準備工事の所要日数との関係を示す。

10m以上の掘削，または最高高さ31mを超える建物は，工事着手２週間前までに建築工事

図表115　準備工事

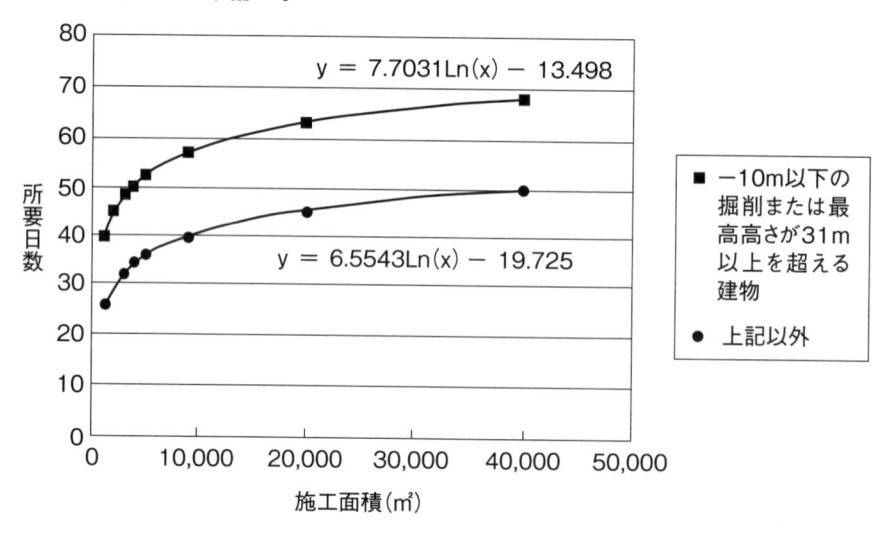

計画の申請が必要となるので，それ以外の工事（一般）と分けている。

　準備工事の所要日数は，図表中の計算式より，施工面積から算出する。

　なお，既存建物の解体工事が必要な場合は，解体工事の工程もチェックし，より長い方を採用する。

❷杭工事

　GLからの杭長（L）10m，20m，40m別に，建築面積と杭工事に要する日数との関係を図表116に示す。

　杭工事の所要日数は，杭長別の計算式から建築面積により算出する。

図表116　杭工事

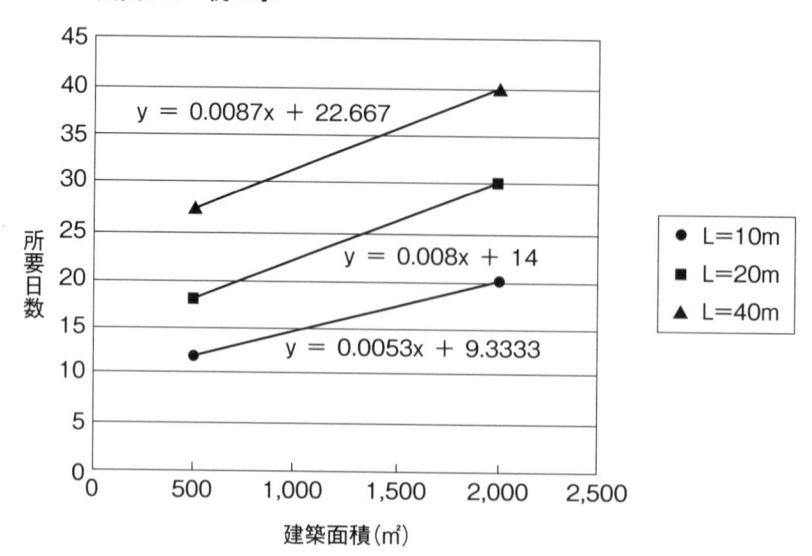

❸地下工事

　図表117に，山留め工事から，地下躯体を完了して埋め戻しをするまでの工期を構造別，地下の有無別に建築面積との関係で示す（RC造は，建築面積1,000㎡により分けている）。

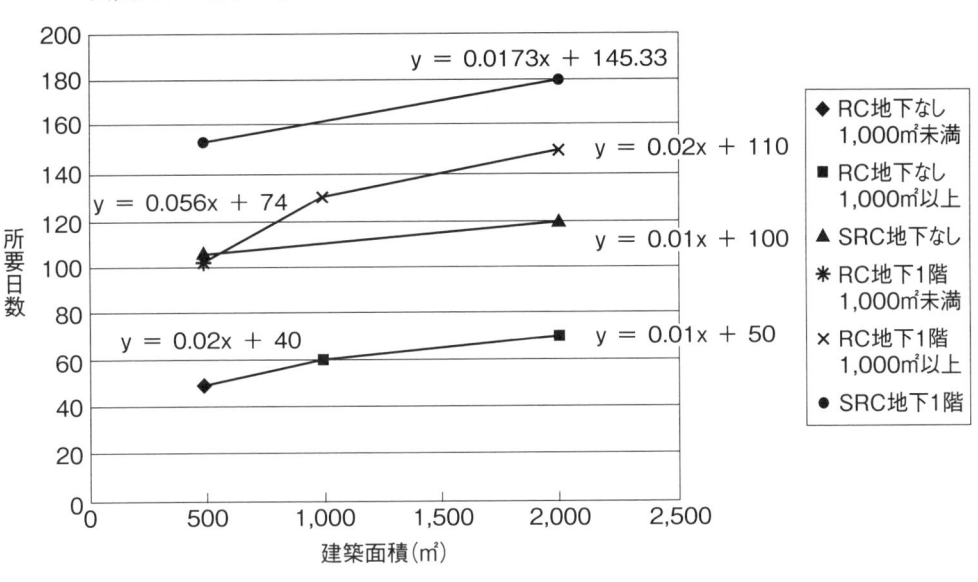

図表117　地下工事

　地下なし建物は，基礎工事にかかる所要日数を示す。

　地下工事の所要日数は，図表中の計算式により，構造別・建築面積別に算出する。

　なお，一部地下の場合は，地下1階面積による地下1階の工期と，（建築面積）−（地下1階面積）による地下なし工期の合算により算出する。

　ただし，総地下として算出した工期の方が短い場合は，総地下の工期を採用する。

　地下2階以上の場合は，地下工事1階当たり，後で計算する地上工事の1階分工期の2倍を加算する。

　なお，地下の階高は4.5m前後を想定している。

　また，地上部がS造の場合は，地下はSRC造として算出する。

❹地上工事

　地上躯体工事から，内外仕上工事および検査完了までの工期として，図表118にRC造，SRC造における2階以下や，基準階面積200㎡〜500㎡以下の小規模工事を，図表119に基準階面積200㎡〜500㎡以上や，5階以上などの大規模工事を，地上階数別に基準階面積との関係で示す。

　なお，図表119では，RC造およびSRC造の6階までを示しており，7階以上の場合は1階当たり10日を加算する。

　図表120は，鉄骨工事における延べ床面積と地上工事期間の関係を示している。なお，こ

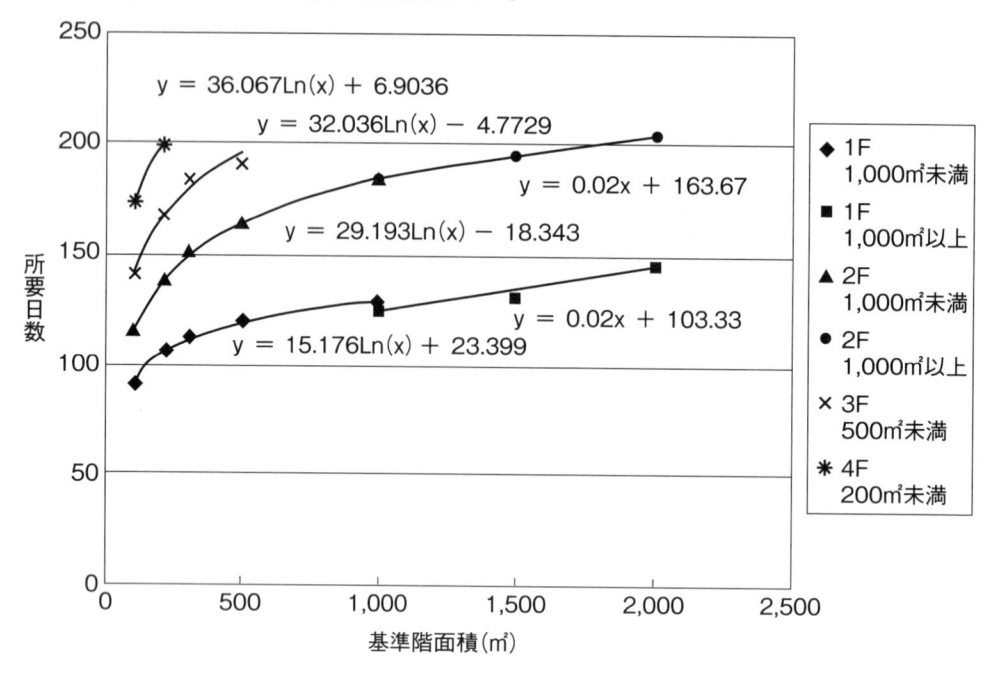

図表118　RC・SRC造の小規模地上工事

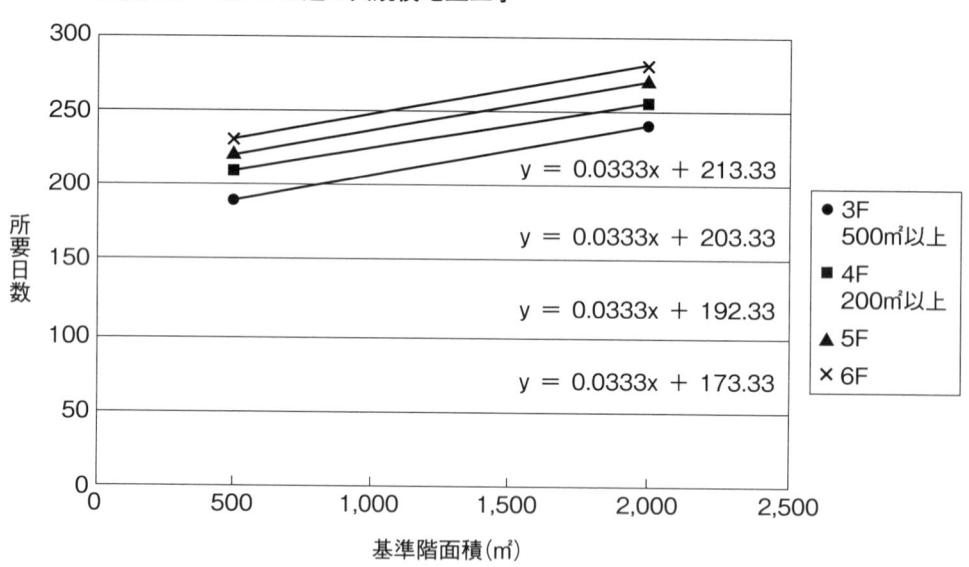

図表119　RC・SRC造の大規模地上工事

れは比較的小規模の工事を対象としているので，超高層ビルなどの大規模な建設工事には使えない。

　地上工事は，構造，面積，階数等により，これらの図表上に表示した数式を選択して算定する。

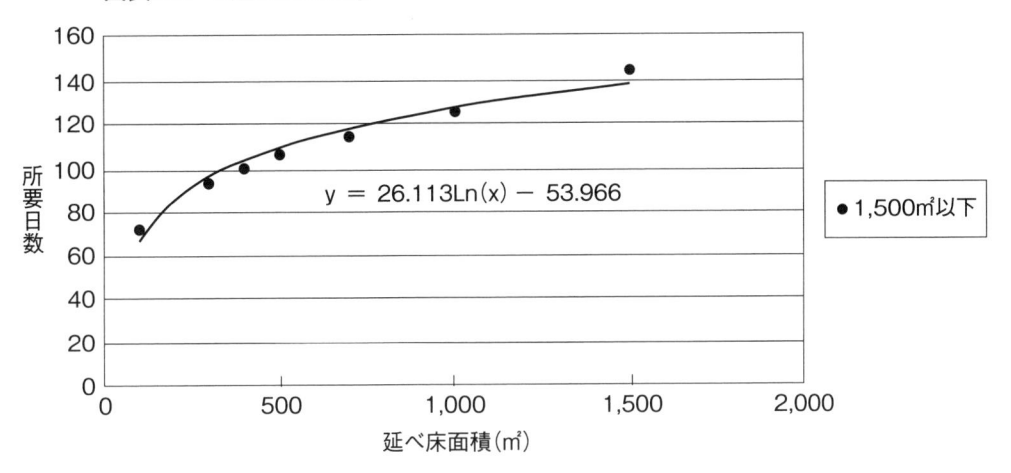

図表120　S造の地上工事

$y = 26.113 \text{Ln}(x) - 53.966$

●1,500㎡以下

延べ床面積(㎡)

所要日数

❺暦日換算

以上，準備工事，杭工事，地下工事，地上工事の実働日数を合計したものが，全体の工事にかかる実働期間になる。

これを月数に換算するには，実働と暦日にしたがって暦日換算をする必要がある。

予想される標準的な作業休止日を**図表121**に示す。

なお，イベントや祭り，天候などの地域特性を考慮して決める必要がある。

図表121　建築工期

休日種別	日曜・祝日	4週6休	4週8休
日曜日	52日	52日	52日
祝日	13日	13日	13日
土曜日	0日	24日	48日
お盆休暇	6日	6日	6日
年始年末休暇	6日	6日	6日
雨天休止日	13日	13日	13日
作業休止日計	90(77)日	114(101)日	138(125)日
年間実働日	275(288)日	251(264)日	227(240)日
月平均実働日	23(24)日	21(22)日	19(20)日

（注）1　4週6休とは，隔週で土曜が休み，4週8休とは，毎週土曜日が休みを意味する。
2　土曜休暇は，4週6休で年間26日，4週8休で年間52日となるが，その他の休止日と重複する日数を考慮して算定した。
3　雨天休止日は地域により異なるが，全国の気象データより算出した基準雨天日数（10mm以上の雨天日数が年間50日間）より設定した。
4　表中の（　）内の数値は，雨天休止日を含まない日数である。雨天などを考慮しない場合に使用する。

❻総合工程

準備工事，杭工事，地下工事は，雨天休止日を考慮せずに作業が可能である。

躯体工事や外部仕上工事等の地上作業は雨天が影響するので，雨天休止日の1／2を考慮

する。

　・（A）＝雨天休止日を含まない月平均実働日

　・（B）＝雨天休止日を含む月平均実働日

とすると，次の式から「概略工程」の月数が算出される。

総合工程 ＝ （準備工事 ＋ 杭工事 ＋ 地下工事）／（A） ＋ 地上工事／｛（（A） ＋ （B））／2｝

（3）　事務所ビルの算出例

　建築基本計画のモデルプランで示した，RC造，建築面積312㎡，延べ床面積（施工床面積）3,444㎡，地上9階，地下2階（全階数11階），地下1階面積312㎡，軒高36m，杭長20mの事務所ビルをモデルとして算出すると，次のようになる。

① 準備工事

　図表115（214ページ）より，

　7.7031 × Ln（3,444㎡） － 13.498 ＝ 49日

② 杭工事

　図表116（214ページ）より，

　0.008 × 312㎡ ＋ 14 ＝ 16日

③ 地下工事

　図表117（215ページ）より，

　0.056 × 312㎡ ＋ 74 ＋ 10 × 2 ＝ 111日

④ 地上工事

　図表119（216ページ）の6階より，

　0.0333 × 312㎡ ＋ 213.33 ＝ 224日

　（9階 － 6階） × 10日 ＝ 30日

　224日 ＋ 30日 ＝ 254日

⑤ 総合工程

　・準備工事　　　　49日

　・杭工事　　　　　16日

　・地下工事　　　111日

　　　小　計　　　176日

　・地上工事　　　254日

　　　合　計　　　430日

⑥ 暦日換算

図表122　工程表－①

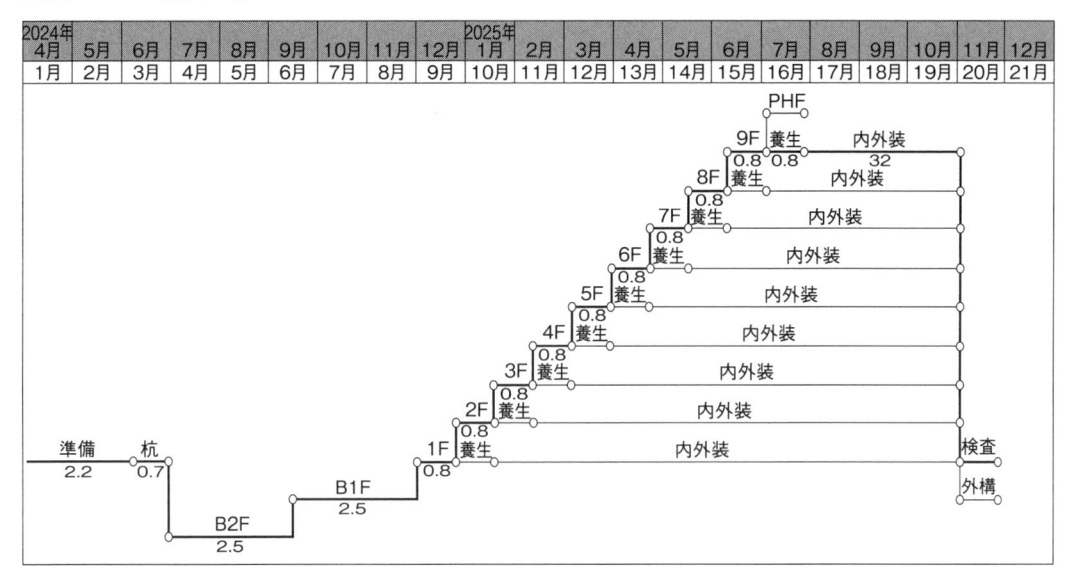

図表121（217ページ）から4週6休として，

176日 ÷ 22日 ＋ 254日 ÷ （21 ＋ 22）／2 ≒ 20か月

を工程表としてあらわすと，図表122のようになる。

(4)　共同住宅の算出例

建築基本計画のモデルプランで示した，RC造，建築面積431㎡，延べ床面積（施工床面積）1,323㎡，地上3階，地下なし（全階数3階），軒高10m，杭長10mの共同住宅をモデルとして算出すると，次のようになる。

①　準備工事

図表115（214ページ）より，

6.5543 × Ln（1,323㎡） － 19.725 ＝ 27日

②　杭工事

図表116（214ページ）より，

0.0053 × 431㎡ ＋ 9.3333 ＝ 12日

③　地下工事

図表117（215ページ）より，

0.02 × 431㎡ ＋ 40 ＝ 49日

④　地上工事

図表118（216ページ）の3階，基準階面積500㎡以下より，

32.036 × Ln（431㎡） － 4.7729 ＝ 190日

⑤　総合工程

　　・準備工事　　　　27日

　　・杭工事　　　　　12日

　　・地下工事　　　　49日

　　　小　計　　　　88日

　　・地上工事　　　190日

　　　合　計　　　278日

⑥　暦日換算

　　図表121（217ページ）から4週6休として，

　　88日　÷　22日　＋　190日　÷　（21　＋　22）／2　≒　13か月

　を工程表としてあらわすと，**図表123**のようになる。

なお，有料老人ホームの建築工期は，共同住宅の場合と同様と考えてよい。

図表123　工程表－②

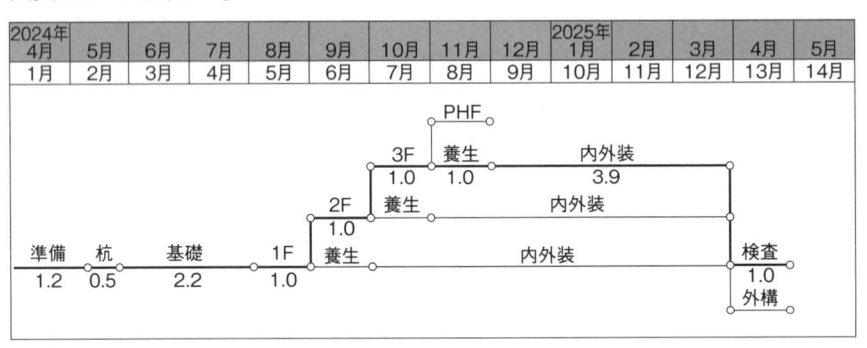

9 開業費

ビル賃貸事業の初期投資として，これまでに述べた費用以外に次の項目がある。

これらは事業の進め方や建物用途によって異なるので，建築プロジェクトの体制づくりや企画段階で必要と思われる費用を予算立てしておくことになる。

(1) テナント仲介料

旧建設省告示「宅地建物取引業者が宅地又は建物の売買等に関して受け取ることができる報酬の額」によると，賃貸借の仲介・代理の場合は，依頼者双方から受け取れる額の合計は家賃の1か月以内分となっている（特に居住用の建物では，依頼者の承諾を得ない限り，一方から受け取れる報酬額は家賃1か月分の2分の1以内である）。

なお，一括借り上げ方式などでテナントが決まっている場合や，事業委託方式でテナント斡旋業務も含めて事業を委託する場合は，個別に予算計上する必要はない。

(2) 広告宣伝費

テナントリーシングのための費用であり，仲介業者と提携する場合は仲介料に含まれるので，予算立ての必要はない。

開業後一般の顧客を対象とする商業ビル等で，オープンにあたってビル全体の告知が必要な場合は，パンフレット制作費やイベント費用などの共同販促費用としてテナントから徴収するとともに，オーナー負担分の費用を計上しておく必要がある。

その額は，告知効果（ポスター等であればその場所の通過人数，雑誌では発行部数，テレビでは時間帯や視聴率などと，大きさ，枚数，長さなどの量）により千差万別だが，家賃の2か月分程度が目安になる。

(3) 業務委託費（人件費）

　建築プロジェクトの進め方による。

　PM（プロジェクト・マネージャー）の役割を外部に委託する場合には，企画・コンサル料としてその委託費用を計上する。また，プロジェクト専任の体制を組むことになれば，オーナー側がそれらの人件費の費用を計上する。ただし，業務委託先が設計事務所等であれば，委託費用は設計料として計上しておけばよい。

　いずれにしろ，開業準備期間中の人件費が予算立ての基礎になる。

(4) 維持管理費

　竣工後に建物の引渡しを受ければ，その建物はオーナーの管理下に入り，テナントが入居するまでの間の管理費用が発生する。

　これは，事業収支計画を立てるときに開業時点をいつにするかによって異なり，初年度の家賃稼働率の設定との関連で考慮すればよい。

　特に商業ビルの場合は，原則としてオーナー工事（甲工事）の完了引渡し後にテナント内装工事（乙工事）が始まるので，引渡しから開業まで最短でも1か月程度は必要となる。ただし，この間の家賃の受領は，契約により可能である。

(5) 近隣対策費

　ビルの日影，電波障害等に対する費用と，工事中の騒音等の近隣迷惑に対する費用がある。電波障害の対策としては，共同アンテナを設置するなどの技術的な処理が原則である。

　また，工事騒音等は工事業者の責任で対応することになる。

　したがって，これらの費用が建築工事費に含まれていることを前提とすれば，事業者側としては予算立ての必要はない。

　しかし，地域性や計画内容により様々であり，思わぬ費用が発生したり，目論見通りに計画できない場合があるので，慎重に対処する必要がある。

(6) 設定料率

　以上の事項を根拠に，建築工事費に対する料率により開業費の予算を算定すると，**図表124**のようになる。なお，近隣対策費は建築工事費に含まれるものとする。

図表124　開業費設定料率

建物用途	合　計	テナント仲介料	広告宣伝費	人件費	維持管理費
共同住宅	建築工事費の0.5%	建築工事費の0.25%（注1）	なし	テナント仲介料と同額	なし
事務所ビル	建築工事費の1.0%	建築工事費の0.5%（注1）	なし	テナント仲介料と同額	なし
商業ビル	建築工事費の2.2%	建築工事費の0.5%（注1）	建築工事費の1%（注2）	テナント仲介料と同額	建築工事費の0.2%（注3）

（注1）テナント仲介料は，家賃総額の1か月分，事業利回り（年間家賃／建築工事費）を6%とすると，テナント仲介料 × 12月／建築工事費 ＝ 6%，テナント仲介料 ＝ 建築工事費 × 6%／12月 ＝ 建築工事費 × 0.5%。共同住宅は1／2なので，0.25%。

（注2）テナント仲介料の2倍とする。

（注3）ビル賃貸事業の年間維持管理費は，建築工事費の1.2%。開業前維持管理費を年間維持管理費の2か月分とすると，開業前維持管理費 ＝ 建築工事費 × 1.2% × 2／12月 ＝ 建築工事費 × 0.2%。

10 資金調達

　ビル賃貸事業を進めるためには，これまでに述べた初期投資にかかる費用に相当する資金を調達する必要がある。

　この資金には，次のようなものがある。

(1)　自己資金

　資本金などの，自らが調達する資金であり，固定した金利がかからない資金である。

　この資金に対しては，事業収支が黒字に転換すれば，配当という形で出資者に還元される。

　したがって，事業者側からすれば，リスクの少ない調達資金である。

　2001年9月にはじめて東証1部に上場された不動産投資信託（J-REIT）は，ビル賃貸事業に特化した会社を創設し，広く一般投資家から資金を集めることを目的にしたものである。

　ただし，一般投資家から出資を募ろうとすれば，他の調達資金との優先・劣後などの配当条件の比較，事業の確実性および事業主体の信頼性等が問われ，充分な情報公開に基づいた事業収支計画の策定が必要となる。

　J-REITの出資金に対する配当利回りは，現在3％〜4％前後で推移している。

　総事業費に対する利回りであるIRR（詳細は350ページ以下参照）は，事業性をチェックする指標であり，配当率を決める尺度となる。

　また，DCR（詳細は98ページ以下参照）は，安定的な借入金割合をチェックする指標であり，必要自己資金の算出にも参考になる。

(2)　敷　金

　賃貸契約時にテナントから預かる入居一時金である。

　賃貸契約の解約時に，テナントが負担すべき修繕費などと相殺し，残額に金利をつけずに

返済するのが一般的であり，家賃支払いの保証的な意味合いもある。

　なお，関西地方などを中心に賃貸住宅の家主が原状回復費などとして敷金から一定の額を引き去る「敷引特約」が，消費者への過重な負担を禁じた消費者契約法に照らして無効かが争われた訴訟の上告審判決で，一審，二審とも「特約は無効」との判断を示していたが，2011年7月12日，最高裁は「特約は有効」との逆転判断を示した。

　事務所系で家賃の10か月分，住宅系で家賃の2か月分程度が一般的であるが，地域や用途により異なるので，周辺を調査の上，家賃や保証金などの額とも総合的に比較検討して決定する必要がある。

　なお，敷金の精算時における修繕費負担に対するオーナーとテナントの一般的な考え方は，次の通りである。

① テナントが独自に行った内装などは，テナントの負担で賃貸契約時の原状に復帰する。

② 床，壁，天井等の一般的な内装で，使用による汚れなどの修繕費は，オーナーが負担する。

③ テナントの責任による内装や設備機器などの破損の修繕費は，テナントが負担する。

(3)　保証金

　テナントから預かる一時金であり，建設協力金的な性格をもつ。

　商業ビルなどの一括賃貸方式に多くみられる。

　賃貸契約の継続中であっても，一定の条件をつけて返済する。

　従来は，元金据置期間10年で，その間は金利なし，その後10年間で元金均等払いとし，その間金利2％という条件が一般的であったが，現在の低金利時代には，金利をつけないケースや，敷金のみとする例も多くなった。

　保証金の額は，オーナーの資金調達能力やテナントの出店意欲にもよるが，商業ビルの一括賃貸方式では建築費相当分をテナントが差し入れるのが原則となる。

　なお，これ以外にも，保証金と称してさまざまな条件で預かるケースがあるが，基本的には，家賃支払保証としての敷金と，建築工事費に対するテナントからの資金協力としての保証金の二つを，ビル賃貸事業における特有な資金調達として設定できる。

(4)　長期銀行借入金

　不動産物件を担保にして，プロジェクトから発生する資金により返済することを条件に1年以上の長期間銀行等から調達する資金である。

　調達先としては，市中銀行のほかに様々な政府系金融機関がある。

図表125　10年物国債の利回り＝0.08%

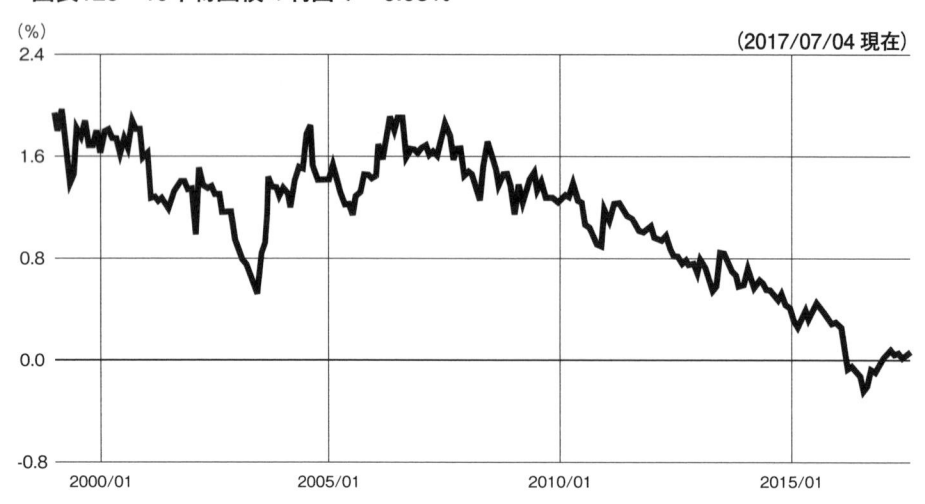

政府系金融機関の方が金利や融資条件で有利な場合が多いので，計画事業が融資条件に適合し，融資が受けられる可能性があれば，これらを利用した方がよい。また，信託方式や事業代行方式などによっては，この部分を事業パートナーが代行することになる。

長期金利の基準としては，10年物国債（満期までの期間が10年の国債）の利回りが基本的な指標となる。

図表125に10年物国債の利回りの推移を示す。

プロジェクトの事業資金を調達できる設定金利としては，借入側の信用力等によっても異なるが，長期金利の動向により各銀行が定める一定の利ザヤをプラスして決定される。これを1.0%〜1.5%程度とすると，現在はゼロ金利政策が続いているため，1.0%〜1.5%程度である。

借入金の返済方法としては，

①　保証金などの例でみられる「借入期間を定め，元金返済額が毎回均等になるように返済する」元金均等返済方式

②　「元金返済額と支払金利の合計額が毎回均等になるように分割して返済する」元利均等返済方式

がある。

その算定式を次ページに示す。

事業主にとっては，元利均等返済方式の方が借入期間を通じて借入金に伴う資金負担が均等になるため，資金支出を一定化させるメリットはあるが，返済当初は元利合計額に占める金利の割合が高く，元金の返済が遅れるため，借入期間を通じてみた場合の金利負担は元金均等返済方式よりも大きくなる。

なお，金利が変動する場合は，金利が変動した時点で元利合計額の変更が必要となる。

〈元金均等返済〉

X年目の利子 ＝ （X － 1）年目の借入残額 × 金利

X年目の返済金 ＝ 借入額／償還年数

X年目の借入残額 ＝ （X － 1）年目の借入残額 － X年目の返済金

〈元利均等返済〉

X年目の利子 ＝ 借入額 × 金利 × [(1 ＋ 金利)$^{(償還年数)}$ － (1 ＋ 金利)] ／ [(1 ＋ 金利)$^{(償還年数)}$ － 1]

X年目の返済金 ＝ 借入額 × 金利 × (1 ＋ 金利)$^{(X － 1)}$ ／ [(1 ＋ 金利)$^{(償還年数)}$ － 1]

X年目の借入残額 ＝ （X － 1）年目の借入残額 － X年目の返済金

(5)　短期銀行借入金

　事業運営資金として，返済期間を定めずに一定の枠を設けて事業者の信用により調達する資金である。

　ビル賃貸事業から余剰金が生じれば，この借入金の返済に充当する。

　事業収支計算においては，基本的には初期投資の資金は長期銀行借入金により調達するが，事業収支の経年計算において資金ショートした場合には，この資金枠が必要となるため，設定しておかなければならない。

　金利は，返済期間が短いことを前提とすると，長期金利よりは多少低く設定できるが，現在では長期・短期の区別はほとんどなくなったため，長期金利と同じと設定した方がよい。

　したがって，企画段階で投資回収期間を計算する場合には，長期銀行借入金並みの金利とし，短期銀行借入金のみの設定で事業性を把握してもよい。

(6)　補助金

　市街地再開発事業等の公共性を有した事業の場合には，国や地方公共団体からの補助金を資金調達の一部に組み入れることが可能である。

　補助金は返済する必要がない資金であり，非常に有効な資金調達の手段である。だが，行政の財政再建の今日，施設等に対する補助金の枠は年々狭まっており，営利目的の事業の場合はあてにしない方がよい。

基本計画段階——その❸：

営業収入と開業後費用

① 営業収入

ビル賃貸事業の開業後に経年的に得られる営業収入の大半は家賃収入である。

ここでは，家賃収入の設定の仕方を中心に，それに付随した営業収入についても解説する。

(1) 家賃収入

家賃の算定方法は，その計画用途や事業方式によって異なる。

たとえば大型商業ビルの一括賃貸方式のように，パートナーが事業リスクを取る場合は，立地条件等による賃料よりも，パートナーの事業採算性によって家賃が決まってくる。

しかし，一般には事務所ビルや共同住宅などに代表されるように，立地条件等で決まる相場により賃料を算定する必要がある。

❶賃料の算定

賃料の算定方法には，土地評価法と同様の考え方で，次の三つがある。

① 数多くの賃貸事例を収集し，これを比較分析して，比準賃料を求める「賃貸事例比較法」

② 土地・建物の不動産価格に一定の利回りを乗じ，必要経費を加えて積算賃料を求める「原価法」

③ 事業収益を分析して，収益性から収益賃料を求める「収益還元法」

このうち，②の原価法は，企画段階で述べた事業性のチェック手法により賃料を算定する手法であり，③の収益還元法は，事業収支計画により事業が成立する賃料を算定する手法である。

したがって，これらの手法で算定される賃料が，①の賃貸事例事例法で算出される賃料と整合するか否かをチェックする必要がある。

❷賃貸事例比較法による賃料の算出

賃貸事例比較法で賃料を算出するには，周辺の計画用途の賃貸事例を数多く収集する必要

があるが，最近では，インターネットにより地域別・用途別等の最新の賃貸募集情報が比較的容易に入手できるようになった。

ただし，収集したデータを分析する際は，次の点に注意する必要がある。

① 収集したデータは募集価格であるので，成約価格よりも1割～2割高い。

② 敷金や保証金などの入居一時金などを含めた実質賃料で整理する。

収集したデータから計画建物の賃料を算定するには，立地条件や建物仕様などのデータと計画建物の属性を比較して優劣をつける「土地価格比準表」が参考となる。

また，客観的な算出法を提唱している「システム賃料」（不動産鑑定士市場賃料研究会）によれば，賃貸住宅における賃料は，最寄駅勢圏の平均賃料を基本として，①駅からの距離，②建物の築年数，③住戸の規模の三つの要因により約90%の説明が出来るとしている。

❸賃料の改定

賃貸契約期間は，共同住宅の場合は2年間，事務所や店舗等の場合は3年間が一般的であるが，一括賃貸方式やキーテナントとの契約では，保証金の返済条件によって10年間～20年間とする例もある。

賃貸契約の更新後の賃料（継続賃料）の設定（賃料の改定）には，次の手法がある。

① 従前賃料と新規賃料の差額を配分する「差額配分法」

② 従前賃料に変動率を乗じて求める「スライド法」

③ 土地・建物の価格に利回りを乗じて求める「利回り法」

④ 継続している賃貸事例と比較して求める「賃貸事例比較法」

基本的には④の賃貸事例比較法によることになるが，今後の景気動向や地域の不動産マーケットおよび周辺事例の空室率の推移を注意深く見守り，設定する必要がある。

❹入居稼働率

複数・小口テナントの場合，入居稼働率を最高でも95%程度に設定しておくほうが，事業の確実性が増す。

また，事業受託方式でパートナーが賃料保証をする場合は稼働率100%の設定は可能であるが，事業の確実性を確保する代償として，オーナーの取り分は設定賃料の85%程度になることを考慮する必要がある。

❺更新料

更新料は，賃貸契約の更新時にオーナーがテナントから受領する金銭である。

しかし，これには法的な根拠はなく，慣習的に行われているものであり，賃貸契約書に明示しておくことが前提となる。

家賃の1か月分～2か月分程度が相場である。

ただし，テナント側からみると，これも実質賃料の一部となるので，家賃設定の金額を含めて考慮する必要がある。

図表126 賃貸住宅の更新料

都道府県	徴収率（％）	平均額（月）
北海道	28.50	0.1
宮城	0.20	0.5
東京	65.00	1.0
神奈川	90.10	0.8
埼玉	61.60	0.5
千葉	82.90	1.0
長野	34.30	0.5
富山	17.80	0.5
愛知	40.60	0.5
京都	55.10	1.4
大阪	0.00	0.0
兵庫	0.00	0.0
広島	19.10	0.2
愛媛	13.20	0.5
福岡	23.30	0.5
沖縄	40.40	0.5

（注）1　国土交通省2007年調査。
　　　2　他県はデータなし。
　　　3　徴収率は契約時に更新料を徴収した物件の割合。

　賃貸住宅の契約で更新料の支払いを定めた条項が，消費者への過重な負担を禁じた消費者契約法に照らして無効かが争われた訴訟の上告審判決で，2011年7月15日，最高裁は，「高額すぎるなどの特段の事情がない限り，更新料条項は有効」との判断を示した。原告の契約内容は，「更新料の額を賃料の2か月分，契約期間は1年」となっており，最高裁は，この条件を高額すぎないと認めたことになる。

❺礼　金

　賃貸契約の締結時に，仲介業者とオーナーがテナントから受領する金銭である。

　賃貸マンションやアパートに多くみられ，オーナーに支払われる金額は家賃の1か月分〜2か月分程度が相場である。

　事業収支計画上は，テナントの入替率（入居率が同じだとしても，テナントが入れ替わるか否か）にかかわってくるので，当初のテナントに対してのみ設定する程度が安全である。

（2）　共益費

　オーナーは，共益費として，エレベータ，ロビー，廊下，便所などの共用部分にかかる水道光熱費や維持管理費等をテナントから受け取る。

　テナントからすれば，共益費も家賃の一部であり，周辺相場との比較検討が必要である。

　共益費設定の根拠については，後述の維持管理費，水道光熱費を参照されたい。

　なお，企画段階における事業収支計算では，共益費を実費精算すればよい。営業収入における共益費と，営業支出における維持管理費および水道光熱費を相殺するものとしてかまわない。

(3) 駐車場収入

　計画建物に駐車場がある場合の収入である。

　賃貸形態としては，大口テナントへの床貸しや1台ごとの賃貸，および商業ビルなどでよくみられる不特定場所の利用ごとの精算などがある。

　利用ごとの精算の場合，オーナーが一括管理して実際の利用状況に応じてテナントに請求する方式と，共益費として総額からテナント面積の割合に応じて固定賃料を受領する方式がある。

　また，場所を固定して賃貸する場合は，敷金や保証金などの設定も可能である。

　これらの賃料も，周辺相場をよく調査して決定する必要がある。

(4) その他の営業収入

❶水道光熱費のリセール

　テナント専用部分の電気・ガス・水道の料金は基本的には実費精算となるが，一つの建物に一つの引込みが原則であり，ビルオーナーはエネルギー供給会社と建物全体で契約した上で，個々のテナントと「リセール契約」を結ぶことになる。

　したがって，ビルオーナーは，個々のテナントの子メーターの検針や請求業務などの名目で10％前後の料金単価の上乗せが可能である。

　しかし，これもテナントには実質的な家賃負担の増となり，特に水道・ガスを多く使用する飲食テナントには大きな要素となる。

　計画建物の形態やテナント区画の割り方等により異なるが，基本計画段階での事業収支上は特に考慮する必要はない。

　ただし，開業後のビル管理として，このような事実があることは周知しておいた方がよい。

　なお，共同住宅では，入居人とエネルギー供給会社との直接契約が原則であり，検針や請求業務などもエネルギー供給会社が行うため，この項目は考慮しなくてよい。

❷広告収入

　建物の屋上や壁面を利用した広告看板，ショウウィンドー，大型スクリーンなどの賃料収入である。

　これらは，人通りの多い商業地域や鉄道・道路サイドなどのように，ビルの立地条件が広告掲示に適している場合に受領可能な収入である。

　ただし，建物のイメージにも影響するので慎重に検討する必要がある。

❸付加価値サービス

　さらなる収入を得ようとすれば，単にスペースを貸すという不動産賃貸業の枠を拡大して考える必要がある。

　テナント（顧客）のニーズをしっかりと把握し，CS（Customer Satisfaction，顧客満足度）を最大限に高めていくサービスを提供することでビジネスチャンスが生まれる。

　特に，IT化対応は，これからのビル経営に欠かすことができない。

　地域にもよるが，光ケーブルの接続を前提に，大容量かつ高速の通信環境を整える必要がある。

　さらなるサービスとしては，テナント専用部分に，家具・什器備品から電話，FAX，インターネット等のIT設備をあらかじめ備えておき，単なる空間の賃貸ではなく，機能全体を賃貸することにより収入を得るという方法もある。

　さらに人的サービスを付加し，たとえばオフィスでは電話取次やコピーサービスなどの秘書代行サービスや，住宅では共働き夫婦向けの託児所サービスなども考えられる。

　有料老人ホーム，高齢者賃貸住宅などは，食事の提供，買い物や洗たくなどの生活支援サービス，介護サービスを高齢者向けに付加した新しい住宅事業の形態といえる。

　しかし，これらは収入増が計られる一方で，初期投資や人件費などの営業支出も増えるため，計画地の立地条件や周辺の競合ビルの状況などの市場調査を充分に行い，採算面を検討することが大切である。

② 建物運営費（人件費・諸経費）

これまでの建築プロジェクトでは，開業までの手続きに主眼が置かれ，開業後のビルの運営管理はなおざりにされる傾向があった。

しかし，現在の賃貸ビルの状況をみると，同じ立地条件の建物でも，その維持管理やテナントに対する運営方法などにより，賃料に相当の格差が生じている例がある。

建築技術の進歩により建物の構造体は半永久的に持つことを考えると，LCC（ライフ・サイクル・コスト）としての営業支出の算定は，より重要な要素になってきているといえる。

(1) 業務内容

建物経営の運営業務は，アセット・マネジメント業務ともいわれる。

建物を資産として総合的に運営し，その収益を管理する業務であり，建物経営をひとつの企業経営と捉えれば，経営戦略を立案し，それを実行する業務といえる。

建物の維持管理業務（プロパティ・マネジメント業務）と一体的な関係をもち，明確な線引きが難しい部分もあるが，次のような業務が該当する。

①資産運営業務

他の競合建物との差別化を計ったり，テナントの満足度に配慮した建物の維持管理仕様を設定するとともに，中・長期の修繕計画を立案し，常に高度な建物機能を提供できるように計画，実行する業務である。

建物内のサインや什器備品の設置および安全管理対策なども含まれ，建物の維持管理を戦略的に立案する業務ともいえる。

②収益管理業務

テナントからの賃料や共益費などの営業収入，および維持管理費や水道光熱費などの営業支出等の年間予算を作成し，実際の請求事務や入出金管理を行う業務である。

③テナント管理業務

　　テナントの状況を常に把握し，テナントの要求事項に迅速に対応するとともに，賃貸
　　契約の更新や入替え業務などにあたる。
④その他
　　地域の一員として近隣住民への対応や町内会などへの協力，および消防署等の諸官庁
　　との折衝業務などがある。

(2)　費用設定

　建物の運営業務に必要な経費は，基本的には人件費とそれに関連する諸経費である。

　これは，建物の用途や運営方式，テナントの数，そして建物運営者（建物オーナー）の状
況により異なる。

①　建物全体を一括賃貸するのであれば，開業当初の運営計画に基づいて賃貸契約を結ぶ
　ことにより，経常的に発生する運営業務はほとんど不要であり，特別な変更がない限り，
　特に経費を計上する必要はない。

②　複数テナントのビルであっても，事務所や住宅などの固定家賃を基本とするのであれ
　ば，業務量からみて常駐人員は必要ない。常時のテナント対応であれば，次に述べる維
　持管理業務の一環として設備管理業務に含めてもよい。

③　売上げ歩合家賃を併用している商業ビルなどでは，テナントの売上げが賃貸事業の収
　益に直接影響する。建物全体の販売促進や日々の売上げ管理が必要となるため，テナン
　トの数や業種・業態にもよるが，2人〜3人の常駐人員が必要である。

④　建物オーナーが個人や小企業で，特定の費用を設定する必要がある場合，または従業
　員対策の一環として一定の経費が必要であれば，その金額を見込む。

　以上の条件を踏まえて，常駐および非常駐の必要人員から人件費を算出し，その額と同額
程度の諸経費を加えて運営費を設定する。

　なお，この運営業務を専門業者に一括して外注する場合は，収益の増減にフィーが連動す
る「インセンティブ方式」が一般的であり，その費用は，家賃および共益費等の営業収入総
額の4％程度が目安である。

　また，建物オーナーからみれば，一括賃貸となる「サブリース方式」の場合は，運営業務
受託者が空室リスクを負うことになるため，運営受託者（リースホルダー）が建物オーナー
に設定する賃料は想定収入総額の80％〜85％が一般的であり，これを建物管理を一括で請け
負うリースホルダーの運営収入としてみると想定収入総額の15％〜20％になる。

③ 維持管理費

　建物の維持管理業務はプロパティ・マネジメント業務とも呼ばれ，建物のハード面を中心に運営管理する業務である。この維持管理業務には様々な業務があり，その分類方法も未だ定着していないし，費用データも公表されていないのが実情である。

　ここでは，設備管理費，保守管理費，警備業務費，清掃業務費の四つに大別して，その費用を算出してみる。

　なお，ここで使用したデータは，（一財）建設物価調査会発行『建設物価』，（社）建築業協会発行『ライフサイクルコスト略算プログラム』等を参考とした。

(1) 設備管理費

　設備管理業務には，熱源設備等の運転監視，日常巡視点検，異常事態への対応，各種検針の記録および集計，什器備品や消耗品などの保守・管理，官公庁検査の立会い，各種鍵の管理，次に述べる保守管理の統括，さらにはテナント要望事項への対応等があり，建物環境の保全・維持の全般を管理する業務である。基本的には人件費であるが，勤務体制，設備方式，規模等により，必要要員の資格や人数が異なってくる。

　図表129の(1)に，事務所ビルの地域別・延べ床面積別・勤務体制別の単価データを示す。

　共同住宅などのように中央熱源設備等がなく，日常の運転・監視業務等を必要としない場合は，設備管理業務は他の業務と兼務することが可能であるため，設備管理費としては計上しなくてもよい。

(2) 保守管理費

　保守管理業務には，電気・空調・衛生・防災・昇降機などの諸設備の法定定期点検を含めた点検整備業務，高架タンクや受水槽などの設備機器の清掃，空調機のフィルター交換，電

図表127　維持管理費

(1)　設備管理費

(円／㎡・月)

	延べ床面積(㎡)	東京	大阪	名古屋	札幌	仙台	広島	福岡
夜間勤務なし	2,000未満	251	233	210	171	169	168	182
	3,000未満	231	218	196	163	157	157	170
	50,00未満	190	177	160	130	128	128	139
	7,000未満	173	161	147	117	116	115	125
	10,000未満	152	141	126	103	102	101	110
	10,000以上	148	137	126	103	102	101	110
夜間勤務あり	2,000未満	786	743	716	631	614	623	610
	3,000未満	625	590	568	504	487	494	483
	50,00未満	461	445	425	376	366	371	368
	7,000未満	390	367	354	312	304	308	302
	10,000未満	324	306	291	255	249	253	247
	10,000以上	318	301	291	255	249	253	247

(2)　保守管理費

			事務所ビル	共同住宅	商業ビル	基準単位		単価(円・年)
電気設備	受変電		○	○	○	延べ床面積	㎡	300
	動力		○	○	○	延べ床面積	㎡	160
	発電機		○	地上11階以上	○	延べ床面積	㎡	90
	蓄電池		○	×	○	延べ床面積	㎡	60
	電灯コンセント(球替え)		○	○	○	延べ床面積	㎡	30
	放送（センター装置）		○	×	○	設置台数	台	80,000
	自動火報		延べ床1,000㎡以上	延べ床500㎡以上	延べ床300㎡以上	延べ床面積	㎡	100
衛生設備	受水槽（清掃）		○	○	○	延べ床面積	㎡	24
	高架水槽（清掃他）		○	○	○	延べ床面積	㎡	16
	屋内排水配管		○	○	○	延べ床面積	㎡	63
	消火栓		延べ床3,000㎡以上	延べ床2,100㎡以上	延べ床450㎡以上	延べ床面積	㎡	100
	スプリンクラー		地上11階以上	地上11階以上	延べ床1,000㎡以上	延べ床面積	㎡	4
空調設備	熱源機	電気	○	×	○	延べ床面積	㎡	312
		ガス	○	×	○	延べ床面積	㎡	420
	空調機	AHU	○	×	○	延べ床面積	㎡	*300
		ビルマルチ	○	○	○	延べ床面積	㎡	*103
	排煙	排煙口	○	×	○	延べ床面積	㎡	60
	自動制御	セントラル	○	×	○	延べ床面積	㎡	300
		ビルマルチ	○	○	○	延べ床面積	㎡	100
	中央監視		○	○	○	延べ床面積	㎡	100
昇降機	エレベータ		○	○	○	設置台数	台	1,000,000
	エスカレータ		×	×	○	設置台数	台	900,000
植栽			○	○	○	植栽面積	㎡	1,000

(注) 1　○は通常設置する設備，×は設置しない設備。
　　 2　空調設備のうち，ビルマルチ方式の場合は，熱源機は不要。
　　 3　＊フィルター交換他。

(3) 警備費

(円／ポスト・月)

	東京	大阪	名古屋	札幌	仙台	広島	福岡
24時間人的警備	1,010,000	945,000	923,000	854,000	905,000	805,000	902,000
昼間9時間人的警備	448,000	421,000	411,000	373,000	393,000	357,000	380,000
夜間15時間人的警備	656,000	600,000	573,000	526,000	564,000	503,000	570,000
駐車場管理	431,000	416,000	408,000	375,000	385,000	359,000	374,000

(注) 機械警備：1,200,000円／5,000㎡（年間）

(4) 清掃費

(円／㎡・月)

		清掃面積	東京	大阪	名古屋	札幌	仙台	広島	福岡
内部床	タイル・ビニルシート	6,000㎡未満	295	280	260	255	240	240	270
		8,000㎡未満	275	260	240	240	220	235	260
		10,000㎡未満	260	250	235	235	215	225	250
		10,000㎡以上	250	235	220	230	210	215	245
	カーペット	6,000㎡未満	330	310	295	290	270	260	295
		8,000㎡未満	310	290	275	275	250	255	285
		10,000㎡未満	290	280	265	265	245	245	270
		10,000㎡以上	275	260	245	260	240	235	265

(注) 1 日常清掃（1回／日）＋定期清掃（1回／月）で年間契約した場合。
　　 2 上記の金額に12月をかけて年額を算定する。

(円／㎡・年)

			東京	大阪	名古屋	札幌	仙台	広島	福岡
外部壁	タイル・コンクリート打放し・石張り	6,000㎡未満	136	129	120	117	110	110	125
		8,000㎡未満	126	120	110	110	102	109	120
		10,000㎡未満	120	116	109	109	99	103	116
		10,000㎡以上	116	109	102	106	97	99	113
	金属系カーテンウオール	6,000㎡未満	2,500	2,375	2,200	2,150	2,025	2,025	2,300
		8,000㎡未満	2,325	2,200	2,025	2,025	1,875	2,000	2,200
		10,000㎡未満	2,200	2,125	2,000	2,000	1,825	1,900	2,125
		10,000㎡以上	2,125	2,000	1,875	1,950	1,775	1,825	2,075
外部ガラス		6,000㎡未満	870	827	766	748	705	705	800
		8,000㎡未満	809	766	705	705	653	696	766
		10,000㎡未満	766	740	696	696	635	661	740
		10,000㎡以上	740	696	653	679	618	635	722

(注) 1 吹き付けタイルは清掃費なし。
　　 2 足場を必要としない場合。

灯の球替えなど消耗品の補充，植栽の注水や剪定などがあり，日常的な業務以外は専門業者に外注するのが通常である。

　図表127の(2)により，建物の用途別・規模別に必要な設備内容を想定し，保守管理費を算定する。

(3) 警備業務費

　警備業務は建物の安全確保やセキュリティ管理のための業務であり，警備システムを利用した監視，館内巡視，災害時の通報や初期消火活動，防災センターにおける来館者受付，出

入者監視，および駐車場の管理業務が含まれる。

(1)の設備管理費と同様に人件費が主となるが，建物の規模や用途によっては，建物が所在する地域で営業している専門業者との契約により，機械によるエリア管理が可能であり，費用がまったく異なる。

また，常駐人員による警備の場合でも，警備要員の立つ場所（ポスト）の数，警備時間帯によって費用が異なってくる。

図表127の(3)に，地域別・勤務体制別の単価データを示す。

(4) 清掃業務費

賃貸ビルの場合，建物オーナーは共用部分の清掃業務を担い，テナント専用部分の清掃業務はテナントとの別途契約となる。

したがって，建物の外壁，外部ガラス，共用部分の内部床が主な清掃業務範囲である。

また，近年，ゴミの分別回収，減量化，リサイクル等が叫ばれており，地域によっては仕組みが異なるため，注意を要する。これも，テナントとの別途契約が原則であるので，基本計画段階までの事業収支では考慮する必要はない。

図表129の(4)に，清掃項目別・仕上げ別・地域別の単価データを示す。

内部床は月単価，外部壁，外部ガラスはその頻度から年単価となる。

(5) 事務所ビルの算出例

建築基本計画のモデルプランで示した，RC造，建築面積312㎡，延べ床面積（施工床面積）3,444㎡，地上9階，地下2階（全階数11階），軒高36m（平均階高4m），杭長20mの事務所ビルを例として，その算出結果を次に示す。

維持管理費の算出に必要な追加条件は，植栽面積100㎡，賃貸面積1,984㎡（共用面積1,460㎡），外壁面積2,520㎡，外部開口率30％である。

① 設備管理費

　夜間勤務がないものとして，図表127の(1)（238ページ）より，190円／月・㎡

　　3,444㎡ × 190円／月・㎡ × 12月 ＝ 7,852千円

なお，日常のビル管理業務も，この費用で賄うものとする。

② 保守管理費

　図表127の(2)（238ページ）から，修繕費で詳述する必要設備ごとに積算したものが図表128（242ページ）である。これにより，保守管理費の合計は6,022千円となる。

③　警備業務費

　　専門業者との契約により機械警備を行うものとし，図表127の(3)(239ページ)より1,200千円。

④　清掃業務費

　　図表127の(4)（239ページ）の単価から，修繕費で詳述する床，外壁仕上ごとに積算したものが図表129（242ページ）である。これにより，清掃業務費の合計は6,264千円となる。

⑤　合　計

　　以上の合計は，21,338千円となる。

　　これを賃貸面積1,984㎡で割ると，10,755円／㎡・年 ＝ 896円／㎡・月となる。

(6)　共同住宅の算出例

　建築基本計画のモデルプランで示した，RC造，建築面積431㎡，延べ床面積（施工床面積）1,323㎡，地上３階，地下なし（全階数３階），軒高10ｍ（平均階高3.3ｍ），杭長10ｍ，住戸数17戸（平均専用面積54㎡／戸）の共同住宅を例として，その算出結果を次に示す。

　維持管理費の算出に必要な追加条件は，植栽面積200㎡，賃貸面積918㎡（共用面積405㎡），外壁面積1,000㎡，外部開口率30％である。

①　設備管理費

　　常駐でのビル管理業務は行わないものとする。

②　保守管理費

　　図表127の(2)（238ページ）から，修繕費で詳述する必要設備ごとに積算したものが図表130（243ページ）である。これにより，保守管理費の合計は2,517千円となる。

③　警備業務費

　　専門業者との契約により機械警備を行うものとし，図表127の(3)(239ページ)より1,200千円。

④　清掃業務費

　　図表127の(4)（239ページ）の単価から，修繕費で詳述する床，外壁仕上ごとに積算したものが図表131（243ページ）である。外部のガラスは入居者が行うものとして計算しない。また，内部の床も，事務所の半分の頻度としている。これにより，清掃業務費の合計は812千円となる。

⑤　合　計

　　以上の合計は，4,529千円となる。

　　これを賃貸面積918㎡で割ると，4,934円／㎡・年 ＝ 411円／㎡・月となる。

図表128　事務所ビル・保守管理費

		数量	単位	単価(円)	金額(千円)	備　考
強電設備	受　変　電	3,444	㎡	300	1,033	
	動　　　力	3,444	㎡	160	551	
	発　電　機	3,444	㎡	90	310	
	蓄　電　池	3,444	㎡	60	207	
	電灯コンセント	3,444	㎡	30	103	(球替え)
弱電設備	放　　　送	1	台	80,000	80	(センター装置)
防災設備	自　動　火　報	3,444	㎡	100	344	
電気設備　小計					2,628	
上水設備	受　水　槽	3,444	㎡	24	83	(清掃)
	高　架　水　槽	3,444	㎡	16	55	(清掃他)
排水通気設備	屋　内　配　管	3,444	㎡	63	217	
消火設備	消　火　栓	3,444	㎡	100	344	
衛生設備　小計					699	
空調機	ビルマルチ	3,444	㎡	103	355	(フィルター交換他)
排煙	排　煙　口	3,444	㎡	60	207	
自動制御	ビルマルチ	3,444	㎡	200	689	
中央監視	点　数　普　通	3,444	㎡	100	344	
空調設備　小計					1,595	
昇降機	エレベータ	1	台	1,000,000	1,000	
昇降機　小計					1,000	
植栽		100	㎡	1,000	100	
植栽　小計					100	
合　計					6,022	

図表129　事務所ビル・清掃業務費

		数量	単位	単価(円)	月数	金額(千円)
内部床	タ　イ　ル	584	㎡	295	12	2,067
	プラスチックタイル	292	㎡	295	12	1,034
	タフテッドカーペット	584	㎡	330	12	2,313
外部壁	タ　イ　ル	1,058	㎡	136	1	144
	吹　付　タ　イ　ル	353	㎡	—		—
	石　張　り	353	㎡	136	1	48
外部窓	ガ　ラ　ス	756	㎡	870	1	658
合　計						6,264

図表130　共同住宅・保守管理費

		数量	単位	単価（円）	金額（千円）	備　考
強電設備	受　変　電	1,323	㎡	300	397	
	動　　　力	1,323	㎡	160	212	
	電灯コンセント	1,323	㎡	30	40	（球替え）
防災設備	自　動　火　報	1,323	㎡	100	132	
電気設備　小計					781	
上水設備	受　水　槽	1,323	㎡	24	32	（清掃）
	高　架　水　槽	1,323	㎡	16	21	（清掃他）
排水通気設備	屋　内　配　管	1,323	㎡	63	83	
衛生設備　小計					136	
空調機	ビ ル マ ル チ	1,323	㎡	103	136	（フィルター交換他）
自動制御	ビ ル マ ル チ	1,323	㎡	100	132	
中央監視	点　数　普　通	1,323	㎡	100	132	
空調設備　小計					400	
昇降機	エ レ ベ ー タ	1	台	1,000,000	1,000	
昇降機　小計					1,000	
植栽		200	㎡	1,000	200	
植栽　小計					200	
合　計					2,517	

図表131　共同住宅・清掃業務費

		数量	単位	単価（円）	月数	金額（千円）
内部床	タ　イ　ル	324	㎡	265	6	573
	ビニルシート	81	㎡	295	6	143
外部壁	タ　イ　ル	700	㎡	136	1	95
	合　計					812

なお，有料老人ホームの場合は，共同住宅とほぼ同様と考えてよい。

④ 水道光熱費

建物運営に必要なエネルギー費用として，電気，水道，ガスの料金がある。

テナント専用部分は使用量に応じて直接テナントに請求するが，共用部分は共益費の一部に含まれる。

ただし，前述したように，エネルギー供給会社とビルオーナーが一括して契約すると，基本料金はビル全体の使用量に応じてかかってくるため，テナント専用部分の料金単価をオーナーとテナント間で決めておく必要がある（住宅系では，エネルギー供給会社とテナントの直接契約は可能である）。

水道光熱費の内訳としては，まず冷暖房にかかる料金がある。これは，熱源が電気かガスかによって異なってくる。なお，古いビルでは石油を熱源に使っている例もあるが，新築ビルではほとんどない。

次に，一般電灯の電気料金，給湯・厨房用などのガス料金，そして水道料金がある。

また，2016年4月より「電力自由化」が，2017年4月より「ガス自由化」が始まった。したがって，電気とガスの事業統合，提携が進み，地域的にも東京，名古屋，大阪などの境がなくなった。これから，この傾向が進展していくことだろう。

一方で，省エネ化が進んでいる。1979年に石油危機を契機として制定された「エネルギーの使用の合理化等に関する法律」（省エネ法）は，東日本大震災後の電力需要逼迫により2013年以降，住宅・建築物や設備機器の省エネ性能の向上といった対策強化のために，「電気の需要の平準化の推進」や「断熱材，サッシ複層ガラスなどの建築材料，LED等をはじめとする設備機器等の利用拡大」などを目的として改正された。

特に，事業者全体で1年度間のエネルギー使用量（原油換算値）が合計して1,500kl以上であれば，そのエネルギー使用量を事業者単位で国に届け出て，特定事業者の指定を受けなければならなくなった。テナントビルにおけるエネルギー使用量の算定は，テナント専用部のOA機器等を除いた空調機器，照明用のエネルギーを含む。

1年度間のエネルギー使用量1,500klの目安は，小売店舗で延床面積3万㎡程度，事務所の

電力使用量600万kwh程度，ホテルで客室数300室～400室程度である。

　このような中で，環境認証を取得する事務所ビルが増えている。認証を取得することにより，ビルの価値が高まり，「ブランド力の向上とテナント獲得の競争力強化」につながるからだ。

　省エネや環境負荷の軽減を基準とするため，所有企業は認証取得の取組みで水道光熱費の削減が進み，収益改善につながる。環境認証は，空調抑制，自然エネルギー利用，節水などの一定基準を満たした場合に取得できる。

　国内の認証制度としては，国交省が主導する「CASBEE（キャスビー）」，日本政策投資銀行の「DBJ　Green　Building（グリーンビルディング）」などがある。

　このように，時代は省エネ化に突き進んでおり，水道光熱費の算定は過渡期と言える。したがって，新しい原単位，料金体系などがこれから登場していく可能性があるが，ここでは，従来の方式によりそれぞれの算定根拠を示す。

　なお，東京ガス作成の冷暖房負荷，空調衛生学会の資料，および各地域の電力・ガス・水道料金等を参考とし，電力は契約電力500kw以上を前提とした。

(1)　冷暖房料金

　地域別・用途別の単位面積当たりの冷暖房負荷を，**図表132**の(1)（246ページ）のように設定する。

　上記の冷暖房負荷を，連続的に運転する時間を全負荷運転時間として**図表132**の(2)（246ページ）のように設定する。

　電気熱源の場合は，次のように計算する。

- ・夏季契約電力　＝　（冷房単位負荷　×　延べ床面積）　÷　（860Kcal／kw　×　3.0）

　　　（電気エネルギー860Kcal／kw，冷房熱源機成績係数効率3.0として換算）

- ・冬季契約電力　＝　（暖房単位負荷　×　延べ床面積）　÷　（860Kcal／kw　×　3.4）

　　　（電気エネルギー860Kcal／kw，暖房熱源機成績係数効率3.4として換算）

- ・冷房基本料金　＝　上記契約電力の大きい値　×　3か月　×　基本料金
- ・冷房従量料金　＝　夏季契約電力　×　冷房時全負荷運転時間　×　従量料金（夏季）
- ・暖房基本料金　＝　上記契約電力の大きい値　×　9か月　×　基本料金
- ・暖房従量料金　＝　冬季契約電力　×　暖房時全負荷運転時間　×　従量料金（その他期）
- ・料金単価は，図表132の(4)（246ページ）を参照。

図表132 水道光熱費

(1) 単位負荷

冷房負荷原単位 (Kcal／h・㎡)	用　途	東京	大阪	名古屋	札幌	仙台	広島	福岡
	事務所	145.43	145.43	145.43	120.63	133.71	145.43	145.43
	大型店舗	82.44	82.44	82.44	68.43	75.84	82.44	82.44
	一般店舗	103.14	103.14	103.14	85.61	94.89	103.14	103.14

暖房負荷原単位 (Kcal／h・㎡)	用　途	東京	大阪	名古屋	札幌	仙台	広島	福岡
	事務所	127.39	127.39	127.39	198.73	146.5	127.39	127.39
	大型店舗	65.27	65.27	65.27	101.82	75.06	65.27	65.27
	一般店舗	107.08	107.08	107.08	167.04	123.14	107.08	107.08

(2) 全負荷運転時間

全負荷運転相当時間(h) 冷房負荷	用　途	東京	大阪	名古屋	札幌	仙台	広島	福岡
	事務所	608	608	608	533	497	608	608
	大型店舗	478	478	478	419	391	478	478
	一般店舗	834	834	834	731	682	834	834

全負荷運転相当時間(h) 暖房負荷	用　途	東京	大阪	名古屋	札幌	仙台	広島	福岡
	事務所	293	293	293	425	336	293	293
	大型店舗	215	215	215	312	247	215	215
	一般店舗	417	417	417	606	479	417	417

(3) 一般電力単位負荷

用　途	契約電力原単位(W／㎡)	消費電力原単位(Kwh／㎡・年)
事務所	50	140
共同住宅	50	70
大型店舗	70	200
一般店舗	70	226

(4) 電力料金単価

	基本料金(円／Kw・月)	従量料金(夏期)(円／Kwh)	従量料金(その他期)(円／Kwh)
東京	1,260.00	15.05	13.84
大阪	1,690.50	12.08	11.06
名古屋	1,759.00	12.18	11.18
札幌	1,785.00	12.29	12.29
仙台	1,585.50	13.63	12.49
広島	1,653.75	13.50	12.33
福岡	1,953.00	10.59	9.79

(5) ガス単位負荷

用　途	ガス量原単位(㎥／㎡・日)	年間使用日数(日)
大型店舗	0.024	300
一般店舗	0.024	350

(6) ガス料金単価

	一般料金		夏期空調料金（4月～10月＝7か月）		
	基本料金 （円／月）	従量料金 （円／㎥）	定額基本料金 （円／月）	流量基本料金 （円／㎥）	単位料金 （円／㎥）
東京	5,722.50	111.65	10,500.00	995.34	59.59
大阪	6,440.00	113.45	22,730.00	1,077.30	74.13
名古屋	7,212.80	121.27	18,900.00	1,680.00	52.74
札幌	2,612.40	165.15	5,250.00	1,155.00	85.77
仙台	2,415.00	144.00	10,500.00	1,102.50	64.44
広島	1,533.00	185.49	5,250.00	1,180.20	58.60
福岡	2,068.50	192.99	18,900.00	792.75	192.99

(7) 水道単位負荷

	給水量原単位（L／㎡・日）	年間使用日数（日）
事務所	8.98	240
大型店舗	13.89	300
一般店舗	13.89	350

(注) 共同住宅は戸別検針のため除外している。

(8) 水道料金単価

	上水従量料金（円／㎥）	下水従量料金（円／㎥）
東京	404	345
大阪	368	215
名古屋	327	245
札幌	375	199
仙台	310	406
広島	316	480
福岡	542	417

熱源をガスとした場合は、次のように算出する。

・夏季契約使用可能量 ＝（冷房単位負荷 × 延べ床面積）÷（11,000Kcal／㎥ × 0.95）
（ガスエネルギー11,000Kcal／㎥、冷房熱源機器成績係数効率0.95として換算）

・冬季契約使用可能量 ＝（暖房単位負荷 × 延べ床面積）÷（11,000Kcal／㎥ × 0.83）
（ガスエネルギー11,000Kcal／㎥、暖房熱源機器成績係数効率0.83として換算）

・冷房定額基本料金 ＝ 7か月 × 定額基本料金
・冷房流量基本料金 ＝ 夏季契約使用可能量 × 流量基本料金
・冷房従量料金 ＝ 夏季契約使用可能量 × 冷房時全負荷運転時間 × 単位料金
・暖房定額基本料金 ＝ 冬季契約使用可能量 × 基本料金
・暖房従量料金 ＝ 冬季契約使用可能量 × 暖房時全負荷運転時間 × 従量料金

・料金単価は、図表132の(6)を参照。

(2) 一般電気料金

単位面積当たりの電力負荷を，**図表132**の(3)（246ページ）のように設定する。

各地域の電力会社の料金を参考に，電気料金の単価を，**図表132**の(4)（246ページ）のように設定する。

- ・基本料金 ＝ 契約電力原単位 × 延べ床面積(契約電力) × 基本料金 × 12か月
- ・従量料金(夏期) ＝ 消費電力原単位 × 延べ床面積 × 3か月(消費電力)× 従量料金(夏期)
- ・従量料金(その他期) ＝ 消費電力原単位 × 延べ床面積 × 9か月(消費電力) × 従量料金(その他期)

(3) ガス料金

給湯・厨房等など，冷暖房以外のガス料金である。なお，最近の事務所ビルではほとんどガスを使用しない。また，共同住宅は戸別検針のため除外する。

単位面積当たりのガス負荷を，**図表132**の(5)（246ページ）のように設定する。

各地域のガス会社の料金を参考に，ガス料金の単価を**図表132**の(6)（247ページ）のように設定する。厳密には使用量により異なるが，この図表は500㎥／月を超える場合の料金を示している。

- ・基本料金 ＝ 基本料金 × 12か月
- ・従量料金 ＝ ガス量原単位 × 延べ床面積 × 従量料金 × 12か月

(4) 水道料金

上水と下水に分けて算出する。下水の使用量は上水の0.8としている。

給水量原単位を**図表132**の(7)（247ページ）のように設定する。また，共同住宅は戸別検針のため除外している。

各地域の水道局の料金を参考に，水道料金の単価を**図表132**の(8)（247ページ）のように設定する。

- ・上水料金 ＝ 給水量原単位 × 年間使用日数 × 上水従量料金
- ・下水料金 ＝ 給水量原単位 × 年間使用日数 × 0.8 × 下水従量料金

(5) 水道光熱費の算出例

　以上より，水道光熱費の東京における事務所ビルと共同住宅の試算結果を**図表133**，**図表134**（250ページ）に示す。

　モデルの設定は，これまでの建築基本計画で作成したものと同様である。なお，空調熱源は電気としている。

　事務所ビルの算出結果をみると，電気・水道の年間基本料金は5,539千円，年間従量料金は14,251千円となっている。

　これらの試算をベースに，テナント専用部分の水道光熱費のリセール単価を決める。

　つまり，基本料金部分を加算した従量制とするのか，基本料金は面積当たり定額にするのかという検討である。

　試算表ではこれらを平均して面積当たりの金額を算出し，共用部分の負担額をテナント専用部分の面積で割り，単価486円／㎡・月を算出している。

　厳密にいえば，水道光熱費のリセール価格により共益費の金額も変化することになる。

　共同住宅では，各住戸ごとの個別契約が可能であるため，試算では共用部分のみにかかる金額になっている。

　試算では，水道・ガス料金は少額なため省略し，電気料金の単価で64円／㎡・月を算出している。

図表133　事務所ビル・水道光熱費

冷暖房電気料金	単位負荷（Kcal／h・㎡）	延べ床面積（㎡）	全負荷運転時間（月）（h）	契約電力（kw）	料金単価（円）	年間料金（千円）
冷 房 基 本 料 金	145.43	3,444	3	194	1,260	734
冷 房 従 量 料 金			608	（注－1）	15.05	1,776
暖 房 基 本 料 金	127.39	3,444	9	150	1,260	2,201
暖 房 従 量 料 金			293	（注－2）	13.84	608
合　　　　計	基本料金契約電力			194		5,320
	（注－1）　電気エネルギー860Kcal／kw，冷房熱源機成績係数効率3.0として換算					
	（注－2）　電気エネルギー860Kcal／kw，暖房熱源機成績係数効率3.4として換算					
電気料金	（W／㎡）	（㎡）	（月）	（Kw）	（円／Kw・月）	（千円）
基 　本　 料　 金	50	3,444	12	172	1,260	2,604
従量料金（夏期）	140	3,444	3	120,540	15.05	1,814
従量料金（その他期）	140	3,444	9	361,620	13.84	5,005
電 気 料 金 計						9,423
ガス料金	（㎡／㎡・日）	（㎡）	（月）（日）	（㎡）	（円）（円／㎡）	（千円）
基 　本　 料　 金			12		－	－
従 　量　 料　 金	0	3,444	240	－	111.65	－
ガ ス 料 金 計						－
水道料金	（L／㎡・日）	（㎡）	（日）	（㎡）	（円／㎡）	（千円）
上 　水　 料　 金	8.98	3,444	240	7,423	404	2,999
下 　水　 料　 金	7.18	3,444	240	5,938	345	2,049
水 道 料 金 計						5,047
水道光熱費合計	水光費年額（千円）	延べ床㎡単価（円）	共用面積（㎡）	共用部年額（千円）	専有面積（㎡）	専有㎡単価（円／月）
基 　本　 料　 金	5,539	1,608		5,539		
従 　量　 料　 金	14,251	4,138	1,460	6,041		
合　　　　計	19,790			11,580	1,984	486

図表134　共同住宅・水道光熱費

電気料金	（W／㎡）	（㎡）	（月）	（Kw）	（円／Kw・月）	（千円）
基 　本　 料　 金	50	405	12	20	1,260	306
従量料金（夏期）	70	405	3	7,088	15.05	107
従量料金（その他期）	70	405	9	21,263	13.84	294
電 気 料 金 計						707
ガス料金	（㎡／㎡・日）	（㎡）	（月）（日）	（㎡）	（円）（円／㎡）	（千円）
基 　本　 料　 金			12		－	－
従 　量　 料　 金	0	1,323	365	－	111.65	－
ガ ス 料 金 計						－
水道料金	（L／㎡・日）	（㎡）	（日）	（㎡）	（円／㎡）	（千円）
上 　水　 料　 金	0.00	1,323	365	－	404	－
下 　水　 料　 金	0.00	1,323	365	－	345	－
水 道 料 金 計						－
水道光熱費合計	水光費年額（千円）	延べ床㎡単価（円）	共用面積（㎡）	共用部年額（千円）	専有面積（㎡）	専有㎡単価（円／月）
基 　本　 料　 金	306	756		306		
従 　量　 料　 金	401	990	405	401		
合　　　　計	707			707	918	64

⑤ 修繕費・更新費

修繕費は，経年変化による建築仕上材などの汚れを刷新したり，機能不備の設備機器などを回復させるために，建物オーナーが負担すべき費用である。

建築材料や設備機器には，それぞれ耐用年数や保証期間がある。

それより著しく短期間に発生する故障等は工事業者やメーカーの瑕疵（欠陥）責任であり，無償で修繕または更新させることができる。

なお，宅建業法は，この瑕疵担保期間を 2 年以上と定めている（平成12年 4 月に施行された「住宅品質確保推進法」（品確法）では，新築住宅の主要構造部は10年以上と定められている）。

また，事故や不注意などによる破損を原状回復するために予測不能の修繕費が発生する場合があるが，建物の総合補償保険契約による保険料を設定すれば，修繕費として計上する必要はない。

さらに，機能を向上させるための新たな設備を設置する場合の更新費がある。

耐用年数に応じて古い建築仕上材や設備機器を滅失し，新たな償却資産を持つことを「資本的支出」といい，修繕費とは別に更新費として設定する。この費用は，減価償却の対象となる。なお，減価償却の考え方については ⑧ （294ページ以下）で詳述する。

修繕費と更新費をLCC（ライフ・サイクル・コスト）と捉えて長期修繕計画を立案し，実行していくことは，高度な建物環境を維持していくためには重要な事項である。

これらは，初期投資における建築・設備の仕様，維持管理計画における日常的および定期的な清掃業務，設備機器の保守管理業務などと関係してくる。

ここでは，前述した(一財)建設物価調査会のJBCIをデータベースに算出した工事項目別の建築工事費と，(社)建築業協会の『ライフサイクルコスト略算プログラム』に使用されている内外仕上，諸設備に対する修繕周期，修繕率を参考にし，基本計画段階で修繕費を計算する方法を解説する。

なお，修繕・更新が必要となる工事項目は，仕上，電気設備，衛生設備，空調設備，昇降機である。

(1) 算出方法

① 建物の用途およびグレードから，工事項目別の**図表135**（254ページ），**図表138**（258ページ），**図表141**（259ページ），**図表144**（261ページ），**図表147‐(1)**（262ページ）を参考として材料，機器などの仕様を決める。

　なお，グレードとは，建築工事費で解説した乖離幅の上限値（グレード上），下限値（グレード下）を意味し，標準工事であればグレード中を参考にすればよい。

② 工事項目別の**図表136**（256ページ），**図表139**（258ページ），**図表142**（260ページ），**図表145**（261ページ），**図表147‐(2)**（262ページ）を参考として，それらの数量を計算する。

③ 工事項目別の**図表137**（257ページ），**図表140**（259ページ），**図表143**（260ページ），**図表146**（262ページ），**図表148**（262ページ）から，選択した材料，機器などの複合単価に②で計算した数量を乗じ，金額を算出する。その金額をもとに，工事項目別にその構成割合を計算する。

④ ③の構成割合を建築工事費で計算した工事項目別の価格に乗じて，材料，機器ごとの新設価格を決定する。

⑤ 工事項目別の**図表137**（257ページ），**図表140**（259ページ），**図表143**（260ページ），**図表146**（262ページ），**図表148**（262ページ）から，修繕・更新周期，単価係数等と，材料，機器ごとの新設価格により年度ごとの修繕費・更新費を算出する。

(2) 事務所ビルの算出例

　建築工事費で算出した事務所ビルの標準新築価格（グレード中）に基づき修繕費・更新費を算出してみる。その設定条件は，敷地面積750㎡，建築面積312㎡，延べ床面積（施工床面積）3,444㎡，賃貸面積1,984㎡（共用面積1,460㎡），地上9階，地下2階（全階数11階），軒高36m（平均階高4m），杭長20m，植栽面積100㎡，外壁面積2,520㎡，外部開口率30％，合計部屋数60，平均天上高3mである。

①工事項目別新設価格の設定

　図表149（263ページ～264ページ）に工事項目別の設定条件を示す。工事項目ごとの設定価格は，本書では，**図表96**（188ページ）の事務所ビル・標準工事費で算出した金額と同一とする。

②年度別修繕費

　図表150（265ページ～269ページ）に，設定条件に基づいて計算した結果を，工事項目別に示す。

③年度別更新費

　　図表151（270ページ～271ページ）に，設定条件に基づいて計算した結果を，工事項目別に示す。

　　なお，開業後15年以内に生じる更新費はないので，開業後15年以降５年ごとに示している。

④集計表

　　これらを工事項目別に集計した表が，**図表152**，**図表153**（272ページ）である。

　　この最下欄に，各年度ごとに新設工事費に占める修繕費・更新費の割合を示す。

　　なお，**図表152**（272ページ）の末尾は，20年間，40年間の合計値に占める１年平均の修繕費・更新費の割合を示している。

(3)　共同住宅の算出例

　建築工事費の項で掲げた共同住宅の標準新築価格(グレード中)に基づいて修繕費・更新費を算出する。

　その設定条件は，敷地面積1,000㎡，建築面積431㎡，延べ床面積（施工床面積）1,323㎡，地上３階，地下なし（全階数３階），軒高10m（平均階高3.3m），杭長10m，住戸数17戸（平均専用面積54㎡／戸），賃貸面積918㎡（共用面積405㎡），植栽面積200㎡，外壁面積1,000㎡，外部開口率30％，合計部屋数25室，平均天井高2.8mである。

　なお，算出方法は事務所ビルと同様で，その結果を**図表154**，**図表155**，**図表156**，**図表157**，**図表158**（273ページ～282ページ）に示す。

(4)　事業収支計画における設定値

　実際の修繕費・更新費の額は，算出例のように，開業後の年度ごとに変わってくる。また，これらは経年変化の様々な要因によって異なってくる。

　したがって，事業収支計算において修繕費を計上するには，集計表の年平均値から算出した金額を修繕積立金として毎年同額設定し，修繕計画に基づいて実施していくのが妥当である。

　図表152（272ページ），**図表157**（282ページ）をみると，事務所ビルの修繕費が総工事費に占める割合は，20年平均で0.75％，40年平均で0.69であり，共同住宅では，20年平均で0.91％，40年平均で0.73％となっている。

　このことから，修繕費としては，総工事費の0.7％～0.9％程度の金額を毎年設定しておけばよいと思われる。

図表135 仕上材料の選択

(1) 事務所ビル

部 位		材 料	グレード上	グレード中	グレード下
外部仕上	屋根	アスファルト防水コン押え	0.9		
		アスファルト露出防水		0.9	
		合成高分子ルーフィング			0.9
		塗膜防水	0.1	0.1	0.1
	壁	タイル	0.4	0.6	0.2
		吹付タイル		0.2	0.8
		石張り	0.6	0.2	
	建具	ステンレス製建具	0.1		
		アルミ製建具	0.8	0.7	0.6
		鋼製建具		0.2	0.3
		鋼製シャッター	0.1	0.1	0.1
	ガラス	単層透明ガラス	0.1	0.1	0.3
		単層熱線吸収ガラス			0.7
		単層熱線反射ガラス		0.9	
		複層高遮断熱ガラス	0.9		
	雑	グレード上	1.0		
		グレード中		1.0	
		グレード下			1.0
内部仕上	床	タイル	0.1	0.4	
		プラスチックタイル		0.2	0.3
		ビニルシート			0.7
		タフテッドカーペット	0.6	0.4	
		フリーアクセスフロア	0.3		
	壁	タイル	0.1	0.1	
		ビニールクロス	0.7	0.7	0.7
		EP塗り			0.2
		ウオールナット練りつけ	0.2		
		化粧合板		0.2	0.1
	建具	ステンレス製建具	0.1		
		アルミ製建具	0.3	0.2	
		鋼製建具	0.6	0.7	0.8
		木製建具		0.1	0.2
	天井	吸音板	0.7	0.3	0.1
		化粧ボード		0.4	0.7
		ビニールクロス貼	0.1	0.3	0.2
		アルミパネル貼	0.2		
	雑	グレード上	1.0		
		グレード中		1.0	
		グレード下			1.0

（注） 各部位ごとに，1.0になるように割合を表示している。

(2) 共同住宅

部　位	材　料	グレード上	グレード中	グレード下
外部仕上　屋根	アスファルト防水コン押え	0.9		
	アスファルト露出防水		0.9	
	合成高分子ルーフィング			0.9
	塗膜防水	0.1	0.1	0.1
壁	タイル	0.8	1.0	0.5
	吹付タイル			0.5
	石張り	0.2		
建具	ステンレス製建具	0.1		
	アルミ製建具	0.7	0.7	0.6
	鋼製建具	0.2	0.3	0.4
ガラス	単層透明ガラス	0.1	0.5	1.0
	複層高遮断熱ガラス	0.9	0.5	
雑	グレード上	1.0		
	グレード中		1.0	
	グレード下			1.0
内部仕上　床	タイル	0.1	0.1	
	プラスチックタイル			0.3
	ビニルシート		0.2	
	タフテッドカーペット	0.2		
	フローリング	0.7	0.7	0.7
壁	タイル	0.1	0.1	
	ビニールクロス	0.7	0.7	0.7
	EP塗り			0.3
	化粧合板	0.2		
	複層仕上塗吹付けタイル		0.2	
建具	ステンレス製建具	0.1		
	アルミ製建具		0.1	
	鋼製建具	0.3	0.3	0.4
	木製建具	0.6	0.6	0.6
天井	フレキEP塗り			0.2
	石綿吸音板	0.2	0.3	0.1
	ビニールクロス貼	0.7	0.7	0.7
	アルミパネル貼	0.1		
雑	グレード上	1.0		
	グレード中		1.0	
	グレード下			1.0

図表136 数量の設定

	部　位	設定根拠
外部仕上	屋根	建築面積
	壁	外壁面積 × （1 － 開口部比率）
	建具	外壁面積 × 開口部比率
	ガラス	外壁面積 × 開口部比率
	雑	建築面積 ＋ 外壁面積
内部仕上	床	延べ床面積
	壁	√（延べ床面積 ÷ 合計部屋数）× 4 × 1.05 × 平均天井高 × 合計部屋数 × 0.85
	建具	√（延べ床面積 ÷ 合計部屋数）× 4 × 1.05 × 平均天井高 × 合計部屋数 × 0.15 － 外壁面積 × 開口部比率
	天井	延べ床面積
	雑	延べ床面積

図表137 仕上材料のデータ

			複合単価 (円)	修繕周期 (年)	修繕率	単価係数	更新周期 (年)	単価係数
外部仕上	屋根	アスファルト防水コン押え	6,100	10	0.10	1.92	30	2.45
		アスファルト露出防水	4,500	5	0.07	1.37	30	2.10
		合成高分子ルーフィング	3,600	5	0.07	1.60	20	2.49
		塗膜防水	5,700	5	0.07	1.39	20	1.95
		アスファルトシングル葺	6,100	5	0.05	1.68	30	1.79
	壁	タイル	12,900	10	0.03	1.17	65	0.00
		吹付タイル	1,800	8	1.00	1.05	15	1.40
		コンクリート打放し	2,700	5	1.00	1.00	15	2.59
		石張り	85,000	0	0.00	0.00	65	0.00
		金属系カーテンウオール	219,500	0	0.00	0.00	40	1.05
	建具	ステンレス製建具	1,063,100	15	0.03	0.94	65	0.00
		アルミ製建具	29,300	8	0.03	0.79	40	1.17
		鋼製建具	95,600	5	0.03	4.55	35	1.06
		鋼製シャッター	1,235,000	5	0.05	2.88	65	0.00
	ガラス	単層透明ガラス	5,000	0	0.00	0.00	40	1.10
		単層熱線吸収ガラス	7,000	0	0.00	0.00	40	1.10
		単層熱線反射ガラス	13,000	0	0.00	0.00	40	1.10
		複層高遮断熱ガラス	26,000	0	0.00	0.00	40	1.10
	雑	グレード上	3,000	10	0.10	1.00	65	1.20
		グレード中	2,000	10	0.10	1.00	40	1.20
		グレード下	1,500	10	0.10	1.00	30	1.20
内部仕上	床	タイル	11,300	10	0.02	1.08	65	0.00
		プラスチックタイル	2,700	10	0.10	1.28	30	1.50
		ビニルシート	3,700	10	0.10	1.20	30	1.36
		タフテッドカーペット	6,700	10	0.10	0.88	30	1.20
		フリーアクセスフロア	25,000	20	0.10	0.38	60	0.37
		フローリング	18,760	10	0.01	1.19	60	1.19
	壁	タイル	9,300	10	0.01	1.17	65	0.00
		ビニールクロス	7,600	10	1.00	0.25	30	1.52
		EP塗り	4,600	10	1.00	0.45	30	2.09
		ウオールナット練りつけ	13,300	10	0.05	1.00	30	1.22
		化粧合板	10,300	10	0.05	1.00	30	1.28
		複層仕上塗吹付けタイル	2,100	10	0.60	0.66	30	2.32
		薄付け仕上塗	1,600	10	0.60	0.57	20	2.67
	建具	ステンレス製建具	1,104,000	15	0.04	0.95	65	0.00
		アルミ製建具	57,000	15	0.04	1.00	50	1.37
		鋼製建具	57,300	5	0.04	3.30	40	1.05
		木製建具	34,600	5	0.04	5.00	30	1.11
	天井	フレキEP塗り	5,100	10	1.00	0.43	30	2.05
		吸音板	5,000	10	1.00	0.26	30	2.00
		化粧ボード	2,900	10	1.00	0.46	30	2.55
		ビニールクロス貼	4,100	10	1.00	0.34	30	2.31
		アルミパネル貼	13,200	20	1.00	0.09	40	1.25
	雑	グレード上	20,000	10	0.10	1.00	30	1.20
		グレード中	10,000	10	0.10	1.00	30	1.20
		グレード下	2,000	10	0.10	1.00	30	1.20

図表138　電気設備機器の選択

用　途		事務所ビル		共同住宅	
用件		面積等	グレード	面積等	グレード
引き込み		共通	共通	共通	共通
受変電	特高油	延べ床３万㎡以上	中・下	延べ床３万㎡以上	中・下
	特高乾	延べ床３万㎡以上	上	延べ床３万㎡以上	上
	高圧油	延べ床３万㎡未満	中・下	延べ床３万㎡未満	中・下
	高圧乾	延べ床３万㎡未満	上	延べ床３万㎡未満	上
幹線		共通	共通	共通	共通
動力		共通	共通	共通	共通
発電機	ディーゼル	延べ床３万㎡未満	共通	地上11階以上	共通
	ガスタービン	延べ床３万㎡以上	共通	なし	なし
蓄電池	鉛	共通	中・下	なし	なし
	アルカリ	共通	上	なし	なし
電灯コンセント		共通	共通	共通	共通
放送		共通	共通	なし	なし
電話引き込み		共通	共通	共通	共通
電話屋内配管		共通	共通	共通	共通
インターホン		共通	共通	共通	共通
TV共聴		共通	共通	共通	共通
機械警備配管		共通	共通	共通	共通
自動火報		延べ床1,000㎡以上	共通	延べ床500㎡以上	共通
避雷針		地上５階以上	共通	地上７階以上	共通

図表139　容量（数量）の設定

	基準面積(A)		換算率(B)	算定式	単　位
引き込み	敷地面積	㎡	50	$\sqrt{(A)}+(B)$	m
受変電	延べ床面積	㎡	0.15	$(A)\times(B)$	KVA
幹線	延べ床面積	㎡	0.15	$(A)\times(B)$	KVA
			（延べ床３万㎡以上：0.13）		
動力	延べ床面積	㎡	0.08	$(A)\times(B)$	KVA
発電機	延べ床面積	㎡	0.03	$(A)\times(B)$	KVA
蓄電池	延べ床面積	㎡	0.02	$(A)\times(B)$	AH
電灯コンセント	延べ床面積	㎡	1	$(A)\times(B)$	㎡
放送	延べ床面積	㎡	0.02	$(A)\times(B)$	個
				（スピーカー数）	
電話引き込み	敷地面積	㎡	50	$\sqrt{(A)}+(B)$	m
電話屋内配管	延べ床面積	㎡	1	$(A)\times(B)$	㎡
インターホン	延べ床面積	㎡	1	$(A)\times(B)$	㎡
TV共聴	延べ床面積	㎡	0.002	$(A)\times(B)$	個
			（共同住宅：0.04）	（アウトレット数）	
機械警備配管	建築面積	㎡	1	$(A)\times(B)$	㎡
				（事務所・店舗，グレード上：地上階数）	
				（事務所・店舗，グレード中：地上階数／2）	
自動火報	延べ床面積	㎡	1	$(A)\times(B)$	㎡
避雷針	建築面積	㎡	1	$(A)\times(B)$	㎡

図表140　電気設備機器のデータ

		複合単価（円）	修繕周期（年）	修繕率	単価係数	更新周期（年）	単価係数
引き込み		20,000		0.00		30	1.0
受変電	特高油	32,000	3	0.01	1.0	30	1.3
	特高乾	45,000	3	0.01	1.0	30	1.3
	高圧油	26,000	3	0.01	1.0	30	1.3
	高圧乾	32,000	3	0.01	1.0	30	1.3
幹線		6,000	5	0.03	1.0	30	1.3
動力		23,000	5	0.03	1.0	30	1.2
発電機	ディーゼル	70,000	3	0.01	1.0	30	1.3
	ガスタービン	100,000	3	0.01	1.0	30	1.3
蓄電池	鉛	25,000	10	0.50	1.0	20	1.2
	アルカリ	35,000	10	0.50	1.0	20	1.2
電灯コンセント		8,200	1	0.07	1.2	20	1.2
放送		55,000	1	0.05	1.0	25	1.2
電話引き込み		10,000		0.00		30	1.0
電話屋内配管		1,500	3	0.01	1.0	30	1.2
インターホン		100	1	0.15	1.0	20	1.2
TV共聴		80,000	1	0.01	1.0	15	1.2
機械警備配管		1,500	3	0.01	1.0	30	1.2
自動火報		2,000	5	0.20	1.0	20	1.2
避雷針		2,400	5	0.01	1.0	20	1.5

図表141　衛生設備機器の選択

用　途		事務所ビル		共同住宅	
用件		面積等	グレード	面積等	グレード
給水引き込み		共通	共通	共通	共通
受水槽	FRP	共通	中・下	共通	中・下
	SUS	共通	上	共通	上
高架水槽	FRP	共通	中・下	共通	中・下
	SUS	共通	上	共通	上
屋内給水配管		共通	共通	共通	共通
外部給水配管		共通	共通	共通	共通
給湯機器		共通	共通	共通	共通
屋内排水配管		共通	共通	共通	共通
屋外排水配管		共通	共通	共通	共通
衛生器具		共通	共通	共通	共通
ガス配管		なし	なし	共通	共通
消火栓		延べ床3,000㎡以上	共通	延べ床2,100㎡以上	共通
スプリンクラー		地上11階以上	共通	地上11階以上	共通
特殊消火		共通	共通	なし	なし

図表142 容量（数量）の設定

	基準面積(A)		換算率(B)	算定式	単位
給水引き込み	敷地面積	㎡	50	√(A)＋(B)	m
受水槽	延べ床面積	㎡	0.004	(A)×(B)	㎡
高架水槽	延べ床面積	㎡	0.0006	(A)×(B)	㎡
屋内給水配管	延べ床面積	㎡	0.5	(A)×(B)	kg
外部給水配管	敷地面積	㎡	0.005	(A)×(B)	個
給湯機器	延べ床面積	㎡	0.009	(A)×(B)	kw
屋内排水配管	延べ床面積	㎡	1.25	(A)×(B)	kg
屋外排水配管	敷地面積	㎡	1	(A)×(B)	㎡
衛生器具	延べ床面積	㎡	0.02	(A)×(B)	個
ガス配管	延べ床面積	㎡	0.03	(A)×(B)	m
消火栓	延べ床面積	㎡	0.002	(A)×(B)	組
スプリンクラー	延べ床面積	㎡	0.007	(A)×(B)	個
特殊消火	延べ床面積	㎡	0.02	(A)×(B)	㎡
			（店舗：0.1）		

図表143 衛生設備機器のデータ

	複合単価(円)	修繕周期(年)	修繕率	単価係数	更新周期(年)	単価係数
給水引き込み	30,000		0.00			
受水槽　　FRP	85,000	10	0.10	1.2	30	1.3
SUS	110,000	10	0.10	1.2	30	1.3
高架水槽　FRP	360,000	10	0.10	1.2	30	1.3
SUS	400,000	10	0.10	1.2	30	1.3
屋内給水配管	3,000	10	0.10	1.2	30	1.3
外部給水配管	300,000	10	0.10	1.2	30	1.3
給湯機器	26,000	5	0.10	1.2	15	1.3
屋内排水配管	2,000	5	0.20	1.2	30	1.3
屋外排水配管	2,500	5	0.20	1.2	30	1.5
衛生器具	70,000	5	0.10	1.2	25	1.2
ガス配管	12,000	7	0.10	1.2	25	1.3
消火栓	500,000	5	0.01	1.2	25	1.3
スプリンクラー	60,000	5	0.01	1.2	25	1.3
特殊消火	80,000	5	0.01	1.2	25	1.3

図表144　空調設備機器の選択

用　途		事務所ビル		共同住宅	
		面積等	グレード	面積等	グレード
熱源機	電気	延べ床1万㎡以上 熱源電気	共通	なし	なし
	ガス	延べ床1万㎡以上 熱源ガス	共通	なし	なし
空調機	AHU	延べ床1万㎡以上	上	なし	なし
	AHU＋FCU	延べ床1万㎡以上	中・下	なし	なし
	ビルマルチ	延べ床1万㎡未満	共通	共通	共通
ダクト	ダクト少ない	共通	下	共通	共通
	ダクト普通	共通 延べ床1万㎡未満	中 上	なし	なし
	ダクト多い	延べ床1万㎡以上	上	なし	なし
配管	4パイプ（多い）	延べ床1万㎡以上	上	なし	なし
	2パイプ（多い）	延べ床1万㎡未満 共通	上 中	なし	なし
	2パイプ（少ない）	共通	下	共通	共通
換気	ダクト少ない	共通	下	共通	下
	ダクト普通	共通	中	共通	中
	ダクト多い	共通	上	共通	上
排煙	排煙口	共通	共通	なし	なし
自動制御	ビルマルチ	延べ床1万㎡未満	下	共通	共通
	監視付きビルマル	延べ床1万㎡未満	上・中	なし	なし
	セントラル	延べ床1万㎡以上	共通	なし	なし
中央監視	点数少ない	共通	下	共通	下
	点数普通	共通	中	共通	中
	点数多い	共通	上	共通	上

図表145　容量（数量）の設定

		基準面積（A）		換算率（B）	算定式	単　位
熱源機	電気	延べ床面積	㎡	0.12	(A)×(B)	kw
	ガス	延べ床面積	㎡	0.12	(A)×(B)	kw
空調機	AHU	延べ床面積	㎡	30	(A)×(B)	㎥／h
	AHU＋FCU	延べ床面積	㎡	0.12	(A)×(B)	kw
	ビルマルチ	延べ床面積	㎡	0.12	(A)×(B)	kw
ダクト	ダクト少ない	延べ床面積	㎡	0.2	(A)×(B)	㎡
	ダクト普通	延べ床面積	㎡	0.4	(A)×(B)	㎡
	ダクト多い	延べ床面積	㎡	0.6	(A)×(B)	㎡
配管	4パイプ（多い）	延べ床面積	㎡	3	(A)×(B)	kg
	2パイプ（多い）	延べ床面積	㎡	1.5	(A)×(B)	kg
	2パイプ（少ない）	延べ床面積	㎡	0.5	(A)×(B)	kg
換気	ダクト少ない	延べ床面積	㎡	0.1	(A)×(B)	㎡
	ダクト普通	延べ床面積	㎡	0.2	(A)×(B)	㎡
	ダクト多い	延べ床面積	㎡	0.3	(A)×(B)	㎡
排煙	排煙口	延べ床面積	㎡	0.002	(A)×(B)	個
自動制御	ビルマルチ	延べ床面積	㎡	1	(A)×(B)	㎡
	監視付きビルマル	延べ床面積	㎡	1	(A)×(B)	㎡
	セントラル	延べ床面積	㎡	1	(A)×(B)	㎡
中央監視	点数少ない	延べ床面積	㎡	0.05	(A)×(B)	点
	点数普通	延べ床面積	㎡	0.1	(A)×(B)	点
	点数多い	延べ床面積	㎡	0.15	(A)×(B)	点

図表146　空調設備機器のデータ

		複合単価(円)	修繕周期(年)	修繕率	単価係数	更新周期(年)	単価係数
熱源機		77,600	3	0.05	1.2	15	1.3
空調機	AHU	300	3	0.05	1.2	15	1.3
	AHU+FCU	56,000	3	0.05	1.2	15	1.3
	ビルマルチ	86,200	3	0.05	1.2	15	1.3
ダクト		25,000	3	0.05	1.2	20	1.3
配管		3,000	10	0.10	1.2	30	1.3
換気		14,000	5	0.10	1.2	20	1.3
排煙	排煙口	500,000	5	0.02	1.2	30	1.3
自動制御	ビルマルチ	1,000	7	0.02	1.2	20	1.3
	監視付きビルマル	1,500	7	0.02	1.2	20	1.3
	セントラル	2,000	7	0.02	1.2	20	1.3
中央監視		30,000	7	0.02	1.2	20	1.3

図表147-(1)　昇降機の台数の設定

事務所ビル	グレード	基準面積(A)		換算率(B)	算定式	
エレベータ	上	3階以上の専有面積	㎡	0.000375	(A)×(B)＋1	台
	中	3階以上の専有面積	㎡	0.000313	(A)×(B)＋1	台
	下	3階以上の専有面積	㎡	0.000250	(A)×(B)＋1	台
共同住宅						
エレベータ	上	3階以上の住宅戸数	戸	0.02	(A)×(B)＋1	台
	中	3階以上の住宅戸数	戸	0.18	(A)×(B)＋1	台
	下	3階以上の住宅戸数	戸	0.16	(A)×(B)＋1	台

（注）1　エレベータの算定において，（A）×（B）の小数点以下は切り捨てる。
　　　2　エレベータの換算率は，下記⑵の設定による。

図表147-(2)　昇降機の台数の設定

用　途	事務所ビル	共同住宅
3階以上の利用人員	1人／8㎡	4人／住戸
5分間輸送能力	40人／台	20人／台
5分間集中率	上：12%　中：10%　下：8%	上：10%　中：9%　下：8%

図表148　昇降機のデータ

	複合単価(円)	修繕周期(年)	修繕率	単価係数	更新周期(年)	単価係数
エレベータ	20,000,000	10	0.007	1.0	30	1.5

図表149　事務所ビル・修繕設定表

仕上工事		設定数量		複合単価 (円)	価格構成 (千円)	構成比率 (%)	設定価格 (千円)	修繕費			更新費	
								周期(年)	修繕率	単価係数	周期(年)	単価係数
外部屋根	小　　　計				1,482	0.67	2,772					
	アスファルト露出防水	281	㎡	4,500	1,264	0.57	2,363	5	0.07	1.37	30	2.10
	塗 膜 防 水	31	㎡	7,000	218	0.10	408	5	0.07	1.39	20	1.95
外部壁	小　　　計				51,791	23.35	96,860					
	タ イ ル	1,058	㎡	20,000	21,168	9.55	39,589	10	0.03	1.17	65	―
	吹 付 タ イ ル	353	㎡	1,800	635	0.29	1,188	8	1.00	1.05	15	1.40
	石 張 り	353	㎡	85,000	29,988	13.52	56,084	―	―	―	65	―
外部建具	小　　　計				32,605	14.70	60,978					
	ア ル ミ 製 建 具	605	㎡	30,000	18,150	8.18	33,944	8	0.03	0.79	40	1.17
	鋼 製 建 具	151	㎡	95,600	14,455	6.52	27,033	5	0.03	4.55	35	1.06
外部ガラス	小　　　計				9,601	4.33	17,956					
	単 層 透 明 ガラス	76	㎡	10,000	756	0.34	1,414	―	―	―	40	1.10
	単層熱線反射ガラス	680	㎡	13,000	8,845	3.99	16,542	―	―	―	40	1.10
外部雑	小　　　計				5,664	2.55	10,593					
	グ レ ー ド 中	2,832	㎡	2,000	5,664	2.55	10,593	10	0.10	1.00	40	1.20
内部床	小　　　計				26,657	12.02	49,854					
	タ イ ル	1,378	㎡	11,300	15,567	7.02	29,113	10	0.02	1.08	65	―
	プラスチックタイル	689	㎡	2,700	1,860	0.84	3,478	10	0.10	1.28	30	1.50
	タフテッドカーペット	1,378	㎡	6,700	9,230	4.16	17,262	10	0.10	0.88	30	1.20
内部壁	小　　　計				40,457	18.24	75,664					
	タ イ ル	487	㎡	9,300	4,528	2.04	8,468	10	0.01	1.17	65	―
	ビ ニ ー ル ク ロ ス	3,408	㎡	7,600	25,901	11.68	48,440	10	1.00	0.25	30	1.52
	化 粧 合 板	974	㎡	10,300	10,029	4.52	18,757	10	0.05	1.00	30	1.28
内部建具	小　　　計				5,670	2.56	10,604					
	ア ル ミ 製 建 具	21	㎡	57,000	1,176	0.53	2,199	15	0.04	1.00	50	1.37
	鋼 製 建 具	72	㎡	57,300	4,137	1.87	7,738	5	0.04	3.30	40	1.05
	木 製 建 具	10	㎡	34,600	357	0.16	667	5	0.04	5.00	30	1.11
内部天井	小　　　計				13,397	6.04	25,056					
	吸 音 板	1,033	㎡	5,000	5,166	2.33	9,662	10	1.00	0.26	30	2.00
	化 粧 ボ ー ド	1,378	㎡	2,900	3,995	1.80	7,472	10	1.00	0.46	30	2.55
	ビニールクロス貼	1,033	㎡	4,100	4,236	1.91	7,922	10	1.00	0.34	30	2.31
内部雑	小　　　計				34,440	15.53	64,410					
	グ レ ー ド 中	3,444	㎡	10,000	34,440	15.53	64,410	10	0.10	1.00	30	1.20
	合　　計				221,764	100.00	414,747					

電気設備工事		数量	単位	複合単価 (円)	価格構成 (千円)	構成比率 (%)	設定価格 (千円)	修繕費			更新費	
								周期(年)	修繕率	補正係数	周期(年)	補正係数
強電設備	小　　　計				61,611	75.27	34,110					
	引 き 込 み	77	m	20,000	1,548	1.89	857		0.00		30	1.0
	幹 線	517	KVA	6,000	3,100	3.79	1,716	5	0.03	1.0	30	1.3
	動 力	276	KVA	23,000	6,337	7.74	3,508	5	0.03	1.0	30	1.2
	発電機(ディーゼル)	103	KVA	70,000	7,232	8.84	4,004	3	0.01	1.0	30	1.3
	蓄 電 池 (鉛)	69	AH	25,000	1,722	2.10	953	10	0.50	1.0	20	1.2
	電 灯 コンセント	3,444	㎡	8,200	28,241	34.50	15,635	1	0.07	1.2	20	1.2
弱電設備	小　　　計				12,610	15.41	6,981					
	放 送	68	個	55,000	3,740	4.57	2,071	1	0.05	1.0	25	1.2
	電 話 引 き 込 み	77	m	10,000	774	0.95	428		0.00		30	1.0
	電 話 屋 内 配 管	3,444	㎡	1,500	5,166	6.31	2,860	3	0.01	1.0	30	1.2
	イ ン タ ー ホ ン	3,444	㎡	100	344	0.42	191	1	0.15	1.0	20	1.2
	Ｔ Ｖ 共 聴	6	個	80,000	480	0.59	266	1	0.01	1.0	15	1.2
	機 械 警 備 配 管	1,404	㎡	1,500	2,106	2.57	1,166	3	0.01	1.0	30	1.2
防災設備	小　　　計				7,637	9.33	4,228					
	自 動 火 報	3,444	㎡	2,000	6,888	8.41	3,813	5	0.20	1.0	20	1.2
	避 雷 針	312	㎡	2,400	749	0.91	415	5	0.01	1.0	20	1.5
	合　　計	―			81,858	100.00	45,320					

衛生設備工事		数量	単位	複合単価(円)	価格構成(千円)	構成比率(%)	設定価格(千円)	修繕費			更新費	
								周期(年)	修繕率	補正係数	周期(年)	補正係数
上水設備	小　　　　計				10,302	29.55	24,092					
	給 水 引 き 込 み	77	m	30,000	2,322	6.66	5,429					
	受 水 槽（FRP）	14	㎥	85,000	1,171	3.36	2,738	10	0.10	1.2	30	1.3
	受 水 槽（SUS）	0	㎥	110,000	—	0.00	—	10	0.10	1.2	30	1.3
	高 架 水 槽（FRP）	2	㎥	360,000	744	2.13	1,740	10	0.10	1.2	30	1.3
	高 架 水 槽（SUS）	0	㎥	400,000	—	0.00	—	10	0.10	1.2	30	1.3
	屋 内 給 水 配 管	1,722	kg	3,000	5,166	14.82	12,080	10	0.10	1.2	30	1.3
	外 部 給 水 配 管	3	個	300,000	900	2.58	2,105	10	0.10	1.2	30	1.3
給湯設備	小　　　　計				806	2.31	1,885					
	給 湯 機 器	31	kw	26,000	806	2.31	1,885	5	0.10	1.2	15	1.3
排水通気設備	小　　　　計				10,485	30.07	24,518					
	屋 内 配 管	4,305	kg	2,000	8,610	24.70	20,134	5	0.20	1.2	30	1.3
	屋 外 配 管	750	㎥	2,500	1,875	5.38	4,385	5	0.20	1.2	30	1.5
衛生器具	小　　　　計				4,760	13.65	11,131					
	衛 生 器 具	68	個	70,000	4,760	13.65	11,131	5	0.10	1.2	25	1.2
ガス設備	小　　　　計				—	0.00	—					
	配 管（ 低 圧 ）	0	m	12,000	—	0.00	—	7	0.10	1.2	25	1.3
消火設備	小　　　　計				8,510	24.41	19,901					
	消 　 火 　 栓	6	組	500,000	3,000	8.60	7,015	5	0.01	1.2	25	1.3
	特 殊 消 火	69	㎥	80,000	5,510	15.81	12,886	5	0.01	1.2	25	1.3
合　計		—			34,864	100.00	81,526					

空調設備工事		数量	単位	複合単価(円)	価格構成(千円)	構成比率(%)	設定価格(千円)	修繕費			更新費	
								周期(年)	修繕率	補正係数	周期(年)	補正係数
空調機	小　　　　計				35,625	31.33	50,911					
	ビ ル マ ル チ	413	kw	86,200	35,625	31.33	50,911	3	0.05	1.2	15	1.3
ダクト	小　　　　計				34,440	30.29	49,218					
	ダ ク ト 普 通	1,378	㎥	25,000	34,440	30.29	49,218	3	0.05	1.2	20	1.3
配管	小　　　　計				15,498	13.63	22,148					
	２ パ イ プ（多い）	5,166	kg	3,000	15,498	13.63	22,148	10	0.10	1.2	30	1.3
換気	小　　　　計				9,643	8.48	13,781					
	ダ ク ト 普 通	689	㎥	14,000	9,643	8.48	13,781	5	0.10	1.2	20	1.3
排煙	小　　　　計				3,000	2.64	4,287					
	排 　 煙 　 口	6	個	500,000	3,000	2.64	4,287	5	0.02	1.2	30	1.3
自動制御	小　　　　計				5,166	4.54	7,383					
	監視付きビルマル	3,444	㎥	1,500	5,166	4.54	7,383	7	0.02	1.2	20	1.3
中央監視	小　　　　計				10,320	9.08	14,748					
	点 数 普 通	344	点	30,000	10,320	9.08	14,748	7	0.02	1.2	20	1.3
合　計		—			113,692	100.00	162,478					

昇降機工事		数量	単位	複合単価(円)	価格構成(千円)	構成比率(%)	設定価格(千円)	修繕費			更新費	
								周期(年)	修繕率	補正係数	周期(年)	補正係数
昇降機	小　　　　計				20,000	100.00	28,637					
	エ レ ベ ー タ	1	台	20,000,000	20,000	100.00	28,637	10	0.007	1.0	30	1.5
合　計		—			20,000	100.00	28,637					

図表150　事務所ビル・修繕費出力表

(千円)

分類	仕上修繕費	1年	2年	3年	4年	5年	6年	7年	8年	9年	10年	11年	12年	13年	14年	15年	16年	17年	18年	19年	20年
外部屋根	小計	–	–	–	–	266	–	–	–	–	266	–	–	–	–	266	–	–	–	–	227
	アスファルト露出防水	–	–	–	–	227	–	–	–	–	227	–	–	–	–	227	–	–	–	–	227
	塗膜防水	–	–	–	–	40	–	–	–	–	40	–	–	–	–	40	–	–	–	–	–
外部壁	小計	–	–	–	–	–	–	–	1,247	–	1,390	–	–	–	–	–	–	–	–	–	1,390
	吹付タイル	–	–	–	–	–	–	–	1,247	–	1,390	–	–	–	–	–	–	–	–	–	1,390
	石張り	–	–	–	–	–	–	–	–	–	–	–	–	–	–	–	–	–	–	–	–
外部建具	小計	–	–	–	–	3,690	–	–	804	–	3,690	–	–	–	–	3,690	804	–	–	–	3,690
	アルミ製建具	–	–	–	–	–	–	–	804	–	–	–	–	–	–	–	804	–	–	–	–
	鋼製建具	–	–	–	–	3,690	–	–	–	–	3,690	–	–	–	–	3,690	–	–	–	–	3,690
外部ガラス	小計	–	–	–	–	–	–	–	–	–	–	–	–	–	–	–	–	–	–	–	–
	単層透明ガラス	–	–	–	–	–	–	–	–	–	–	–	–	–	–	–	–	–	–	–	–
	単層熱線反射ガラス	–	–	–	–	–	–	–	–	–	–	–	–	–	–	–	–	–	–	–	–
外部雑	小計	–	–	–	–	–	–	–	–	–	1,059	–	–	–	–	–	–	–	–	–	1,059
	グレード中	–	–	–	–	–	–	–	–	–	1,059	–	–	–	–	–	–	–	–	–	1,059
内部床	小計	–	–	–	–	–	–	–	–	–	2,593	–	–	–	–	–	–	–	–	–	2,593
	タイル	–	–	–	–	–	–	–	–	–	629	–	–	–	–	–	–	–	–	–	629
	プラスチックタイル	–	–	–	–	–	–	–	–	–	445	–	–	–	–	–	–	–	–	–	445
	タフテッドカーペット	–	–	–	–	–	–	–	–	–	1,519	–	–	–	–	–	–	–	–	–	1,519
内部壁	小計	–	–	–	–	–	–	–	–	–	13,147	–	–	–	–	–	–	–	–	–	13,147
	タイル	–	–	–	–	–	–	–	–	–	99	–	–	–	–	–	–	–	–	–	99
	ビニールクロス	–	–	–	–	–	–	–	–	–	12,110	–	–	–	–	–	–	–	–	–	12,110
	化粧合板	–	–	–	–	–	–	–	–	–	938	–	–	–	–	–	–	–	–	–	938
内部建具	小計	–	–	–	–	1,155	–	–	–	–	1,155	–	–	–	–	1,243	–	–	–	–	1,155
	アルミ製建具	–	–	–	–	–	–	–	–	–	–	–	–	–	–	88	–	–	–	–	–
	鋼製建具	–	–	–	–	1,021	–	–	–	–	1,021	–	–	–	–	1,021	–	–	–	–	1,021
	木製建具	–	–	–	–	133	–	–	–	–	133	–	–	–	–	133	–	–	–	–	133
内部天井	小計	–	–	–	–	–	–	–	–	–	8,643	–	–	–	–	–	–	–	–	–	8,643
	石綿吸音板	–	–	–	–	–	–	–	–	–	2,512	–	–	–	–	–	–	–	–	–	2,512
	化粧石膏ボード	–	–	–	–	–	–	–	–	–	3,437	–	–	–	–	–	–	–	–	–	3,437
	ビニールクロス貼	–	–	–	–	–	–	–	–	–	2,694	–	–	–	–	–	–	–	–	–	2,694
内部雑	小計	–	–	–	–	–	–	–	–	–	6,441	–	–	–	–	–	–	–	–	–	6,441
	グレード中	–	–	–	–	–	–	–	–	–	6,441	–	–	–	–	–	–	–	–	–	6,441
	合計	–	–	–	–	5,111	–	–	2,052	–	38,384	–	–	–	–	5,199	804	–	–	–	38,344

(千円)

仕上修繕費		21年	22年	23年	24年	25年	26年	27年	28年	29年	30年	31年	32年	33年	34年	35年	36年	37年	38年	39年	40年
外部屋根	小　計	−	−	−	−	266	−	−	−	−	40	−	−	−	−	266	−	−	−	−	227
	アスファルト露出防水	−	−	−	−	227	−	−	−	−	−	−	−	−	−	227	−	−	−	−	227
	塗　膜　防　水	−	−	−	−	40	−	−	−	−	40	−	−	−	−	40	−	−	−	−	−
外部壁	小　計	−	−	1,247	−	−	−	−	−	−	1,390	−	−	−	−	−	−	−	1,247	−	1,390
	タ　イ　ル	−	−	−	−	−	−	−	−	−	1,390	−	−	−	−	−	−	−	−	−	1,390
	吹　付　タ　イ　ル	−	−	1,247	−	−	−	−	−	−	−	−	−	−	−	−	−	−	1,247	−	−
	石　張　り	−	−	−	−	−	−	−	−	−	−	−	−	−	−	−	−	−	−	−	−
外部建具	小　計	−	−	−	804	3,690	−	−	−	−	3,690	−	804	−	−	−	−	−	−	−	3,690
	ア　ル　ミ　製　建　具	−	−	−	804	−	−	−	−	−	−	−	804	−	−	−	−	−	−	−	−
	鋼　製　建　具	−	−	−	−	3,690	−	−	−	−	3,690	−	−	−	−	−	−	−	−	−	3,690
外部ガラス	小　計	−	−	−	−	−	−	−	−	−	−	−	−	−	−	−	−	−	−	−	−
	単　層　透　明　ガ　ラ　ス	−	−	−	−	−	−	−	−	−	−	−	−	−	−	−	−	−	−	−	−
	単層熱線反射ガラス	−	−	−	−	−	−	−	−	−	−	−	−	−	−	−	−	−	−	−	−
外部雑	小　計	−	−	−	−	−	−	−	−	−	1,059	−	−	−	−	−	−	−	−	−	−
	グ　レ　ー　ド　中	−	−	−	−	−	−	−	−	−	1,059	−	−	−	−	−	−	−	−	−	−
内部床	小　計	−	−	−	−	−	−	−	−	−	629	−	−	−	−	−	−	−	−	−	2,593
	タ　イ　ル	−	−	−	−	−	−	−	−	−	629	−	−	−	−	−	−	−	−	−	629
	プラスチックタイル	−	−	−	−	−	−	−	−	−	−	−	−	−	−	−	−	−	−	−	445
	タフテッドカーペット	−	−	−	−	−	−	−	−	−	−	−	−	−	−	−	−	−	−	−	1,519
内部壁	小　計	−	−	−	−	−	−	−	−	−	99	−	−	−	−	−	−	−	−	−	13,147
	タ　イ　ル	−	−	−	−	−	−	−	−	−	99	−	−	−	−	−	−	−	−	−	99
	ビ　ニ　ー　ル　ク　ロ　ス	−	−	−	−	−	−	−	−	−	−	−	−	−	−	−	−	−	−	−	12,110
	化　粧　合　板	−	−	−	−	−	−	−	−	−	−	−	−	−	−	−	−	−	−	−	938
内部建具	小　計	−	−	−	−	1,155	−	−	−	−	1,109	−	−	−	−	1,155	−	−	−	−	133
	ア　ル　ミ　製　建　具	−	−	−	−	−	−	−	−	−	88	−	−	−	−	−	−	−	−	−	−
	鋼　製　建　具	−	−	−	−	1,021	−	−	−	−	1,021	−	−	−	−	1,021	−	−	−	−	−
	木　製　建　具	−	−	−	−	133	−	−	−	−	−	−	−	−	−	133	−	−	−	−	133
内部天井	小　計	−	−	−	−	−	−	−	−	−	−	−	−	−	−	−	−	−	−	−	8,643
	石　綿　吸　音　板	−	−	−	−	−	−	−	−	−	−	−	−	−	−	−	−	−	−	−	2,512
	化　粧　石　膏　ボ　ー　ド	−	−	−	−	−	−	−	−	−	−	−	−	−	−	−	−	−	−	−	3,437
	ビニールクロス貼	−	−	−	−	−	−	−	−	−	−	−	−	−	−	−	−	−	−	−	2,694
内部雑	小　計	−	−	−	−	−	−	−	−	−	−	−	−	−	−	−	−	−	−	−	6,441
	グ　レ　ー　ド　中	−	−	−	−	−	−	−	−	−	−	−	−	−	−	−	−	−	−	−	6,441
合　計		−	−	1,247	804	5,111	−	−	−	−	8,016	−	804	−	−	1,421	−	−	1,247	−	36,263

電気設備修繕費		1年	2年	3年	4年	5年	6年	7年	8年	9年	10年	11年	12年	13年	14年	15年	16年	17年	18年	19年	20年
強電設備	小計	1,313	1,313	1,428	1,313	1,470	1,428	1,313	1,313	1,428	1,947	1,313	1,428	1,313	1,313	1,584	1,313	1,313	1,428	1,313	157
	引き込み	—	—	—	—	—	—	—	—	—	—	—	—	—	—	—	—	—	—	—	—
	受変電（高圧油）	—	—	74	—	—	74	—	—	74	—	—	74	—	—	74	—	—	74	—	—
	幹線	—	—	—	—	51	—	—	—	—	51	—	—	—	—	51	—	—	—	—	51
	動力	—	—	—	—	105	—	—	—	—	105	—	—	—	—	105	—	—	—	—	105
	発電機（ディーゼル）	—	—	40	—	—	40	—	—	40	—	—	40	—	—	40	—	—	40	—	—
	蓄電池（鉛）	—	—	—	—	—	—	—	—	—	477	—	—	—	—	—	—	—	—	—	—
	電灯コンセント	1,313	1,313	1,313	1,313	1,313	1,313	1,313	1,313	1,313	1,313	1,313	1,313	1,313	1,313	1,313	1,313	1,313	1,313	1,313	—
弱電設備	小計	135	135	175	135	135	175	135	135	175	135	135	175	135	135	172	135	135	175	135	106
	放送	104	104	104	104	104	104	104	104	104	104	104	104	104	104	104	104	104	104	104	104
	電話引き込み	—	—	—	—	—	—	—	—	—	—	—	—	—	—	—	—	—	—	—	—
	電話屋内配管	—	—	29	—	—	29	—	—	29	—	—	29	—	—	29	—	—	29	—	—
	インターホン	29	29	29	29	29	29	29	29	29	29	29	29	29	29	29	29	29	29	29	—
	ＴＶ共聴	3	3	3	3	3	3	3	3	3	3	3	3	3	3	—	3	3	3	3	3
	機械警備配管	—	—	12	—	—	12	—	—	12	—	—	12	—	—	12	—	—	12	—	—
防災設備	小計	—	—	—	—	767	—	—	—	—	767	—	—	—	—	767	—	—	—	—	—
	自動火報	—	—	—	—	763	—	—	—	—	763	—	—	—	—	763	—	—	—	—	—
	避雷針	—	—	—	—	4	—	—	—	—	4	—	—	—	—	4	—	—	—	—	—
合計		1,448	1,448	1,603	1,448	2,372	1,603	1,448	1,448	1,603	2,848	1,448	1,603	1,448	1,448	2,524	1,448	1,448	1,603	1,448	263

電気設備修繕費		21年	22年	23年	24年	25年	26年	27年	28年	29年	30年	31年	32年	33年	34年	35年	36年	37年	38年	39年	40年
強電設備	小計	1,428	1,313	1,313	1,428	1,470	1,313	1,428	1,313	1,313	1,790	1,313	1,313	1,428	1,313	1,470	1,428	1,313	1,313	1,428	157
	引き込み	—	—	—	—	—	—	—	—	—	—	—	—	—	—	—	—	—	—	—	—
	受変電（高圧油）	74	—	—	74	—	—	74	—	—	—	—	—	74	—	—	74	—	—	74	—
	幹線	—	—	—	—	51	—	—	—	—	—	—	—	—	—	51	—	—	—	—	51
	動力	—	—	—	—	105	—	—	—	—	—	—	—	—	—	105	—	—	—	—	105
	発電機（ディーゼル）	40	—	—	40	—	—	40	—	—	—	—	—	40	—	—	40	—	—	40	—
	蓄電池（鉛）	—	—	—	—	—	—	—	—	—	477	—	—	—	—	—	—	—	—	—	—
	電灯コンセント	1,313	1,313	1,313	1,313	1,313	1,313	1,313	1,313	1,313	1,313	1,313	1,313	1,313	1,313	1,313	1,313	1,313	1,313	1,313	—
弱電設備	小計	175	135	135	175	31	135	175	135	135	132	135	135	175	135	135	175	135	135	175	106
	放送	104	104	104	104	—	104	104	104	104	104	104	104	104	104	104	104	104	104	104	104
	電話引き込み	—	—	—	—	—	—	—	—	—	—	—	—	—	—	—	—	—	—	—	—
	電話屋内配管	29	—	—	29	—	—	29	—	—	—	—	—	29	—	—	29	—	—	29	—
	インターホン	29	29	29	29	29	29	29	29	29	29	29	29	29	29	29	29	29	29	29	—
	ＴＶ共聴	3	3	3	3	3	3	3	3	3	—	3	3	3	3	3	3	3	3	3	3
	機械警備配管	12	—	—	12	—	—	12	—	—	—	—	—	12	—	—	12	—	—	12	—
防災設備	小計	—	—	—	—	767	—	—	—	—	767	—	—	—	—	767	—	—	—	—	—
	自動火報	—	—	—	—	763	—	—	—	—	763	—	—	—	—	763	—	—	—	—	—
	避雷針	—	—	—	—	4	—	—	—	—	4	—	—	—	—	4	—	—	—	—	—
合計		1,603	1,448	1,448	1,603	2,268	1,448	1,603	1,448	1,448	2,689	1,448	1,448	1,603	1,448	2,372	1,603	1,448	1,448	1,603	263

衛生設備修繕費 （単位：千円）

（1年〜20年）

衛生設備修繕費	1年	2年	3年	4年	5年	6年	7年	8年	9年	10年	11年	12年	13年	14年	15年	16年	17年	18年	19年	20年
上水設備　給水引き込み　小計	—	—	—	—	—	—	—	—	—	2,240	—	—	—	—	—	—	—	—	—	2,240
受水槽（FRP）	—	—	—	—	—	—	—	—	—	329	—	—	—	—	—	—	—	—	—	329
高架水槽（FRP）	—	—	—	—	—	—	—	—	—	209	—	—	—	—	—	—	—	—	—	209
屋内給水配管	—	—	—	—	—	—	—	—	—	1,450	—	—	—	—	—	—	—	—	—	1,450
外部給水配管	—	—	—	—	—	—	—	—	—	253	—	—	—	—	—	—	—	—	—	253
小計	—	—	—	—	—	—	—	—	—	226	—	—	—	—	—	—	—	—	—	226
給湯設備　給湯機器	—	—	—	—	226	—	—	—	—	226	—	—	—	—	—	—	—	—	—	226
小計	—	—	—	—	226	—	—	—	—	226	—	—	—	—	—	—	—	—	—	226
排水通気設備　屋内配管	—	—	—	—	5,884	—	—	—	—	5,884	—	—	—	—	5,884	—	—	—	—	5,884
屋外配管	—	—	—	—	4,832	—	—	—	—	4,832	—	—	—	—	4,832	—	—	—	—	4,832
小計	—	—	—	—	1,052	—	—	—	—	1,052	—	—	—	—	1,052	—	—	—	—	1,052
衛生器具　衛生器具	—	—	—	—	1,336	—	—	—	—	1,336	—	—	—	—	1,336	—	—	—	—	1,336
小計	—	—	—	—	1,336	—	—	—	—	1,336	—	—	—	—	1,336	—	—	—	—	1,336
消火設備　消火栓	—	—	—	—	239	—	—	—	—	239	—	—	—	—	239	—	—	—	—	239
特殊消火	—	—	—	—	84	—	—	—	—	84	—	—	—	—	84	—	—	—	—	84
小計	—	—	—	—	155	—	—	—	—	155	—	—	—	—	155	—	—	—	—	155
合計	—	—	—	—	7,685	—	—	—	—	9,925	—	—	—	—	7,459	—	—	—	—	9,925

（21年〜40年）

衛生設備修繕費	21年	22年	23年	24年	25年	26年	27年	28年	29年	30年	31年	32年	33年	34年	35年	36年	37年	38年	39年	40年
上水設備　給水引き込み　小計	—	—	—	—	—	—	—	—	—	—	—	—	—	—	—	—	—	—	—	2,240
受水槽（FRP）	—	—	—	—	—	—	—	—	—	—	—	—	—	—	—	—	—	—	—	329
高架水槽（FRP）	—	—	—	—	—	—	—	—	—	—	—	—	—	—	—	—	—	—	—	209
屋内給水配管	—	—	—	—	—	—	—	—	—	—	—	—	—	—	—	—	—	—	—	1,450
外部給水配管	—	—	—	—	—	—	—	—	—	—	—	—	—	—	—	—	—	—	—	253
小計	—	—	—	—	—	—	—	—	—	—	—	—	—	—	226	—	—	—	—	226
給湯設備　給湯機器	—	—	—	—	226	—	—	—	—	—	—	—	—	—	226	—	—	—	—	226
小計	—	—	—	—	226	—	—	—	—	—	—	—	—	—	226	—	—	—	—	226
排水通気設備　屋内配管	—	—	—	—	5,884	—	—	—	—	—	—	—	—	—	5,884	—	—	—	—	5,884
屋外配管	—	—	—	—	4,832	—	—	—	—	—	—	—	—	—	4,832	—	—	—	—	4,832
小計	—	—	—	—	1,052	—	—	—	—	—	—	—	—	—	1,052	—	—	—	—	1,052
衛生器具　衛生器具	—	—	—	—	—	—	—	—	—	1,336	—	—	—	—	1,336	—	—	—	—	1,336
小計	—	—	—	—	—	—	—	—	—	1,336	—	—	—	—	1,336	—	—	—	—	1,336
消火設備　消火栓	—	—	—	—	—	—	—	—	—	239	—	—	—	—	239	—	—	—	—	239
特殊消火	—	—	—	—	—	—	—	—	—	84	—	—	—	—	84	—	—	—	—	84
小計	—	—	—	—	—	—	—	—	—	155	—	—	—	—	155	—	—	—	—	155
合計	—	—	—	—	6,111	—	—	—	—	1,575	—	—	—	—	7,685	—	—	—	—	9,925

空調設備修繕費　（千円）

区分	1年	2年	3年	4年	5年	6年	7年	8年	9年	10年	11年	12年	13年	14年	15年	16年	17年	18年	19年	20年
空調機 ビルマルチ	—	—	3,055	—	—	3,055	—	—	3,055	—	—	3,055	—	—	—	—	—	3,055	—	—
空調機 小計	—	—	3,055	—	—	3,055	—	—	3,055	—	—	3,055	—	—	—	—	—	3,055	—	—
ダクト 普通	—	—	2,953	—	—	2,953	—	—	2,953	—	—	2,953	—	—	—	—	—	2,953	—	—
ダクト 小計	—	—	2,953	—	—	2,953	—	—	2,953	—	—	2,953	—	—	—	—	—	2,953	—	—
配管 2パイプ（多い）	—	—	—	—	—	—	—	—	—	2,658	—	—	—	—	—	—	—	—	—	2,658
配管 小計	—	—	—	—	—	—	—	—	—	2,658	—	—	—	—	—	—	—	—	—	2,658
換気 ダクト普通	—	—	—	—	1,654	—	—	—	—	1,654	—	—	—	—	1,654	—	—	—	—	—
換気 小計	—	—	—	—	1,654	—	—	—	—	1,654	—	—	—	—	1,654	—	—	—	—	—
排煙	—	—	—	—	103	—	—	—	—	103	—	—	—	—	103	—	—	—	—	103
排煙 小計	—	—	—	—	103	—	—	—	—	103	—	—	—	—	103	—	—	—	—	103
自動制御 小計	—	—	—	—	—	—	177	—	—	—	—	—	—	177	—	—	—	—	—	—
中央監視 点数普通	—	—	—	—	—	—	354	—	—	—	—	—	—	354	—	—	—	—	—	—
中央監視 小計	—	—	—	—	—	—	354	—	—	—	—	—	—	354	—	—	—	—	—	—
合計	—	—	6,008	—	1,757	6,008	531	—	6,008	4,414	—	6,008	—	531	4,710	—	—	6,008	—	2,761

区分	21年	22年	23年	24年	25年	26年	27年	28年	29年	30年	31年	32年	33年	34年	35年	36年	37年	38年	39年	40年
空調機 ビルマルチ	3,055	—	—	3,055	—	—	3,055	—	—	—	—	—	3,055	—	—	3,055	—	—	3,055	—
空調機 小計	3,055	—	—	3,055	—	—	3,055	—	—	—	—	—	3,055	—	—	3,055	—	—	3,055	—
ダクト 普通	—	—	2,953	—	—	2,953	—	—	2,953	—	—	2,953	—	—	2,953	—	—	2,953	—	—
ダクト 小計	—	—	2,953	—	—	2,953	—	—	2,953	—	—	2,953	—	—	2,953	—	—	2,953	—	—
配管 2パイプ（多い）	—	—	—	—	—	—	—	—	—	—	—	—	—	—	—	—	—	—	—	2,658
配管 小計	—	—	—	—	—	—	—	—	—	—	—	—	—	—	—	—	—	—	—	2,658
換気 ダクト普通	—	—	—	—	1,654	—	—	—	—	1,654	—	—	—	—	1,654	—	—	—	—	—
換気 小計	—	—	—	—	1,654	—	—	—	—	1,654	—	—	—	—	1,654	—	—	—	—	—
排煙	—	—	—	—	103	—	—	—	—	—	—	—	—	—	103	—	—	—	—	103
排煙 小計	—	—	—	—	103	—	—	—	—	—	—	—	—	—	103	—	—	—	—	103
自動制御 小計	—	—	—	—	—	—	177	—	—	—	—	—	—	177	—	—	—	—	—	—
中央監視 点数普通	—	—	—	—	—	—	354	—	—	—	—	—	—	354	—	—	—	—	—	—
中央監視 小計	—	—	—	—	—	—	354	—	—	—	—	—	—	354	—	—	—	—	—	—
合計	3,055	—	2,953	3,055	1,757	2,953	3,586	—	2,953	1,654	—	2,953	3,055	531	4,710	3,055	—	2,953	3,055	2,761

昇降機修繕費　（千円）

区分	1年	2年	3年	4年	5年	6年	7年	8年	9年	10年	11年	12年	13年	14年	15年	16年	17年	18年	19年	20年
昇降機 エレベータ	—	—	—	—	—	—	—	—	—	200	—	—	—	—	—	—	—	—	—	200
小計	—	—	—	—	—	—	—	—	—	200	—	—	—	—	—	—	—	—	—	200
合計	—	—	—	—	—	—	—	—	—	200	—	—	—	—	—	—	—	—	—	200

区分	21年	22年	23年	24年	25年	26年	27年	28年	29年	30年	31年	32年	33年	34年	35年	36年	37年	38年	39年	40年
昇降機 エレベータ	—	—	—	—	—	—	—	—	—	200	—	—	—	—	—	—	—	—	—	200
小計	—	—	—	—	—	—	—	—	—	200	—	—	—	—	—	—	—	—	—	200
合計	—	—	—	—	—	—	—	—	—	200	—	—	—	—	—	—	—	—	—	200

図表151　事務所ビル・更新費出力表

（千円）

仕上更新費		15年	20年	25年	30年	35年	40年
外部屋根	小　　　　計	－	796	－	4,963	－	796
	アスファルト露出防水	－	－	－	4,963	－	－
	塗　膜　防　水	－	796	－	－	－	796
外部壁	小　　　　計	1,663	－	－	1,663	－	－
	タ　イ　ル	－	－	－	－	－	－
	吹　付　タ　イ　ル	1,663	－	－	1,663	－	－
	石　　張　　り	－	－	－	－	－	－
外部建具	小　　　　計	－	－	－	－	28,655	39,715
	ア　ル　ミ　製　建　具	－	－	－	－	－	39,715
	鋼　製　建　具	－	－	－	－	28,655	－
外部ガラス	小　　　　計	－	－	－	－	－	19,752
	単　層　透　明　ガ　ラ　ス	－	－	－	－	－	1,555
	単　層　熱　線　反　射　ガ　ラ　ス	－	－	－	－	－	18,197
外部雑	小　　　　計	－	－	－	－	－	12,711
	グ　レ　ー　ド　中	－	－	－	－	－	12,711
内部床	小　　　　計	－	－	－	25,932	－	－
	タ　イ　ル	－	－	－	－	－	－
	プ　ラ　ス　チ　ッ　ク　タ　イ　ル	－	－	－	5,217	－	－
	タ　フ　テ　ッ　ド　カ　ー　ペ　ッ　ト	－	－	－	20,714	－	－
内部壁	小　　　　計	－	－	－	97,637	－	－
	タ　イ　ル	－	－	－	－	－	－
	ビ　ニ　ー　ル　ク　ロ　ス	－	－	－	73,628	－	－
	ウオールナット練りつけ	－	－	－	－	－	－
	化　粧　合　板	－	－	－	24,009	－	－
内部建具	小　　　　計	－	－	－	741	－	8,125
	ア　ル　ミ　製　建　具	－	－	－	－	－	－
	鋼　製　建　具	－	－	－	－	－	8,125
	木　製　建　具	－	－	－	741	－	－
内部天井	小　　　　計	－	－	－	56,677	－	－
	吸　音　板	－	－	－	19,323	－	－
	化　粧　ボ　ー　ド	－	－	－	19,053	－	－
	ビ　ニ　ー　ル　ク　ロ　ス　貼	－	－	－	18,301	－	－
内部雑	小　　　　計	－	－	－	77,292	－	－
	グ　レ　ー　ド　中	－	－	－	77,292	－	－
合　計		1,663	796	－	264,903	28,655	81,100

（千円）

電気設備更新費		15年	20年	25年	30年	35年	40年
強電設備	小　　　　計	－	19,906	－	22,170	－	19,906
	引　き　込　み	－	－	－	857	－	－
	受　変　電（高　圧　油）	－	－	－	9,667	－	－
	幹　　　線	－	－	－	2,231	－	－
	動　　　力	－	－	－	4,210	－	－
	発　電　機（ディーゼル）	－	－	－	5,205	－	－
	蓄　電　池（鉛）	－	1,144	－	－	－	1,144
	蓄　電　池（アルカリ）	－	－	－	－	－	－
	電　灯　コ　ン　セ　ン　ト	－	18,762	－	－	－	18,762
弱電設備	小　　　　計	319	229	2,485	5,579	－	229
	放　　　送	－	－	2,485	－	－	－
	電　話　引　き　込　み	－	－	－	428	－	－
	電　話　屋　内　配　管	－	－	－	3,432	－	－
	イ　ン　タ　ー　ホ　ン	－	229	－	－	－	229
	Ｔ　Ｖ　共　聴	319	－	－	319	－	－
	機　械　警　備　配　管	－	－	－	1,399	－	－
防災設備	小　　　　計	－	5,198	－	－	－	5,198
	自　動　火　報	－	4,576	－	－	－	4,576
	避　雷　針	－	622	－	－	－	622
合　計		319	25,333	2,485	27,749	－	25,333

(千円)

衛生設備更新費		15年	20年	25年	30年	35年	40年
上 水 設 備	小　　　　計	—	—	—	24,261	—	—
	給 水 引 き 込 み	—	—	—	—	—	—
	受 水 槽 （ F R P ）	—	—	—	3,560	—	—
	高 架 水 槽 （FRP）	—	—	—	2,261	—	—
	屋 内 給 水 配 管	—	—	—	15,704	—	—
	外 部 給 水 配 管	—	—	—	2,736	—	—
給 湯 設 備	小　　　　計	2,450	—	—	2,450	—	—
	給 湯 機 器	2,450	—	—	2,450	—	—
排水通気設備	小　　　　計	—	—	—	32,751	—	—
	屋 内 配 管	—	—	—	26,174	—	—
	屋 外 配 管	—	—	—	6,577	—	—
衛 生 器 具	小　　　　計	—	—	13,357	—	—	—
	衛 生 器 具	—	—	13,357	—	—	—
消 火 設 備	小　　　　計	—	—	25,871	—	—	—
	消 火 栓	—	—	9,120	—	—	—
	特 殊 消 火	—	—	16,751	—	—	—
	合 計	2,450	—	39,228	59,462	—	—

(千円)

空調設備更新費		15年	20年	25年	30年	35年	40年
空 調 機	小　　　　計	66,185	—	—	66,185	—	—
	ビ ル マ ル チ	66,185	—	—	66,185	—	—
ダ ク ト	小　　　　計	—	63,984	—		—	63,984
	ダ ク ト 普 通	—	63,984	—	—	—	63,984
配 管	小　　　　計	—	—	—	28,793	—	—
	２ パ イ プ （ 多 い ）	—	—	—	28,793	—	—
換 気	小　　　　計	—	17,915	—	—	—	17,915
	ダ ク ト 普 通	—	17,915	—	—	—	17,915
排 煙	小　　　　計	—	—	—	5,574	—	—
	排 煙 口	—	—	—	5,574	—	—
自 動 制 御	小　　　　計	—	9,598	—	—	—	9,598
	監 視 付 き ビ ル マ ル	—	9,598	—	—	—	9,598
中 央 監 視	小　　　　計	—	19,173	—	—	—	19,173
	点 数 普 通	—	19,173	—	—	—	19,173
	合 計	66,185	110,670	—	100,551	—	110,670

(千円)

昇降機更新費		15年	20年	25年	30年	35年	40年
昇 降 機	小　　　　計	—	—	—	42,955	—	—
	エ レ ベ ー タ	—	—	—	42,955	—	—
	合 計	—	—	—	42,955	—	—

図表152　事務所ビル・修繕費集計表

（千円）

	1年	2年	3年	4年	5年	6年	7年	8年	9年	10年	11年	12年	13年	14年	15年	16年	17年	18年	19年	20年	20年平均工事費割合(%)
仕　　上	—	—	—	—	5,111	—	—	2,052	—	38,384	—	—	—	—	5,199	804	—	—	—	38,344	1.08
電 気 設 備	1,448	1,448	1,603	1,448	2,372	1,603	1,448	1,448	1,603	2,848	1,448	1,603	1,448	1,448	2,524	1,448	1,448	1,603	1,448	263	3.52
衛 生 設 備	—	—	—	—	7,685	—	—	—	—	9,925	—	—	—	—	7,459	—	—	—	—	9,925	2.15
空 調 設 備	—	—	6,008	—	1,757	6,008	531	—	6,008	4,414	—	6,008	—	531	4,710	—	—	6,008	—	2,761	1.38
昇 降 機	—	—	—	—	—	—	—	—	—	200	—	—	—	—	—	—	—	—	—	200	0.07
合　　計	1,448	1,448	7,611	1,448	16,925	7,611	1,979	3,500	7,611	55,772	1,448	7,611	1,448	1,979	19,892	2,253	1,448	7,611	1,448	51,493	0.74
新設工事費割合(%)	0.11	0.11	0.56	0.11	1.24	0.56	0.15	0.26	0.56	4.09	0.11	0.56	0.11	0.15	1.46	0.17	0.11	0.56	0.11	3.78	

	21年	22年	23年	24年	25年	26年	27年	28年	29年	30年	31年	32年	33年	34年	35年	36年	37年	38年	39年	40年	40年平均工事費割合(%)
仕　　上	—	—	1,247	804	5,111	—	—	—	—	8,016	—	804	—	—	1,421	—	—	1,247	—	36,263	0.87
電 気 設 備	1,603	1,448	1,448	1,603	2,268	1,448	1,603	1,448	1,448	2,689	1,448	1,448	1,603	1,448	2,372	1,603	1,448	1,448	1,603	263	3.51
衛 生 設 備	—	—	—	—	6,111	—	—	—	—	1,575	—	—	—	—	7,685	—	—	—	—	9,925	1.85
空 調 設 備	3,055	—	2,953	3,055	1,757	2,953	3,586	—	2,953	1,654	—	2,953	3,055	531	4,710	3,055	—	2,953	3,055	2,761	1.39
昇 降 機	—	—	—	—	—	—	—	—	—	—	—	—	—	—	—	—	—	—	—	200	0.05
合　　計	4,657	1,448	5,648	5,462	15,247	4,401	5,189	1,448	4,401	13,933	1,448	5,206	4,657	1,979	16,188	4,657	1,448	5,648	4,657	49,412	0.66
新設工事費割合(%)	0.34	0.11	0.41	0.40	1.12	0.32	0.38	0.11	0.32	1.02	0.11	0.38	0.34	0.15	1.19	0.34	0.11	0.41	0.34	3.63	

図表153　事務所ビル・更新費集計表

（千円）

	15年	20年	25年	30年	35年	40年	年平均工事費割合(%)
仕　　上	1,663	796	—	264,903	28,655	81,100	2.27
電 気 設 備	319	25,333	2,485	27,749	—	25,333	4.48
衛 生 設 備	2,450	—	39,228	59,462	—	—	3.10
空 調 設 備	66,185	110,670	—	100,551	—	110,670	5.97
昇 降 機	—	—	—	42,955	—	—	3.75
合　　計	70,616	136,799	41,713	495,621	28,655	217,102	1.82
新設工事費割合(%)	5.18	10.04	3.06	36.37	2.10	15.93	

図表154　共同住宅・修繕設定表

仕上工事		設定数量		複合単価(円)	価格構成(千円)	構成比率(%)	設定価格(千円)	修繕費			更新費	
								周期(年)	修繕率	単価係数	周期(年)	単価係数
外部屋根	小　　　計				2,047	1.99	1,992					
	アスファルト露出防水	388	㎡	4,500	1,746	1.70	1,698	5	0.07	1.37	30	2.10
	塗　膜　防　水	43	㎡	7,000	302	0.29	294	5	0.07	1.39	20	1.95
外部壁	小　　　計				14,000	13.60	13,622					
	タ　　イ　　ル	700	㎡	20,000	14,000	13.60	13,622	10	0.03	1.17	65	－
外部建具	小　　　計				26,754	25.99	26,032					
	アルミ製建具	605	㎡	30,000	18,150	17.63	17,660	8	0.03	0.79	40	1.17
	鋼　製　建　具	90	㎡	95,600	8,604	8.36	8,372	5	0.03	4.55	35	1.06
外部ガラス	小　　　計				5,400	5.24	5,254					
	単層透明ガラス	150	㎡	10,000	1,500	1.46	1,460	－	－	－	40	1.10
	複層高遮断熱ガラス	150	㎡	26,000	3,900	3.79	3,795	－	－	－	40	1.10
外部雑	小　　　計				2,862	2.78	2,785					
	グ　レ　ー　ド　中	1,431	㎡	2,000	2,862	2.78	2,785	10	0.10	1.00	40	1.20
内部床	小　　　計				19,848	19.28	19,312					
	タ　　イ　　ル	132	㎡	11,300	1,495	1.45	1,455	10	0.02	1.08	65	－
	ビニルシート	265	㎡	3,700	979	0.95	953	10	0.10	1.20	30	1.36
	フローリング	926	㎡	18,760	17,374	16.87	16,905	10	0.01	1.19	60	1.19
内部壁	小　　　計				12,126	11.78	11,798					
	タ　　イ　　ル	182	㎡	9,300	1,691	1.64	1,645	10	0.01	1.17	65	－
	ビニールクロス	1,273	㎡	7,600	9,671	9.39	9,410	10	1.00	0.25	30	1.52
	複層仕上塗吹付けタイル	364	㎡	2,100	764	0.74	743	10	0.60	0.66	30	2.32
内部建具	小　　　計				908	0.88	884					
	アルミ製建具	2	㎡	57,000	119	0.12	115	15	0.04	1.00	50	1.37
	鋼　製　建　具	6	㎡	57,300	358	0.35	348	5	0.04	3.30	40	1.05
	木　製　建　具	12	㎡	34,600	432	0.42	420	5	0.04	5.00	30	1.11
内部天井	小　　　計				5,782	5.62	5,625					
	吸　音　板	397	㎡	5,000	1,985	1.93	1,931	10	1.00	0.26	30	2.00
	ビニールクロス貼	926	㎡	4,100	3,797	3.69	3,695	10	1.00	0.34	30	2.31
内部雑	小　　　計				13,230	12.85	12,873					
	グ　レ　ー　ド　中	1,323	㎡	10,000	13,230	12.85	12,873	10	0.10	1.00	30	1.20
合　　計					102,956	100.00	100,178					

電気設備工事		数量	単位	複合単価(円)	価格構成(千円)	構成比率(%)	設定価格(千円)	修繕費			更新費	
								周期(年)	修繕率	補正係数	周期(年)	補正係数
強電設備	小　　　計				21,266	67.19	42,390					
	引　き　込　み	82	m	20,000	1,632	5.16	3,254		0.00		30	1.0
	受変電（高圧油）	198	KVA	26,000	5,160	16.30	10,285	3	0.01	1.0	30	1.3
	幹　　　線	198	KVA	6,000	1,191	3.76	2,373	5	0.03	1.0	30	1.3
	動　　　力	106	KVA	23,000	2,434	7.69	4,852	5	0.03	1.0	30	1.2
	電灯コンセント	1,323	㎡	8,200	10,849	34.28	21,625	1	0.07	1.2	20	1.2
弱電設備	小　　　計				7,740	24.45	15,428					
	電話引き込み	82	m	10,000	816	2.58	1,627		0.00		30	1.0
	電話屋内配管	1,323	㎡	1,500	1,985	6.27	3,956	3	0.01	1.0	30	1.2
	インターホン	1,323	㎡	100	132	0.42	264	1	0.15	1.0	20	1.2
	Ｔ　Ｖ　共　聴	52	個	80,000	4,160	13.14	8,292	1	0.01	1.0	15	1.2
	機械警備配管	431	㎡	1,500	647	2.04	1,289	3	0.01	1.0	30	1.2
防災設備	小　　　計				2,646	8.36	5,274					
	自　動　火　報	1,323	㎡	2,000	2,646	8.36	5,274	5	0.20	1.0	20	1.2
	避　雷　針	0	㎡	2,400	－	0.00	－	5	0.01	1.0	20	1.5
合　　計		－			31,651	100.00	63,093					

衛生設備工事		数量	単位	複合単価 (円)	価格構成 (千円)	構成比率 (%)	設定価格 (千円)	修繕費			更新費	
								周期(年)	修繕率	補正係数	周期(年)	補正係数
上水設備	小　　　計				6,669	44.22	19,257					
	給水引き込み	82	m	30,000	2,449	16.24	7,071					
	受　水　槽（FRP）	5	㎥	85,000	450	2.98	1,299	10	0.10	1.2	30	1.3
	高架水槽（FRP）	1	㎥	360,000	286	1.89	825	10	0.10	1.2	30	1.3
	屋内給水配管	662	kg	3,000	1,985	13.16	5,731	10	0.10	1.2	30	1.3
	外部給水配管	5	個	300,000	1,500	9.95	4,331	10	0.10	1.2	30	1.3
給湯設備	小　　　計				310	2.05	894					
	給　湯　機　器	12	kw	26,000	310	2.05	894	5	0.10	1.2	15	1.3
排水通気設備	小　　　計				5,808	38.51	16,770					
	屋　内　配　管	1,654	kg	2,000	3,308	21.93	9,551	5	0.20	1.2	30	1.3
	屋　外　配　管	1,000	㎥	2,500	2,500	16.58	7,219	5	0.20	1.2	30	1.5
衛生器具	小　　　計				1,820	12.07	5,256					
	衛　生　器　具	26	個	70,000	1,820	12.07	5,256	5	0.10	1.2	25	1.2
ガス設備	小　　　計				476	3.16	1,375					
	配　管（低　圧）	40	m	12,000	476	3.16	1,375	7	0.10	1.2	25	1.3
合　計		－			15,082	100.00	43,552					

空調設備工事		数量	単位	複合単価 (円)	価格構成 (千円)	構成比率 (%)	設定価格 (千円)	修繕費			更新費	
								周期(年)	修繕率	補正係数	周期(年)	補正係数
空調機	小　　　計				13,685	43.76	15,494					
	ビ　ル　マ　ル　チ	159	kw	86,200	13,685	43.76	15,494	3	0.05	1.2	15	1.3
ダクト	小　　　計				6,615	21.15	7,489					
	ダ　ク　ト　少　な　い	265	㎡	25,000	6,615	21.15	7,489	3	0.05	1.2	20	1.3
配管	小　　　計				1,985	6.35	2,247					
	2パイプ（少ない）	662	kg	3,000	1,985	6.35	2,247	10	0.10	1.2	30	1.3
換気	小　　　計				3,704	11.85	4,194					
	ダ　ク　ト　普　通	265	㎡	14,000	3,704	11.85	4,194	5	0.10	1.2	20	1.3
自動制御	小　　　計				1,323	4.23	1,498					
	ビ　ル　マ　ル　チ	1,323	㎡	1,000	1,323	4.23	1,498	7	0.02	1.2	20	1.3
中央監視	小　　　計				3,960	12.66	4,484					
	点　数　普　通	132	点	30,000	3,960	12.66	4,484	7	0.02	1.2	20	1.3
合　計		－			31,272	100.00	35,406					

昇降機工事		数量	単位	複合単価 (円)	価格構成 (千円)	構成比率 (%)	設定価格 (千円)	修繕費			更新費	
								周期(年)	修繕率	補正係数	周期(年)	補正係数
昇降機	小　　　計				20,000	100.00	20,163					
	エ　レ　ベ　ー　タ	1	台	20,000,000	20,000	100.00	20,163	10	0.007	1.0	30	1.5
合　計		－			20,000	100.00	20,163					

図表155　共同住宅・修繕費出力表

（千円）

仕上修繕費		1年	2年	3年	4年	5年	6年	7年	8年	9年	10年	11年	12年	13年	14年	15年	16年	17年	18年	19年	20年
外部屋根	小　　　　計	—	—	—	—	191	—	—	—	—	191	—	—	—	—	191	—	—	—	—	163
	アスファルト露出防水	—	—	—	—	163	—	—	—	—	163	—	—	—	—	163	—	—	—	—	163
	塗　膜　防　水	—	—	—	—	29	—	—	—	—	29	—	—	—	—	29	—	—	—	—	—
外　部　壁	小　　　　計	—	—	—	—	—	—	—	—	—	478	—	—	—	—	—	—	—	—	—	478
	タ　イ　ル	—	—	—	—	—	—	—	—	—	478	—	—	—	—	—	—	—	—	—	478
外部建具	小　　　　計	—	—	—	—	1,143	—	—	419	—	1,143	—	—	—	—	1,143	419	—	—	—	1,143
	ア ル ミ 製 建 具	—	—	—	—	—	—	—	419	—	—	—	—	—	—	—	419	—	—	—	—
	鋼　製　建　具	—	—	—	—	1,143	—	—	—	—	1,143	—	—	—	—	1,143	—	—	—	—	1,143
外部ガラス	小　　　　計	—	—	—	—	—	—	—	—	—	—	—	—	—	—	—	—	—	—	—	—
	単 層 透 明 ガ ラ ス	—	—	—	—	—	—	—	—	—	—	—	—	—	—	—	—	—	—	—	—
	複層高遮断熱ガラス	—	—	—	—	—	—	—	—	—	—	—	—	—	—	—	—	—	—	—	—
外　部　雑	小　　　　計	—	—	—	—	—	—	—	—	—	278	—	—	—	—	—	—	—	—	—	278
	グ　レ　ー　ド　中	—	—	—	—	—	—	—	—	—	278	—	—	—	—	—	—	—	—	—	278
内　部　床	小　　　　計	—	—	—	—	—	—	—	—	—	347	—	—	—	—	—	—	—	—	—	347
	タ　イ　ル	—	—	—	—	—	—	—	—	—	31	—	—	—	—	—	—	—	—	—	31
	ビ ニ ル シ ー ト	—	—	—	—	—	—	—	—	—	114	—	—	—	—	—	—	—	—	—	114
	フ ロ ー リ ン グ	—	—	—	—	—	—	—	—	—	201	—	—	—	—	—	—	—	—	—	201
内　部　壁	小　　　　計	—	—	—	—	—	—	—	—	—	2,666	—	—	—	—	—	—	—	—	—	2,666
	タ　イ　ル	—	—	—	—	—	—	—	—	—	19	—	—	—	—	—	—	—	—	—	19
	ビ ニ ー ル ク ロ ス	—	—	—	—	—	—	—	—	—	2,353	—	—	—	—	—	—	—	—	—	2,353
	複層仕上塗吹付けタイル	—	—	—	—	—	—	—	—	—	294	—	—	—	—	—	—	—	—	—	294
内部建具	小　　　　計	—	—	—	—	130	—	—	—	—	130	—	—	—	—	135	—	—	—	—	130
	ア ル ミ 製 建 具	—	—	—	—	—	—	—	—	—	—	—	—	—	—	5	—	—	—	—	—
	鋼　製　建　具	—	—	—	—	46	—	—	—	—	46	—	—	—	—	46	—	—	—	—	46
	木　製　建　具	—	—	—	—	84	—	—	—	—	84	—	—	—	—	84	—	—	—	—	84
内部天井	小　　　　計	—	—	—	—	—	—	—	—	—	1,758	—	—	—	—	—	—	—	—	—	1,758
	吸　音　板	—	—	—	—	—	—	—	—	—	502	—	—	—	—	—	—	—	—	—	502
	ビニールクロス貼	—	—	—	—	—	—	—	—	—	1,256	—	—	—	—	—	—	—	—	—	1,256
内　部　雑	小　　　　計	—	—	—	—	—	—	—	—	—	1,287	—	—	—	—	—	—	—	—	—	1,287
	グ　レ　ー　ド　中	—	—	—	—	—	—	—	—	—	1,287	—	—	—	—	—	—	—	—	—	1,287
合　　　計		—	—	—	—	1,464	—	—	419	—	8,279	—	—	—	—	1,469	419	—	—	—	8,251

（千円）

仕上修繕費		21年	22年	23年	24年	25年	26年	27年	28年	29年	30年	31年	32年	33年	34年	35年	36年	37年	38年	39年	40年
外部屋根	小 計	ー	ー	ー	ー	191	ー	ー	ー	ー	29	ー	ー	ー	ー	191	ー	ー	ー	ー	163
	アスファルト露出防水	ー	ー	ー	ー	163	ー	ー	ー	ー	ー	ー	ー	ー	ー	163	ー	ー	ー	ー	163
	塗膜防水	ー	ー	ー	ー	29	ー	ー	ー	ー	29	ー	ー	ー	ー	29	ー	ー	ー	ー	ー
外部壁	小 計	ー	ー	ー	ー	ー	ー	ー	ー	ー	478	ー	ー	ー	ー	ー	ー	ー	ー	ー	478
	タ イ ル	ー	ー	ー	ー	ー	ー	ー	ー	ー	478	ー	ー	ー	ー	ー	ー	ー	ー	ー	478
外部建具	小 計	ー	ー	ー	419	1,143	ー	ー	ー	ー	1,143	ー	419	ー	ー	ー	ー	ー	ー	ー	1,143
	アルミ製建具	ー	ー	ー	419	ー	ー	ー	ー	ー	ー	ー	419	ー	ー	ー	ー	ー	ー	ー	ー
	鋼 製 建 具	ー	ー	ー	ー	1,143	ー	ー	ー	ー	1,143	ー	ー	ー	ー	ー	ー	ー	ー	ー	1,143
外部ガラス	小 計	ー	ー	ー	ー	ー	ー	ー	ー	ー	278	ー	ー	ー	ー	ー	ー	ー	ー	ー	ー
	単層透明ガラス	ー	ー	ー	ー	ー	ー	ー	ー	ー	ー	ー	ー	ー	ー	ー	ー	ー	ー	ー	ー
	複層高透断熱ガラス	ー	ー	ー	ー	ー	ー	ー	ー	ー	278	ー	ー	ー	ー	ー	ー	ー	ー	ー	ー
外部雑	小 計（グレード中）	ー	ー	ー	ー	ー	ー	ー	ー	ー	ー	ー	ー	ー	ー	ー	ー	ー	ー	ー	ー
内部床	小 計	ー	ー	ー	ー	ー	ー	ー	ー	ー	233	ー	ー	ー	ー	ー	ー	ー	ー	ー	347
	タ イ ル	ー	ー	ー	ー	ー	ー	ー	ー	ー	31	ー	ー	ー	ー	ー	ー	ー	ー	ー	31
	ビニールシート	ー	ー	ー	ー	ー	ー	ー	ー	ー	ー	ー	ー	ー	ー	ー	ー	ー	ー	ー	114
	フローリング	ー	ー	ー	ー	ー	ー	ー	ー	ー	201	ー	ー	ー	ー	ー	ー	ー	ー	ー	201
内部壁	小 計	ー	ー	ー	ー	ー	ー	ー	ー	ー	19	ー	ー	ー	ー	ー	ー	ー	ー	ー	2,666
	タ イ ル	ー	ー	ー	ー	ー	ー	ー	ー	ー	ー	ー	ー	ー	ー	ー	ー	ー	ー	ー	294
	ビニールクロス	ー	ー	ー	ー	ー	ー	ー	ー	ー	19	ー	ー	ー	ー	ー	ー	ー	ー	ー	19
	複層仕上塗吹付けタイル	ー	ー	ー	ー	ー	ー	ー	ー	ー	ー	ー	ー	ー	ー	ー	ー	ー	ー	ー	2,353
内部建具	小 計	ー	ー	ー	ー	130	ー	ー	ー	ー	51	ー	ー	ー	ー	130	ー	ー	ー	ー	84
	アルミ製建具	ー	ー	ー	ー	ー	ー	ー	ー	ー	ー	ー	ー	ー	ー	ー	ー	ー	ー	ー	ー
	鋼 製 建 具	ー	ー	ー	ー	46	ー	ー	ー	ー	5	ー	ー	ー	ー	46	ー	ー	ー	ー	ー
	木 製 建 具	ー	ー	ー	ー	84	ー	ー	ー	ー	46	ー	ー	ー	ー	84	ー	ー	ー	ー	84
内部天井	小 計	ー	ー	ー	ー	ー	ー	ー	ー	ー	ー	ー	ー	ー	ー	ー	ー	ー	ー	ー	1,758
	吸 音 板	ー	ー	ー	ー	ー	ー	ー	ー	ー	ー	ー	ー	ー	ー	ー	ー	ー	ー	ー	502
	ビニールクロス貼	ー	ー	ー	ー	ー	ー	ー	ー	ー	ー	ー	ー	ー	ー	ー	ー	ー	ー	ー	1,256
内部雑	小 計（グレード中）	ー	ー	ー	ー	ー	ー	ー	ー	ー	ー	ー	ー	ー	ー	ー	ー	ー	ー	ー	1,287
合 計		ー	ー	ー	419	1,464	ー	ー	ー	ー	2,230	ー	419	ー	ー	321	ー	ー	ー	ー	7,926

電気設備修繕費		1年	2年	3年	4年	5年	6年	7年	8年	9年	10年	11年	12年	13年	14年	15年	16年	17年	18年	19年	20年
強電設備	小　　　　計	1,817	1,817	1,919	1,817	2,033	1,919	1,817	1,817	1,919	2,033	1,817	1,919	1,817	1,817	2,136	1,817	1,817	1,919	1,817	217
	引　き　込　み	—	—	—	—	—	—	—	—	—	—	—	—	—	—	—	—	—	—	—	—
	受変電（高圧油）	—	—	103	—	—	103	—	—	103	—	—	103	—	—	103	—	—	103	—	—
	幹　　　　　線	—	—	—	—	71	—	—	—	—	71	—	—	—	—	71	—	—	—	—	71
	動　　　　　力	—	—	—	—	146	—	—	—	—	146	—	—	—	—	146	—	—	—	—	146
	電灯コンセント	1,817	1,817	1,817	1,817	1,817	1,817	1,817	1,817	1,817	1,817	1,817	1,817	1,817	1,817	1,817	1,817	1,817	1,817	1,817	—
弱電設備	小　　　　計	122	122	175	122	122	175	122	122	175	122	122	175	122	122	92	122	122	175	122	83
	電話引き込み	—	—	—	—	—	—	—	—	—	—	—	—	—	—	—	—	—	—	—	—
	電話屋内配管	—	—	40	—	—	40	—	—	40	—	—	40	—	—	40	—	—	40	—	—
	インターホン	40	40	40	40	40	40	40	40	40	40	40	40	40	40	40	40	40	40	40	—
	ＴＶ　共　聴	83	83	83	83	83	83	83	83	83	83	83	83	83	83	—	83	83	83	83	83
	機械警備配管	—	—	13	—	—	13	—	—	13	—	—	13	—	—	13	—	—	13	—	—
防災設備	小　　　　計	—	—	—	—	1,055	—	—	—	—	1,055	—	—	—	—	1,055	—	—	—	—	—
	自　動　火　報	—	—	—	—	1,055	—	—	—	—	1,055	—	—	—	—	1,055	—	—	—	—	—
	合　　　　計	1,939	1,939	2,094	1,939	3,211	2,094	1,939	1,939	2,094	3,211	1,939	2,094	1,939	1,939	3,283	1,939	1,939	2,094	1,939	300

電気設備修繕費		21年	22年	23年	24年	25年	26年	27年	28年	29年	30年	31年	32年	33年	34年	35年	36年	37年	38年	39年	40年
強電設備	小　　　　計	1,919	1,817	1,817	1,919	2,033	1,817	1,919	1,817	1,817	1,817	1,817	1,817	1,919	1,817	2,033	1,919	1,817	1,817	1,919	217
	引　き　込　み	—	—	—	—	—	—	—	—	—	—	—	—	—	—	—	—	—	—	—	—
	受変電（高圧油）	103	—	—	103	—	—	103	—	—	—	—	—	103	—	—	103	—	—	103	—
	幹　　　　　線	—	—	—	—	71	—	—	—	—	—	—	—	—	—	71	—	—	—	—	71
	動　　　　　力	—	—	—	—	146	—	—	—	—	—	—	—	—	—	146	—	—	—	—	146
	電灯コンセント	1,817	1,817	1,817	1,817	1,817	1,817	1,817	1,817	1,817	1,817	1,817	1,817	1,817	1,817	1,817	1,817	1,817	1,817	1,817	—
弱電設備	小　　　　計	175	122	122	175	122	122	175	122	122	40	122	122	175	122	122	175	122	122	175	83
	電話引き込み	—	—	—	—	—	—	—	—	—	—	—	—	—	—	—	—	—	—	—	—
	電話屋内配管	40	—	—	40	—	—	40	—	—	—	—	—	40	—	—	40	—	—	40	—
	インターホン	40	40	40	40	40	40	40	40	40	40	40	40	40	40	40	40	40	40	40	—
	ＴＶ　共　聴	83	83	83	83	83	83	83	83	83	—	83	83	83	83	83	83	83	83	83	83
	機械警備配管	13	—	—	13	—	—	13	—	—	—	—	—	13	—	—	13	—	—	13	—
防災設備	小　　　　計	—	—	—	—	1,055	—	—	—	—	1,055	—	—	—	—	1,055	—	—	—	—	—
	自　動　火　報	—	—	—	—	1,055	—	—	—	—	1,055	—	—	—	—	1,055	—	—	—	—	—
	合　　　　計	2,094	1,939	1,939	2,094	3,211	1,939	2,094	1,939	1,939	2,911	1,939	1,939	2,094	1,939	3,211	2,094	1,939	1,939	2,094	300

（単位：千円）

衛生設備修繕費（1年〜20年）

項目	1年	2年	3年	4年	5年	6年	7年	8年	9年	10年	11年	12年	13年	14年	15年	16年	17年	18年	19年	20年
上水設備　小計	–	–	–	–	–	–	–	–	–	1,462	–	–	–	–	–	–	–	–	–	1,462
給水引き込み	–	–	–	–	–	–	–	–	–	–	–	–	–	–	–	–	–	–	–	–
受水槽（FRP）	–	–	–	–	–	–	–	–	–	156	–	–	–	–	–	–	–	–	–	156
高架水槽（FRP）	–	–	–	–	–	–	–	–	–	99	–	–	–	–	–	–	–	–	–	99
屋内給水配管	–	–	–	–	–	–	–	–	–	688	–	–	–	–	–	–	–	–	–	688
屋外給水配管	–	–	–	–	–	–	–	–	–	520	–	–	–	–	–	–	–	–	–	520
給湯設備　小計	–	–	–	–	107	–	–	–	–	107	–	–	–	–	–	–	–	–	–	107
給湯機器	–	–	–	–	107	–	–	–	–	107	–	–	–	–	–	–	–	–	–	107
排水通気設備　小計	–	–	–	–	4,025	–	–	–	–	4,025	–	–	–	–	4,025	–	–	–	–	4,025
屋内配管	–	–	–	–	2,292	–	–	–	–	2,292	–	–	–	–	2,292	–	–	–	–	2,292
屋外配管	–	–	–	–	1,733	–	–	–	–	1,733	–	–	–	–	1,733	–	–	–	–	1,733
衛生器具　小計	–	–	–	–	631	–	–	–	–	631	–	–	–	–	631	–	–	–	–	631
衛生器具	–	–	–	–	631	–	–	–	–	631	–	–	–	–	631	–	–	–	–	631
ガス設備　小計	–	–	–	–	–	–	165	–	–	–	–	–	–	165	–	–	–	–	–	–
配管（低圧）	–	–	–	–	–	–	165	–	–	–	–	–	–	165	–	–	–	–	–	–
合計	–	–	–	–	4,763	–	165	–	–	6,225	–	–	–	165	4,655	–	–	–	–	6,225

衛生設備修繕費（21年〜40年）

項目	21年	22年	23年	24年	25年	26年	27年	28年	29年	30年	31年	32年	33年	34年	35年	36年	37年	38年	39年	40年
上水設備　小計	–	–	–	–	–	–	–	–	–	–	–	–	–	–	–	–	–	–	–	1,462
給水引き込み	–	–	–	–	–	–	–	–	–	–	–	–	–	–	–	–	–	–	–	–
受水槽（FRP）	–	–	–	–	–	–	–	–	–	–	–	–	–	–	–	–	–	–	–	156
高架水槽（FRP）	–	–	–	–	–	–	–	–	–	–	–	–	–	–	–	–	–	–	–	99
屋内給水配管	–	–	–	–	–	–	–	–	–	–	–	–	–	–	–	–	–	–	–	688
屋外給水配管	–	–	–	–	–	–	–	–	–	–	–	–	–	–	–	–	–	–	–	520
給湯設備　小計	–	–	–	–	107	–	–	–	–	–	–	–	–	–	107	–	–	–	–	107
給湯機器	–	–	–	–	107	–	–	–	–	–	–	–	–	–	107	–	–	–	–	107
排水通気設備　小計	–	–	–	–	4,025	–	–	–	–	–	–	–	–	–	4,025	–	–	–	–	4,025
屋内配管	–	–	–	–	2,292	–	–	–	–	–	–	–	–	–	2,292	–	–	–	–	2,292
屋外配管	–	–	–	–	1,733	–	–	–	–	–	–	–	–	–	1,733	–	–	–	–	1,733
衛生器具　小計	–	–	–	–	–	–	–	–	–	631	–	–	–	–	631	–	–	–	–	631
衛生器具	–	–	–	–	–	–	–	–	–	631	–	–	–	–	631	–	–	–	–	631
ガス設備　小計	165	–	–	–	–	–	–	–	–	–	–	165	–	–	–	–	–	–	165	–
配管（低圧）	165	–	–	–	–	–	–	–	–	–	–	165	–	–	–	–	–	–	165	–
合計	165	–	–	–	4,132	–	–	–	–	631	–	165	–	–	4,763	–	–	–	165	6,225

（千円）

空調設備修繕費

空調設備修繕費		1年	2年	3年	4年	5年	6年	7年	8年	9年	10年	11年	12年	13年	14年	15年	16年	17年	18年	19年	20年
空調機	小計	-	-	930	-	-	930	-	-	930	-	-	930	-	-	-	-	-	930	-	-
	ビルマルチ	-	-	930	-	-	930	-	-	930	-	-	930	-	-	-	-	-	930	-	-
ダクト	小計	-	-	449	-	-	449	-	-	449	-	-	449	-	-	449	-	-	449	-	-
	ダクト少ない	-	-	449	-	-	449	-	-	449	-	-	449	-	-	449	-	-	449	-	-
配管	小計	-	-	-	-	-	-	-	-	-	270	-	-	-	-	-	-	-	-	-	270
	2パイプ(少ない)	-	-	-	-	-	-	-	-	-	270	-	-	-	-	-	-	-	-	-	270
換気	小計	-	-	-	-	503	-	-	-	-	503	-	-	-	-	503	-	-	-	-	-
	ダクト普通	-	-	-	-	503	-	-	-	-	503	-	-	-	-	503	-	-	-	-	-
自動制御	小計	-	-	-	-	-	-	36	-	-	-	-	-	-	36	-	-	-	-	-	-
	ビルマルチ	-	-	-	-	-	-	36	-	-	-	-	-	-	36	-	-	-	-	-	-
中央監視	小計	-	-	-	-	-	-	108	-	-	-	-	-	-	108	-	-	-	-	-	-
	点数普通	-	-	-	-	-	-	108	-	-	-	-	-	-	108	-	-	-	-	-	-
	合計	-	-	1,379	-	503	1,379	144	-	1,379	773	-	1,379	-	144	953	-	-	1,379	-	270

空調設備修繕費

空調設備修繕費		21年	22年	23年	24年	25年	26年	27年	28年	29年	30年	31年	32年	33年	34年	35年	36年	37年	38年	39年	40年
空調機	小計	930	-	-	930	-	-	930	-	-	-	-	-	930	-	-	930	-	-	930	-
	ビルマルチ	930	-	-	930	-	-	930	-	-	-	-	-	930	-	-	930	-	-	930	-
ダクト	小計	-	-	449	-	-	449	-	-	449	-	-	449	-	-	449	-	-	449	-	-
	ダクト少ない	-	-	449	-	-	449	-	-	449	-	-	449	-	-	449	-	-	449	-	-
配管	小計	-	-	-	-	-	-	-	-	-	-	-	-	-	-	-	-	-	-	-	270
	2パイプ(少ない)	-	-	-	-	-	-	-	-	-	-	-	-	-	-	-	-	-	-	-	270
換気	小計	-	-	-	-	503	-	-	-	-	503	-	-	-	-	503	-	-	-	-	-
	ダクト普通	-	-	-	-	503	-	-	-	-	503	-	-	-	-	503	-	-	-	-	-
自動制御	小計	-	-	-	-	-	-	36	-	-	-	-	-	-	36	-	-	-	-	-	-
	ビルマルチ	-	-	-	-	-	-	36	-	-	-	-	-	-	36	-	-	-	-	-	-
中央監視	小計	-	-	-	-	-	-	108	-	-	-	-	-	-	108	-	-	-	-	-	-
	点数普通	-	-	-	-	-	-	108	-	-	-	-	-	-	108	-	-	-	-	-	-
	合計	930	-	449	930	503	449	1,073	-	449	503	-	449	930	144	953	930	-	449	930	270

（千円）

昇降機修繕費

昇降機修繕費		1年	2年	3年	4年	5年	6年	7年	8年	9年	10年	11年	12年	13年	14年	15年	16年	17年	18年	19年	20年
昇降機	小計	-	-	-	-	-	-	-	-	-	141	-	-	-	-	-	-	-	-	-	141
	エレベータ	-	-	-	-	-	-	-	-	-	141	-	-	-	-	-	-	-	-	-	141
	合計	-	-	-	-	-	-	-	-	-	141	-	-	-	-	-	-	-	-	-	141

昇降機修繕費

昇降機修繕費		21年	22年	23年	24年	25年	26年	27年	28年	29年	30年	31年	32年	33年	34年	35年	36年	37年	38年	39年	40年
昇降機	小計	-	-	-	-	-	-	-	-	-	141	-	-	-	-	-	-	-	-	-	141
	エレベータ	-	-	-	-	-	-	-	-	-	141	-	-	-	-	-	-	-	-	-	141
	合計	-	-	-	-	-	-	-	-	-	141	-	-	-	-	-	-	-	-	-	141

図表156　共同住宅・更新費出力表

（千円）

仕上更新費		15年	20年	25年	30年	35年	40年
外部屋根	小　　計	−	572	−	3,567	−	572
	アスファルト露出防水	−	−	−	3,567	−	−
	塗　膜　防　水	−	572	−	−	−	572
外部壁	小　　計	−	−	−	−	−	−
	タ　イ　ル	−	−	−	−	−	−
外部建具	小　　計	−	−	−	−	8,874	20,662
	ア ル ミ 製 建 具	−	−	−	−	−	20,662
	鋼　製　建　具	−	−	−	−	8,874	−
外部ガラス	小　　計	−	−	−	−	−	5,780
	単 層 透 明 ガ ラ ス	−	−	−	−	−	1,605
	複層高遮断熱ガラス	−	−	−	−	−	4,174
外部雑	小　　計	−	−	−	−	−	3,342
	グ　レ　ー　ド　中	−	−	−	−	−	3,342
内部床	小　　計	−	−	−	1,296	−	−
	タ　イ　ル	−	−	−	−	−	−
	ビ ニ ル シ ー ト	−	−	−	1,296	−	−
	フ ロ ー リ ン グ	−	−	−	−	−	−
内部壁	小　　計	−	−	−	16,027	−	−
	タ　イ　ル	−	−	−	−	−	−
	ビ ニ ー ル ク ロ ス	−	−	−	14,304	−	−
	化　粧　合　板	−	−	−	−	−	−
	複層仕上塗吹付けタイル	−	−	−	1,724	−	−
内部建具	小　　計	−	−	−	467	−	365
	ア ル ミ 製 建 具	−	−	−	−	−	−
	鋼　製　建　具	−	−	−	−	−	365
	木　製　建　具	−	−	−	467	−	−
内部天井	小　　計	−	−	−	12,396	−	−
	吸　音　板	−	−	−	3,862	−	−
	ビ ニ ー ル ク ロ ス 貼	−	−	−	8,534	−	−
内部雑	小　　計	−	−	−	15,448	−	−
	グ　レ　ー　ド　中	−	−	−	15,448	−	−
合　　計		−	572	−	49,200	8,874	30,722

（千円）

電気設備更新費		15年	20年	25年	30年	35年	40年
強電設備	小　　計	−	25,950	−	25,533	−	25,950
	引　き　込　み	−	−	−	3,254	−	−
	受 変 電 (高 圧 油)	−	−	−	13,371	−	−
	幹　　線	−	−	−	3,086	−	−
	動　　力	−	−	−	5,823	−	−
	電 灯 コ ン セ ン ト	−	25,950	−	−	−	25,950
弱電設備	小　　計	9,951	316	−	17,871	−	316
	電 話 引 き 込 み	−	−	−	1,627	−	−
	電 話 屋 内 配 管	−	−	−	4,747	−	−
	イ ン タ ー ホ ン	−	316	−	−	−	316
	Ｔ　Ｖ　共　聴	9,951	−	−	9,951	−	−
	機 械 警 備 配 管	−	−	−	1,546	−	−
防災設備	小　　計	−	6,329	−	−	−	6,329
	自　動　火　報	−	6,329	−	−	−	6,329
合　　計		9,951	32,596	−	43,405	−	32,596

（千円）

衛生設備更新費		15年	20年	25年	30年	35年	40年
上 水 設 備	小　　　計	—	—	—	15,842	—	—
	給 水 引 き 込 み	—	—	—	—	—	—
	受 水 槽 （ F R P ）	—	—	—	1,689	—	—
	高 架 水 槽 （ F R P ）	—	—	—	1,073	—	—
	屋 内 給 水 配 管	—	—	—	7,450	—	—
	外 部 給 水 配 管	—	—	—	5,631	—	—
給 湯 設 備	小　　　計	1,162	—	—	1,162	—	—
	給 湯 機 器	1,162	—	—	1,162	—	—
排水通気設備	小　　　計	—	—	—	23,245	—	—
	屋 内 配 管	—	—	—	12,416	—	—
	屋 外 配 管	—	—	—	10,829	—	—
衛 生 器 具	小　　　計	—	—	6,307	—	—	—
	衛 生 器 具	—	—	6,307	—	—	—
ガ ス 設 備	小　　　計	—	—	1,788	—	—	—
	配 管 （ 低 圧 ）	—	—	1,788	—	—	—
	合　　　計	1,162	—	8,095	40,249	—	—

（千円）

空調設備更新費		15年	20年	25年	30年	35年	40年
空 調 機	小　　　計	20,143	—	—	20,143	—	—
	ビ ル マ ル チ	20,143	—	—	20,143	—	—
ダ ク ト	小　　　計	—	9,736	—	—	—	9,736
	ダ ク ト 少 な い	—	9,736	—	—	—	9,736
配 管	小　　　計	—	—	—	2,921	—	—
	2 パ イ プ （ 少 な い ）	—	—	—	2,921	—	—
換 気	小　　　計	—	5,452	—	—	—	5,452
	ダ ク ト 普 通	—	5,452	—	—	—	5,452
自 動 制 御	小　　　計	—	1,947	—	—	—	1,947
	ビ ル マ ル チ	—	1,947	—	—	—	1,947
中 央 監 視	小　　　計	—	5,829	—	—	—	5,829
	点 数 普 通	—	5,829	—	—	—	5,829
	合　　　計	20,143	22,965	—	23,063	—	22,965

（千円）

昇降機更新費		15年	20年	25年	30年	35年	40年
昇 降 機	小　　　計	—	—	—	30,244	—	—
	エ レ ベ ー タ	—	—	—	30,244	—	—
	合　　　計	—	—	—	30,244	—	—

図表157 共同住宅・修繕費集計表

(千円)

	1年	2年	3年	4年	5年	6年	7年	8年	9年	10年	11年	12年	13年	14年	15年	16年	17年	18年	19年	20年	20年平均工事費割合(%)
仕上	—	—	—	—	1,464	—	—	419	—	8,279	—	—	—	—	1,469	419	—	—	—	8,251	1.01
電気設備	1,939	1,939	2,094	1,939	3,211	2,094	1,939	1,939	2,094	3,211	1,939	2,094	1,939	1,939	3,283	1,939	1,939	2,094	1,939	300	3.31
衛生設備	—	—	—	—	4,763	—	165	—	—	6,225	—	—	—	165	4,655	—	—	—	—	6,225	2.55
空調設備	—	—	1,379	—	503	1,379	144	—	1,379	773	—	1,379	—	144	953	—	—	1,379	—	270	1.37
昇降機	—	—	—	—	—	—	—	—	—	141	—	—	—	—	—	—	—	—	—	141	0.07
合計	1,939	1,939	3,473	1,939	9,941	3,473	2,248	2,358	3,473	18,629	1,939	3,473	1,939	2,248	10,360	2,358	1,939	3,473	1,939	15,186	1.07
新設工事費割合(%)	0.44	0.44	0.79	0.44	2.26	0.79	0.51	0.54	0.79	4.24	0.44	0.79	0.44	0.51	2.36	0.54	0.44	0.79	0.44	3.46	

	21年	22年	23年	24年	25年	26年	27年	28年	29年	30年	31年	32年	33年	34年	35年	36年	37年	38年	39年	40年	40年平均工事費割合(%)
仕上	—	—	—	419	1,464	—	—	—	—	2,230	—	419	—	—	321	—	—	—	—	7,926	0.83
電気設備	2,094	1,939	1,939	2,094	3,211	1,939	2,094	1,939	1,939	2,911	1,939	1,939	2,094	1,939	3,211	2,094	1,939	1,939	2,094	300	3.30
衛生設備	165	—	—	—	4,132	—	—	—	—	631	—	165	—	—	4,763	—	—	—	165	6,225	2.21
空調設備	930	—	449	930	503	449	1,073	—	449	503	—	449	930	144	953	930	—	449	930	270	1.41
昇降機	—	—	—	—	—	—	—	—	—	—	—	—	—	—	—	—	—	—	—	141	0.05
合計	3,189	1,939	2,388	3,442	9,310	2,388	3,168	1,939	2,388	6,275	1,939	2,972	3,024	2,083	9,248	3,024	1,939	2,388	3,189	14,862	1.00
新設工事費割合(%)	0.73	0.44	0.54	0.78	2.12	0.54	0.72	0.44	0.54	1.43	0.44	0.68	0.69	0.47	2.10	0.69	0.44	0.54	0.73	3.38	

図表158 共同住宅・更新費集計表

(千円)

	15年	20年	25年	30年	35年	40年	40年平均工事費割合(%)
仕上	—	572	—	49,200	8,874	30,722	2.23
電気設備	9,951	32,596	—	43,405	—	32,596	4.70
衛生設備	1,162	—	8,095	40,249	—	—	2.84
空調設備	20,143	22,965	—	23,063	—	22,965	6.29
昇降機	—	—	—	30,244	—	—	3.75
合計	31,256	56,133	8,095	186,161	8,874	86,282	2.14
新設工事費割合(%)	7.11	12.77	1.84	42.36	2.02	19.63	

⑥ 火災保険料

(1) 損害保険の分類

損害保険は，財産リスク，人的リスク（障害，病気），費用リスク（事故による利益や費用の損失），責任リスク（各種事故による賠償責任）に備える保険に大別される。

ホテルやフィットネスクラブなどを直営する場合は，従業員の保護や営業上の事故に備えて，様々な保険契約を結ぶ必要がある。ただし，一般的な建物賃貸事業では，建物（事務所，住宅，店舗など）や動産（什器備品）が火災などによって損害を受けたときに，その損害を補償する火災保険（上記の財産リスクに備える保険）のみで十分と考えられる。

火災保険は，住宅物件，一般物件，工場物件，倉庫物件等を契約対象にしており，物件によってその料率の算定式が異なる。

住宅物件は主に自己用の木造建物を対象としており，工場物件，倉庫物件も建物賃貸事業の対象から除外されているため，ここでは一般物件のみを取り上げる。

なお，地震保険は，居住の用に供する建物および家財に限られており，賃貸用建物は対象外となっている。

(2) 保険料の算定式

「保険料」は，次式により算出さる。

$$\text{保険料} = \text{保険金額} \times \text{保険料率} / 1{,}000$$

なお，「保険料率」は，保険金額1,000円に対しての1年当たりの保険料として示される。

「保険金額」とは，保険契約に基づいて支払われる保険金の最高限度額であり，通常は建物や什器備品の取得価格である。

保険料率は，建物の所在地やその構造によって基本料率を求め，リスクの度合いに応じて割増や割引をする。賃貸建物の保険料率の算定に影響を及ぼすものとして，建物の用途による割増，消火設備の内容等による割引がある。

(3) 基本料率

図表159に基本料率を示す。

建物の構造には，特級から4級まである。

特級構造は，主要構造体および外壁がRC造である。

1級構造は，主要構造体がSRC造，RC造，または耐火被覆したS造で，外壁がカーテンウォールなどのガラスや金属板張りである。

2級構造は，主要構造体が鉄骨スレートである。

3級および4級構造は，主要構造体が木造である。

特級構造は建物と動産に分かれているが，一括契約の場合は，動産も建物の料率が適用される。

図表159　基本料率表 (‰)

地区	特級	1級	2級	3級	4級	空地地域
北海道　札幌市	0.46	0.76	1.67	2.67	3.22	2
北海道　函館市	0.46	0.76	1.67	2.67	3.22	2
北海道　室蘭市	0.46	0.76	1.67	2.67	3.22	2
北海道　釧路市	0.46	0.76	1.67	2.67	3.22	2
北海道　帯広市	0.46	0.76	1.67	2.67	3.22	2
北海道　苫小牧市	0.46	0.76	1.67	2.67	3.22	2
北海道　その他	0.46	0.84	1.83	2.95	3.55	2
青森県	0.47	0.86	1.97	3.04	3.58	2
岩手県	0.33	0.59	1.22	1.96	2.26	2
宮城県	0.29	0.53	1.14	1.96	2.06	2
秋田県	0.41	0.77	1.69	2.75	3.24	2
山形県	0.33	0.59	1.28	2.07	2.26	2
福島県	0.33	0.59	1.22	1.96	2.26	2
新潟県	0.40	0.68	1.53	2.40	2.70	2
茨城県	0.33	0.59	1.35	2.07	2.38	1
栃木県	0.33	0.59	1.35	2.07	2.38	1
群馬県	0.35	0.59	1.35	2.18	2.51	1
埼玉県	0.31	0.55	1.21	2.05	2.16	1
千葉県	0.33	0.59	1.22	2.07	2.26	1
山梨県	0.28	0.50	1.15	1.86	1.96	1
長野県	0.33	0.53	1.21	2.06	2.18	1

東京都区	0.35	0.59	1.42	2.18	2.51	1
東京都　その他	0.29	0.50	0.99	1.80	2.02	1
神奈川県　横浜市	0.44	0.68	1.62	2.52	2.98	1
神奈川県　その他	0.31	0.50	1.09	1.96	2.18	1
静岡県　静岡市	0.31	0.50	1.15	1.96	2.07	1
静岡県　浜松市	0.31	0.50	1.15	1.96	2.07	1
静岡県　その他	0.37	0.59	1.35	2.18	2.38	1
富山県	0.32	0.55	1.27	2.05	2.28	2
石川県	0.32	0.55	1.27	2.05	2.28	2
福井県	0.32	0.55	1.27	1.94	2.16	2
愛知県　名古屋市	0.33	0.59	0.99	1.89	2.12	1
愛知県　その他	0.33	0.59	1.21	2.06	2.29	1
岐阜県	0.33	0.59	1.21	2.06	2.29	1
三重県	0.33	0.59	1.09	2.06	2.29	1
滋賀県	0.33	0.59	0.99	1.89	2.12	1
京都府	0.33	0.59	0.99	1.89	2.12	1
大阪府　大阪市	0.44	0.76	1.53	2.52	2.98	1
大阪府　その他	0.44	0.76	1.53	2.52	2.98	1
奈良県	0.44	0.80	1.53	2.52	2.98	1
和歌山県	0.36	0.64	1.33	2.27	2.52	1
兵庫県　神戸市	0.42	0.68	1.46	2.40	2.84	1
兵庫県　その他	0.42	0.68	1.46	2.40	2.84	1
鳥取県	0.40	0.68	1.54	2.27	2.68	1
島根県	0.44	0.72	1.62	2.65	2.98	1
岡山県	0.40	0.68	1.54	2.27	2.68	1
広島県　広島市	0.46	0.77	1.97	3.05	3.60	1
広島県　その他	0.44	0.68	1.62	2.52	2.98	1
山口県	0.40	0.68	1.53	2.52	2.90	1
徳島県	0.42	0.72	1.53	2.52	2.90	1
香川県	0.33	0.59	1.42	2.07	2.38	1
愛媛県	0.41	0.68	1.46	2.40	2.84	1
高知県	0.46	0.72	1.75	2.67	3.22	1
福岡県　北九州市	0.52	0.96	2.30	3.55	3.98	1
福岡県　その他	0.46	0.76	1.68	2.77	3.12	1
佐賀県	0.36	0.64	1.33	2.27	2.52	1
長崎県	0.48	0.88	1.92	3.10	3.73	1
熊本県　熊本市	0.36	0.64	1.33	2.27	2.52	1
熊本県　その他	0.41	0.72	1.49	2.40	2.77	1
大分県	0.48	0.88	1.92	3.10	3.73	1
宮崎県	0.48	0.80	1.68	2.77	3.28	1
鹿児島県	0.48	0.80	1.68	2.77	3.28	1
沖縄県	0.49	0.86	2.19	3.21	3.78	1

　都市により１等地から３等地までの区分があるが，ここでは省略する。詳細は，損害保険料率算出機構の「地域別明細書」を参照されたい。

（4）　割引率

❶宅地割引率

　２級，３級または４級構造の建物の四周に空地がある場合で，その空地距離が建物の所在する地域により，**図表160**の条件に合致するときは，10％の割引が適用される。

　なお，地域の区別は，**図表161**の空地地域に示している。

図表160　空地割引

地域別	空地距離
第１地域	６m以上
第２地域	10m以上

❷建物用途別の割増率

　建物用途別の主な割増率を**図表161**に掲げる。基本料率にこの割増率を加算する。

　なお，一つの建物が二以上の用途に使われている場合は，そのうちのもっとも高い割増率を適用する。

図表161　職業割増（建物用途による割増）

職業種別	特級	１級	２級	３級	４級
事務所	0.00	0.00	0.00	0.00	0.00
共同住宅	0.00	0.00	0.00	0.00	0.00
物販店舗	0.38	0.48	0.67	1.24	1.24
一般飲食店舗	0.44	0.89	1.33	2.21	2.21
ナイト飲食店舗	1.75	2.18	3.06	5.24	5.24
ホテル・結婚式場	0.18	0.23	0.41	0.70	0.70
映画館	0.81	1.22	1.62	3.24	3.24
劇場	1.75	2.18	3.06	5.24	5.24
カラオケボックス	0.44	0.89	1.33	2.21	2.21
ボーリング場	0.18	0.23	0.41	0.70	0.70
パチンコホール	0.81	1.22	1.62	3.24	3.24
健康ランド	0.44	0.89	1.33	2.21	2.21
その他	0.00	0.00	0.00	0.00	0.00

❸消火設備の割引率

　損害保険料率算出機構の規則に合致し，かつ同機構合格の消火設備が設置されている場合は，**図表162**に示す割引率が適用される。

　ただし，二種類以上の設備が併設されたときの割引率は，30％を上限とする。

図表162　消火設備割引

消火設備の種類	割引率（%）
スプリンクラー設備	20
屋内消火栓設備	5
消防ポンプ設備	5
自動火災報知設備	5

図表163　消火設備設定基準

消火設備の種類	スプリンクラー設備	屋内消火栓設備	消防ポンプ設備	自動火災報知設備
事務所	11階以上	3,000㎡以上	3,000㎡以上	1,000㎡以上
共同住宅	11階以上	2,100㎡以上	2,100㎡以上	500㎡以上
物販店舗	1,000㎡以上	450㎡以上	450㎡以上	300㎡以上
一般飲食店舗	1,000㎡以上	450㎡以上	450㎡以上	300㎡以上
ナイト飲食店舗	1,000㎡以上	450㎡以上	450㎡以上	300㎡以上
ホテル・結婚式場	1,000㎡以上	450㎡以上	450㎡以上	300㎡以上
映画館	1,000㎡以上	450㎡以上	450㎡以上	300㎡以上
劇場	1,000㎡以上	450㎡以上	450㎡以上	300㎡以上
カラオケボックス	1,000㎡以上	450㎡以上	450㎡以上	300㎡以上
ボーリング場	1,000㎡以上	450㎡以上	450㎡以上	300㎡以上
パチンコホール	1,000㎡以上	450㎡以上	450㎡以上	300㎡以上
健康ランド	1,000㎡以上	450㎡以上	450㎡以上	300㎡以上
その他	11階以上	3,000㎡以上	3,000㎡以上	1,000㎡以上

　なお，消防法により設置が義務づけられている消火設備を**図表163**に示す。

❹一般特定物件の割引率

　特級あるいは１級構造の建物で，合計床面積が6,000㎡以上で，かつ保険金額が10億円以上の場合は，一般特定物件として，上記の割引率からさらなる割引が適用される。

　この割引率は，消防署からの距離や，防火に対する建築計画の仕様により細かく規定されており，詳述は避ける。

　建物については40％以内，収容動産については30％以内の特定割引率が適用される。

　消防検査に合格する建物であれば，一般に20％程度の割引率を設定して差し支えない。

(5)　事業収支計画における設定値

　基本的には以上のような考え方に基づいて保険料を算定するが，実際には各保険会社が様々な保険商品を出しており，個々のケースで決まっていく。

　基本計画の段階では，損害保険料の額はRC造の建物で建築工事費の１／1,000程度をみておけばよい。

7 借地料

　計画敷地が借地の場合は，借地料が必要となるし，以前から借地をしていても，新規に建物を建てる場合には，借地契約の条件変更が必要となる。

　また，平成4年8月1日より施行の新借地借家法によって，従来の普通借地権に加えて，借地期間が満了したら契約解除される定期借地権が新たに設定された。

　以下，借地契約のタイプ別にみた借地料の目安を解説する。

　なお，契約時に支払う保証金等の将来返却される一時金については，事業収支計画上は初期投資の中で権利金等として設定する。

(1) 借地権の分類

❶普通借地権
①既存借地権
　　平成4年7月31日までに設定された借地権には，旧借地法の大部分が適用される。

　　この借地権の法定存続期間は，堅固な建物（鉄筋コンクリート造等）は60年，非堅固な建物（木造等）は30年である。

　　なお，この期間中に建物が朽廃したときは，借地権は消滅する。

　　しかし，借地人保護の立場から，よほどの場合でなければ地主の更新拒絶の正当事由は認められないのが実態である。

②新規借地権
　　平成4年8月1日以降に設定された借地権には，新借地借家法が適用される。

　　この借地権の法定存続期間は，一律30年である。

　　また，朽廃によって借地権が消滅するという規定もない。

　　なお，地主の更新拒絶の正当事由については，従来の判例の判断基準が適用されることになっている。

　なお，既存借地権は，契約を更新した場合や第三者に譲渡した場合は，新規借地権になるのではなく既存借地権のままであるが，今後裁判等になった場合は，改正法規による基準で判断されると思われる。

　ただし，新法施行後，普通借地契約がなされた事例はほとんどない。

　事例の多くは，次の定期借地権契約のうち，居住用として一般定期借地権契約，事業用として事業用借地権契約である。

❷定期借地権

①一般定期借地権

　　長期型定期借地権といわれるものであり，借地期間が50年以上で，期間満了後に借地人が建物を除去し，更地にして地主に返還するタイプである。

②建物譲渡特約付借地権

　　建物買取型定期借地権といわれるものであり，借地期間が30年以上で，期間満了後に建物を地主が買い取るタイプである。

③事業用借地権

　　短期型定期借地権といわれるものであり，借地期間が10年以上50年未満で，事業用建物のみを所有目的とするタイプである。

(2)　普通借地権料

❶実質賃料と支払賃料

　借地料には，借地権の設定時に支払われる権利金，保証金，敷金などの一時金と，毎期ごとに支払われる地代がある。

　権利金は受領後返還しない所得であり，保証金と敷金は契約終了までに一定の条件により返還する預り金という性格を持つ。

　通常は，次のように算出した実質賃料から一時金の運用利回りおよび償却額等を引いた値が支払賃料となる。

❷実質賃料の算定

　実質賃料の算定方法には，土地価格の算定方法と同様の考え方で，次の３通りの考え方があり，これらを関連付けて決定することになる。

①積算賃料

　　（基礎価格）×（期待利回り）＋（必要経費）により算出する。

　　なお，基礎価格は更地の価格であり，必要経費は固定資産税などの保有にかかる税金等である。

②比準賃料

近隣地域，同一需給圏内の類似地域にある類似の条件で設定された借地権の新規地代をいう。

③配分法に基づく比準賃料

土地価格の算定における収益還元法と同様の考え方である。

ただし，期待収益から建設投資の期待利回りを引いたものが，土地に帰属する純収益になる。

これを地主と借地人にどう配分するかということについては今のところ定説はないが，土地利用に対する借地人の貢献度と事業リスクを考慮すると，借地人への配分割合を大きくすることが理論的と考えられる。

(3) 定期借地権料

❶一般定期借地権

国土交通省土地・水資源局土地市場課の調査（「平成21年度・定期借地権付住宅の供給実態調査」（平成22年3月））によると，戸建住宅，マンションの一般定期借地権における保証金と地代との関係は図表164のようになっている。

保証金は土地価格の20％を中心に10％から30％の間に多く分布しており，全国平均値は，戸建てで18％，マンションで21％程度になっている。

また，土地価格に対する年額地代の全国平均値は，図表165に示すように，戸建てで1.2％，マンションで1.8％となっている。

図表164　土地価格に対する保証金の割合（累計）　　　　（上段：販売単位数，下段：％）

戸建住宅		合　計	(保証金／土地価格) × 100						無回答	平均(％)
			10％未満	10〜20％未満	20〜30％未満	30〜40％未満	40〜50％未満	50％以上		
全　体		3,205	261	1,062	550	64	9	5	1,254	17.7
			13.4	54.4	28.2	3.3	0.5	0.3		
三大都市圏	首都圏	1,269	53	255	314	48	4	2	593	20.1
			7.8	37.7	46.4	7.1	0.6	0.3		
	中部圏	840	114	408	56	2	0	1	259	14.1
			19.6	70.2	9.6	0.3	0.0	0.2		
	近畿圏	641	47	221	116	8	5	2	242	18.8
			11.8	55.4	29.1	2.0	1.3	0.5		
その他の地域		455	47	178	64	6	0	0	160	16.2
			15.9	60.3	21.7	2.0	0.0	0.0		

マンション	合　計	(保証金／土地価格) × 100						無回答	平均 (%)
		10%未満	10〜20% 未満	20〜30% 未満	30〜40% 未満	40〜50% 未満	50%以上		
全　体	153	9	30	25	8	4	1	76	21.0
		11.7	39.0	32.5	10.4	5.2	1.3		
三大都市圏 首都圏	26	0	5	0	0	0	0	21	15.1
		0.0	100.0	0.0	0.0	0.0	0.0		
三大都市圏 中部圏	84	8	13	19	4	3	1	36	21.6
		16.7	27.1	39.6	8.3	6.3	2.1		
三大都市圏 近畿圏	25	0	7	5	0	1	0	12	20.0
		0.0	53.8	38.5	0.0	7.7	0.0		
その他の地域	18	1	5	1	4	0	0	7	22.4
		9.1	45.5	9.1	36.4	0.0	0.0		

（注）　下段の％は無回答を除いた数値である。

図表165　土地価格に対する年額地代の割合（累計）　　　　　（上段：販売単位数，下段：%）

戸建住宅	合　計	(保証金／土地価格) × 100					無回答	平均 (%)
		0.5%未満	0.5〜1.0% 未満	1.0〜1.5% 未満	1.5〜2.0% 未満	2.0%以上		
全　体	3,722	52	742	960	258	76	1,634	1.2
		2.5	35.5	46.0	12.4	3.6		
三大都市圏 首都圏	1,426	25	414	195	47	20	725	1.1
		3.6	59.1	27.8	6.7	2.9		
三大都市圏 中部圏	945	7	168	349	73	24	324	1.2
		1.1	27.1	56.2	11.8	3.9		
三大都市圏 近畿圏	806	7	90	242	86	17	364	1.3
		1.6	20.4	54.8	19.5	3.8		
その他の地域	545	13	70	174	52	15	221	1.1
		4.0	21.6	53.7	16.0	4.6		

マンション	合　計	(保証金／土地価格) × 100						無回答	平均 (%)
		0.5%未満	0.5〜1.0% 未満	1.0〜1.5% 未満	1.5〜2.0% 未満	2.0〜2.5% 未満	2.5%以上		
全　体	407	20	23	48	33	20	40	223	1.8
		10.9	12.5	26.1	17.9	10.9	21.7		
三大都市圏 首都圏	112	8	5	10	4	2	2	81	1.1
		25.8	16.1	32.3	12.9	6.5	6.5		
三大都市圏 中部圏	137	3	3	16	21	11	22	61	2.1
		3.9	3.9	21.1	27.6	14.5	28.9		
三大都市圏 近畿圏	109	8	9	17	4	4	12	55	1.5
		14.8	16.7	31.5	7.4	7.4	22.2		
その他の地域	49	1	6	5	4	3	4	26	2.3
		4.3	26.1	21.7	17.4	13.0	17.4		

（注）　下段の％は無回答を除いた数値である。

❷建物譲渡特約付借地権

一般定期借地権に解約時の建物買取価格を加味した賃料が基本となる。

建物買取価格については，建物買取時点での時価か，あるいは建物自体の使用価値か，空家状態で自分が使用するのか，賃貸ビルでテナント付きの場合はその経済価値を引き継ぐのか等，様々な条件に応じた諸説がある。

地主と借地人の両者が納得する現実的な方法としては，今後建築工事費の変動はないものとして，借地上に建設される建物の建築工事費を買取時の再調達原価とし，これから減価償却費を控除した価格を残存価格とするのがもっとも分かりやすい方法と考えられるが，この方式による借地契約の事例はほとんどない。

❸事業用借地権

定期借地権普及促進協議会の会員および(社)不動産協会会員256社に対するアンケート調査（有効回答67社）によると，一時金と地代については**図表166**のようになっている。

図表166　事業用借地権
（定期借地権普及促進協議会・会報 1998年7月号）

(1)　一時金の種類

	件数	割合(%)
保証金	74	65
敷金	19	17
権利金	15	13
権利金および敷金	2	2
保証金および敷金	1	1
その他	3	3
合　計	114	100

(2)　一時金の設定基準

	件数	割合(%)
1か月～3か月	9	8
4か月～6か月	18	16
7か月～9か月	11	10
10か月～12か月	30	26
13か月～24か月	17	15
25か月～36か月	5	4
36か月超	9	8
一時金なし	15	13
合　計	114	100

(3)　支払賃料の更地価格に対する利回り

	件数	割合(%)
0.00%～1.00%	4	4
1.01%～1.50%	4	4
1.51%～2.00%	9	10
2.01%～2.50%	21	23
2.51%～3.00%	11	12
3.01%～3.50%	10	11
3.51%～4.00%	13	14
4.01%～4.50%	6	7
4.51%～5.00%	4	4
5.01%以上	8	9
合　計	90	100

(4)　実質賃料の更地価格に対する利回り

	件数	割合(%)
0.00%～1.00%	4	4
1.01%～1.50%	4	4
1.51%～2.00%	5	6
2.01%～2.50%	15	17
2.51%～3.00%	19	21
3.01%～3.50%	9	10
3.51%～4.00%	13	14
4.01%～4.50%	7	8
4.51%～5.00%	5	6
5.01%以上	9	10
合　計	90	100

（注）　一時金の運用利回りを3％と設定。

　一時金の種類としては保証金が65％ともっとも多く，設定基準金額は平均で13か月分である。

　また，更地価格に対する支払地代の利回りは2％～4％の間に分布しており，一時金の運用利回りを3％として加味した実質賃料は2.51％～3.00％を中心に分布している。

　なお，定期借地権普及促進協議会は，平成16年12月末をもって解散したので，新しい統計資料は入手できなくなっている。

　ただし，（社）日本不動産鑑定協会の関東甲信会が平成15年に行った実態調査により，事例101件について分析した結果を発表しているが，これによると，実質地代利回りは平均で3.8％，分布状況では2％以上4％未満が約50％で，前掲協議会のアンケート調査とほぼ同様の結果を示している。

8 減価償却費

(1) 資産の分類

　所得税（法人税）法による資産には，棚卸資産，固定資産，繰延資産の三つがある。

　「棚卸資産」とは，商売の元になる商品や原材料である。

　不動産を加工して売却したり，流通させて利益の獲得を目論む不動産会社では，土地や建物が棚卸資産になる。そして，商売が成立した時点で，原価として経費に算入する。

　それ以外の土地，建物，設備，器具備品等は「固定資産」に分類される。

　土地の価格は市場により変動するものの，土地そのものは使用によって減価することはない。

　土地を除いた固定資産は，使っていく分だけその価値が減価していく。

　そのような資産を「減価償却資産」といい，その減価していく額を「減価償却費」という。これは実際に支出する経費ではないが，毎年，取得価格から一定の割合を限度に経費として計上することができる。

　また，「繰延資産」には，開業費，試験研究費，開発費などがある。開業準備のために特別に支出する費用であり，これも減価償却の対象になる。

(2) 償却可能限度額

　「償却可能限度額」とは，償却資産を，減価償却費として経費に計上できる限度をいう。

　平成19年4月の改正により，有形資産の償却限度額を取得価格の95％までとするこれまでの規定が廃止され，全額（形式上は備忘価格1円まで）減価償却ができるようになった。

　したがって，廃棄処分をしたときには，その時点での残存簿価を経費として全額計上できることになった。

(3) 算出方式

　毎年計上できる減価償却費の算出方式としては，定額法と定率法がある。

　この改正により，従来，減価償却費の算出に用いられていた残存率はなくなり，定率法の償却率算定法も変更となった。

　なお，これにより算出された減価償却費は，事業主が法人の場合は，この金額を限度として，その年に計上できる金額を任意に決められるのに対し，個人事業主の場合は，その選択はないものとされているのは以前と同様である。

❶定額法

　取得価格に一定の率をかけて，償却額を計上する方法で，毎年同じ金額になる。

　事業開始後，初期には，定率法より償却額は小さくなるので，所得税（法人税）の額が大きくなっても，早期に当期利益を発生させたい場合は，定額法が有利となる。

```
償却率 ＝ 1 ／ 耐用年数
X年目の減価償却費 ＝ 取得価格 × 償却率
```

❷定率法

　前年度の残存簿価（取得価格－既償却額の累計）に一定の率をかけて，その年の償却額を算出する方法である。

　前年度の残存簿価は年々減って行くので，事業開始後，初期の償却額は大きく，後期に小さくなる。したがって，事業開始後の節税効果が大きくなる方式である。

　なお，平成10年4月の改正で建物が，平成28年の改正で設備（建物と一体的に整備される「建物附属設備」）や外構（建物と同様に長期間にわたり安定的に使用される「構築物」）の償却法について定率法が廃止され，建物と同様に定額法に一本化された。定額法が選択できるのは家具什器，機械装置のみとなる。

```
償却率 ＝ 定額法の償却率 × 2.0
X年目の減価償却費 ＝ （X － 1）年目の残存簿価 × 償却率
```

　なお，X年目の減価償却費は，定率法で計算した金額よりも，残存年数に対して定額法で計算した金額が上回った年度より定額法に切り換えて，1円まで償却できることになる。

　耐用年数は，所得税（法人税）法で定められており，建物の構造や用途などによって異なる。

　ビル事業に関連する減価償却資産の耐用年数を**図表167**（296ページ），**図表168**（298ページ）に示す。

　また，耐用年数に応じた償却率は小数点以下第3位までの数値を用いることになっており

図表167 建物の耐用年数

構　造	用　途			耐用年数
鉄筋鉄骨コンクリート造又は鉄筋コンクリート造のもの	事務所用又は美術館用のもの及び下記以外のもの			50
	住宅用，寄宿舎用，宿泊所用，学校用又は体育館用のもの			47
	飲食店用，貸席用，劇場用，演奏場用，映画館用又は舞踏場用のもの			
		飲食店用又は貸席用のもので，延べ面積のうちに占める木造内装部分の面積が３割を超えるもの		34
		その他のもの		41
	旅館用又はホテル用のもの			
		延べ面積のうちに占める木造内装部分の面積が３割を超えるもの		31
		その他のもの		39
	店舗用のもの			39
	病院用のもの			39
	変電所用，発電所用，送受信所用，停車場用，車庫用，格納庫用，荷扱所用，映画製作ステージ用，屋内スケート場用，魚市場用又はと畜場用のもの			38
	公衆浴場用のもの			31
	工場（作業場を含む。）用又は倉庫用のもの			
		塩素，塩酸，硫酸，硝酸その他の著しい腐食性を有する液体又は気体の影響を直接全面的に受けるもの，冷蔵倉庫用のもの（倉庫事業の倉庫用のものを除く。）及び放射性同位元素の放射線を直接受けるもの		24
		塩，チリ硝石その他の著しい潮解性を有する固体を常時蔵置するためのもの及び著しい蒸気の影響を直接全面的に受けるもの		31
		その他のもの		
			倉庫事業用の倉庫用のもの	
			冷蔵倉庫用のもの	21
			その他のもの	31
			その他のもの	38
レンガ造，石造又はブロック造のもの	事務所用又は美術館用のもの及び下記以外のもの			41
	店舗用，住宅用，寄宿舎用，宿泊所用，学校用又は体育館用のもの			38
	飲食店用，貸席用，劇場用，演奏場用，映画館用又は舞踏場用のもの			38
	旅館用，ホテル用又は病院用のもの			36
	変電所用，発電所用，送受信所用，停車場用，車庫用，格納庫用，荷扱所用，映画製作ステージ用，屋内スケート場用，魚市場用又はと畜場用のもの			34
	公衆浴場用のもの			30
	工場（作業場を含む。）用又は倉庫用のもの			
		塩素，塩酸，硫酸，硝酸その他の著しい腐食性を有する液体又は気体の影響を直接全面的に受けるもの及び冷蔵倉庫用のもの（倉庫事業の倉庫用のものを除く。）		24
		塩，チリ硝石その他の著しい潮解性を有する固体を常時蔵置するためのもの及び著しい蒸気の影響を直接全面的に受けるもの		28
		その他のもの		
			倉庫事業用の倉庫用のもの	
			冷蔵倉庫用のもの	20
			その他のもの	30
			その他のもの	34

構 造	用 途	耐用年数
金属造のもの（骨格材の肉厚が４mmを超えるものに限る。）	事務所用又は美術館用のもの及び下記以外のもの	38
	店舗用，住宅用，寄宿舎用，宿泊所用，学校用又は体育館用のもの	34
	飲食店用，貸席用，劇場用，演奏場用，映画館用又は舞踏場用のもの	31
	変電所用，発電所用，送受信所用，停車場用，車庫用，格納庫用，荷扱所用，映画製作ステージ用，屋内スケート場用，魚市場用又はと畜場用のもの	31
	旅館用，ホテル用又は病院用のもの	29
	公衆浴場用のもの	27
	工場（作業場を含む。）用又は倉庫用のもの	
	塩素，塩酸，硫酸，硝酸その他の著しい腐食性を有する液体又は気体の影響を直接全面的に受けるもの及び冷蔵倉庫用のもの（倉庫事業の倉庫用のものを除く。）	20
	塩，チリ硝石その他の著しい潮解性を有する固体を常時蔵置するためのもの及び著しい蒸気の影響を直接全面的に受けるもの	25
	その他のもの	
	倉庫事業用の倉庫用のもの	
	冷蔵倉庫用のもの	19
	その他のもの	26
	その他のもの	31
金属造のもの（骨格材の肉厚が３mmを超え４mm以下のものに限る。）	事務所用又は美術館用のもの及び下記以外のもの	30
	店舗用，住宅用，寄宿舎用，宿泊所用，学校用又は体育館用のもの	27
	飲食店用，貸席用，劇場用，演奏場用，映画館用又は舞踏場用のもの	25
	変電所用，発電所用，送受信所用，停車場用，車庫用，格納庫用，荷扱所用，映画製作ステージ用，屋内スケート場用，魚市場用又はと畜場用のもの	25
	旅館用，ホテル用又は病院用のもの	24
	公衆浴場用のもの	19
	工場（作業場を含む。）用又は倉庫用のもの	
	塩素，塩酸，硫酸，硝酸その他の著しい腐食性を有する液体又は気体の影響を直接全面的に受けるもの及び冷蔵倉庫用のもの	15
	塩，チリ硝石その他の著しい潮解性を有する固体を常時蔵置するためのもの及び著しい蒸気の影響を直接全面的に受けるもの	19
	その他のもの	24
金属造のもの（骨格材の肉厚が３mm以下のものに限る。）	事務所用又は美術館用のもの及び下記以外のもの	22
	店舗用，住宅用，寄宿舎用，宿泊所用，学校用又は体育館用のもの	19
	飲食店用，貸席用，劇場用，演奏場用，映画館用又は舞踏場用のもの	19
	変電所用，発電所用，送受信所用，停車場用，車庫用，格納庫用，荷扱所用，映画製作ステージ用，屋内スケート場用，魚市場用又はと畜場用のもの	19
	旅館用，ホテル用又は病院用のもの	17
	公衆浴場用のもの	15
	工場（作業場を含む。）用又は倉庫用のもの	
	塩素，塩酸，硫酸，硝酸その他の著しい腐食性を有する液体又は気体の影響を直接全面的に受けるもの及び冷蔵倉庫用のもの	12
	塩，チリ硝石その他の著しい潮解性を有する固体を常時蔵置するためのもの及び著しい蒸気の影響を直接全面的に受けるもの	14
	その他のもの	17

図表168　設備の耐用年数

建物附属設備	細　目	耐用年数
電気設備（照明設備を含む。）	蓄電池電源設備	6
	その他のもの	15
給排水又は衛生設備及びガス設備		15
冷房，暖房，通風，又はボイラー設備	冷暖房設備（冷凍機の出力が22キロワット以下のもの）	13
	その他のもの	15
昇降機設備	エレベータ	17
	エスカレータ	15
消火，排煙又は災害報知設備及び格納式避難設備		8
エヤーカーテン又はドアー自動開閉設備		12
アーケード又は日よけ設備	主として金属のもの	15
	その他のもの	8
店用簡易装備		3
可動間仕切り	簡易なもの	3
	その他のもの	15
前掲のもの以外のもの及び前掲の区分によらないもの	主として金属のもの	18
	その他のもの	10

その数値を**図表169**（299ページ）に示す。

　この表のうち，「保証率」とは取得価額との積により償却保証額を算出するもので，定率法により算出した償却額よりもこの値が上回った年から定額法に切り換える。また，「改定償却率」とは，定額法により計算するときに使用する償却率である。

　なお，建物の用途が複合している場合は，そのうちの主要用途の耐用年数が建物全体の耐用年数とされる。

(4)　取得価格等の算定

　減価償却資産の取得価格等の設定については，建築工事費の項目の中から次のように行う。

　まず，仮設工事，土工事，杭工事，躯体工事，仕上工事を建築工事とし，電気設備工事，衛生設備工事，空調設備工事，昇降機工事を設備工事とする。

　そして，その取得価格の割合を算出し，その割合に応じて諸経費を振り分け，それぞれに加算する。

　建築工事費の算出例で示した事務所ビルと共同住宅，有料老人ホームの按分結果を，**図表170**（300ページ）に示す。

　①建　物

図表169　減価償却資産の償却率

耐用年数	定額法償却率	定率法				耐用年数	定額法償却率	定率法		
		償却率	改定償却率	保証率				償却率	改定償却率	保証率
2	0.500	1.000	—	—		26	0.039	0.077	0.084	0.02716
3	0.334	0.667	1.000	0.11089		27	0.038	0.074	0.077	0.02624
4	0.250	0.500	1.000	0.12499		28	0.036	0.071	0.072	0.02568
5	0.200	0.400	0.500	0.10800		29	0.035	0.069	0.072	0.02463
						30	0.034	0.067	0.072	0.02366
6	0.167	0.333	0.334	0.09911		31	0.033	0.065	0.067	0.02286
7	0.143	0.286	0.334	0.08680		32	0.032	0.063	0.067	0.02216
8	0.125	0.250	0.334	0.07909		33	0.031	0.061	0.063	0.02161
9	0.112	0.222	0.250	0.07126		34	0.030	0.059	0.063	0.02097
10	0.100	0.200	0.250	0.06552		35	0.029	0.057	0.059	0.02051
11	0.091	0.182	0.200	0.05992		36	0.028	0.056	0.059	0.01974
12	0.084	0.167	0.200	0.05566		37	0.028	0.054	0.056	0.01950
13	0.077	0.154	0.167	0.05180		38	0.027	0.053	0.056	0.01882
14	0.072	0.143	0.167	0.04854		39	0.026	0.051	0.053	0.01860
15	0.067	0.133	0.143	0.04565		40	0.025	0.050	0.053	0.01791
16	0.063	0.125	0.143	0.04294		41	0.025	0.049	0.050	0.01741
17	0.059	0.118	0.125	0.04038		42	0.024	0.048	0.050	0.01694
18	0.056	0.111	0.112	0.03884		43	0.024	0.047	0.048	0.01664
19	0.053	0.105	0.112	0.03693		44	0.023	0.045	0.046	0.01664
20	0.050	0.100	0.112	0.03486		45	0.023	0.044	0.046	0.01634
21	0.048	0.095	0.100	0.03335		46	0.022	0.043	0.044	0.01601
22	0.046	0.091	0.100	0.03182		47	0.022	0.043	0.044	0.01532
23	0.044	0.087	0.091	0.03052		48	0.021	0.042	0.044	0.01499
24	0.042	0.083	0.084	0.02969		49	0.021	0.041	0.042	0.01475
25	0.040	0.080	0.084	0.02841		50	0.020	0.040	0.042	0.01440

　建築工事費と初期投資で算定した設計料，建物取得登録税，抵当権設定料，工事中金利および旧建物の解体工事費との合計額に建築工事費の按分比率をかけた金額を加えて算出する。

　また，消費税額は，簡易型や免税型では取得価格に含めるが，原則型では還付を受けられるために，取得価格には含めない。消費税については，後述する。

　なお，平成10年4月以降，新築建物には定額法を採用することになっている。

②設　備

　設備工事費と設計料，建物取得登録税，抵当権設定料，工事中金利および旧建物の解体工事費との合計額に設備工事費の按分比率をかけた金額を加えて算出する。

　償却法の設定は，平成28年の改正により，建物と同様に定額法のみとなった。

③外構工事費，什器備品費等

　建築・設備工事費以外の有形資産については，それぞれの取得価格および耐用年数にしたがって設定する。償却法の設定は，外構工事費は定額法だが，什器備品費等は自由

図表170　減価償却按分　　　　　　　　　　　　（千円）

	事務所ビル	共同住宅	有料老人ホーム
仮設	79,714	24,112	38,255
土工	86,091	7,385	13,033
地業（杭）	60,554	17,391	36,844
躯体	280,091	88,286	190,409
仕上	414,748	100,177	175,376
建築直接工事費	921,197	237,351	453,916
諸経費	92,120	23,735	45,392
建築工事費合計	1,013,317	261,087	499,307
工事費割合	74.35%	59.40%	67.69%
電気設備	45,319	63,092	87,575
衛生設備	81,525	43,552	74,945
空調設備	162,272	35,407	29,226
昇降機	28,636	20,162	24,905
設備直接工事費	317,752	162,213	216,652
諸経費	31,775	16,221	21,665
設備工事費合計	349,527	178,434	238,317
工事費割合	25.65%	40.60%	32.31%
総合計	1,362,844	439,520	737,625

である。

④開業費

　前述した資産のうち，繰延資産に分類されるものである。開業準備のために特別に支出する費用で，無形の償却資産として5年以内で定額法で償却する。

⑤一括償却

　上記のうち，10万円以上20万円未満の少額資産の償却年数は3年に，また10万円未満は全額をその年の経費として計上してよいことになっている。

⑥土地取得関連費

　土地取得費，土地取得登録税および敷地造成費は土地の取得価格に算定される。これは，減価償却の対象とはならない資産なので，この価格が簿価として残ることになる。

　なお，土地取得前に発生する旧建物の解体工事費用は土地取得費に含まれる。

⑨ 更新費・再投資

(1) 更新費

　建物や設備機器が老朽化し，基本的な機能が損なわれてきた場合に，それを回復するための費用であり，「資本的支出」という。

　この資本的支出とは，建築仕上材や設備機器の耐用年数に応じて，以前の資産を滅失し，新たな償却資産を持つことになる支出であり，この費用は減価償却の対象となる。

　設備機器等の各耐用年数にしたがって更新をしていくことにより，修繕費の低減を図ることができる。

　修繕費と更新費をLCC（ライフ・サイクル・コスト）として長期の修繕計画を立案し，それを実行していくことは，高度なビル環境を提供し続けるためには重要である。

❶算出法と設定額

　設定条件と算出方法については，⑤（251ページ以下）で詳述しているので参照されたい。

　事務所ビルと共同住宅の事例で算出した結果は**図表151**（270ページ〜271ページ），**図表156**（280ページ〜281ページ）に示している。

　建築工事費に対する建物と設備の更新費の割合は，**図表153**（272ページ），**図表158**（282ページ）のようになる。

　これをみるとわかるように，築後30年も経過すると，設備機器等の更新費の累計は，初期投資と同額か，それ以上かかる。

　したがって，適正な時期における更新費の設定は，事業収支の計画上無視できない事項である。

　設定金額は設備等の中身により変化するが，これらを参考に，必要年度ごとに新設建築工事費に対する建物と設備の更新費の割合を乗じて算出していけばよい。

❷減価償却費

資本的支出として更新した場合は，理論的には，更新した部分の残存価格を一括償却し，更新費を新たな取得価格として減価償却費を計算することが明解である。

ただし，設備の更新のように，資産をそっくり取り替えることが明確に把握できない場合は，この方法は不可能である。

したがって，次の算定方法に拠るのが現実的である。

①建　物

新規更新した価格を残存価格に加算して，新規取得価格を算出する。

この価格に初期に設定した同様の率をかけて，以降計算する。つまり，更新時点で残存簿価が増加することになる。

②設備，什器備品

初期投資に対する減価償却費は，そのまま継続する。

更新時点で投資した金額を新たな取得価格として，初期投資時点と同様の計算を行い，それぞれの合計額を以降の減価償却費とする。

なお，モデルプランによる事務所ビルの算出例を**図表186**（331ページ）に示している。

(2)　再投資

商業ビルやホテル等のように，一般の顧客が毎日ふれあう施設で，常に快適な空間を提供するために積極的にリニューアルをする場合や，収益効率を上げるために事業開始後に投資する費用である。

再投資に対する考え方は，周辺の競合状態や市場動向などにより変わってくるが，常に顧客のニーズを先取りし，費用対効果を見極めながら投資を行っていくことは経営の本質である。

このような再投資を行った場合には，新たな事業を増加させることになるため，その投資額はもちろん，営業収入や営業支出などの経年的な事業収支の構造も変わってくる。

ただし，再投資に対する金額算定の考え方は，これまで述べてきた方法により算定していけばよい。

7

基本計画段階──その❹：

事業計画に関連する税金

① 固定資産課税評価額

⑴ 土　地

不動産にかかる課税の基になる価格は，「固定資産課税台帳」に記載されている。

これには，「土地課税台帳」と「家屋課税台帳」がある。

正確な税額の算出には，計画地がある市区町村役場（東京都23区は都税事務所）で固定資産税評価額を閲覧するか，または評価証明書を取り寄せなければならない。

固定資産課税台帳の様式は市区町村によってまちまちだが，「土地課税台帳」に記載されている基本的な価格は次の三つである。

税額を算出する基になる価格を「課税標準」という。

なお，その評価替えは3年に一度行われる（平成30年度が直近の評価替えの年度にあたる）。

①当該年度の評価額

　課税標準の基本となる価格である。

　その価格は，昭和末期から平成初期には，土地の時価に対して，大都市部で20％〜25％，地方都市で40％程度であった。

　平成3年の税制改革で，これが公示地価および基準地価の70％程度に引き上げられ，現在では，土地価格が急激に変動した地域を除いて，ほぼその水準になっている。

　これは，不動産取得税の課税標準となる。

②当該年度の固定資産税課税標準額

　土地価格の上昇による急激な税額の増加を避けるための負担調整措置や税制上の特例などにより算出された金額である。

③当該年度の都市計画税課税標準額

　②と同様であるが，税率が固定資産税よりも低く，負担調整措置や税制上の特例が少ないため，②よりも高い評価になっている場合がある。

(2) 建 物

「家屋課税台帳」に記載される建物の評価額は一つである。

既存の建物は，この価格が課税標準価格となる。

新築の建物は，竣工後，市区町村がその評価額を決定するので，登記時点ではまだその額は決まっていない。

したがって，登録免許税の評価額は，管轄税務署ごとに新築建物の価格認定基準が決められている。

図表171は，東京法務局管内の新築建物の価格認定基準表である。

なお，概算では，取得価格の70％が評価額の目安である。

建物の評価替えも，土地と同じく3年に1回であるが，従来は，時の経過による減価分は再建築費の上昇で相殺されるという考えから，当初の評価額が据え置かれていた。

しかし，平成6年の評価替えから，これが見直され，また耐用年数が引き下げられたこともあって，評価額が引き下げられた。

既存の建物を評価する場合は，建物の用途別および構造別の経過年数に応じて，**図表102**（193ページ）の減価率を新築した年の「標準的な建築価格表」（**図表87**（175ページ））の評価額に乗じた価格が，その年の課税評価額となる。

最終減価率は20％とされ，それ以上の減価はない。

図表171 東京法務局管内の新築建物の課税標準価格認定基準表（基準年度：平成27年度）（円／㎡）

構造＼種類	木造	れんが造・コンクリートブロック造	軽量鉄骨造	鉄骨造	鉄筋コンクリート造	鉄骨鉄筋コンクリート造
居宅	87,000	—	95,000	112,000	132,000	—
共同住宅	87,000	—	95,000	112,000	132,000	—
旅館・料亭・ホテル	—	—	—	117,000	114,000	—
店舗・事務所・百貨店・銀行	71,000	—	65,000	131,000	136,000	129,000
劇場・病院	79,000	—	—	117,000	114,000	—
公衆浴場	—	—	—	—	—	—
工場・倉庫・市場	41,000	51,000	40,000	61,000	91,000	—
土蔵	—	—	—	—	—	—
附属家	49,000	61,000	48,000	73,000	109,000	—

（注） 本基準により難い場合は，類似する建物との均衡を考慮し個別具体的に認定することとする。

② 開業前に課せられる税金

(1) 不動産取得税

土地や建物を取得したときに，都道府県が課する税である。

課税標準に税率をかけて税額を算出する。

土地の課税標準は，「土地課税台帳」に記載されている当該年度の評価額となる。

ただし，平成30年3月31日までに取得した土地については，この「価格」の1／2が課税標準とされている。

既存建物の課税標準は「家屋課税台帳」に記載されている評価額である。

一般的には，取得価格の70％程度としてよい。

なお，新築の共同住宅で，貸家の用に供される1戸の専有部分が40㎡〜240㎡であれば，1戸当たり1,200万円（長期優良住宅に認定されれば1,300万円）が評価額より控除される特例がある。

本則の税率は4％であるが，平成30年3月31日までの土地および居住用家屋の取得には3％とする経過措置がとられている。

その他，個人が自己の居住用家屋を取得するときには控除の特例があるが，この特例は事業者には適用されないので，その詳述は省く。

(2) 登録免許税

土地や建物を取得して，その所有権の移転登記や保存登記をするときに，国が課する税である。

新築建物の課税標準は，**図表171**（305ページ）の金額である。

不動産にかかる登録免許税を**図表172**に示す。

図表172　不動産にかかる登録免許税 （％）

登記等の事項	課税標準	本則税率	特例税率
(1)　所有権の保存登記	不動産の価格	0.40	
(2)　所有権の移転登記			
①売買・贈与・遺贈	不動産の価格	2.00	1.50
②相続・共有物の分割	不動産の価格	0.40	
(3)　地上権，賃借権の登記			
①設定・転貸・売買・贈与・遺贈	不動産の価格	1.00	
②相続・共有物の分割	不動産の価格	0.20	
(4)　仮登記			
①上記(1)	不動産の価格	0.20	
②上記(2)－①	不動産の価格	1.00	0.75
③上記(2)－②	不動産の価格	0.20	
④上記(3)－①	不動産の価格	0.50	
⑤上記(3)－②	不動産の価格	0.10	
(5)　抵当権の設定登記	債権金額	0.40	
(6)　土地の分筆・建物の分割登記	分筆・分割後の不動産の個数	1,000円／個	
(7)　登記の抹消	不動産の個数	1,000円／個	

　特例税率は，土地の売買に対するもので，平成31年3月31日までは1.5％に軽減される（仮登記は0.75％）。

　したがって，ビル事業における現行税率は，土地の売買による所有権移転登記は1.5％，建物の売買による所有権移転登記は2％，建物を新築したときの保存登記は0.4％である。

　その他，個人が自己の居住用家屋を新築等するときは軽減税率等の特例はあるが，ビル事業収支計画を策定する際の特例はない。

(3)　抵当権設定料

　金融機関等からの借入れに際して抵当権を設定登記する場合に課せられる登録免許税の一つである。

　課税標準はその債権金額であり，税率は0.4％である。

　その他，個人が自己の居住用家屋を新築等するときの軽減税率等の特例はあるが，ビル事業収支計画を策定する上での特例はない。

③ 事業開始後に課せられる税金

(1) 固定資産税

固定資産を保有している期間中，毎年課せられる市町村税である。

なお，固定資産には，土地や建物のみならず，事業用の什器備品のように減価償却の対象となる資産も含まれる。

❶土地の課税標準

土地の課税標準は「土地課税台帳」の当該年度の固定資産税課税標準額であり，3年ごとに評価替えされる。

ただし，住宅用の土地については，次のような計算により課税標準が減額される。

① 住宅用の敷地面積を計算する。

すべて住宅用の土地であれば全体が減額の対象となるが，複合用途の場合は，**図表173**により，その割合を算出する。

ただし，これにより算出した住宅用の敷地面積が延べ床面積の10倍を超えている場合は，10倍が限度となる。

図表173 住宅・非住宅に共用されている敷地の区分

住宅部分の面積割合	5階以上の耐火建築物	それ以外
25％未満	0％	0％
25％〜50％未満	50％	50％
50％〜75％未満	75％	100％
75％以上	100％	100％

② ①で算出された住宅用の敷地面積のうち，1住戸当たり200㎡未満の部分は，固定資産税評価額の1／6に減額される。

③ 1住戸当たり200㎡以上の住宅用敷地部分は，固定資産税評価額の1／3に減額され

　　る。

　④　③以外の敷地部分は，固定資産税評価額がそのまま課税標準となる。

　⑤　②～④の合計が，当該敷地の課税標準額となる。

❷建物の課税標準

　建物の評価額は，固定資産税課税標準額に３年ごとの評価替えにおける経年減価率を乗じて算出する。

　この経年減価率は，建物の用途や構造により異なる。

　この数値は**図表102**（193ページ）で示している。

❸什器備品の課税標準

　什器備品等は，通常の建物賃貸事業ではほとんどない。

　その評価額は市町村等が適正な時価により算出し，償却資産台帳に掲載する価格によるので，基本計画段階で正確な数値を得るのは困難である。

　課税対象となる什器備品の取得価格は，初期投資における什器備品費予算の60％～70％を取得時の課税標準と設定し，毎年の減価償却残額をその年の課税標準とすればよい。

❹税額の算出

　固定資産税の税率は1.4％である。

　課税標準に，この税率を乗じて税額を算出する。

　なお，下記の条件を満たしている場合は，地上３階建て以上の耐火構造または準耐火構造は５年間，その他は３年間，１戸当たり120㎡までの住宅部分について１／２に減額される。

　①　住宅部分の割合が，建物全体面積の１／２以上であること。ただし，別荘は含まれない。

　②　１住戸当たりの延べ床面積の面積が40㎡～280㎡であること。

(2)　都市計画税

　都市計画区域を有している市町村が，市街化区域内に所在する土地および家屋に課する税金である。

　固定資産税とほぼ同様であるが，次の２点が違っている。

　①　課税対象は土地および家屋のみで，什器備品などの償却資産は対象にならない。

　②　対象区域は市街化区域のみで，無指定区域や市街化調整区域などは対象にならない。

　　　ただし，例外として，市街化調整区域でも，特定の開発行為により開発された場合は課税されることもある。

❶土地の課税標準

　土地の課税標準は，土地課税台帳の当該年度の都市計画税課税標準額である。

ただし，計画用途が住宅の場合は，減額措置がある。

① 固定資産税で示した**図表173**（308ページ）により，住宅用敷地面積の割合を求める。

② 上記で計算した住宅用敷地面積のうち，1住戸当たり200㎡未満の部分は，固定資産税評価額の1／3に減額される。

③ 1住戸当たり200㎡以上の住宅用敷地部分は，固定資産税評価額の2／3に減額される。

④ それ以外の敷地部分は，固定資産税評価額がそのまま課税価額となる。

⑤ 上記②〜④の合計が，当該敷地の都市計画税課税標準額となる。

❷建物の課税標準

建物の課税標準額は，固定資産税と同様である。

図表102（193ページ）により，経年的な課税標準を算出する。

❸税額の算出

制限税率が0.3％と定められており，税率の設定は各市町村の任意となっている。

課税対象に，この税率を乗じて税額を算出する。

なお，建物に対する都市計画税の特例はない。

（3） 事業所税

図表174に掲げる一定の都市に所在する，一定規模以上の事業所に課される税である。

従来は，新増設にかかる事業所税と継続にかかる事業所税の2つがあったが，平成15年4月1日に新増設にかかる事業所税は廃止になった。

図表174 事業所税を課せられる都市

東京都23区							
指定都市（19市）							
札幌市	仙台市	新潟市	千葉市	さいたま市	横浜市	川崎市	相模原市
静岡市	浜松市	名古屋市	京都市	大阪市	堺市	神戸市	岡山市
広島市	北九州市	福岡市					
上記以外の市で首都圏整備法の既成市街地，近畿圏整備法の既成都市区域を有する市（8市）							
武蔵野市	三鷹市	川口市	守口市	東大阪市	尼崎市	西宮市	芦屋市
上記以外の市で人口30万人以上のもののうち政令で指定する市（49市）							
旭川市	青森市	秋田市	郡山市	いわき市	宇都宮市	前橋市	高崎市
川越市	所沢市	越谷市	市川市	船橋市	松戸市	柏市	八王子市
町田市	横須賀市	藤沢市	富山市	金沢市	長野市	岐阜市	豊岡市
岡崎市	一宮市	春日井市	豊田市	四日市市	大津市	豊中市	吹田市
高槻市	枚方市	姫路市	奈良市	和歌山市	倉敷市	福山市	高松市
松山市	高知市	久留米市	長崎市	熊本市	大分市	宮崎市	鹿児島市
那覇市							

　なお，課税対象となる事業所とは，次に示す一定規模以上の事業所を実際に使って事業を行うものであり，普通のビル賃貸事業では該当しない。

　さらに，直営事業でも，老人ホームの居住用部分，一般公共の用に供される駐車場等には課税されない。

　事業所税には，次の資産割と従業者割の2種類がある。

　「資産割」は，課税対象の合計床面積が1,000㎡を超える事業所に課税され，税額は1㎡当たり600円である。

　「従業者割」は，従業者が100人を超える事業所に課税され，税率は給与総額の0.25％となっている。

4　事業の所得に応じて課せられる税金

(1)　法人税等

❶法人の種類

法人税法では，日本国内の法人は，次のように分類される。

①　住宅金融支援機構（旧住宅金融公庫），都市再生機構などの特殊法人といわれる公共法人

②　社会福祉法人，宗教法人，学校法人などの公益的事業を営む公益法人等

③　農業協同組合，漁業協同組合などの協同組合等

④　人格のない社団または財団等

⑤　法人税法で「普通法人」といわれている上記以外の株式会社等の営利法人

このうち，営利法人は利益の獲得を目的として組織された法人であり，事業所得に対して法人税が課せられる。

公共法人は無税である。

その他の公益法人や協同組合等は，その本来の活動によって収入を得ても，その収入に対しては非課税となり，収益事業を営んだ場合のみ，原則として課税される。

❷課税対象額

課税対象となる金額は，事業を営むことにより生ずる経常利益額である。

経常利益とは，経常収入から，経常支出，減価償却費，借入金利等を引いた額である。

単年度で，この額が赤字であれば，課税されない。

また，この赤字の額（欠損金）は，平成30年4月1日以後の開始事業年度から10年間（個人の場合は3年間）にわたって繰り越して黒字が出た場合に控除できる。

この「欠損金繰越控除制度」は，中小法人等以外の大法人に対しては，平成30年4月1日以後の開始事業年度について，繰越控除前の所得金額の50％が適用される。中小法人等は所

図表175　法人税

大法人	1年	2年	3年	4年	5年	6年	7年	8年	9年	10年
当期利益	-100	-100	-100	-100	-100	-100	200	200	200	200
課税対象額	-50	-100	-150	-200	-250	-300	-100	100	200	200
法人税（25%）	0	0	0	0	0	0	0	25	50	50

中小法人等	1年	2年	3年	4年	5年	6年	7年	8年	9年	10年
当期利益	-100	-100	-100	-100	-100	-100	200	200	200	200
課税対象額	-100	-200	-300	-400	-500	-600	-400	-200	0	200
法人税（25%）	0	0	0	0	0	0	0	0	0	50

得金額の100％のまま変更はない。

　なお，中小法人等とは，

①　資本金が1億円以下の普通法人

②　公益法人

③　協同組合

④　人格のない社団等

をいう。

　このしくみの例を，**図表175**に示す。

　なお，実際に支払う法人税等は，その法人全体の事業を合算して計算される。

　企業内の1プロジェクトである事業計画において計算される法人税額等は，そのプロジェクト単独の所得に課税されるという前提である。

❸法人税

　法人税の税率は，令和4年4月1日以後の開始事業年度において23.2％である。

　なお，資本金1億円以下の法人や公益法人，協同組合等の収益事業に対しては15％の法人税率となっている。

❹法人住民税

　法人住民税の税率は，令和元年10月1日以後に開始する事業年度から，所得割の標準税率が10.3％（標準税率）である。

　また，制限税率は，都道府県民税2.0％，市町村民税8.4％の合計10.4％となっている。

　税額は，上記の法人税で算出した金額に税率を乗じて算出する。

　さらに，資本金や従業員数などの規模に応じて均等割（外形標準課税）の法人住民税が課せられるが，これは企業全体に課せられるものであり，プロジェクトの事業収支計画では考慮しなくてもよい。

❺事業税

　市町村が課す税であり，東京都では平成28年4月1日から開始する事業年度において次の

通りである。

① 年間所得金額が400万円以下の部分………………………3.4%
② 年間所得金額が400万円を超え800万円以下の部分は ……5.1%
③ 年間所得金額が800万円を超える部分は………………6.7%

これも法人税と同様に企業の事業所得全体に対して課税される税金であり，事業収支としては，所得割の6.7%程度を設定すればよいと思われる。

なお，支払った事業税額は翌年の損金として認められるため，課税対象額から前年の事業税額を減じてよい。

(2) 所得税等

❶課税対象額（所得額）

所得税は個人事業の収益に対して課税されるもので，法人における法人税と同様である。

個人所得は10種類に分けられており，それぞれ定められた方式により所得税額を計算する。ビル賃貸事業の所得は不動産所得に該当する。

課税対象となる所得金額は，法人と同様に，事業により生ずる経常収入から，経常支出，減価償却費，借入金利等を差し引いた経常利益額である。

そして，他の所得と合算して課税される総合課税方式により税額が計算される。

このほか，総合課税には，小売り業やサービス業などの事業所得，サラリーマンの給与所得，クイズや懸賞の賞金，競馬の払い戻し金などの一時所得，その他原稿料等の雑所得などがある。

これらを合算した後，社会保険料，生命保険料，損害保険料，配偶者控除，扶養控除，基礎控除などの個人経費を差し引いた金額が課税対象額となる。

この金額が赤字であれば課税されないし，欠損の繰越制度もある。

ただし，個人の場合は，繰越しできる期間は3年以内である（法人の場合は10年）。

したがって，個人情報がすべて開示されない状況では，法人の場合と同様に，プロジェクト単独では，当該事業の経常利益額を課税対象額として所得税額等を算出するが，所得税額は累進課税であるので，個人事業主の総合課税の対象となるその他所得が把握できる場合は，合算して算出した方がより正確に算出できる。

❷所得税

税率および控除額を**図表176**に示す。

平成19年から，地方への税源移譲により，所得税（国税）から住民税（地方税）へ税金が移し替えられることになった。なお，個々の納税者の税負担は変わらないように配慮されている。

図表176 所得税率表

課税所得金額	税率	控除額
1,950千円以下	5%	
1,950千円超3,300千円以下	10%	97,500円
3,300千円超6,950千円以下	20%	427,500円
6,950千円超9,000千円以下	23%	636,000円
9,000千円超18,000千円以下	33%	1,536,000円
18,000千円超40,000千円以下	40%	2,796,000円
40,000千円超	45%	4,796,000円

図表177 事業税の課税認定基準（東京都）

		種類・用途等	貸付件数等
建物	住宅	①一戸建	棟数が10以上
		②一戸建以外	室数が10以上
	住宅以外	①一戸建	棟数が 5以上
		②一戸建以外	室数が10以上
土地	⑤住宅用		契約件数が10以上または貸付け総面積が2,000㎡以上
	⑥住宅用以外		契約件数が10以上
その他	⑦上記不動産（①〜⑥）を併せて貸し付けている場合		各種の貸付け総合件数が10以上

❸個人住民税

都道府県民税および市町村民税である。

平成19年の改正により，標準税率は一律10％となった。

なお，このうち，6％は市町村民税，4％は都道府県税である。

❹個人事業税

個人が一定の事業を営む場合に，その所得に対して課せられる都道府県税である。

一定のビル賃貸事業とみなされる判定基準は都道府県によって若干の差異はあるが，東京都の場合は，**図表177**のようになっている。

課税対象額は，課税対象所得から事業主控除として290万円を引いた金額である。

不動産賃貸事業の税率は5％である。

なお，支払った事業税額は翌年の損金として認められるので，課税対象額から前年の事業税額を減じてよい。

(3) 消費税

消費税は，物品の売買などのような金銭の授受を伴う取引において，その取引金額に対して課税される間接税である。

その計算法には，消費税を価格の一部として計算する「内税方式」と，消費税を分離して計算する「外税方式」がある。

価格の表示は内税方式を採用することとされているが，事業収支計画では税抜き処理である外税方式を採用した方が明確になる。

消費税も，法人税と同様に，企業の全事業活動の集計によりその税額が決定していくものであるため，プロジェクト単独では実際の税額が定まらない。

しかし，初期投資では消費税込みで資金調達を決め，開業後の事業収支では還付金や支払い消費税額の一部を損金計上する場合もあり，消費税を考慮して事業収支計画を立案した方がより正確になる。

❶非課税課目

消費税が非課税となる課目は，次のとおりである。

①初期投資

① 土地取得費

② 不動産取得税

③ 登録免許税

④ 抵当権設定料

⑤ 開業前金利

②営業収入

① 住宅に対する家賃，更新料，礼金，共益費

② 有料老人ホームの居室料，入居一時金，介護費

③支出項目

① 人件費

② 固定資産税

③ 都市計画税

④ 事業所税

⑤ 火災保険料

⑥ 借地料

⑦ 借入金金利

❷税　率

税率は，2019（平成31）年10月１日から，国税7.8％，地方税2.2％（7.8％×22／78）の計10％である。

❸課税方式

外税方式では，収入にかかる消費税を仮受け消費税，支出にかかる消費税を仮払い消費税として計上し，その差額が事業者が支払う納付消費税となる。

課税方式には，次の３つの方式がある。

①原則型

　消費税の原則となる課税方式で，仮受け消費税と仮払い消費税の差額が納付消費税になる。

　仮払い消費税が仮受け消費税よりも多い場合は，申請すれば還付が受けられる。

　たとえば，建築工事費等にかかる消費税を開業前に支払っていて，営業収入がない場合は，この原則型を採用しておれば，決算の１年後に全額還付を受けることができる。

　したがって，住宅を除く賃貸事業の場合，収入の額にかかわらず事業開始後２年間はこの方式を採用しておく方が得策である。

　そして，３年目からは，次に述べる条件に合致しておれば，「消費税簡易課税制度選択届出書」を提出することにより方式を変更することが可能である。

　なお，原則型を採用した場合に減価償却の対象となる取得価格は税抜き価格である。

②簡易課税制度

　前々年度の課税収入額の合計（当該事業のみでなく，その企業の全課税収入額）が5,000万円以下の場合は，簡易課税制度を選択できる。

　この制度では，営業支出の営業収入に対する割合を不動産賃貸事業の場合は40％とみなし，当該年度の消費税課税収入の60％に消費税率を乗じた額が納付消費税となる。

　通常の不動産賃貸事業では，この割合は40％未満であるので差額が生じるのが一般である。

　事業収支計算では，この差額を翌年の雑収入として計上することができる。

　現行の業種別のみなし仕入率は，次の通りである。

・第１種事業（卸売業）……90％

・第２種事業（小売業）……80％

・第３種事業（農業，林業，漁業，鉱業，建設業，製造業，電気業，ガス業，熱供給業および水道業）……70％

・第４種事業（第１種～第３種および第５種，第６種以外の事業（飲食店業など））…60％

・第５種事業（運輸・通信業，金融・保険業および飲食店業以外のサービス業）……50％

・第６種事業（不動産業）……40％

　なお，不動産賃貸事業以外の事業を兼業している場合は，各事業収入を加重平均して求めた率で計算する。

　そして，兼業の一種類の課税売上げが75％以上の場合には，その業種のみなし仕入れ率を全体に適用してよいことになっている。

　この場合の減価償却の対象となる取得価格は税込み価格である。

③免　税

　前々年度の課税収入額の合計（当該事業のみでなく，その事業者の全課税収入額）が1,000万円以下の場合は，免税となる。

　ただし，免税とは消費税を納付する必要がないということであって，通常の事業活動においては，消費税込みの取引価格はどの課税方式でも同様である。

　したがって，仮受け消費税と仮払い消費税の差額は雑所得または雑損失となる。

　この場合の減価償却の対象となる取得価格は簡易課税と同様に税込み価格である。

❹賃貸住宅の場合

前述の通り，賃貸住宅の家賃等の収入は非課税とされている。

賃貸住宅を含む複合ビルの場合の消費税の計算は複雑になる。

原則型では，次のように計算する。なお，収入全体の95％以上が課税対象であれば，100％課税として計算する。

① 　営業収入の中の課税対象割合を算出する。

② 　営業支出のうち課税項目の支出額に①の割合をかけた金額が控除される消費税額になる。

③ 　仮受け消費税から②を引いた金額が納付消費税額となる。

④ 　初期投資における建築工事費等の還付金額も，事業開始後の課税収入割合を乗じた金額で算出するため，還付されない部分は消費税の支出として翌年の損金となる。

したがって，主な用途が賃貸住宅の場合は，開業初期から免税または簡易課税制度を選択した方が有利になるケースが多い。

なお，有料老人ホームの場合も同様である。

5 その他の税金（印紙税・譲渡税等）

(1) 印紙税

　土地・建物等の取引に際して契約書を作成したり，金銭を授受等した場合には，印紙税が課せられる。

　納税義務者は，契約文書の作成者である。

　契約書は売主，買主のそれぞれが，また金銭の授受では領収書の発行者が原則納税義務者となる。

　建設工事契約で注文書，請書という形をとる場合は，事業主が「注文書」を出しただけでは契約は成立しておらず，工事請負者が発行する「請書」にのみ印紙を貼ればよい。

　税務署としては，所定の印紙が貼ってあれば，その負担者は問わない。

　なお，仮に印紙が貼ってなくても，その契約自体は有効である。

　図表178に印紙税の課税物件および税率を示す。

(2) 譲渡税

　譲渡所得に課税される国税である。

　「譲渡所得」とは，資産の譲渡によって生じた所得をいう。

　「資産」とは，売買の対象として経済的に価値のあるすべてのものをいい，土地や建物のほかに，機械やゴルフ会員権，絵画，自動車，貴金属などの動産，特許権や著作権などの無形固定資産も含まれる。

　個人の場合は，土地や建物の譲渡，および借地権などの不動産の上に存する権利の譲渡による所得は，他の所得と区分して所得金額および税額を計算する「分離課税方式」が採用されている。

図表178　印紙税の課税物件および税額

課税物件	課税標準	税　額
(1)　不動産の譲渡契約書 　　（令和5年4月現在）	(1)　契約金額の記載のある契約書（1通につき）	
	50万円以下のもの	200円
	50万円超100万円以下のもの	500円
	100万円超500万円以下のもの	1,000円
	500万円超1,000万円以下のもの	5,000円
	1,000万円超5,000万円以下のもの	1万円
	5,000万円超1億円以下のもの	3万円
	1億円超5億円以下のもの	6万円
	5億円超10億円以下のもの	16万円
	10億円超50億円以下のもの	32万円
	50億円超のもの	48万円
	(2)　契約金額の記載のない契約書（1通につき）	200円
	(3)　契約金額1万円未満の契約書	非課税
(2)　借地権の設定・譲渡契約書 (3)　借入金証書・金銭消費貸借契約書	(1)　契約金額の記載のある契約書（1通につき）	
	10万円以下のもの	200円
	10万円超50万円以下のもの	400円
	50万円超100万円以下のもの	1,000円
	100万円超500万円以下のもの	2,000円
	500万円超1,000万円以下のもの	1万円
	1,000万円超5,000万円以下のもの	2万円
	5,000万円超1億円以下のもの	6万円
	1億円超5億円以下のもの	10万円
	5億円超10億円以下のもの	20万円
	10億円超50億円以下のもの	40万円
	50億円超のもの	60万円
	(2)　契約金額の記載のない契約書（1通につき）	200円
	(3)　契約金額1万円未満の契約書	非課税
(4)　建築工事の請負契約書 　　（令和5年4月現在）	(1)　契約金額の記載のある契約書（1通につき）	
	200万円以下のもの	200円
	200万円超300万円以下のもの	500円
	300万円超500万円以下のもの	1,000円
	500万円超1,000万円以下のもの	5,000円
	1,000万円超5,000万円以下のもの	1万円
	5,000万円超1億円以下のもの	3万円
	1億円超5億円以下のもの	6万円
	5億円超10億円以下のもの	16万円
	10億円超50億円以下のもの	32万円
	50億円超のもの	48万円
	(2)　契約金額の記載のない契約書（1通につき）	200円
	(3)　契約金額1万円未満の契約書	非課税
(5)　設計等の請負契約書	(1)　契約金額の記載のある契約書（1通につき）	
	100万円以下のもの	200円
	100万円超200万円以下のもの	400円
	200万円超300万円以下のもの	1,000円
	300万円超500万円以下のもの	2,000円
	500万円超1,000万円以下のもの	1万円
	1,000万円超5,000万円以下のもの	2万円

	5,000万円超1億円以下のもの	6万円
	1億円超5億円以下のもの	10万円
	5億円超10億円以下のもの	20万円
	10億円超50億円以下のもの	40万円
	50億円超のもの	60万円
	(2) 契約金額の記載のない契約書（1通につき）	200円
	(3) 契約金額1万円未満の契約書	非課税
(6) 営業に関する領収書	(1) 受取金額の記載があるもの（1通につき）	
	100万円以下のもの	200円
	100万円超200万円以下のもの	400円
	200万円超300万円以下のもの	600円
	300万円超500万円以下のもの	1,000円
	500万円超1,000万円以下のもの	2,000円
	1,000万円超2,000万円以下のもの	4,000円
	2,000万円超3,000万円以下のもの	6,000円
	3,000万円超5,000万円以下のもの	1万円
	5,000万円超1億円以下のもの	2万円
	1億円超2億円以下のもの	4万円
	2億円超3億円以下のもの	6万円
	3億円超5億円以下のもの	10万円
	5億円超10億円以下のもの	15万円
	10億円超のもの	20万円
	(2) 受取金額が3万円未満のもの	非課税
(7) 営業に関しない領収書	1通につき	200円

図表179

特　　　例	所有期間		譲渡資産		譲渡先	買換え（交換）	
	長期	短期	居住用	事業用	国等	する	しない
居住用財産の特例			○				○
特定居住用財産の特例	○		○				
特定居住用財産の買換え特例	○		○			○	
収用等の特別控除					○		○
収用等の長期所得の軽減税率	○				○		
収用等の短期所得の軽減税率		○			○		
収用等の買換え特例					○	○	
特定事業用資産の買換え特例				○		○	
立体買換えの特例						○	
特定民間再開発事業の特例						○	
同種資産の交換の特例						○	

　法人の場合は，他の所得と合算して課税する「総合課税」である。

　この税額計算には，さまざまな特例がある。

　特例の適用条件を，所有期間（長期は5年以上，短期は5年未満），譲渡資産の内容，国・公益法人などへの譲渡，買換え（交換）の有無等で整理すると，図表179のようになる。

　図表中の○印は特例適用の可能性を示しているが，譲渡税は複雑であり，ビル賃貸事業に

は直接かかわらない税金であるので詳述は避ける。

(3) 相続税・贈与税

相続税は，被相続人（死亡した人）から財産を相続または遺贈（遺言により財産を受け取ること）する場合に課せられる国税である。

また，贈与税は，財産の贈与を受けた人に課せられる国税である。

相続税は，個人の地主が建築事業を計画する場合の動機としては想定されるが，ビル賃貸事業には直接関連しないので，詳述は避ける。

8

事業収支計画のしくみと
モデルシミュレーション

1 事業収支計画のしくみ

　基本計画段階では，建築基本計画で得られる各階平面図と断面図等の数値に基づいて事業収支を計算し，チェック指標により事業の成立性を検討する。

　そして，事業成立性の見込みが図れない場合は，その原因を抽出し，計画を見直すことになる。

　事業の成立性を図る尺度には様々な指標があるが，最近では資金収支（キャッシュフロー）の重要性が見直されている。

　一方で，プロジェクトのどの段階においても事業収支のしくみは同一であり，変わることはない。

　ただし，計算結果に対する信頼性は，その設定数値の精度レベルによって変わってくる。

　そして，その精度レベルは，ある部分だけ詳しくても意味はなく，計画全体で統一する必要がある。

　すなわち，事業全体に対するバランス感覚が大切である。

　事業収支計画のしくみは，建設した資産の売却によって利益をあげる「分譲型」と，賃貸によって経年的に資金を回収していく「賃貸型」の二つに大別される。

(1) 分譲型事業

　分譲型事業の収支では，プロジェクトに必要な総投資額（土地取得費，建築工事費，販売経費等）が支出になり，分譲により得られる収入合計額との差額が事業利益となるので，損益計算と資金計算を区別する必要はない。

　したがって，次に述べる賃貸型を例にすれば，初期投資額に目標とする事業利益を加算した金額よりも，市場性からみた分譲価格の方が上回っていれば，事業は成立することになる。

　分譲期間が数期にまたがる事業では，経年的な金利計算を必要とする場合もあるが，基本的なしくみは同様である。

(2)　賃貸型事業

　賃貸型事業のしくみを概念的に図示すると，**図表180**のようになる。

　まず賃貸事業を始めるまでに必要な費用，すなわち初期投資額（図表中のⒶ：土地取得費，建築工事費，開業費など）を算出して，それと同額の資金（図表中のⒷ：銀行等からの借入金，自己資金など）を調達する。これが開業前の設定である。

　次に，事業開始後は，毎年の家賃，その他収入の合計（図表中のⒸ：経年的に入ってくる営業収入と留保金運用益などの営業外収入の合計であり，経常収入という）から，毎年の必要経費（修繕費，保険料，維持管理費，税金などの経年的に出て行く営業支出と借入金利等の営業外支出の合計）と減価償却費の総計（図表中のⒹ：経常支出）を差し引いたものが，その年度の利益，すなわち当期利益となる。これが，損益計算である。

　通常の賃貸ビル事業における損益計算では開業当初には赤字となる場合があるが，数年後には黒字に転換し，やがて累積赤字が解消する。

　開業後の数年間は［Ⓒ－Ⓓ］が負であり，やがて［Ⓒ－Ⓓ］が正になり，その累計がゼロになったときに累積赤字が解消するということである。

図表180　賃貸ビル事業収支の概念図

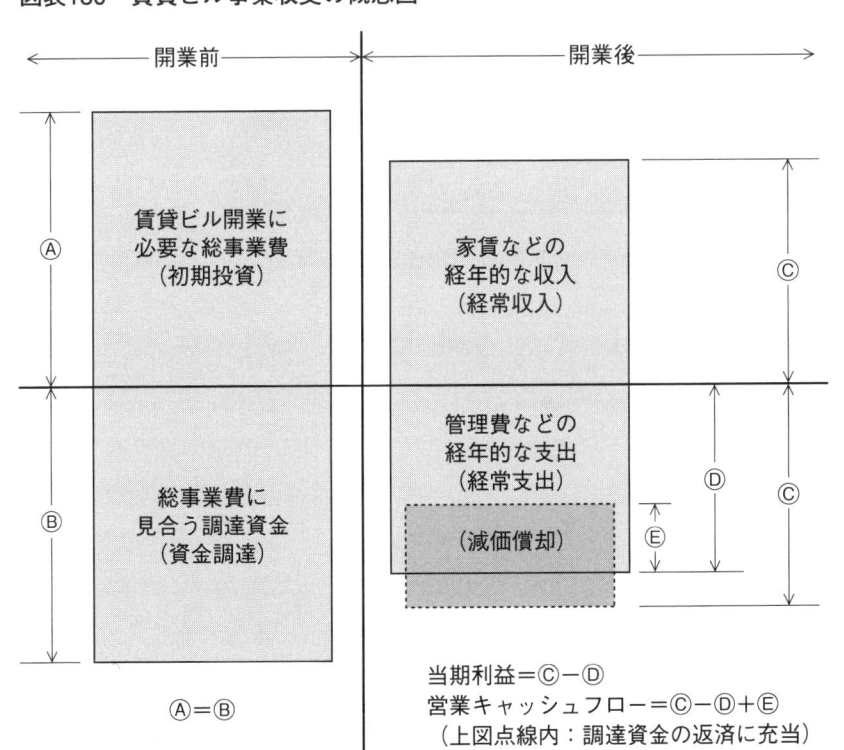

図表181　利益フローのパターン図

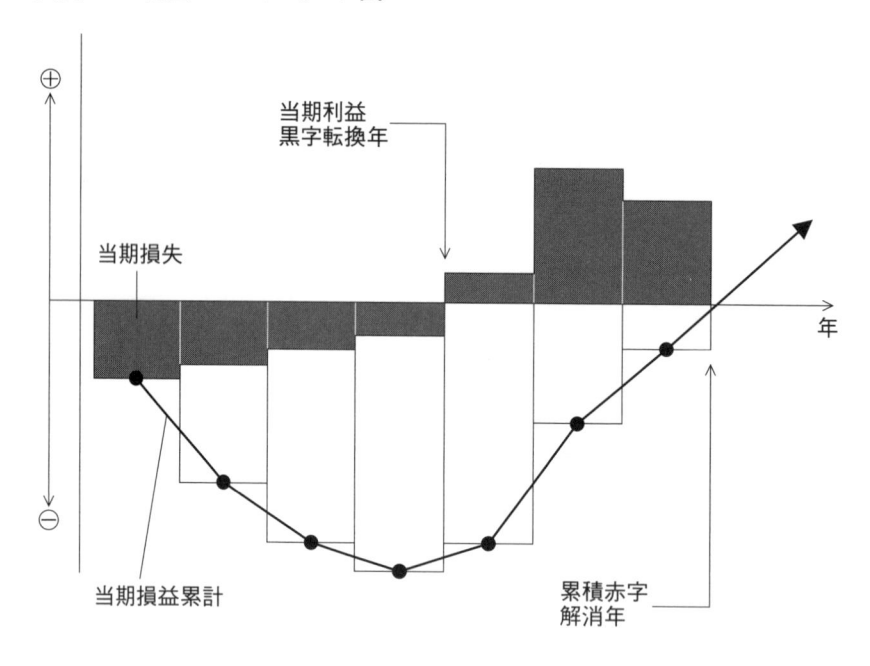

図表182　キャッシュフローのパターン図

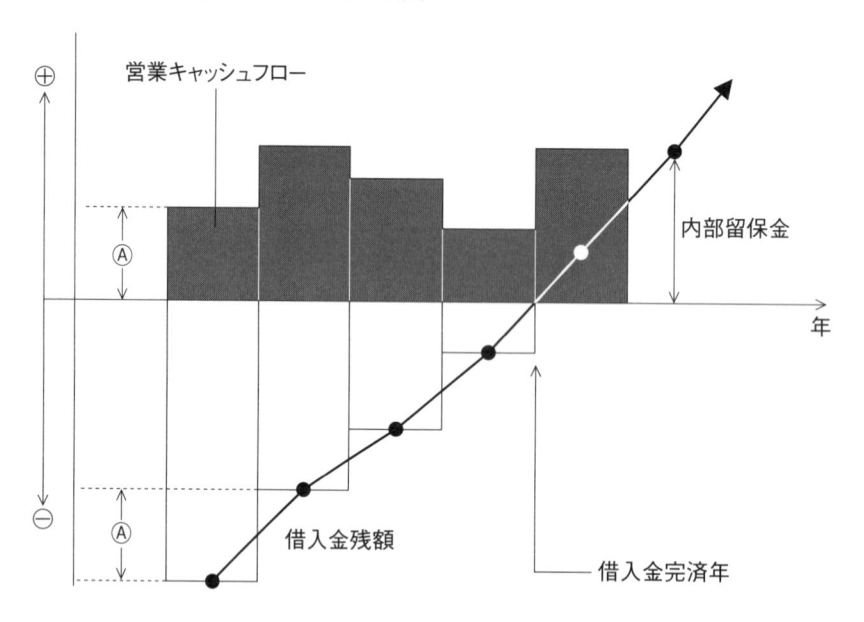

これらの関係を図示したものが**図表181**である。

　通常の賃貸ビル事業において開業当初に赤字が発生するのは，借入金の金利や減価償却費が大きいからであり，**図表182**のキャッシュフローがプラスになっていれば問題はない。

　減価償却費（**図表180**中の⑤）とは，固定資産等（時間の経過とともに価値が減っていく資産で，土地を除く）の取得費用を，その固定資産等の使用可能期間（法定耐用年数）で割りふり，そ

れを経費として配分した費用である。

　この支出に対する実際のキャッシュは初期投資で支出しているため，経年的にはキャッシュの流出がない経費である。

　したがって，経年的な減価償却費の全額を借入金の返済等に充当することができ，当期利益と減価償却費を合計したものが，その年の営業活動等により実際に生じる現金，すなわち営業キャッシュフローになる。そして，この営業キャッシュフローを原資として調達資金を返済していくことになる。

　図表182は，各期に発生するキャッシュで借入金を返済していき，その返済が終了すると内部留保金がたまっていくという関係のイメージ図である。

　このように各年度で発生するキャッシュを計算し，これにより借入金の返済が可能かをチェックする。これが「資金収支計算」である（足りない場合には新たな借入れが必要になり，事業性としては問題がある）。

　そして，借入金等の残額よりも内部留保された余剰資金の累計額が上回ったときが，投下資金の回収が完了した年ということができる。

2 事務所ビル計画

これまでに述べてきた基本計画段階の設定条件に基づいて計算した事業収支表の読み方および事業性のチェック法を解説する。

設定モデルは建築工事費の算出等に用いたプランと同様とする。

事務所ビルのモデルプランは，**図表35**，**図表36**（116ページ〜117ページ）を参照されたい。

(1) 一般事項

事業収支計算に必要な一般事項を**図表183**に示す。

所得税等の計算に当たって，事業主の人格は法人（法人税等），当初2年間の消費税は原則型を採用している。

(2) 初期投資

初期投資および更新費の設定条件を，**図表184**に示す。

土地は以前より所有しているものとし，初期投資には土地取得費を計上していない。

敷地造成費も，計画敷地が平坦な場所で必要がないものとして計上していない。

解体工事費は，既存建物（2,000㎡）があるものとして1㎡当たり2万円計上している。

建築工事費は，1㎡当たり396千円である（188ページ参照）。

建築および設備の割合は，74：26である（299ページ参照）。

設計料は，建築工事費の4％とした。

建築工期は，1.7年としている（218ページ参照）。

更新費は，必要年度毎に計上している。

なお，図表の左欄の「税」は消費税である。0が課税項目，1が非課税項目である。

その合計額として，1,564,332千円＋消費税118,241千円＝1,682,573千円が初期投資額となる。

図表183　事務所ビル・一般事項

計画名称	事務所ビルモデルプラン
計画地	首都圏都市
計画概要	敷地面積：750㎡　建築面積：312㎡ 施工床面積：3,444㎡　地上9階　地下2階
建物構造	鉄筋コンクリート造
備考	商業地域　防火地域 建ぺい率：90%　容積率：400%

計算年数	20	年
単位選択	平方メートル	
事業主の人格	中小法人等	※中小法人等とは①資本金1億円以下
敷金の値上げ	固定	②公益法人等
取得建物の経過年数	0	年（新築：0）　③協同組合等
IRR（内部収益率）計算の年度	10	年（計算年数以内）　④人格のない社団等
NPV（正味現在価値）計算の割引率	5.00	%
消費税計算		
当初2年間の消費税計算方式	原則	
当事業以外の収入	0	千円／年
免税となる上限収入額	10,000	千円／年
簡易課税となる上限収入額	50,000	千円／年
簡易課税のみなし仕入率	40.00	%
消費税率	8.00	%
法人税計算		
法人税	23.20	%
法人住民税	6.00	%
事業税	6.70	%

図表184　事務所ビル・初期投資　　　　　　　　　　　　　　　　　　　　（千円）

税	項目名	設定根拠									開業前	更新費 15年	更新費 20年
0	土地取得費	取得面積	0	㎡	単価	0	千円	時価割合	100.00	%	－	0	0
0	土地取得税	金額	0	千円	評価率	35.00	%	税率	3.00	%	－	0	0
0	土地登録税	金額	0	千円	評価率	70.00	%	税率	1.50	%	－	0	0
1	敷地造成費	造成面積	0	㎡	単価	0	千円				－	0	0
1	解体工事費	既存面積	2,000	㎡	単価	20	千円				40,000	0	0
1	建築工事費	延べ床面積	3,444	㎡	単価	396	千円	割合	74.35	%	1,014,003	1,663	796
1	設備工事費	延べ床面積	3,444	㎡	単価	396	千円	割合	25.65	%	349,821	68,954	136,003
1	外構工事費	施工面積	400	㎡	単価	10	千円				4,000	0	0
1	什器備品費	床面積	100	㎡	単価	20	千円				2,000	0	0
1	設計料	建設工事費	1,363,824	千円	料率	4.00	%				54,553	0	0
0	建物取得税	建設工事費	1,363,824	千円	評価率	70.00	%	税率	4.00	%	38,187	0	0
0	建物登録税	建設工事費	1,363,824	千円	評価率	70.00	%	税率	0.40	%	3,819	0	0
0	抵当権設定料	債権金額	1,500,000	千円	税率	0.40	%				6,000	0	0
0	開業前金利	対象金額	751,188	千円	工期	1.70	年	金利	3.00	%	38,311	0	0
1	開業費	建設工事費	1,363,824	千円	料率	1.00	%				13,638	0	0
	計										1,564,332	70,617	136,799
	消費税	対象金額	1,478,015	千円	税率	8.00	%				118,241	5,649	10,944
	計										1,682,573	76,266	147,743

(3)　減価償却

　減価償却費の設定条件を**図表185**に示す。

　図表102（193ページ）より，RC造の事務所ビルの耐用年数を50年とする。

　解体工事費，設計料，各種の税金，開業費金利を建築と設備に按分し，初期投資の消費税を除く全額を減価償却の取得価額としている。

　また，初期投資で設定した更新費をその年度に応じて取得価額に計上している。

　この設定条件に基づいて計算した年度毎の減価償却費が**図表186**である。

　建物は定額法を採用しており，取得価額（1,158,740千円）に50年の償却率0.020を乗じた23,175千円が毎年計上されている。

　建物の更新年，たとえば15年目に取得価額1,663千円が計上されている。建物の更新は資産上区分が困難であるため，計算上は前年と同じ償却率とし，更新に要した費用とそれまでの取得価格に加算する。

　16年目をみると，次のようになる。

　取得価額＝1,158,740千円＋1,663千円＝1,160,403千円

　償　却　額＝1,160,403千円×0.020＝23,208千円

　また，建物と一体に整備される「建物附属設備」や建物と同様に長期間にわたり安定的に使用される「構築物」の償却方法について，平成28年に定率法が廃止され，「建物」と同様に定額法に一本化された。したがって，定率法が採用できるのは「什器備品」のみである。

　たとえば，什器備品をみると，耐用年数は5年と設定しているため，償却率は1／5×2.5＝0.500となる。

　一方で，4年目において，定額法の償却率は，耐用年数に対し，残り2年のため，1／2＝0.500と定率法と同様となる。

　したがって，この4年目において，定額法への変更になり，前年の残存簿価（432千円）にこの償却率を乗じた216千円が償却となる。

　そして，同額が5年目に計上され，取得価格の全額（備忘価格1円）が償却されることになる。

(4)　資金調達

　資金調達の設定条件を，**図表187**（333ページ）に示す。

　自己資金は10,000千円とする。

　この自己資金に対して，累積赤字の解消年および短期銀行借入金の完済年以降は，10％配

図表185　事務所ビル・減価償却

（千円）

項目名	償却法	償却年数	取得価額 開業前	15年	20年
建物	定額法	50年	1,158,740	1,663	796
設備	定率法	15年	385,954	68,954	136,003
外構	定率法	5年	4,000	—	—
什器備品	定率法	5年	2,000	—	—
開業費	定額法	5年	13,638	—	—
計			1,564,332	70,617	136,799
土地取得価格			—	—	—
一括償却額			—	—	—
消費税			118,241	5,649	10,944
計			1,682,573	76,266	147,743

図表186　事務所ビル・減価償却計算書

定額法への転換

（千円）

		開業前	1年	2年	3年	4年	5年	6年	7年	8年	9年	10年
建物	取得価額	1,158,740	—	—	—	—	—	—	—	—	—	—
	償却額	—	23,175	23,175	23,175	23,175	23,175	23,175	23,175	23,175	23,175	23,175
	残存価額	1,158,740	1,135,565	1,112,390	1,089,215	1,066,040	1,042,866	1,019,691	996,516	973,341	950,166	926,992
設備	取得価額	385,954	—	—	—	—	—	—	—	—	—	—
	償却額	—	25,730	25,730	25,730	25,730	25,730	25,730	25,730	25,730	25,730	25,730
	残存価額	385,954	360,224	334,493	308,763	283,033	257,303	231,572	205,842	180,112	154,382	128,651
外構	取得価額	4,000	—	—	—	—	—	—	—	—	—	—
	償却額	—	800	800	800	800	800	—	—	—	—	—
	残存価額	4,000	3,200	2,400	1,600	800	—	—	—	—	—	—
什器備品	取得価額	2,000	—	—	—	—	—	—	—	—	—	—
	償却額	—	800	480	288	216	216	—	—	—	—	—
	残存価額	2,000	1,200	720	432	216	—	—	—	—	—	—
開業費	取得価額	13,638	—	—	—	—	—	—	—	—	—	—
	償却額	—	2,728	2,728	2,728	2,728	2,728	—	—	—	—	—
	残存価額	13,638	10,911	8,183	5,455	2,728	—	—	—	—	—	—
合　計	取得価額	1,564,332	—	—	—	—	—	—	—	—	—	—
	償却額	—	53,233	52,913	52,721	52,649	52,649	48,905	48,905	48,905	48,905	48,905
	残存価額	1,564,332	1,511,099	1,458,186	1,405,466	1,352,817	1,300,168	1,251,263	1,202,358	1,153,453	1,104,548	1,055,643

		11年	12年	13年	14年	15年	16年	17年	18年	19年	20年
建物	取得価額	—	—	—	—	1,663	—	—	—	—	796
	償却額	23,175	23,175	23,175	23,175	23,175	23,208	23,208	23,208	23,208	23,208
	残存価額	903,817	880,642	857,467	834,292	812,781	789,573	766,365	743,157	719,948	697,536
設備	取得価額	—	—	—	—	68,954	—	—	—	—	136,003
	償却額	25,730	25,730	25,730	25,730	25,730	4,597	4,597	4,597	4,597	4,597
	残存価額	102,921	77,191	51,461	25,730	68,954	64,357	59,760	55,163	50,566	181,972
外構	取得価額	—	—	—	—	—	—	—	—	—	—
	償却額	—	—	—	—	—	—	—	—	—	—
	残存価額	—	—	—	—	—	—	—	—	—	—
什器備品	取得価額	—	—	—	—	—	—	—	—	—	—
	償却額	—	—	—	—	—	—	—	—	—	—
	残存価額	—	—	—	—	—	—	—	—	—	—
開業費	取得価額	—	—	—	—	—	—	—	—	—	—
	償却額	—	—	—	—	—	—	—	—	—	—
	残存価額	—	—	—	—	—	—	—	—	—	—
合　計	取得価額	—	—	—	—	70,617	—	—	—	—	136,799
	償却額	48,905	48,905	48,905	48,905	48,905	27,805	27,805	27,805	27,805	27,805
	残存価額	1,006,738	957,833	908,928	860,023	881,735	853,930	826,125	798,320	770,515	879,509

当をするものとしている。この配当は，当期利益（税引後利益）にこの率をかけて計上する。

敷金・保証金は，テナントの入居率に応じて計算した金額を計上している。

上記以外の必要資金は，銀行から借り入れるものとする。

長期借入金1,500,000千円，返済期間20年，元利均等返済，金利2.5％とし，残額は金利2％の短期借入金で賄うものとする。

なお，この事業により生じた内部留保金の運用益を1％としている。

年度ごとの返済額等を**図表188**に示す。

保証金はテナントの入居条件（**図表189**）で設定したように，金利・元金返済据置期間を10年，以降10年間での元金均等返済，金利を2％としている。

長期銀行借入金は元利均等返済としているため，金利および元金の合計額を一定とし，毎年返済していく。その返済の内訳は，初期には金利分が大きく，元金分は小さい。そして，20年目に借入残額は0となる。

(5) 営業収入

テナントの入居条件を**図表189**（334ページ）に示す。

1階と，2階～9階の賃料単価を変えている。

1階は店舗を想定し，入居一時金として敷金・保証金を設定している。2階～9階は敷金のみとし，賃料の10か月分としている。

共益費は，維持管理費および水道光熱費に基づいて賃貸面積㎡当たり・月1,500円としている。

入居率は，1階は開業前に入居が決定しているテナントがあるものとして100％としているが，一般募集をする2階～9階は2年目に95％になり，それ以降は同様の入居率（空室率5％）を設定している。

なお，事業の安全性を考慮して，家賃等の値上げはしないものとしている。

これらの設定に基づいて毎年の営業収入を設定したものが**図表190**（334ページ）である。

家賃は，テナントごとに計算した合計を示している。入居率が一定となる2年目以降は同額となっている。

3年ごとの契約更新時に，賃料の1か月分の更新費を受領するものとしている。

礼金は，新規入居時に，賃料の1か月分を受領するものとしている。なお，テナントの入替え等も想定できるが，ここでは事業の安全性を考慮して，当初のみ計上している。

駐車場料金は，1台当たり月3万円としている。

図表187　事務所ビル・資金調達

（千円）

項目名	償還法		開業前	1年	2年	3年	4年	5年
自己資金	配当	入金額	10,000	0	0	0	0	0
	累赤解消・短期銀行完済時	配当性向(%)		10.00	10.00	10.00	10.00	10.00
敷金	解約時返済	入金額	120,392	13,824	6,912	—	—	—
	テナント条件より							
保証金	元金均等返済	入金額	9,800	—	—	—	—	—
	テナント条件より							
長期銀行借入金	元利均等返済	入金額	1,500,000	0	0	0	0	0
		金利(%)		2.50	2.50	2.50	2.50	2.50
		償還年数		20	20	20	20	20
小計			1,640,192	13,824	6,912	—	—	—
短期銀行借入金	収支計算による	入金額	42,381					
		金利(%)		2.00	2.00	2.00	2.00	2.00
留保金	収支計算による	入金額	—					
		運用益率(%)		1.00	1.00	1.00	1.00	1.00
計			1,682,573	13,824	6,912	—	—	—

図表188　事務所ビル・借入資金計算書

（千円）

		開業前	1年	2年	3年	4年	5年	6年	7年	8年	9年	10年
保証金	借入金額	9,800	—	—	—	—	—	—	—	—	—	—
	金利	—	—	—	—	—	—	—	—	—	—	—
	元金返済額	—	—	—	—	—	—	—	—	—	—	—
	元利合計	—	—	—	—	—	—	—	—	—	—	—
	残額	9,800	9,800	9,800	9,800	9,800	9,800	9,800	9,800	9,800	9,800	9,800
長期銀行借入金	借入金額	1,500,000	—	—	—	—	—	—	—	—	—	—
	金利	—	37,500	36,032	34,527	32,985	31,404	29,784	28,123	26,420	24,675	22,887
	元金返済額	—	58,721	60,189	61,693	63,236	64,817	66,437	68,098	69,800	71,545	73,334
	元利合計	—	96,221	96,221	96,221	96,221	96,221	96,221	96,221	96,221	96,221	96,221
	残額	1,500,000	1,441,279	1,381,091	1,319,397	1,256,161	1,191,345	1,124,908	1,056,810	987,009	915,464	842,130
合　計	借入金額	1,509,800	—	—	—	—	—	—	—	—	—	—
	金利	—	37,500	36,032	34,527	32,985	31,404	29,784	28,123	26,420	24,675	22,887
	元金返済額	—	58,721	60,189	61,693	63,236	64,817	66,437	68,098	69,800	71,545	73,334
	元利合計	—	96,221	96,221	96,221	96,221	96,221	96,221	96,221	96,221	96,221	96,221
	残額	1,509,800	1,451,079	1,390,891	1,329,197	1,265,961	1,201,145	1,134,708	1,066,610	996,809	925,264	851,930

		11年	12年	13年	14年	15年	16年	17年	18年	19年	20年
保証金	借入金額	—	—	—	—	—	—	—	—	—	—
	金利	196	176	157	137	118	98	78	59	39	20
	元金返済額	980	980	980	980	980	980	980	980	980	980
	元利合計	1,176	1,156	1,137	1,117	1,098	1,078	1,058	1,039	1,019	1,000
	残額	8,820	7,840	6,860	5,880	4,900	3,920	2,940	1,960	980	—
長期銀行借入金	借入金額	—	—	—	—	—	—	—	—	—	—
	金利	21,053	19,174	17,248	15,274	13,250	11,176	9,049	6,870	4,636	2,347
	元金返済額	75,167	77,047	78,973	80,947	82,971	85,045	87,171	89,350	91,584	93,874
	元利合計	96,221	96,221	96,221	96,221	96,221	96,221	96,221	96,221	96,221	96,221
	残額	766,962	689,916	610,943	529,996	447,025	361,980	274,809	185,458	93,874	-0
合　計	借入金額	—	—	—	—	—	—	—	—	—	—
	金利	21,249	19,350	17,405	15,411	13,367	11,274	9,128	6,929	4,676	2,366
	元金返済額	76,147	78,027	79,953	81,927	83,951	86,025	88,151	90,330	92,564	94,854
	元利合計	97,397	97,377	97,357	97,338	97,318	97,299	97,279	97,259	97,240	97,220
	残額	775,782	697,756	617,803	535,876	451,925	365,900	277,749	187,418	94,854	-0

図表189 事務所ビル・テナント条件

税	名　称	賃貸面積	契約期間	保証金		敷　金		月家賃		月共益費	
		㎡	年	単価:円	千円	単価:円	千円	単価:円	千円／月	単価:円	千円／月
1	1階	98	10	100,000	9,800	100,000	9,800	10,000	980	1,500	147
	保証金条件	利子据置	10年	金利	2.0%	元金据置	10年	償還年数	10年		
1	2階〜9階	1,728	3	0	－	80,000	138,240	8,000	13,824	1,500	2,592
	合計：平均	1,826		5,367	9,800	81,073	148,040	8,107	14,804	1,500	2,739

税	名　称		開業前	1年	2年	3年	4年	5年
			%	%	%	%	%	%
1	1階	稼働率	100.00	100.00	100.00	100.00	100.00	100.00
	保証金条件	値上率		0.00	0.00	0.00	0.00	0.00
1	2階〜9階	稼働率	80.00	90.00	95.00	95.00	95.00	95.00
		値上率		0.00	0.00	0.00	0.00	0.00
	合計：平均	平均稼働率	81.32	90.66	95.33	95.33	95.33	95.33

図表190 事務所ビル・営業収入

(千円)

税	項目名	設定根拠						設定金額		開業前	1年
1	家賃	14,804	千円		12	月		177,648	値上率(%)		0.00
		月額賃料		年間					稼働率(%)		90.66
		＊値上率，稼働率は，テナント条件より算出							入金額	0	161,059
1	更新料	14,804	千円		1	月		14,804	値上率(%)		0.00
		月額賃料		月数					稼働率(%)		90.66
		＊入金額は，テナント条件（契約期間）より算出							入金額		－
1	礼金	14,804	千円		1	月		14,804	値上率(%)		0.00
		月額賃料		月数					稼働率(%)		90.66
		＊入金額は，テナント条件（稼働率）より算出							入金額		13,422
1	共益費	2,739	千円		12	月		32,868	値上率(%)		0.00
		月額共益費		年間					稼働率(%)		90.66
		＊稼働率は，テナント条件より算出							入金額	0	29,758
1	駐車場	17	台	30,000	円		12	月	6,120	値上率(%)	0.00
		台数		賃料単価		年間			稼働率(%)		100.00
									入金額	0	6,120
	計							246,244		－	210,358

税	項目名	2年	3年	4年	5年	6年	7年	8年	9年	10年
1	家賃	0.00	0.00	0.00	0.00	0.00	0.00	0.00	0.00	0.00
		95.33	95.33	95.33	95.33	95.33	95.33	95.33	95.33	95.33
		169,354	169,354	169,354	169,354	169,354	169,354	169,354	169,354	169,354
1	更新料	0.00	0.00	0.00	0.00	0.00	0.00	0.00	0.00	0.00
		95.33	95.33	95.33	95.33	95.33	95.33	95.33	95.33	95.33
		－	－	12,442	691	－	12,442	691	－	12,442
1	礼金	0.00	0.00	0.00	0.00	0.00	0.00	0.00	0.00	0.00
		95.33	95.33	95.33	95.33	95.33	95.33	95.33	95.33	95.33
		691	－	－	－	－	－	－	－	－
1	共益費	0.00	0.00	0.00	0.00	0.00	0.00	0.00	0.00	0.00
		95.33	95.33	95.33	95.33	95.33	95.33	95.33	95.33	95.33
		31,313	31,313	31,313	31,313	31,313	31,313	31,313	31,313	31,313
1	駐車場	0.00	0.00	0.00	0.00	0.00	0.00	0.00	0.00	0.00
		100.00	100.00	100.00	100.00	100.00	100.00	100.00	100.00	100.00
		6,120	6,120	6,120	6,120	6,120	6,120	6,120	6,120	6,120
	計	207,478	206,786	219,228	207,478	206,786	219,228	207,478	206,786	219,228

⑹　営業支出

　図表191（336ページ）に事務所ビルの営業支出を示している。

　運営費として，年間家賃収入の４％を計上している。

　営業収入で設定した共益費の65％を維持管理費，25％を水道光熱費としている（合計90％）。

　このうち維持管理費は，237ページ～243ページで算出した事務所ビルの維持管理費とほぼ同様の金額となっている。

　水道光熱費は，250ページの図表133で算出した金額の70％程度となるが，この差額はテナント専用部分に対する水道光熱費のリセール価格により補充するものとする。

　建設工事費の0.8％を修繕積立金に計上する。

　土地の時価を100万円／㎡とし，その70％を固定資産税評価額とする。

　建物の課税評価額は建設工事費の70％とし，RC造事務所の経年減価率（193ページの図表102参照）により，３年に一度評価替えをするものとしている。

　なお，図表191には現われていないが，更新をした場合には，更新の年を含む３年間に，更新の金額に応じて評価額を増額するものとしている。

⑺　消費税の計算

　以上の設定条件で事業収支計算を行う。

　そのうち，消費税だけの計算を示した表が図表192（337ページ）である。

　家賃等の営業収入はすべて消費税込みで受領できるので，「課税営業収入額合計」と「営業収入額合計」は毎年同額であり，「課税収入割合」は1.00となっている。

　その結果，１年目に受け取る「仮受消費税」は，「課税営業収入額合計」に消費税率を乗じた16,829千円となっている。

　支出については，「課税営業支出額」と「課税資産支出額」に分けて表示し，「課税支出合計」で合計している。

　開業前の「課税資産支出額」は，初期投資で設定した建築工事費等に支払った金額である。

　「控除消費税額」は，「課税支出合計」に「課税収入割合」と消費税率を乗じて算出する。

　本例では，「課税収入割合」は1.00であるので，「仮払消費税額」と「控除消費税額」は同額である。

　開業後２年間は原則型の課税方式（表中「課税方式１」）を選択し，３年目以降も，前々年度（３年目からみると１年目）の課税収入が5,000万円を超えているため，原則型となっている。

　原則型の「仮納付消費税」は，「仮受消費税」－「仮払消費税合計」で算出する。

図表191　事務所ビル・営業支出

(千円)

税	項目名	設定根拠							設定金額		開業前	1年
1	運営費	177,648	千円	4.00	%				7,106	値上率(%)		0.00
		年間家賃収入		料率						稼働率(%)		100.00
										支出額	0	7,106
1	維持管理費	32,868	千円	65.00	%				21,364	値上率(%)		0.00
		年間共益費収入		料率						稼働率(%)		100.00
										支出額	0	21,364
1	水道光熱費	32,868	千円	25.00	%				8,217	値上率(%)		0.00
		年間共益費収入		料率						稼働率(%)		100.00
										支出額	0	8,217
1	修繕費	1,363,824	千円	0.80	%				10,911	値上率(%)		0.00
		建設工事費		料率						稼働率(%)		100.00
										支出額	0	10,911
0	損害保険料	1,363,824	千円	0.10	%				1,364	値上率(%)		0.00
		建設工事費		料率						稼働率(%)		100.00
										支出額	0	1,364
0	借地料	0	㎡	0	千円	2.00	%		—	値上率(%)		0.00
		借地面積		単価		料率				稼働率(%)		100.00
										支出額	0	-
0	土地固定資産税	750	㎡	700,000	円	1.40	%		7,350	値上率(%)		0.00
		所有面積		税評価額		税率				稼働率(%)		100.00
										支出額	0	7,350
0	土地都市計画税	750	㎡	700,000	円	0.30	%		1,575	値上率(%)		0.00
		所有面積		税評価額		税率				稼働率(%)		100.00
										支出額	0	1,575
0	建物固定資産税	1,363,824	千円	70.00	%	1.40	%		13,365	値上率(%)		0.00
		建設工事費		税評価割合		税率				減価率(%)		98.77
												13,201
0	建物都市計画税	1,363,824	千円	70.00	%	0.30	%		2,864	値上率(%)		0.00
		建設工事費		税評価割合		税率				減価率(%)		98.77
										支出額	0	2,829
	計								74,116		—	73,916

税	項目名	2年	3年	4年	5年	6年	7年	8年	9年	10年
1	運営費	0.00	0.00	0.00	0.00	0.00	0.00	0.00	0.00	0.00
		100.00	100.00	100.00	100.00	100.00	100.00	100.00	100.00	100.00
		7,106	7,106	7,106	7,106	7,106	7,106	7,106	7,106	7,106
1	維持管理費	0.00	0.00	0.00	0.00	0.00	0.00	0.00	0.00	0.00
		100.00	100.00	100.00	100.00	100.00	100.00	100.00	100.00	100.00
		21,364	21,364	21,364	21,364	21,364	21,364	21,364	21,364	21,364
1	水道光熱費	0.00	0.00	0.00	0.00	0.00	0.00	0.00	0.00	0.00
		100.00	100.00	100.00	100.00	100.00	100.00	100.00	100.00	100.00
		8,217	8,217	8,217	8,217	8,217	8,217	8,217	8,217	8,217
1	修繕費	0.00	0.00	0.00	0.00	0.00	0.00	0.00	0.00	0.00
		100.00	100.00	100.00	100.00	100.00	100.00	100.00	100.00	100.00
		10,911	10,911	10,911	10,911	10,911	10,911	10,911	10,911	10,911
0	損害保険料	0.00	0.00	0.00	0.00	0.00	0.00	0.00	0.00	0.00
		100.00	100.00	100.00	100.00	100.00	100.00	100.00	100.00	100.00
		1,364	1,364	1,364	1,364	1,364	1,364	1,364	1,364	1,364
0	借地料	0.00	0.00	0.00	0.00	0.00	0.00	0.00	0.00	0.00
		100.00	100.00	100.00	100.00	100.00	100.00	100.00	100.00	100.00
		—	—	—	—	—	—	—	—	—
0	土地固定資産税	0.00	0.00	0.00	0.00	0.00	0.00	0.00	0.00	0.00
		100.00	100.00	100.00	100.00	100.00	100.00	100.00	100.00	100.00
		7,350	7,350	7,350	7,350	7,350	7,350	7,350	7,350	7,350
0	土地都市計画税	0.00	0.00	0.00	0.00	0.00	0.00	0.00	0.00	0.00
		100.00	100.00	100.00	100.00	100.00	100.00	100.00	100.00	100.00
		1,575	1,575	1,575	1,575	1,575	1,575	1,575	1,575	1,575
0	建物固定資産税	0.00	0.00	0.00	0.00	0.00	0.00	0.00	0.00	0.00
		98.77	98.77	95.08	95.08	95.08	91.39	91.39	91.39	87.69
		13,201	13,201	12,708	12,708	12,708	12,215	12,215	12,215	11,720
0	建物都市計画税	0.00	0.00	0.00	0.00	0.00	0.00	0.00	0.00	0.00
		98.77	98.77	95.08	95.08	95.08	91.39	91.39	91.39	87.69
		2,829	2,829	2,723	2,723	2,723	2,617	2,617	2,617	2,511
	計	73,916	73,916	73,318	73,318	73,318	72,719	72,719	72,719	72,118

図表192 事務所ビル・消費税計算書

(千円)

消費税計算書	開業前	1年	2年	3年	4年	5年
家賃等営業収入額	—	204,238	201,358	200,666	213,108	201,358
家賃等営業収入課税収入割合	0.00	1.00	1.00	1.00	1.00	1.00
その他課税営業収入額	—	6,120	6,120	6,120	6,120	6,120
課税営業収入額合計	—	210,358	207,478	206,786	219,228	207,478
営業収入額合計	—	210,358	207,478	206,786	219,228	207,478
課税収入割合	1.00	1.00	1.00	1.00	1.00	1.00
仮受消費税	—	16,829	16,598	16,543	17,538	16,598
課税営業支出額	—	47,598	47,598	47,598	47,598	47,598
課税資産支出額	1,478,015	—	—	—	—	—
課税支出合計	1,478,015	47,598	47,598	47,598	47,598	47,598
控除消費税額	118,241	3,808	3,808	3,808	3,808	3,808
営業支出仮払消費税	—	3,808	3,808	3,808	3,808	3,808
資産支出仮払消費税	118,241	—	—	—	—	—
仮払消費税合計	118,241	3,808	3,808	3,808	3,808	3,808
課税方式	1	1	1	1	1	1
仮納付消費税	—	13,021	12,790	12,735	13,730	12,790
消費税収支差	−118,241	—	—	—	—	—
未還付消費税	118,241	—	—	—	—	—
消費税仮収入	—	—	—	—	—	—
消費税仮支出	—	—	—	—	—	—
納付消費税	—	13,021	12,790	12,735	13,730	12,790
消費税還付金	—	118,241	—	—	—	—
消費税仮収入	—	—	—	—	—	—
消費税仮支出	—	—	—	—	—	—

その結果、「消費税収支差」、「消費税収支差」（「仮受消費税」－「仮払消費税合計」－「仮納付消費税」）は、収入のない開業前はバランスしている。

「消費税収支差」がマイナスになるということは、その年に消費税を払いすぎているということであり、これは申請によって還付が受けられる。本例では、1年目に「消費税還付金」として計上している。なお、実際に還付が受けられるのは、金額が決定し申請するのが1年目とすると2年目になる。

消費税額は、前述したように、事業を営む企業全体の収支計算によって決定していくものであり、プロジェクト単独では決まらない。

なお、今後、消費税の税率アップが予想され、建築プロジェクトの資金計算等にも微妙に影響を及ぼすことがあるので、そのしくみを理解しておくことは大切である。

(8) 損益資金計算

損益資金計算書には、事業の損益を計算し、法人税等を算出する「損益計算書」（図表193（340ページ～341ページ））と、それに基づいて資金繰りを計算する「資金計算書」（図表194（342

ページ～343ページ)) とがある。

❶損益計算書

①営業収入

営業収入で設定した家賃，更新料，礼金，共益費および駐車場収入の合計を「営業収入合計」で示している。

②営業支出

営業支出で設定した運営費から都市計画税までの合計を「営業支出合計」で示している。

③NOI

「営業収入合計」－「営業支出合計」が粗利益といわれるNOI（Net Operating Income）である。賃貸事業の場合は，その利益率は通常60％を超える値となる。

④経常収入

「営業収入合計」に消費税で計算した消費税収入（経理上は雑収入となる）と前年の「留保金累計」額に，資金調達で設定した運用益率を乗じて算出した「留保金運用益」を加えて，「経常収入合計」を算出する。

なお，その下に「仮受消費税」を表示しているが，これは，消費税計算で算出した結果を消費税収入に計上しているので，直接損益計算には影響しない。

⑤減価償却費

償却計算で算出した建物から開業費までと，一括償却額の減価償却額を計上し，その合計を「減価償却費合計」で示している。

⑥借入金利

借入金計算で示した長期銀行借入金等の金利と，前年に「短期銀行借入金残額」があれば，その金額に資金調達で設定した短期銀行借入金の金利を乗じて算出した金利を合計して「借入金利合計」を算出する。

⑦経常支出

上記の営業支出，減価償却費，借入金利の合計に，消費税で計算した消費税支出（経理上は雑支出）を加えて「経常支出合計」を算出する。

なお，「仮払消費税」を表示しているが，これは，消費税計算で算出した結果を消費税支出に計上しているので，直接損益計算には影響しない。

⑧税引き前利益

経常収入の合計から経常支出の合計を減じた額が，税引き前利益である。

⑨課税対象額

法人税等を算出する根拠になる金額である。

前年度の事業税は，税引き前利益から減額できる。

　また，法人の場合は10年間の繰越欠損が認められているが，当事業は１年目から黒字になっている。繰越欠損の金額は，大法人で50％，中小法人等で100％認められるが，この計算方法の詳細は，法人税の課税対象額（313ページ）を参照されたい。

⑩税金合計

　課税対象額がプラスの場合，課税対象額に一般事項で設定した税率を乗じて「法人税」，「法人住民税」，「事業税」を算出し，その合計を「税金合計」として算出する。

⑪当期利益

　税引き前利益から税金合計を減じた値が当期利益となり，その累計が当期利益累計である。

　単年度および当期利益の累計がプラスに転じる年が，後で述べる事業性チェックの一つの指標となる。

　このケースでは，初年度から利益が発生しており，良好な事業といえる。

　なお，その下に「納付消費税」を表示しているが，これは消費税計算で算出した結果を消費税収入等に計上しているので，直接損益計算には影響しない。

⑫営業キャッシュフロー

　⑪の当期利益に⑤の減価償却費を加えて算出する。

　当該事業により生じた単年度のキャッシュの額である。

　以上の中で，事業成立性に影響する当期利益，経常収入，経常支出，営業キャッシュフローをグラフにしたものを**図表195**（344ページ）に示す。このグラフで，更新料が入る３年ごとに経常収入が変更している様子が読みとれる。

❷資金計算書

①資金収入

　資金調達で設定した自己資金，敷金・保証金，長期銀行借入金等を計上し，その合計額を小計する。

　それに，損益計算で算出した減価償却費，当期利益（この合計が営業キャッシュフロー）に，消費税計算で算出した消費税還付金を加えて，「資金収入合計」を算出する。

②資金支出

　開業前は，初期投資で設定した土地取得費から開業費までを計上し，その合計額を小計する。

　開業後は，設定した年度に応じて更新費が計上される。

　それに，資金調達の設定条件に応じた自己資金に対する「自己資金配当金」，借入金計算で算出した「長期銀行借入金」等の元金返済分，損益計算で当期利益が赤字の場合に計上する「当期欠損金」，消費税計算で算出した「未還付消費税」を加えて，「資金支出合計」を算出する。

図表193 事務所ビル・損益計算書

	開業前	1年	2年	3年	4年	5年	6年	7年	8年	9年
営業収入										
家賃	−	161,059	169,354	169,354	169,354	169,354	169,354	169,354	169,354	169,354
更新料	−	−	−	−	12,442	691	−	12,442	691	−
礼金	−	13,422	691	−	−	−	−	−	−	−
共益費	−	29,758	31,313	31,313	31,313	31,313	31,313	31,313	31,313	31,313
駐車場	−	6,120	6,120	6,120	6,120	6,120	6,120	6,120	6,120	6,120
営業収入合計	−	210,358	207,478	206,786	219,228	207,478	206,786	219,228	207,478	206,786
営業支出										
運営費	−	7,106	7,106	7,106	7,106	7,106	7,106	7,106	7,106	7,106
維持管理費	−	21,364	21,364	21,364	21,364	21,364	21,364	21,364	21,364	21,364
水道光熱費	−	8,217	8,217	8,217	8,217	8,217	8,217	8,217	8,217	8,217
修繕費	−	10,911	10,911	10,911	10,911	10,911	10,911	10,911	10,911	10,911
損害保険料	−	1,364	1,364	1,364	1,364	1,364	1,364	1,364	1,364	1,364
借地料	−	−	−	−	−	−	−	−	−	−
土地固定資産税	−	7,350	7,350	7,350	7,350	7,350	7,350	7,350	7,350	7,350
土地都市計画税	−	1,575	1,575	1,575	1,575	1,575	1,575	1,575	1,575	1,575
建物固定資産税	−	13,201	13,201	13,201	12,708	12,708	12,708	12,215	12,215	12,215
建物都市計画税	−	2,829	2,829	2,829	2,723	2,723	2,723	2,617	2,617	2,617
営業支出合計	−	73,916	73,916	73,916	73,318	73,318	73,318	72,719	72,719	72,719
NOI	−	136,442	133,561	132,870	145,910	134,160	133,469	146,509	134,759	134,068
利益率	0.00%	64.86%	64.37%	64.25%	66.56%	64.66%	64.54%	66.83%	64.95%	64.83%
経常収入										
消費税収入	−	−	−	−	−	−	−	−	−	−
権利保証金受取金利	−	−	−	−	−	−	−	−	−	−
留保金運用益	−	−	1,150	1,440	1,650	1,945	2,150	2,339	2,612	2,793
経常収入合計	−	210,358	208,628	208,226	220,878	209,423	208,937	221,567	210,089	209,579
仮受消費税		16,829	16,598	16,543	17,538	16,598	16,543	17,538	16,598	16,543
減価償却費										
建物	−	23,175	23,175	23,175	23,175	23,175	23,175	23,175	23,175	23,175
設備	−	25,730	25,730	25,730	25,730	25,730	25,730	25,730	25,730	25,730
外構	−	800	800	800	800	800	−	−	−	−
什器備品	−	800	480	288	216	216	−	−	−	−
開業費	−	2,728	2,728	2,728	2,728	2,728				
一括償却額	−	−	−	−	−	−				
減価償却費合計	−	53,233	52,913	52,721	52,649	52,649	48,905	48,905	48,905	48,905
借入金利										
テナント保証金	−	−	−	−	−	−	−	−	−	−
長期銀行借入金	−	37,500	36,032	34,527	32,985	31,404	29,784	28,123	26,420	24,675
小計	−	37,500	36,032	34,527	32,985	31,404	29,784	28,123	26,420	24,675
短期銀行借入金	−	848	−	−	−	−	−	−	−	−
借入金利合計	−	38,348	36,032	34,527	32,985	31,404	29,784	28,123	26,420	24,675
経常支出										
消費税支出	−	−	−	−	−	−	−	−	−	−
経常支出合計	−	165,497	162,861	161,164	158,951	157,370	152,006	149,746	148,044	146,299
仮払消費税	118,241	3,808	3,808	3,808	3,808	3,808	3,808	3,808	3,808	3,808
税引前利益	−	⟨44,862⟩	45,767	47,062	61,927	52,053	56,930	71,821	62,046	63,281
前年事業税	−		3,006	2,865	2,961	3,951	3,223	3,598	4,571	3,851
課税対象額	−	44,862	42,761	44,197	58,965	48,102	53,708	68,222	57,475	59,430
所得税	−	10,408	9,921	10,254	13,680	11,160	12,460	15,828	13,334	13,788
住民税	−	624	595	615	821	670	748	950	800	827
事業税	−	3,006	2,865	2,961	3,951	3,223	3,598	4,571	3,851	3,982
税金合計	−	14,038	13,381	13,830	18,451	15,052	16,806	21,348	17,985	18,597
当期利益	−	30,824	32,386	33,232	43,475	37,001	40,124	50,473	44,061	44,684
当期利益累計	−	30,824	63,209	96,441	139,916	176,917	217,041	267,514	311,574	356,258
納付消費税	−	13,021	12,790	12,735	13,730	12,790	12,735	13,730	12,790	12,735
営業キャッシュフロー	−	84,056	85,299	85,952	96,124	89,649	89,029	99,378	92,966	93,589

1年目から利益計上

（千円）

10年	11年	12年	13年	14年	15年	16年	17年	18年	19年	20年
169,354	169,354	169,354	169,354	169,354	169,354	169,354	169,354	169,354	169,354	169,354
12,442	1,671	—	12,442	691	—	12,442	691	—	12,442	691
—	—	—	—	—	—	—	—	—	—	—
31,313	31,313	31,313	31,313	31,313	31,313	31,313	31,313	31,313	31,313	31,313
6,120	6,120	6,120	6,120	6,120	6,120	6,120	6,120	6,120	6,120	6,120
219,228	208,458	206,786	219,228	207,478	206,786	219,228	207,478	206,786	219,228	207,478
7,106	7,106	7,106	7,106	7,106	7,106	7,106	7,106	7,106	7,106	7,106
21,364	21,364	21,364	21,364	21,364	21,364	21,364	21,364	21,364	21,364	21,364
8,217	8,217	8,217	8,217	8,217	8,217	8,217	8,217	8,217	8,217	8,217
10,911	10,911	10,911	10,911	10,911	10,911	10,911	10,911	10,911	10,911	10,911
1,364	1,364	1,364	1,364	1,364	1,364	1,364	1,364	1,364	1,364	1,364
—	—	—	—	—	—	—	—	—	—	—
7,350	7,350	7,350	7,350	7,350	7,350	7,350	7,350	7,350	7,350	7,350
1,575	1,575	1,575	1,575	1,575	1,575	1,575	1,575	1,575	1,575	1,575
11,720	11,720	11,720	11,227	11,227	11,227	11,220	11,220	11,220	10,705	10,705
2,511	2,511	2,511	2,406	2,406	2,406	2,404	2,404	2,404	2,294	2,294
72,118	72,118	72,118	71,519	71,519	71,519	71,511	71,511	71,511	70,885	70,885
147,110	136,339	134,668	147,709	135,958	135,267	147,717	135,966	135,275	148,343	136,592
67.10%	65.40%	65.12%	67.38%	65.53%	65.41%	67.38%	65.53%	65.42%	67.67%	65.83%
—	—	—	—	—	—	—	—	—	—	—
—	—	—	—	—	—	—	—	—	—	—
2,969	3,231	3,396	3,549	3,786	3,931	3,364	3,513	3,558	3,595	3,715
222,197	211,688	210,182	222,777	211,264	210,718	222,592	210,990	210,344	222,823	211,193
17,538	16,677	16,543	17,538	16,598	16,543	17,538	16,598	16,543	17,538	16,598
23,175	23,175	23,175	23,175	23,175	23,175	23,208	23,208	23,208	23,208	23,208
25,730	25,730	25,730	25,730	25,730	25,730	4,597	4,597	4,597	4,597	4,597
—	—	—	—	—	—	—	—	—	—	—
—	—	—	—	—	—	—	—	—	—	—
—	—	—	—	—	—	—	—	—	—	—
48,905	48,905	48,905	48,905	48,905	48,905	27,805	27,805	27,805	27,805	27,805
—	196	176	157	137	118	98	78	59	39	20
22,887	21,053	19,174	17,248	15,274	13,250	11,176	9,049	6,870	4,636	2,347
22,887	21,249	19,350	17,405	15,411	13,367	11,274	9,128	6,929	4,676	2,366
—	—	—	—	—	—	—	—	—	—	—
22,887	21,249	19,350	17,405	15,411	13,367	11,274	9,128	6,929	4,676	2,366
—	—	—	—	—	—	—	—	—	—	—
143,910	142,272	140,374	137,829	135,835	133,792	110,590	108,444	106,245	103,366	101,057
3,808	3,808	3,808	3,808	3,808	9,457	3,808	3,808	3,808	3,808	14,752
78,288	69,416	69,809	84,948	75,429	76,926	112,003	102,546	104,099	119,457	110,136
3,982	4,978	4,317	4,388	5,397	4,692	4,840	7,180	6,390	6,547	7,565
74,306	64,437	65,491	80,560	70,031	72,234	107,163	95,366	97,709	112,911	102,571
17,239	14,949	15,194	18,690	16,247	16,758	24,862	22,125	22,669	26,195	23,796
1,034	897	912	1,121	975	1,005	1,492	1,327	1,360	1,572	1,428
4,978	4,317	4,388	5,397	4,692	4,840	7,180	6,390	6,547	7,565	6,872
23,252	20,164	20,494	25,209	21,914	22,603	33,533	29,842	30,575	35,332	32,097
55,036	49,252	49,315	59,739	53,514	54,322	78,469	72,704	73,524	84,125	78,040
411,294	460,546	509,861	569,600	623,115	677,437	755,906	828,610	902,134	986,259	1,064,299
13,730	12,869	12,735	13,730	12,790	7,086	13,730	12,790	12,735	13,730	1,846
103,941	98,157	98,220	108,644	102,420	103,228	106,274	100,509	101,329	111,930	105,845

図表194　事務所ビル・資金計算書

	開業前	1年	2年	3年	4年	5年	6年	7年	8年	9年
資金収入										
自己資金	10,000	―	―	―	―	―	―	―	―	―
敷金	120,392	13,824	6,912	―	―	―	―	―	―	―
保証金	9,800	―	―	―	―	―	―	―	―	―
長期銀行借入金	1,500,000	―	―	―	―	―	―	―	―	―
権利保証金返済金	―	―	―	―	―	―	―	―	―	―
小計	1,640,192	13,824	6,912	―	―	―	―	―	―	―
減価償却費	―	53,233	52,913	52,721	52,649	52,649	48,905	48,905	48,905	48,905
消費税還付金等	―	118,241	―	―	―	―	―	―	―	―
当期利益金	―	30,824	32,386	33,232	43,475	37,001	40,124	50,473	44,061	44,684
資金収入合計	1,640,192	216,121	92,211	85,952	96,124	89,649	89,029	99,378	92,966	93,589
資金支出										
土地取得費	―	―	―	―	―	―	―	―	―	―
土地取得税	―	―	―	―	―	―	―	―	―	―
土地登録税	―	―	―	―	―	―	―	―	―	―
敷地造成費	―	―	―	―	―	―	―	―	―	―
解体工事費	40,000	―	―	―	―	―	―	―	―	―
建築工事費	1,014,003	―	―	―	―	―	―	―	―	―
設備工事費	349,821	―	―	―	―	―	―	―	―	―
外構工事費	4,000	―	―	―	―	―	―	―	―	―
什器備品費	2,000	―	―	―	―	―	―	―	―	―
設計料	54,553	―	―	―	―	―	―	―	―	―
建物取得税	38,187	―	―	―	―	―	―	―	―	―
建物登録税	3,819	―	―	―	―	―	―	―	―	―
抵当権設定料	6,000	―	―	―	―	―	―	―	―	―
開業前金利	38,311	―	―	―	―	―	―	―	―	―
開業費	13,638	―	―	―	―	―	―	―	―	―
小計	1,564,332	―	―	―	―	―	―	―	―	―
権利敷金	―	―	―	―	―	―	―	―	―	―
権利保証金	―	―	―	―	―	―	―	―	―	―
自己資金配当金	―	―	3,082	3,239	3,323	4,348	3,700	4,012	5,047	4,406
テナント保証金返済金	―	―	―	―	―	―	―	―	―	―
長期銀行借入金返済金	―	58,721	60,189	61,693	63,236	64,817	66,437	68,098	69,800	71,545
当期欠損金	―	―	―	―	―	―	―	―	―	―
未還付消費税等	118,241	―	―	―	―	―	―	―	―	―
資金支出合計	1,682,573	58,721	63,271	64,932	66,559	69,164	70,137	72,110	74,848	75,952
財務キャッシュフロー	−42,381	157,401	28,940	21,020	29,565	20,485	18,892	27,267	18,118	17,637
資金源泉										
短期銀行借入金	42,381									
内部留保金	―									
資金使途										
短期銀行返済金	―	42,381	―	―	―	―	―	―	―	―
内部留保積立金	―	115,020	28,940	21,020	29,565	20,485	18,892	27,267	18,118	17,637
調達資金残額										
自己資金	10,000	10,000	10,000	10,000	10,000	10,000	10,000	10,000	10,000	10,000
テナント敷金	120,392	134,216	141,128	141,128	141,128	141,128	141,128	141,128	141,128	141,128
テナント保証金	9,800	9,800	9,800	9,800	9,800	9,800	9,800	9,800	9,800	9,800
長期銀行借入金	1,500,000	1,441,279	1,381,091	1,319,397	1,256,161	1,191,345	1,124,908	1,056,810	987,009	915,464
小計	1,640,192	1,595,295	1,542,019	1,480,325	1,417,089	1,352,273	1,285,836	1,217,738	1,147,937	1,076,392
短期銀行借入金	42,381	―	―	―	―	―	―	―	―	―
調達資金残額合計	1,682,573	1,595,295	1,542,019	1,480,325	1,417,089	1,352,273	1,285,836	1,217,738	1,147,937	1,076,392
権利金残額										
敷金	―	―	―	―	―	―	―	―	―	―
保証金	―	―	―	―	―	―	―	―	―	―
権利金残額合計	―	―	―	―	―	―	―	―	―	―
留保金累計	―	115,020	143,960	164,980	194,545	215,030	233,922	261,189	279,307	296,945
トータルキャッシュフロー	−1,682,573	−1,480,275	−1,398,059	−1,315,345	−1,222,545	−1,137,243	−1,051,914	−956,548	−868,630	−779,447

（千円）

	10年	11年	12年	13年	14年	15年	16年	17年	18年	19年	20年
	—	—	—	—	—	—	—	—	—	—	—
	—	—	—	—	—	—	—	—	—	—	—
	—	—	—	—	—	—	—	—	—	—	—
	48,905	48,905	48,905	48,905	48,905	48,905	27,805	27,805	27,805	27,805	27,805
	55,036	49,252	49,315	59,739	53,514	54,322	78,469	72,704	73,524	84,125	78,040
	103,941	98,157	98,220	108,644	102,420	103,228	106,274	100,509	101,329	111,930	105,845
	—	—	—	—	—	—	—	—	—	—	—
	—	—	—	—	—	—	—	—	—	—	—
	—	—	—	—	—	1,663	—	—	—	—	796
	—	—	—	—	—	68,954	—	—	—	—	136,003
	—	—	—	—	—	—	—	—	—	—	—
	—	—	—	—	—	70,617	—	—	—	—	136,799
	4,468	5,504	4,925	4,932	5,974	5,351	5,432	7,847	7,270	7,352	8,413
	—	980	980	980	980	980	980	980	980	980	980
	73,334	75,167	77,047	78,973	80,947	82,971	85,045	87,171	89,350	91,584	93,874
	77,802	81,651	82,952	84,884	87,901	159,919	91,457	95,998	97,601	99,917	240,065
	26,138	16,506	15,268	23,760	14,519	-56,692	14,817	4,511	3,728	12,014	-134,221
	—	—	—	—	—	—	—	—	—	—	—
	26,138	16,506	15,268	23,760	14,519	56,692	14,817	4,511	3,728	12,014	134,221
	10,000	10,000	10,000	10,000	10,000	10,000	10,000	10,000	10,000	10,000	10,000
	141,128	141,128	141,128	141,128	141,128	141,128	141,128	141,128	141,128	141,128	141,128
	9,800	8,820	7,840	6,860	5,880	4,900	3,920	2,940	1,960	980	—
	842,130	766,962	689,916	610,943	529,996	447,025	361,980	274,809	185,458	93,874	—
	1,003,058	926,910	848,884	768,931	687,004	603,053	517,028	428,877	338,546	245,982	151,128
	1,003,058	926,910	848,884	768,931	687,004	603,053	517,028	428,877	338,546	245,982	151,128
	—	—	—	—	—	—	—	—	—	—	—
	—	—	—	—	—	—	—	—	—	—	—
	323,083	339,589	354,857	378,617	393,136	336,444	351,261	355,772	359,499	371,513	237,292
	-679,975	-587,321	-494,026	-390,314	-293,868	-266,609	-165,767	-73,105	20,953	125,531	86,164

更新費を計上した年には単年度で資金ショートする

投下資本回収年

343

図表195　事務所ビル・損益計算グラフ

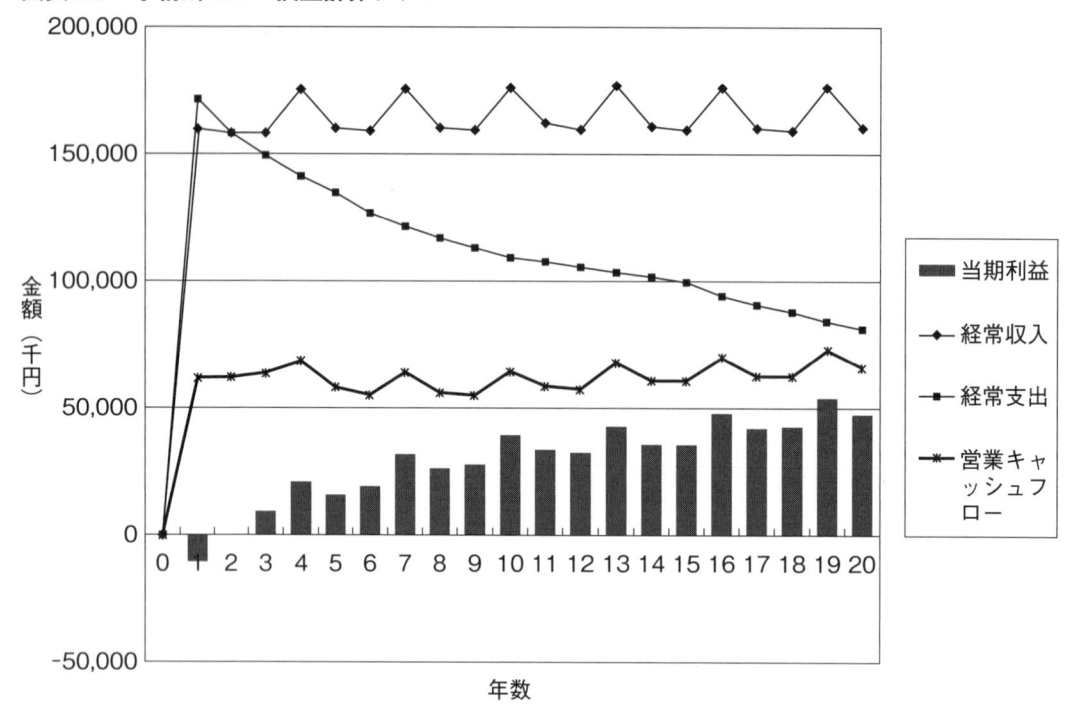

③**財務キャッシュフロー**

　　［①資金収入－②資金支出］により算出する。

　　これらは，事業の設定条件で決められた金額である。

　　当該年度に財務キャッシュフローがマイナスの場合は，なんらかの資金手当が必要になる。

　　この資金の源泉としては，前年までの内部留保があればそれを充当し，足りない場合は新たな短期銀行借入金を調達することになる。

　　また，プラスの場合は，前年までに短期銀行借入金があればその返済に充当し，余れば内部留保に繰り入れられる。

④**調達資金残額**

　　これまでの計算により，調達資金の残額を表示し，その合計額を「調達資金残額合計」として算出する。

⑤**留保金累計**

　　前年までの留保金累計額に，資金の源泉として「内部留保金」を充当すればその金額を減じ，資金の使途として「内部留保積立金」として計上すればその金額を加算して算出する。

⑥**トータルキャッシュフロー**

　　以上の総計として，［⑤**留保金累計**－④**調達資金残額**］を算出する。

図表196　事務所ビル・資金計算グラフ

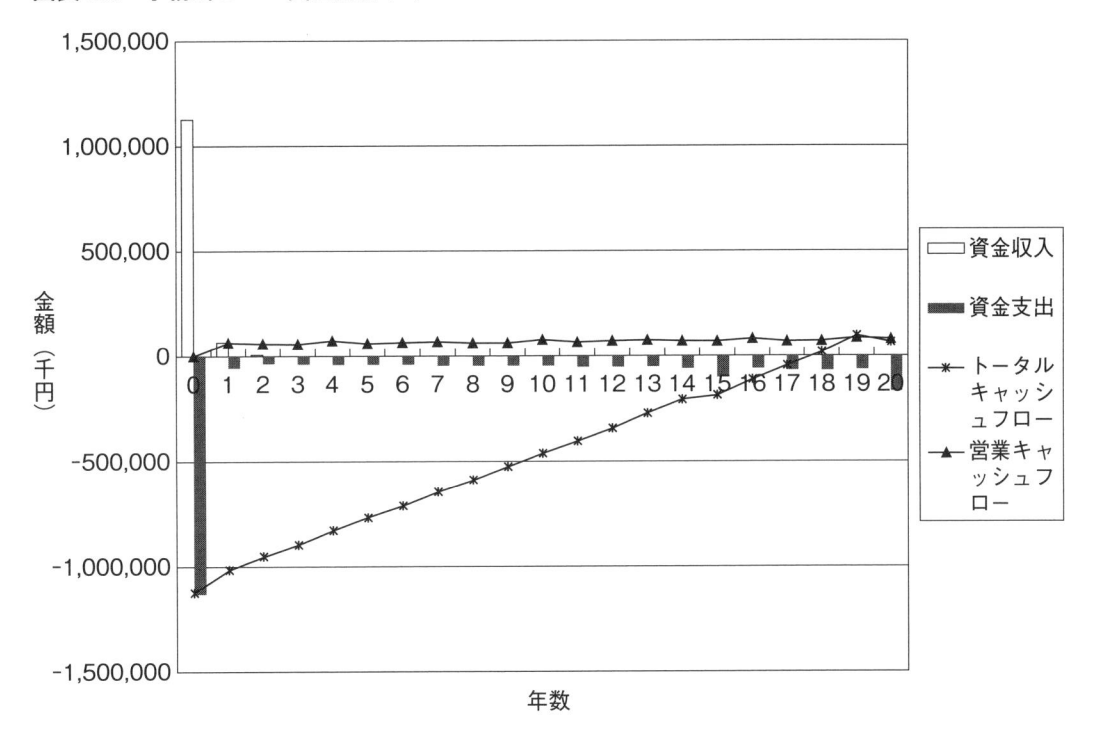

この数値がプラスに転じた年が投下資本の回収年度となる。

以上の項目のうち，資金収入，資金支出，トータルキャッシュフロー，そして営業キャッシュフローを図表196に示す。

（9）　事業収支結果の分析と指標

これまでの事業収支計算における事業性の指標を図表197に示す。

図表197　事務所ビル・事業性チェックリスト

投資回収期間法		
当期利益計上年	1	年目
累積赤字解消年	1	年目
短期銀行借入金完済年	1	年目
投下資本回収年	18	年目
DCF利回り（10年間）		
内部収益率（IRR）	6.37	％
正味現在価値（5％）	139,456	千円

事業収支計算の結果を分析する手法および目標とする値は事業の動機によって様々である。大きくは，投下資本の回収可能期間を尺度とする投資回収期間法と，投下資本の利回りを

他の投資案件との比較検討の尺度とする手法の二つがある。

　特に後者は，日本版の不動産投資信託（J-REIT）が普及し，不動産証券市場が活性化してきた今日，様々な金融派生商品と比較検討するときの重要な指標となってきている。

　以下，その評価尺度について解説する。

❶投資回収期間法

　土地所有者が土地の有効利用策の一つとして事業を計画する場合などに銀行との折衝等に用いる手法であり，その評価尺度には次のようなものがある。

①当期利益計上年

　ビル賃貸事業では，開業当初は減価償却や借入金の金利の額が大きく，損益計算の利益ベースでは赤字が発生することがある。

　当期利益計上年とは，この状態から単年度で黒字に転換する年をいう。

　建築工事費を含め設備・外構費等の減価償却は定額法が原則となっている現在では，2年〜3年で単年度黒字にならなければ，後々その事業は苦しくなるであろう。

　4年以上赤字が続く事業は，問題がある。

　このケースでは初年度から利益が発生しているので，良好な事業である。

②累積赤字解消年

　単年度黒字に転換する前の累積赤字が，その後発生する累計利益で黒字に転換する年である。

　①と併せて，経年的な事業利益の動向を示す指標となる。

　累積赤字が解消した段階で，単独事業として正常な状態になったと評価できる。

　外部の投資家から出資金を募った場合には，この時点で配当を開始するのが原則である。

　したがって，不動産の証券化等のように，市中銀行以外からの資金調達により賃貸事業を行う場合などは，大きな意味を持つといえる。

　一般には，何年間も無配当が続く事業に投資をする投資家はいない。

　初年度から利益を計上することが原則であるが，一般的な評価基準としては，5年以内が普通であり，それを過ぎても配当できないと問題ありといえる。

　本例では，初年度から利益を計上し，2年目から配当をしているので，良好な事業といえる。

③短期銀行借入金完済年（内部留保金発生年）

　返済年が固定されている長期銀行借入金によってほとんどの事業資金を賄うのであれば，この指標の持つ意味はほとんどない。

　しかし，毎年の余剰資金で返済していく短期銀行借入金によって事業資金を調達する場合は，借入金の完済年は内部に余剰金が留保されていく年でもあり，事業性を図る指標と

して重要な意味を持ってくる。

これ以降は，敷金や保証金，および投資した自己資金が残るのみで，事業としては身軽な状態に入る。

本例では，ほとんどの事業資金を長期銀行借入金で賄っており，1年目には短期銀行借入金を完済し，内部留保金が発生している。

④投下資金回収年

初期投資や更新費の投下資金を，自己資金の元本も含めて，回収する年度である。

投資回収期間法の指標としてはもっとも重要な尺度である。

自己資金を含めた借入金残額の合計よりも内部留保金の累計額が上回った年であり，仮にこの時点で事業を中止し，建物の残存資産価値がゼロになったとしても，すべての借入金および自己資金の元本は回収できる。

評価の尺度としては，初期投資に土地取得費を含まないとすると，15年以内なら優，20年以内で良というところであろう。

本例では，18年で投下資本が回収されており，良好な事業といえる。

⑤資金ショートの有無

上記の指標がその評価のレンジ以内にあっても，単年度に資金がショートする（資金支出が資金収入を上回る）場合は，注意を要する。

仮に資金ショートしても，内部留保金の累計額の範囲内でその資金ショート分を賄えるのであれば問題はない。

しかし，資金調達の中で保証金の占める割合が大きい場合は，短期銀行借入金の完済後，内部留保金の累計額では保証金の返済が賄えずに，新たな借入れが発生する場合がある。

本例では，更新費が発生する年度を除いて単年度の資金ショートは発生しておらず，その年も，内部留保金で補っているので，問題はない。

このように，事業性チェックリストに現われない事柄も，損益資金計算書の中身でチェックする必要がある。

❷総投資利回り

ビル賃貸事業に投資をしようとする投資家が，他の多くの投資案件と比較検討をするときの国際的な基準として利回りベースの評価が主流になってきた。

事業利回りの計算には，総投資額に対するものと，自己資本に対するものとがあるが，事業性については総投資額に対する指標の方が正確に評価できる。

①ROI（Return Of Investment）

総投資額に対する利回りとしてROIがある。

ビル賃貸事業では，分母には総投資額（初期投資額および更新費等の再投資額）を，分子には営業収入から営業支出をひいたNOIをおく。

　基準とする年度は，開業後初年度でみる場合，事業が安定する7年目～8年目位でみる場合，数年間の平均でみる場合などがある。

　なお，開業初年度のROIは，企画段階の事業性チェックで述べた還元利回りと同様の指標である。

②NPV（Net Present Value，正味現在価値）

　①の利回り計算には，時間の要素が入っていない。

　つまり，開業初期に得る100円と10年後に得る100円は同じであるという考え方である。

　その間に金利が発生したりインフレが進めば，その価値は違うという考え方に基づき，一つの事業から経年的に発生するすべての利益を現在の価値に割り戻して比較をする方式がDCF（Discount Cash Flow）という考え方である。

　さらに，営業利益（Income Gain）だけではなく資産利益（Capital Gain）も計算に加えて，最後に残る土地や建物についても評価し，キャッシュベースの収入に計上する。これを「転売価格」という。

　かつての地価の右肩上がりの時代には，この含み益を前提にして，利回りが他の投資案件に比べて少々低くても，不動産投資は有利な投資であるとする傾向があった。

　しかし今後は，国債などの金融商品と同様に，純粋なキャッシュベースの利回りで比較・検討しなければならない。

　DCFの考え方を式にあらわすと次のようになる。

$$P = \Sigma \frac{At}{(1 + i)^t} + \frac{Bn}{(1 + i)^n} - Co$$

$\Big($
P ：正味現在価値；NPV（Net Present Value）

n ：投資期間

At：t年目のネットキャッシュフロー（賃貸ビル事業でいえば粗利益）

Bn：n年目の売却純収入（転売価格 － 譲渡税）

Co：初期投資額

i ：投資家の最低必要収益率
$\Big)$

　投資家が最低目標として設定した利益率（Cap Rate，キャップレート）（このケースでは5%）を割引率として現在価値に置き換える。

　そして，正味現在価値がプラスになっていれば，目標利回りを達成していることになる。本例では，139,456千円のプラスを計上している。

　このNPVは，利益率を一定とした金額により示されるため，様々な規模の投資プロジェクトと比較・検討する場合に有効な指標である。

③総投資額に対するIRR（Internal Rate of Return，内部収益率）

②の正味現在価値（NPV）がゼロとなる割引率がIRRである。

利回り計算の分母に相当する因子（資金支出）をマイナスで，分子に相当する因子（資金収入）をプラスで設定する。

これを，パターンで示したものが**図表198**である。

IRRのマイナス因子には，開業前の初期投資，事業開始後の更新費等の再投資，毎年発生する営業支出があり，これらを発生年ごとに設定する。

またプラス因子としては，毎年発生する家賃等の営業収入，そして営業終了時に転売するとして発生する土地取得費および建築工事費などの償却資産の残存価格がある。

図表198　DCF法

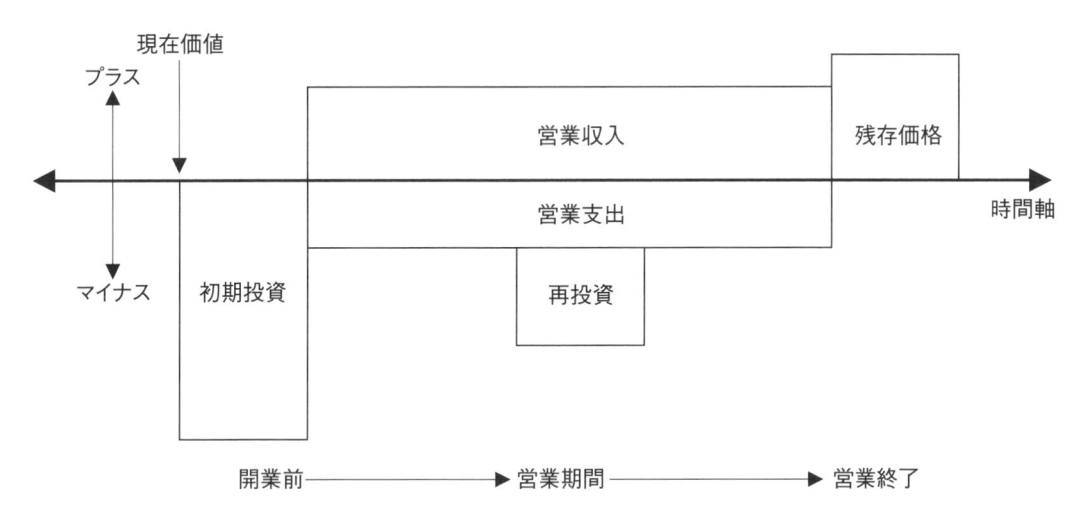

実際の転売価格は土地価格の趨勢や建物メンテナンスの状態などにより変化し，その予測値によりIRRの値も大きく変動する。

したがって，ビル賃貸事業の評価には，初期投資に土地取得費が含まれている場合には，値上り等がないものとして初期投資で設定した同様の額を，償却資産に対してはその時点の残存簿価を設定することが適当と考えられる。

また，この設定によれば資産を簿価で売却することになり，譲渡税などを考慮しなくてよいことになる。

④評価指標

この利回りに対する事業評価の尺度としては，投資期間における投資利回りによる。

投資期間は，投資の動機によって違うが，米国の例では5年〜15年が多く，標準的には10年とみることができる。

また，（財）日本不動産研究所の「不動産投資家調査」によると，ビル事業のリスクプレ

ミアムとして３％程度を見込むという回答が最も多い。

したがって，投資の対象として最もリスクが少ないといわれている10年物の長期国債利回りを１％とすると（2017年８月現在では，限りなく０％に近いが），10年間で４％（１％＋３％）の利回りが事業成立性の標準尺度ということになる。

本例では，10年目のIRRは6.37％であり，この尺度はクリアしている。

もちろん，テナントの契約状況や事業主の信用力などの事業リスクの評価によって，この数値は変動する。

❸自己資本利回り

建築プロジェクトの事業性をチェックするには上記の指標の方が正確であるが，実際には投資家の投下資金の純粋な利回りを求められる場合がある。

建築プロジェクトとしては，銀行等から金利が固定されている資金を調達するよりも，事業の推移によって配当をしていく資金をより多く調達した方が安全である。

特にJ-REITなどファンドと呼ばれる不動産投資では，基本的にはこの方法を取っている。

総投資利回りと比較しながら，その算出方法を次に述べる。

①ROE（Return Of Equity）

総投資利回りにおけるROIに相当するものが，ROEである。

計算の分母には投資した自己資本を，分子には粗利益（営業収入－営業支出）から借入金の金利を引いた額をおく。

なお，法人税等を差し引く考え方もあるが，他の投資案件でも税金は発生するために，これについては考慮しないのが原則である。

②自己資本に対するIRR（Internal Rate of Return，内部収益率）

自己資本に対するIRR（Real Cash Flowといい，先に述べた総投資に対するIRRはFree Cash Flowという）のマイナス因子としては，開業前の自己資金がある。

開業後にも自己資金の追加出資があれば，その年に設定していく。

プラス因子としては，実際の事業経営から生じる手取りのキャッシュとして，借入金の金利および元金返済後の配当金，留保金，および法人税等の税金がある。

法人税等の税金は実際には自由にできないキャッシュであり，それを除く考え方もあるが，他の金融商品と比較するには含めた方がよい。

そして，計算の最終年には，土地取得費と建物等の償却資産の残存価格との合計額から，敷金や保証金を含めた残額を引いた額を設定する。

同一事業であっても，自己資本比率を変えれば，自己資本に対する内部収益率は大きく異なる。

したがって，IRRは，建築プロジェクトの事業性を評価するよりも，自己資本をいくら投下するのがもっとも有利かを検討する場合に多い。

　調達する借入金の金利よりも，自己資本に対するIRRが高い場合は，その差額は，事業を行うことによる効果と考えられ，これを「レバレッジ効果」という。

③ 共同住宅計画

共同住宅のモデルプランは，**図表37**，**図表38**（118ページ〜119ページ）を参照されたい。

基本的には，事務所ビル計画における事業収支と同様であるが，住宅系の場合は，いくつかの税務上の特例措置がある。ここでは，事務所ビル計画と異なる部分を中心に述べる。

(1) 一般事項

事業収支計算に必要な一般事項を**図表199**に示す。

事業主は個人とし（所得税等），当初2年間の消費税は住宅の家賃等は非課税となるため免税型を採用している。

(2) 初期投資

初期投資および更新費の設定条件を**図表200**（354ページ）に示す。

土地は以前より所有しているものとし，初期投資には土地取得費を計上していない。

建築工事費は，332千円／㎡とする（189ページ参照）。

工事項目のうち，仮設，土工事，杭工事，躯体工事，仕上工事を建築に，電気設備，衛生設備，空調設備，昇降機設備を設備工事として計算し，建築と設備の割合を59.4％：40.6％としている（**図表170**（300ページ）参照）。

設計料は，建築工事費の6％とした。

建築工期は，1.1年としている（219ページ）。

建物の不動産取得税は，1戸当たりの床面積が40㎡〜240㎡であれば，1戸当たり1,200万円が控除される。

本例では，1,323㎡（法定延べ床面積）÷17戸＝77.8㎡／戸となり，面積要件に該当するため，この特例が適用される。

図表199　共同住宅・一般事項

計画名称		共同住宅モデルプラン				
計画地		首都圏都市				
計画概要	敷地面積（㎡）	1,000	土地時価（千円／㎡）	300	土地所有面積（㎡）	1,000
	全体延べ床面積（㎡）	1,323	住宅延べ床面積（㎡）	1,323	住宅戸数	17
	建物構造	鉄筋コンクリート造	建物階数（地上階）	3	長期優良住宅	非認定
備考		第1種中高層住居専用地域　防火地域 建ぺい率：90%　容積率：100%				
計算年数		20	年			
単位選択		㎡				
事業主の人格		個人				
敷金の値上げ		固定				
取得建物の経過年数		0	年（新築：0）			
IRR（内部収益率）計算の年度		10	年（計算年数以内）			
NPV（正味現在価値）計算の割引率		4.00	%			
消費税計算						
当初2年間の消費税計算方式		免税				
当事業以外の収入		0	千円／年			
免税となる上限収入額		10,000	千円／年			
簡易課税となる上限収入額		50,000	千円／年			
簡易課税のみなし仕入率		40.00	%			
消費税率		8.00	%			
個人の税計算						
課税項目		全て課税				
所得控除		0	千円／年			

個人税率	（単位：千円／年）					
項目名	適用下限	適用上限	税率		控除額	基礎控除
所得税	－	1,950	5.00	%		380
	1,950	3,300	10.00	%	97.5	
	3,300	6,950	20.00	%	427.5	
	6,950	9,000	23.00	%	636.0	
	9,000	18,000	33.00	%	1,536.0	
	18,000	40,000	40.00	%	2,796.0	
	40,000	－	45.00	%	4,796.0	
	適用下限	適用上限	市町村民税率	都道府県民税率	控除額	基礎控除
住民税	－	－	6.00%	4.00%		330
			税率			基礎控除
事業税			5.00	%		2,900

課税評価額　＝　439,236千円（建築工事費総額）　×　70％（評価割合）　＝　307,465千円

控除額　＝　12,000千円　×　17戸　＝　204,000千円

（307,465千円　－　204,000千円）　×　3％（税率）　＝　3,104千円が，不動産取得税となる。

更新費は，その必要年度ごとに計上している。

なお，表の左欄の「税」とは，消費税である。課税項目と非課税項目とに分けてある。

図表200　共同住宅・初期投資　　　　　　　　　　　　　　　　　　　（千円）

税	項目名		設定根拠									開業前	更新費	
													15年	20年
0	土地取得費	取得面積	0	㎡	時価単価	300	千円	時価割合	100.00	%		—	0	0
0	土地取得税	金額	0	千円	評価率	35.00	%	税率	3.00	%		—	0	0
0	土地登録税	金額	0	千円	評価率	70.00	%	税率	1.50	%		—	0	0
1	敷地造成費	造成面積	0	㎡	単価	0	千円					—	0	0
1	解体工事費	既存面積	500	㎡	単価	23	千円					11,500	0	0
1	建築工事費	延べ床面積	1,323	㎡	単価	332	千円	割合	59.40	%		260,906	0	1,000
1	設備工事費	延べ床面積	1,323	㎡	単価	332	千円	割合	40.60	%		178,330	9,000	15,000
1	外構工事費	施工面積	500	㎡	単価	10	千円					5,000	0	0
1	什器備品費	床面積	100	㎡	単価	20	千円					2,000	0	0
1	設計料	建設工事費	439,236	千円	料率	6.00	%					26,354	0	0
0	建物取得税	下記補助計算による										3,104	0	0
0	建物登録税	建設工事費	439,236	千円	評価率	70.00	%	税率	0.40	%		1,230	0	0
0	抵当権設定料	債権金額	500,000	千円	税率	0.40	%					2,000	0	0
0	開業前金利	対象金額	246,795	千円	工期	1.10	年	金利	3.00	%		8,144	0	0
1	開業費	建設工事費	439,236	千円	料率	1.00	%					4,392	0	0
	計											502,961	9,000	16,000
	消費税	対象金額	488,483	千円	税率	8.00	%					39,079	720	1,280
	計											542,039	9,720	17,280

建物取得税補助計算											
住宅部分	評価額	307,465	千円	控除額	204,000	千円	税率	3.00	%		3,104
その他部分	建設工事費	0	千円	評価率	70.00	%	税率	4.00	%		—

（3）　減価償却

　減価償却費の設定条件を，**図表201**に示す。

　RC造・共同住宅の耐用年数を47年とする。

　外構・什器備品等の開業費以外の費用は建築と設備に按分し，初期投資の全額を減価償却の取得価格としている。

図表201　共同住宅・減価償却

項目名	償却法	償却年数		取得価格		（千円）
				開業前	15年	20年
建物	定額法	47	年	319,705	—	1,080
設備	定額法	15	年	210,030	9,720	16,200
外構	定額法	5	年	5,400	—	—
什器備品	定率法	5	年	2,160	—	—
開業費	定額法	5	年	4,744	—	—
計				542,039	9,720	17,280
土地取得価格				—	—	—
一括償却額				—	—	—
消費税				—	—	—
計				542,039	9,720	17,280

　また，更新費で設定した価格を，その年度に応じて取得価格に計上している。

　なお，消費税計算を免税としているため，取得価格は消費税を含んだ価格となり，これに基づき減価償却の計算を行う。計算方法は，事務所ビルと同様であるので省略する。

(4)　資金調達

　共同住宅の資金調達の設定条件を**図表202**に示す。

　テナントの入居率に応じて敷金を計上している。

　これ以外の所要資金は，銀行からの借入金とする。

　長期銀行借入金500,000千円，返済期間20年，元利均等返済，金利2.5％とし，残額を金利2％の短期銀行借入金で賄うものとしている。

　なお，内部留保金が発生した場合の運用益を1％としている。

　長期銀行借入金の設定条件に基づいた年度毎の返済額等の計算方法は事務所ビルと同様であるため省略する。

図表202　共同住宅・資金調達　　　　　　　　　　　　　　　　　　　　　　　　（千円）

項目名	償還法			開業前	1年	2年	3年	4年	5年
自己資金	配当		入金額	10,000	0	0	0	0	0
	累赤解消・短期銀行完済時		配当性向(%)		10.00	10.00	10.00	10.00	10.00
敷金	解約時返済		入金額	4,080	510	255	—	—	—
	テナント条件より								
保証金	元金均等返済		入金額	—	—	—	—	—	—
	テナント条件より								
長期銀行借入金	元利均等返済		入金額	500,000	0	0	0	0	0
			金利(%)		2.50	2.50	2.50	2.50	2.50
			償還年数		20	20	20	20	20
小　計				514,080	510	255	—	—	—
短期銀行借入金	収支計算による		入金額	27,959					
			金利(%)		2.00	2.00	2.00	2.00	2.00
留保金	収支計算による		入金額	—					
			運用益率(%)		1.00	1.00	1.00	1.00	1.00
計				542,039	510	255	—	—	—

(5)　営業収入

　1戸当たり54㎡の専用面積の住戸を，月15万円で賃貸するものとしている。

　テナントの入居条件を**図表203**に，その設定金額を**図表204**に示す。

　敷金は，家賃の2か月分とする。

図表203　共同住宅・テナント条件

税	名　称	賃貸単位	契約期間	保証金		敷　金		月家賃		月共益費	
		戸	年	単価:円	千円	単価:円	千円	単価:円	千円／月	単価:円	千円／月
0	1階〜3階	17	2	−		300,000	5,100	150,000	2,550	30,000	510
	合計：平均	17		−		−		300,000	5,100	150,000	2,550	30,000	510

税	名　称		開業前	1年	2年	3年	4年	5年
			%	%	%	%	%	%
0	1階〜3階	稼働率	80.00	90.00	95.00	95.00	95.00	95.00
		値上率		0.00	0.00	0.00	0.00	0.00
	合計：平均	平均稼働率	80.00	90.00	95.00	95.00	95.00	95.00

図表204　共同住宅・営業収入

(千円)

税	項目名	設定根拠						設定金額		開業前	1年
0	家賃	2,550	千円		12	月		30,600	値上率(%)		0.00
		月額賃料		年間					稼働率(%)		90.00
		＊値上率，稼働率は，テナント条件より算出							入金額	−	27,540
0	更新料	2,550	千円		1	月		2,550	値上率(%)		0.00
		月額賃料		月数					稼働率(%)		90.00
		＊入金額は，テナント条件（契約期間）より算出							入金額		−
0	礼金	2,550	千円		1	月		2,550	値上率(%)		0.00
		月額賃料		月数					稼働率(%)		90.00
		＊入金額は，テナント条件（稼働率）より算出							入金額		2,295
0	共益費	510	千円		12	月		6,120	値上率(%)		0.00
		月額共益費		年間					稼働率(%)		90.00
		＊稼働率は，テナント条件より算出							入金額	−	5,508
1	駐車場	30	台	50,000	円	12	月	18,000	値上率(%)		0.00
		台数		単価		年間			稼働率(%)		100.00
									入金額	−	18,000
	計							59,820		−	53,343

税	項目名	2年	3年	4年	5年	6年	7年	8年	9年	10年
0	家賃	0.00	0.00	0.00	0.00	0.00	0.00	0.00	0.00	0.00
		95.00	95.00	95.00	95.00	95.00	95.00	95.00	95.00	95.00
		29,070	29,070	29,070	29,070	29,070	29,070	29,070	29,070	29,070
0	更新料	0.00	0.00	0.00	0.00	0.00	0.00	0.00	0.00	0.00
		95.00	95.00	95.00	95.00	95.00	95.00	95.00	95.00	95.00
		−	2,295	128	2,295	128	2,295	128	2,295	128
0	礼金	0.00	0.00	0.00	0.00	0.00	0.00	0.00	0.00	0.00
		95.00	95.00	95.00	95.00	95.00	95.00	95.00	95.00	95.00
		128	−	−	−	−	−	−	−	−
0	共益費	0.00	0.00	0.00	0.00	0.00	0.00	0.00	0.00	0.00
		95.00	95.00	95.00	95.00	95.00	95.00	95.00	95.00	95.00
		5,814	5,814	5,814	5,814	5,814	5,814	5,814	5,814	5,814
1	駐車場	0.00	0.00	0.00	0.00	0.00	0.00	0.00	0.00	0.00
		100.00	100.00	100.00	100.00	100.00	100.00	100.00	100.00	100.00
		18,000	18,000	18,000	18,000	18,000	18,000	18,000	18,000	18,000
	計	53,012	55,179	53,012	55,179	53,012	55,179	53,012	55,179	53,012

　共益費は，維持管理費と水道光熱費に基づいて，1戸当たり月3万円としている。

　2年目で95％の入居率を達成し，それ以降は同様の入居率（空室率5％）を設定している。

なお，事業の安全性を考慮して，家賃等の値上げはしないものとしている。

　2年ごとの契約更新時に，更新料として家賃の1か月分を受領するものとし，入居状況に応じて計上している。

　礼金は，入居時に家賃の1か月分を受領するものとしている。

　なお，テナントの入替え等も想定できるが，事業の安全性を考慮して，当初のみの計上としている。

　駐車場料金は1台当たり月5万円としている。

(6) 営業支出

　営業支出の設定条件を**図表205**に示す。

　運営費として，年間家賃収入の4％を計上している。

　営業収入で設定した共益費の70％を維持管理費，同10％を水道光熱費と設定した（合計80％）。

　建築工事費の0.7％を，毎年均等に修繕積立金として計上する。

　土地の固定資産税は，土地の時価を1㎡当たり300千円とすると，土地評価額はその70％として210千円となり，通常の固定資産税評価額は1,000㎡（敷地面積）× 210千円／㎡ ＝ 210,000千円となるが，1,000㎡ ÷ 17戸 ＝ 58.8㎡／戸で，1戸当たりの敷地面積が200㎡以下であるので，本例では，住宅の課税特例を適用すると1／6になる。

　＜固定資産税課税評価額＞　210千円／㎡ × 1／6 ＝ 35千円／㎡

　同様に，都市計画税評価額は1／3になる。

　＜都市計画税課税評価額＞　210千円／㎡ × 1／3 ＝ 70千円／㎡

　建物の固定資産税・都市計画税は，建物の初期の課税評価額を建築工事費の70％とし，RC造の共同住宅の経年減価率により，3年に一度評価替えするものとしている。

　また，本例では，耐火構造，地上3階建以上で，住宅部分が建物全体面積の1／2以上，1住戸当たりの延べ床面積が40㎡〜280㎡であるので，1戸当たり120㎡までの住宅部分について，建物の固定資産税は，事業開始後5年間は1／2に減額される。

　したがって，当初5年間は，経年減価率を1／2にして算出している（たとえば1年目は，80％ × 1／2 ＝ 40％）。

(7) 消費税の計算

　以上の設定条件をもとに事業収支計算を行う。

　そのうち消費税だけの計算を示したものが**図表206**（359ページ）である。

図表205　共同住宅・営業支出

（千円）

税	項目名	設定根拠							設定金額		開業前	1年
1	運営費	30,600	千円	4.00	%				1,224	値上率（%）		0.00
		年間家賃収入		料率						稼働率（%）		100.00
										支出額	0	1,224
1	維持管理費	6,120	千円	70.00	%				4,284	値上率（%）		0.00
		年間共益費収入		料率						稼働率（%）		100.00
										支出額	0	4,284
1	水道光熱費	6,120	千円	10.00	%				612	値上率（%）		0.00
		年間共益費収入		料率						稼働率（%）		100.00
										支出額	0	612
1	修繕費	439,236	千円	0.70	%				3,075	値上率（%）		0.00
		建設工事費		料率						稼働率（%）		100.00
										支出額	0	3,075
0	損害保険料	439,236	千円	0.10	%				439	値上率（%）		0.00
		建設工事費		料率						稼働率（%）		100.00
										支出額	0	439
0	借地料	0	㎡	300	千円	2.00	%		-	値上率（%）		0.00
		借地面積		単価		料率				稼働率（%）		100.00
										支出額	0	—
0	土地固定資産税	1,000	㎡	35	千円	1.40	%		490	値上率（%）		0.00
		所有面積		税評価額		税率				稼働率（%）		100.00
										支出額	0	490
0	土地都市計画税	1,000	㎡	70	千円	0.30	%		210	値上率（%）		0.00
		所有面積		税評価額		税率				稼働率（%）		100.00
										支出額	0	210
0	建物固定資産税	439,236	千円	70.00	%	1.40	%		4,305	値上率（%）		0.00
		建設工事費		税評価割合		税率				減価率（%）		40.00
										支出額	0	1,722
0	建物都市計画税	439,236	千円	70.00	%	0.30	%		922	値上率（%）		0.00
		建設工事費		税評価割合		税率				減価率（%）		80.00
										支出額	0	738
	計								15,561		—	12,794

税	項目名	2年	3年	4年	5年	6年	7年	8年	9年	10年
1	運営費	0.00	0.00	0.00	0.00	0.00	0.00	0.00	0.00	0.00
		100.00	100.00	100.00	100.00	100.00	100.00	100.00	100.00	100.00
		1,224	1,224	1,224	1,224	1,224	1,224	1,224	1,224	1,224
1	維持管理費	0.00	0.00	0.00	0.00	0.00	0.00	0.00	0.00	0.00
		100.00	100.00	100.00	100.00	100.00	100.00	100.00	100.00	100.00
		4,284	4,284	4,284	4,284	4,284	4,284	4,284	4,284	4,284
1	水道光熱費	0.00	0.00	0.00	0.00	0.00	0.00	0.00	0.00	0.00
		100.00	100.00	100.00	100.00	100.00	100.00	100.00	100.00	100.00
		612	612	612	612	612	612	612	612	612
1	修繕費	0.00	0.00	0.00	0.00	0.00	0.00	0.00	0.00	0.00
		100.00	100.00	100.00	100.00	100.00	100.00	100.00	100.00	100.00
		3,075	3,075	3,075	3,075	3,075	3,075	3,075	3,075	3,075
0	損害保険料	0.00	0.00	0.00	0.00	0.00	0.00	0.00	0.00	0.00
		100.00	100.00	100.00	100.00	100.00	100.00	100.00	100.00	100.00
		439	439	439	439	439	439	439	439	439
0	借地料	0.00	0.00	0.00	0.00	0.00	0.00	0.00	0.00	0.00
		100.00	100.00	100.00	100.00	100.00	100.00	100.00	100.00	100.00
		—	—	—	—	—	—	—	—	—
0	土地固定資産税	0.00	0.00	0.00	0.00	0.00	0.00	0.00	0.00	0.00
		100.00	100.00	100.00	100.00	100.00	100.00	100.00	100.00	100.00
		490	490	490	490	490	490	490	490	490
0	土地都市計画税	0.00	0.00	0.00	0.00	0.00	0.00	0.00	0.00	0.00
		100.00	100.00	100.00	100.00	100.00	100.00	100.00	100.00	100.00
		210	210	210	210	210	210	210	210	210
0	建物固定資産税	0.00	0.00	0.00	0.00	0.00	0.00	0.00	0.00	0.00
		40.00	40.00	34.56	34.56	69.12	66.49	66.49	66.49	63.86
		1,722	1,722	1,488	1,488	2,975	2,862	2,862	2,862	2,749
0	建物都市計画税	0.00	0.00	0.00	0.00	0.00	0.00	0.00	0.00	0.00
		80.00	80.00	69.12	69.12	69.12	66.49	66.49	66.49	63.86
		738	738	638	638	638	613	613	613	589
	計	12,794	12,794	12,459	12,459	13,947	13,809	13,809	13,809	13,672

図表206　共同住宅・消費税計算書

（千円）

	開業前	1年	2年	3年	4年	5年
家賃等営業収入額	–	35,613	35,297	37,464	35,297	37,464
家賃等営業収入課税割合	0.00	0.00	0.00	0.00	0.00	0.00
その他課税営業収入額	–	18,000	18,000	18,000	18,000	18,000
課税営業収入額合計	–	18,000	18,000	18,000	18,000	18,000
営業収入額合計	–	53,343	53,012	55,179	53,012	55,179
課税収入割合	0.34	0.34	0.34	0.33	0.34	0.33
仮受消費税	–	1,440	1,440	1,440	1,440	1,440
課税営業支出額	–	9,195	9,195	9,195	9,195	9,195
課税資産支出額	527,561	–	–	–	–	–
課税支出合計	527,561	9,195	9,195	9,195	9,195	9,195
控除消費税額	–	–	–	–	–	–
営業支出仮払消費税	–	736	736	736	736	736
資産支出仮払消費税	–	–	–	–	–	–
仮払消費税合計	–	736	736	736	736	736
課税方式	3	3	3	2	2	2
仮納付消費税	–	–	–	864	864	864
消費税収支差	–	704	704	-160	-160	-160
未還付消費税	–	–	–	–	–	–
消費税仮収入	–	704	704	–	–	–
消費税仮支出	–	–	–	160	160	160
納付消費税	–	–	–	864	864	864
消費税還付金	–	–	–	–	–	–
消費税仮収入	–	–	704	704	–	–
消費税支出	–	–	–	160	160	160

住宅の家賃、および家賃の一部とみなされる更新料、礼金、共益費、共益費にかかる消費税は非課税である。本例は100%住宅用であるので、営業収入で計算した「家賃営業収入割合」はゼロである。

ただし、駐車場の賃料は課税対象となるので、「その他の営業収入額合計」は全て課税対象となり、1年目の全体の営業収入に対する「課税収入割合」は0.34となっている。

その結果、1年目に受け取る「仮受消費税」は、「課税営業収入額合計」18,000千円に消費税率（8％）を乗じた1,440千円となっている。

支出は、「課税営業資産支出額」と「課税資産支出額」に分けて表示し、「課税支出合計」で合計している。

開業前の「課税資産支出額」は、初期投資における建築工事費等に支払った金額である。「課税資産支出額」は、本例の場合、開業後2年間は免税型（表中「課税方式3」）を選択しているため、消費税は減価償却の取得価格に含めて算出することになり、消費税計算の対象からは除外する。

また、開業後3年以降は、前々年度（3年目からみると1年目）の課税収入が1,000万円超5,000万円以下のため簡易課税（表中「課税方式2」）となり、仮受消費税（1,440千円×（1－0.4（み

図表207 共同住宅・損益計算書

	開業前	1年	2年	3年	4年	5年	6年	7年	8年	9年
営業収入										
家賃	－	27,540	29,070	29,070	29,070	29,070	29,070	29,070	29,070	29,070
更新料	－	－	－	2,295	128	2,295	128	2,295	128	2,295
礼金	－	2,295	128	－	－	－	－	－	－	－
共益費	－	5,508	5,814	5,814	5,814	5,814	5,814	5,814	5,814	5,814
駐車場	－	18,000	18,000	18,000	18,000	18,000	18,000	18,000	18,000	18,000
営業収入合計	－	53,343	53,012	55,179	53,012	55,179	53,012	55,179	53,012	55,179
営業支出										
運営費	－	1,224	1,224	1,224	1,224	1,224	1,224	1,224	1,224	1,224
維持管理費	－	4,284	4,284	4,284	4,284	4,284	4,284	4,284	4,284	4,284
水道光熱費	－	612	612	612	612	612	612	612	612	612
修繕費	－	3,075	3,075	3,075	3,075	3,075	3,075	3,075	3,075	3,075
損害保険料	－	439	439	439	439	439	439	439	439	439
借地料	－	－	－	－	－	－	－	－	－	－
土地固定資産税	－	490	490	490	490	490	490	490	490	490
土地都市計画税	－	210	210	210	210	210	210	210	210	210
建物固定資産税	－	1,722	1,722	1,722	1,488	1,488	2,975	2,862	2,862	2,862
建物都市計画税	－	738	738	738	638	638	638	613	613	613
営業支出合計	－	12,794	12,794	12,794	12,459	12,459	13,947	13,809	13,809	13,809
NOI	－	40,549	40,218	42,385	40,552	42,720	39,065	41,370	39,202	41,370
利益率	0.00%	76.02%	75.87%	76.81%	76.50%	77.42%	73.69%	74.97%	73.95%	74.97%
経常収入										
消費税収入	－	－	704	704	－	－	－	－	－	－
権利保証金受取金利	－	－	－	－	－	－	－	－	－	－
留保金運用益	－	－	－	－	－	40	114	154	205	241
経常収入合計	－	53,343	53,716	55,883	53,012	55,219	53,125	55,333	53,216	55,420
仮受消費税	－	1,440	1,440	1,440	1,440	1,440	1,440	1,440	1,440	1,440
減価償却費										
建物	－	6,802	6,802	6,802	6,802	6,802	6,802	6,802	6,802	6,802
設備	－	14,002	14,002	14,002	14,002	14,002	14,002	14,002	14,002	14,002
外構	－	1,080	1,080	1,080	1,080	1,080	－	－	－	－
什器備品	－	864	518	311	233	233	－	－	－	－
開業費	－	949	949	949	949	949	－	－	－	－
一括償却額	－									
減価償却費合計	－	23,697	23,351	23,144	23,066	23,066	20,804	20,804	20,804	20,804
借入金利										
テナント保証金	－	－	－	－	－	－	－	－	－	－
長期銀行借入金	－	12,500	12,011	11,509	10,995	10,468	9,928	9,374	8,807	8,225
小計	－	12,500	12,011	11,509	10,995	10,468	9,928	9,374	8,807	8,225
短期銀行借入金	－	559	389	223	54					
借入金利合計	－	13,059	12,400	11,732	11,049	10,468	9,928	9,374	8,807	8,225
経常支出										
消費税支出	－	－	－	－	160	160	160	160	160	160
経常支出合計	－	49,550	48,545	47,670	46,734	46,153	44,838	44,147	43,580	42,998
仮払消費税	－	736	736	736	736	736	736	736	736	736
税引前利益	－	(3,793)	5,171	8,213	6,277	9,066	8,287	11,185	9,636	12,422
前年事業税	－	－	45	111	260	156	300	254	402	317
課税対象額	－	3,793	5,126	8,102	6,017	8,910	7,986	10,931	9,235	12,105
所得税	－	255	522	1,140	700	1,326	1,113	1,946	1,401	2,333
住民税	－	346	480	777	569	858	766	1,060	890	1,178
事業税	－	45	111	260	156	300	254	402	317	460
税金合計	－	646	1,113	2,177	1,425	2,484	2,133	3,407	2,608	3,971
当期利益	－	3,147	4,058	6,036	4,853	6,581	6,153	7,778	7,029	8,451
当期利益累計	－	3,147	7,205	13,241	18,094	24,675	30,829	38,607	45,635	54,086
納付消費税	－	－	－	864	864	864	864	864	864	864
営業キャッシュフロー	－	16,509	16,737	19,150	15,694	16,873	14,734	15,875	14,839	16,028

当期利益計上年

（千円）

10年	11年	12年	13年	14年	15年	16年	17年	18年	19年	20年
29,070	29,070	29,070	29,070	29,070	29,070	29,070	29,070	29,070	29,070	29,070
128	2,295	128	2,295	128	2,295	128	2,295	128	2,295	128
—	—	—	—	—	—	—	—	—	—	—
5,814	5,814	5,814	5,814	5,814	5,814	5,814	5,814	5,814	5,814	5,814
3,300	3,300	3,300	3,300	3,300	3,300	3,300	3,300	3,300	3,300	18,000
38,312	40,479	38,312	40,479	38,312	40,479	38,312	40,479	38,312	40,479	53,012
1,224	1,224	1,224	1,224	1,224	1,224	1,224	1,224	1,224	1,224	1,224
4,284	4,284	4,284	4,284	4,284	4,284	4,284	4,284	4,284	4,284	4,284
612	612	612	612	612	612	612	612	612	612	612
3,075	3,075	3,075	3,075	3,075	3,075	3,075	3,075	3,075	3,075	3,075
439	439	439	439	439	439	439	439	439	439	439
—	—	—	—	—	—	—	—	—	—	—
490	490	490	490	490	490	490	490	490	490	490
210	210	210	210	210	210	210	210	210	210	210
2,749	2,749	2,749	2,636	2,636	2,636	2,568	2,568	2,568	2,452	2,452
589	589	589	565	565	565	550	550	550	525	525
13,672	13,672	13,672	13,534	13,534	13,534	13,452	13,452	13,452	13,311	13,311
39,340	41,507	39,340	41,645	39,477	41,645	39,560	41,727	39,560	41,868	39,700
74.21%	75.22%	74.21%	75.47%	74.47%	75.47%	74.62%	75.62%	74.62%	75.88%	74.89%
—	—	—	—	—	—	—	—	—	—	—
—	—	—	—	—	—	—	—	—	—	—
286	318	358	384	419	438	370	312	257	188	124
53,298	55,497	53,370	55,563	53,430	55,617	53,381	55,491	53,269	55,367	53,136
1,440	1,440	1,440	1,440	1,440	1,440	1,440	1,440	1,440	1,440	1,440
6,802	6,802	6,802	6,802	6,802	6,802	6,802	6,802	6,802	6,802	6,802
14,002	14,002	14,002	14,002	14,002	14,002	648	648	648	648	648
—	—	—	—	—	—	—	—	—	—	—
—	—	—	—	—	—	—	—	—	—	—
—	—	—	—	—	—	—	—	—	—	—
20,804	20,804	20,804	20,804	20,804	20,804	7,450	7,450	7,450	7,450	7,450
—	—	—	—	—	—	—	—	—	—	—
7,629	7,018	6,391	5,749	5,091	4,417	3,725	3,016	2,290	1,545	782
7,629	7,018	6,391	5,749	5,091	4,417	3,725	3,016	2,290	1,545	782
—	—	—	—	—	—	—	—	—	—	—
7,629	7,018	6,391	5,749	5,091	4,417	3,725	3,016	2,290	1,545	782
160	160	160	160	160	160	160	160	160	160	160
42,264	41,653	41,027	40,247	39,589	38,915	24,787	24,078	23,352	22,467	21,703
736	736	736	736	736	736	736	736	736	736	736
11,033	13,844	12,343	15,315	13,841	16,703	28,594	31,413	29,917	32,900	31,433
460	384	528	446	598	517	664	1,251	1,363	1,283	1,436
10,573	13,460	11,815	14,870	13,242	16,186	27,930	30,161	28,554	31,617	29,997
1,828	2,780	2,237	3,246	2,709	3,680	8,224	9,116	8,474	9,699	9,051
1,024	1,313	1,148	1,454	1,291	1,586	2,760	2,983	2,822	3,129	2,967
384	528	446	598	517	664	1,251	1,363	1,283	1,436	1,355
3,236	4,621	3,832	5,298	4,517	5,930	12,235	13,463	12,579	14,264	13,372
7,798	9,222	8,511	10,017	9,324	10,773	16,359	17,950	17,338	18,637	18,060
61,884	71,106	79,617	89,634	98,958	109,731	126,090	144,040	161,378	180,015	198,075
864	864	864	864	864	864	864	864	864	864	864
15,125	16,553	15,787	17,262	16,523	17,972	16,738	18,186	17,429	18,927	25,670

図表208 共同住宅・資金計算書

	開業前	1年	2年	3年	4年	5年	6年	7年	8年	9年
資金収入										
自己資金	10,000	—	—	—	—	—	—	—	—	—
敷金	4,080	510	255	—	—	—	—	—	—	—
保証金	—	—	—	—	—	—	—	—	—	—
長期銀行借入金	500,000	—	—	—	—	—	—	—	—	—
権利保証金返済金	—	—	—	—	—	—	—	—	—	—
小計	514,080	510	255	—	—	—	—	—	—	—
減価償却費	—	23,697	23,351	23,144	23,066	23,066	20,804	20,804	20,804	20,804
消費税還付金等	—	704	704	—	—	—	—	—	—	—
当期利益金	—	3,147	4,058	6,036	4,853	6,581	6,153	7,778	7,029	8,451
資金収入合計	514,080	28,059	28,369	29,180	27,919	29,648	26,958	28,582	27,833	29,255
資金支出										
土地取得費	—	—	—	—	—	—	—	—	—	—
土地取得税	—	—	—	—	—	—	—	—	—	—
土地登録税	—	—	—	—	—	—	—	—	—	—
敷地造成費	—	—	—	—	—	—	—	—	—	—
解体工事費	12,420	—	—	—	—	—	—	—	—	—
建築工事費	281,779	—	—	—	—	—	—	—	—	—
設備工事費	192,596	—	—	—	—	—	—	—	—	—
外構工事費	5,400	—	—	—	—	—	—	—	—	—
什器備品費	2,160	—	—	—	—	—	—	—	—	—
設計料	28,462	—	—	—	—	—	—	—	—	—
建物取得税	3,104	—	—	—	—	—	—	—	—	—
建物登録税	1,230	—	—	—	—	—	—	—	—	—
抵当権設定料	2,000	—	—	—	—	—	—	—	—	—
開業前金利	8,144	—	—	—	—	—	—	—	—	—
開業費	4,744	—	—	—	—	—	—	—	—	—
小計	542,039	—	—	—	—	—	—	—	—	—
権利敷金	—	—	—	—	—	—	—	—	—	—
権利保証金	—	—	—	—	—	—	—	—	—	—
自己資金配当金	—	—	—	—	—	485	658	615	778	703
テナント保証金返済金	—	—	—	—	—	—	—	—	—	—
長期銀行借入金返済金	—	19,574	20,063	20,564	21,079	21,606	22,146	22,699	23,267	23,848
当期欠損金	—	—	—	—	—	—	—	—	—	—
未還付消費税等	—	—	—	160	160	160	160	160	160	160
資金支出合計	542,039	19,574	20,063	20,724	21,238	22,250	22,963	23,474	24,204	24,711
財務キャッシュフロー	−27,959	8,485	8,306	8,456	6,681	7,397	3,994	5,108	3,629	4,544
資金源泉										
短期銀行借入金	27,959	—	—	—	—	—	—	—	—	—
内部留保金	—	—	—	—	—	—	—	—	—	—
資金使途										
短期銀行返済金	—	8,485	8,306	8,456	2,712	—	—	—	—	—
内部留保積立金	—	—	—	—	3,969	7,397	3,994	5,108	3,629	4,544
調達資金残額										
自己資金	10,000	10,000	10,000	10,000	10,000	10,000	10,000	10,000	10,000	10,000
テナント敷金	4,080	4,590	4,845	4,845	4,845	4,845	4,845	4,845	4,845	4,845
テナント保証金	—	—	—	—	—	—	—	—	—	—
長期銀行借入金	500,000	480,426	460,364	439,799	418,720	397,115	374,969	352,270	329,003	305,155
小計	514,080	495,016	475,209	454,644	433,565	411,960	389,814	367,115	343,848	320,000
短期銀行借入金	27,959	19,474	11,168	2,712	—	—	—	—	—	—
調達資金残額合計	542,039	514,491	486,377	457,356	433,565	411,960	389,814	367,115	343,848	320,000
権利金残額										
敷金	—	—	—	—	—	—	—	—	—	—
保証金	—	—	—	—	—	—	—	—	—	—
権利金残額合計	—	—	—	—	—	—	—	—	—	—
留保金累計	—	—	—	—	3,969	11,366	15,360	20,468	24,097	28,641
トータルキャッシュフロー	−542,039	−514,491	−486,377	−457,356	−429,597	−400,594	−374,454	−346,647	−319,751	−291,359

（千円）

10年	11年	12年	13年	14年	15年	16年	17年	18年	19年	20年
—	—	—	—	—	—	—	—	—	—	—
—	—	—	—	—	—	—	—	—	—	—
—	—	—	—	—	—	—	—	—	—	—
—	—	—	—	—	—	—	—	—	—	—
20,804	20,804	20,804	20,804	20,804	20,804	7,450	7,450	7,450	7,450	7,450
7,798	9,222	8,511	10,017	9,324	10,773	16,359	17,950	17,338	18,637	18,060
28,602	30,026	29,315	30,822	30,128	31,577	23,809	25,400	24,789	26,087	(25,511)
—	—	—	—	—	—	—	—	—	—	—
—	—	—	—	—	—	—	—	—	—	—
—	—	—	—	—	—	—	—	—	—	—
—	—	—	—	—	—	—	—	—	—	1,080
—	—	—	—	—	9,720	—	—	—	—	16,200
—	—	—	—	—	—	—	—	—	—	—
—	—	—	—	—	—	—	—	—	—	—
—	—	—	—	—	9,720	—	—	—	—	17,280
—	—	—	—	—	—	—	—	—	—	—
845	780	922	851	1,002	932	1,077	1,636	1,795	1,734	1,864
—	—	—	—	—	—	—	—	—	—	—
24,445	25,056	25,682	26,324	26,982	27,657	28,348	29,057	29,783	30,528	31,291
160	160	160	160	160	160	160	160	160	160	160
25,449	25,995	26,764	27,335	28,144	38,469	29,585	30,853	31,738	32,421	50,595
3,153	4,031	2,551	3,487	1,984	−6,892	−5,776	−5,452	−6,949	−6,335	−25,084
—	—	—	—	—	—	—	—	—	—	(12,641)
—	—	—	—	—	6,892	5,776	5,452	6,949	6,335	(12,443)
—	—	—	—	—	—	—	—	—	—	—
3,153	4,031	2,551	3,487	1,984	—	—	—	—	—	—
10,000	10,000	10,000	10,000	10,000	10,000	10,000	10,000	10,000	10,000	10,000
4,845	4,845	4,845	4,845	4,845	4,845	4,845	4,845	4,845	4,845	4,845
—	—	—	—	—	—	—	—	—	—	—
280,710	255,654	229,972	203,648	176,665	149,008	120,660	91,603	61,819	31,291	−0
295,555	270,499	244,817	218,493	191,510	163,853	135,505	106,448	76,664	46,136	14,845
—	—	—	—	—	—	—	—	—	—	12,641
295,555	270,499	244,817	218,493	191,510	163,853	135,505	106,448	76,664	46,136	27,486
—	—	—	—	—	—	—	—	—	—	—
—	—	—	—	—	—	—	—	—	—	—
—	—	—	—	—	—	—	—	—	—	—
31,793	35,825	38,376	41,863	43,847	36,955	31,179	25,727	18,777	12,443	—
−263,762	−234,674	−206,441	−176,630	−147,663	−126,898	−104,326	−80,721	−57,887	−33,694	(−27,486)

20年目で長期銀行借入金は完済しており、資金収入の額から見て、22年目の投下資本回収は十分可能である

元利均等返済の長期銀行借入金は後年になって元金分の返済割合が多くなる

その結果，財務キャッシュフローはマイナスになる

そのマイナスを内部留保金を取り崩して賄っている

20年目に留保金が底をつき短期銀行借入金が発生している

なし仕入率）＝）864千円が仮納付消費税となる。

　しかし，課税営業支出に対しては消費税を736千円支払っているため，「消費税収支差」（「仮受消費税」－「仮払消費税合計」－「仮納付消費税」）は，毎年160千円のマイナスになっている。

　このマイナスは，翌年の消費税支出（経理上は雑支出）として計上する。

　なお，免税型（簡易課税も同様）を採用している場合には，減価償却の取得費に含まれるため消費税の還付申請は出来ない。

(8)　損益資金計算

　事業収支の計算結果が，「損益計算書」と「資金計算書」を分離した**図表207，図表208**（360ページ～363ページ）である。

　表の読み方は，事務所ビルと同じである。

　その結果，22年目で投下資本の回収が可能になっている。

　21，22年目はページの都合で表示していないが，20年で長期銀行借入金を完済しており，毎年27,000千円程度のキャッシュが発生しているので，残り27,486千円の返済は1～2年で十分可能である。

図表209　共同住宅・損益計算グラフ

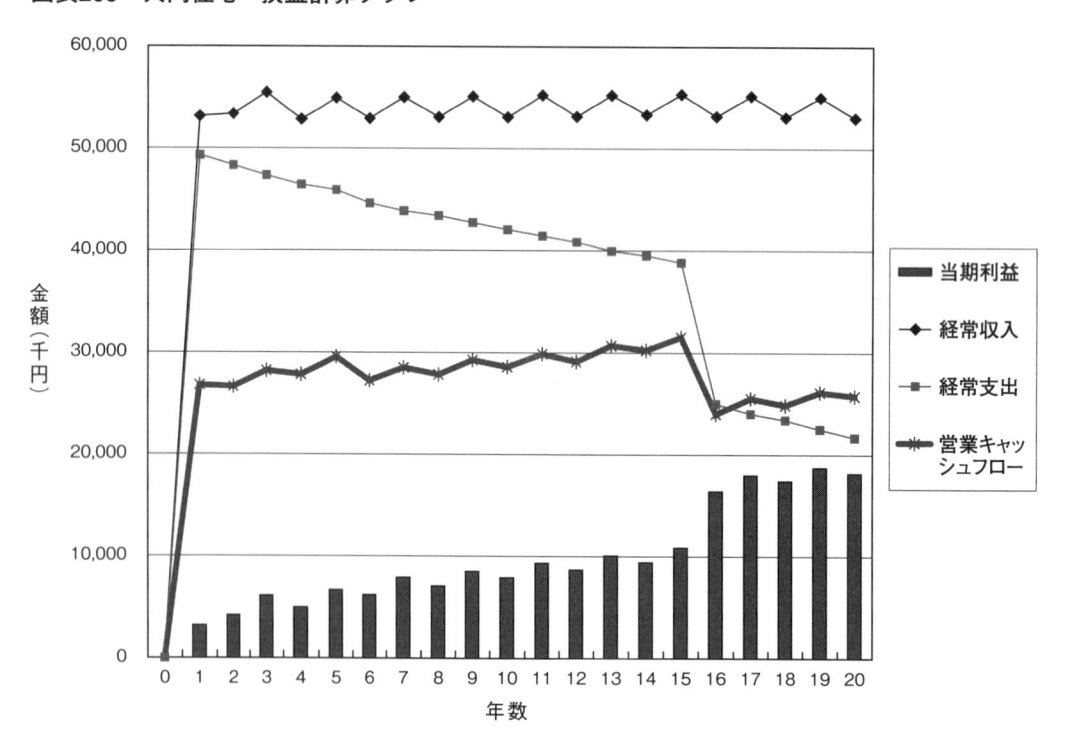

図表210 共同住宅・資金計算グラフ

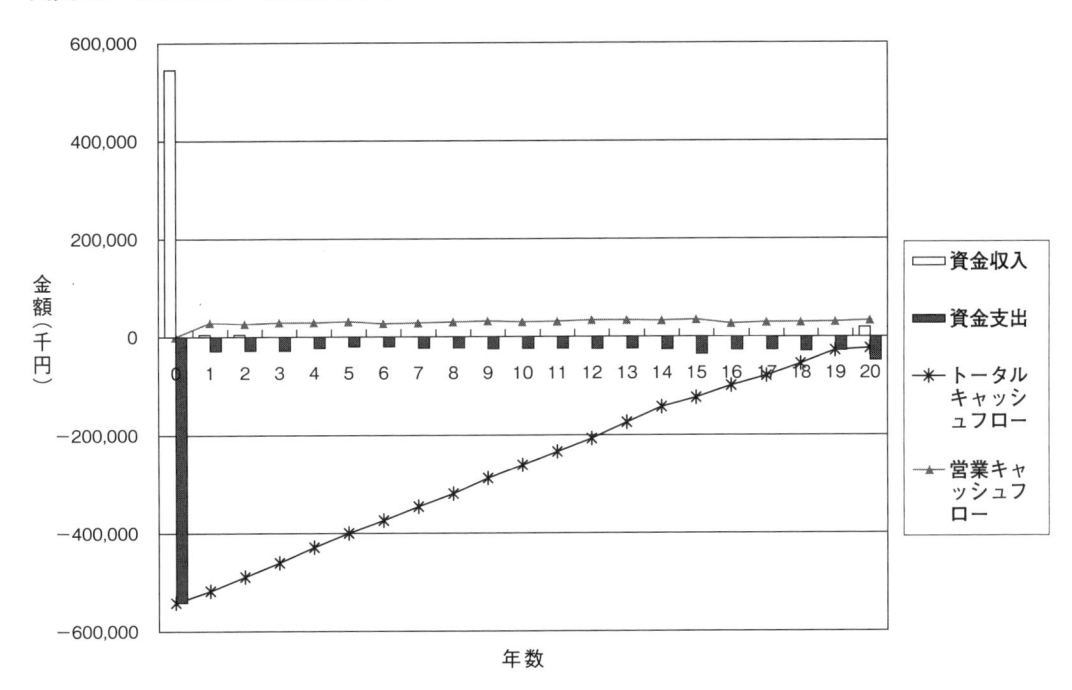

(9) 事業収支結果の分析と指標

事業性の指標を**図表211**に示す。

このケースでは，投資回収年度，IRR利回り等は事務所ビルのケースより下回るが，低金利の時代としては良好な事業といえる。

事業性のチェック基準等は事務所ビルと同じである。

図表211 共同住宅・事業性チェックリスト

投資回収期間法		
当期利益計上年	1	年目
累積赤字解消年	1	年目
短期銀行借入金完済年	4	年目
投下資本回収年	22	年目
DCF利回り（10年間）		
内部収益率（IRR）	4.15	%
正味現在価値（4%）	5,302	千円

④ 介護付き有料老人ホーム計画

　有料老人ホームには，大きく分けて，介護付き有料老人ホーム，外部サービス利用型有料老人ホーム，住宅型有料老人ホームの三種類がある。

　このうち，外部サービス利用型有料老人ホームは，基本的な介護サービスを施設所有者が行い，その他もろもろのサービスを外部の専門業者に任せようというものである。2009年に導入され注目を浴びたが，施設所有者に入る保険点数（**図表226**（386ページ）参照）が人員をかける割には低く，事業成立性が乏しいので，厚生労働省の思惑通りには普及していない。

　また，住宅型有料老人ホームは，施設側は日常支援サービスを提供するのみであり，介護が必要な場合は，各人が介護サービス提供者と契約を結んでサービスを受けるというものである。

　したがって，フルサービス付きの有料老人ホームは介護付き有料老人ホームということになり，これをモデルに事業収支計画の立案を解説する。

　介護保険の「特定施設入居者生活介護」が適用される施設を「特定施設」といい，モデルプランでは，これを都道府県に申請し，受理されたものとしている。

　住宅型有料老人ホームは，これから介護部分のサービス提供を引いて事業計画をすればよい。この場合は，「特定施設」の申請をする必要はない。

　設定モデルは，建築工事費の算出に用いたプランと同様とする。

　有料老人ホームのモデルプランは，**図表39〜図表43**（120ページ〜123ページ）を参照されたい。

(1)　一般事項

　事業収支に必要な一般事項を**図表212**に示す。

　施設経営を行う事業主の人格は，一般営利法人の中小法人としている。これ以外の事業主としては，公益法人である社会福祉法人，医療法人などがあるが，介護保険を受ける事業で

図表212　有料老人ホーム・一般事項

計画名称	介護付き有料老人ホーム	
計画地	首都圏郊外	
計画概要	敷地面積：1,240㎡　建築面積：582㎡ 施工床面積：2,480㎡　地上5階	
建物構造	鉄骨鉄筋コンクリート造	
備考	第1種中高層住居専用地域　防火地域 建ぺい率：90%　容積率：200%	
計算年数	40	年
単位選択	㎡	
事業主の人格	中小法人等	※中小法人等とは　①資本金1億円以下
地域区分	3級地	②公益法人等
取得建物の経過年数	0	年（新築：0）　③協同組合等
IRR（内部収益率）計算の年度	10	年（計算年数以内）　④人格のない社団等
NPV（正味現在価値）計算の割引率	4.00	%
消費税計算		
当初2年間の消費税計算方式	簡易	
当事業以外の収入	0	千円／年
免税となる上限収入額	10,000	千円／年
簡易課税となる上限収入額	50,000	千円／年
簡易課税のみなし仕入率	40.00	%
消費税率	8.00	%
法人の税計算		
法人税	23.40	%
法人住民税	12.90	%
事業税	6.70	%

あることから，個人では出来ないことになっている。

　地域区分は，保険点数を金額換算するときに適用される地域のことで，「3級地」を選択している。これは，**図表213**（368ページ～374ページ）より，計画地が属している市区町村を選ぶ。

　金額換算は**図表214**（374ページ）に示す。

　当初2年間の消費税の計算方式は簡易型としている。消費税に関しては，後に詳述する。

⑵　初期投資

　初期投資および更新費の設定条件を**図表215**（375ページ）に示す。

　土地は以前より所有しているものとして，初期投資には土地取得費を計上していない。

　敷地造成費，解体工事費も，必要ないものとしている。

　建築工事費は，1㎡当たり297千円である（190ページ参照）。

　建築および設備の割合は，67.69：32.31である（**図表170**（300ページ）参照）。

図表213　地域区分一覧表

地域区分一覧表	1級地	2級地	3級地	4級地	5級地	6級地
北海道						札幌市
宮城県					仙台市	
茨城県						水戸市 土浦市 古河市 石岡市 結城市 龍ヶ崎市 下妻市 常総市 取手市 牛久市 つくば市 守谷市 那珂市 筑西市 坂東市 稲敷市 桜川市 つくばみらい市 阿見町 河内町 八千代町 五霞町 境町
栃木県						宇都宮市 栃木市 鹿沼市 日光市 小山市 真岡市 大田原市 さくら市 下野市 壬生町 野木町
群馬県						利根町 前橋市 高崎市 伊勢崎市 太田市 渋川市 榛東村 玉村町

地域区分一覧表	1級地	2級地	3級地	4級地	5級地	6級地
						千代田町
						大泉町
埼玉県				さいたま市	川越市	行田市
					川口市	飯能市
					所沢市	加須市
					狭山市	東松山市
					越谷市	春日部市
					蕨市	羽生市
					戸田市	鴻巣市
					朝霞市	上尾市
					志木市	草加市
					和光市	入間市
					新座市	桶川市
					富士見市	久喜市
					ふじみ野市	八潮市
					三芳町	三郷市
						蓮田市
						坂戸市
						幸手市
						鶴ヶ島市
						日高市
						吉川市
						毛呂山町
						越生町
						滑川町
						嵐山町
						川島町
						吉見町
						鳩山町
						ときがわ町
						宮代町
						白岡町
						杉戸町
						松伏町
千葉県				千葉市	市川市	木更津市
					船橋市	野田市
					松戸市	佐倉市
					習志野市	東金市
					柏市	市原市
					浦安市	流山市
					四街道市	八千代市
						我孫子市
						鎌ヶ谷市
						君津市
						袖ヶ浦市

地域区分一覧表	1級地	2級地	3級地	4級地	5級地	6級地
						八街市 印西市 白井市 富里市 山武市 酒々井町 栄町 大網白里町 長柄町 長南町
東京都	特別区	多摩市 稲城市 西東京市	八王子市 立川市 武蔵野市 府中市 昭島市 調布市 町田市 小平市 日野市 国分寺市 国立市 狛江市	三鷹市 小金井市 東村山市 東久留米市	青梅市 福生市 清瀬市 羽村市 あきる野市 日の出町	東大和市 武蔵村山市 瑞穂町 檜原村
神奈川県		鎌倉市	横浜市 川崎市	横須賀市	相模原市 平塚市 藤沢市 茅ヶ崎市 逗子市 厚木市 大和市 伊勢原市 海老名市 座間市 綾瀬市 葉山町 寒川町	小田原市 三浦市 秦野市 二宮町 中井町 大井町 山北町 箱根町 愛川町 清川村
石川県						金沢市
福井県						福井市
山梨県						甲府市
長野県						長野市 松本市 上田市
静岡県					静岡市	浜松市 沼津市 三島市 富士宮市

地域区分一覧表	1級地	2級地	3級地	4級地	5級地	6級地
						島田市
						富士市
						磐田市
						焼津市
						掛川市
						藤枝市
						御殿場市
						袋井市
						裾野市
						湖西市
						函南町
						清水町
						長泉町
						小山町
						川根本町
						森町
愛知県			名古屋市			豊橋市
						岡崎市
						一宮市
						瀬戸市
						半田市
						春日井市
						豊川市
						津島市
						碧南市
						刈谷市
						豊田市
						安城市
						西尾市
						蒲郡市
						犬山市
						江南市
						小牧市
						稲沢市
						新城市
						東海市
						大府市
						知多市
						知立市
						尾張旭市
						高浜市
						岩倉市
						豊明市
						日進市
						愛西市

地域区分一覧表	1級地	2級地	3級地	4級地	5級地	6級地
						清須市 北名古屋市 弥富市 みよし市 あま市 長久手市 東郷町 豊山町 大口町 扶桑町 蟹江町 飛島村 阿久比町 東浦町 幸田町
三重県						津市 四日市市 桑名市 鈴鹿市 名張市 亀山市 いなべ市 伊賀市 木曽岬町 東員町 朝日町 川越町
滋賀県					大津市	彦根市 長浜市 草津市 守山市 栗東市 甲賀市 野洲市 高島市 米原市 多賀町
京都府				京都市	宇治市	亀岡市 城陽市 向日市 長岡京市 八幡市 京田辺市 南丹市 木津川市

地域区分一覧表	1級地	2級地	3級地	4級地	5級地	6級地
						久御山町 井手町 宇治田原町 笠置町 精華町 南山城村
大阪府		大阪市	吹田市 寝屋川市	堺市 豊中市 池田市 高槻市 守口市 枚方市 茨木市 八尾市 大東市 箕面市 門真市 摂津市 高石市 東大阪市 四条畷市 島本町	岸和田市 泉大津市 貝塚市 泉佐野市 富田林市 河内長野市 松原市 和泉市 羽曳野市 藤井寺市 交野市 大阪狭山市 忠岡町	柏原市 泉南市 阪南市 豊能市 熊取町 田尻町 岬市 千原赤坂村
兵庫県			西宮市 芦屋市 宝塚市	神戸市 尼崎市	伊丹市 川西市 三田市	姫路市 明石市 加古川市 三木市 高砂市 小野市 加西市 加東市 猪名川町 稲美町 播磨町
奈良県					奈良市 大和郡山市	天理市 橿原市 桜井市 五條市 生駒市 香芝市 葛城市 宇陀市 山添村 平群町 三郷町 斑鳩町

地域区分一覧表	1級地	2級地	3級地	4級地	5級地	6級地
						安堵町
						川西町
						田原本町
						曽爾村
						明日香村
						上牧町
						王寺町
						広陵町
						河合町
						吉野町
和歌山県						和歌山市
						橋本市
						紀の川市
						岩出市
						かつらぎ町
岡山県						岡山市
広島県					広島市 府中町	廿日市市
						海田町
						坂町
山口県						周南市
福岡県					福岡市	北九州市
						飯塚市
						筑紫野市
						春日市
						大野城市
						太宰府市
						福津市
						糸島市
						那珂川町
						宇美町
						志免町
						須恵町
						久山町
						粕屋町
長崎県						長崎市

※上記に表示のない地域は，その他の地域となる。

図表214　金額換算

(円)

1級地	2級地	3級地	4級地	5級地	6級地	その他
10.81	10.68	10.54	10.45	10.27	10.14	10.00

（千円）

図表215　有料老人ホーム・初期投資

税	項目名	設定根拠								開業前	更新費			
											7年	14年	15年	20年
0	土地取得費	取得面積	0	㎡	単価	300	千円	時価割合	100.00	%	－	0	0	0	0
0	土地取得税	金額	0	千円	評価率	35.00	%	税率	3.00	%	－	0	0	0	0
0	土地登録税	金額	0	千円	評価率	70.00	%	税率	1.50	%	－	0	0	0	0
1	敷地造成費	造成面積	0	㎡	単価	0	千円				－	0	0	0	0
1	解体工事費	既存面積	0	㎡	単価	0	千円				－	0	0	0	0
1	建築工事費	延べ床面積	2,480	㎡	単価	297	千円	割合	67.69	%	498,577	0	0	2,000	2,000
1	設備工事費	延べ床面積	2,480	㎡	単価	297	千円	割合	32.31	%	237,983	0	0	5,000	15,000
1	外構工事費	施工面積	700	㎡	単価	10	千円				7,000	0	0	0	0
1	什器備品費	床面積	2,480	㎡	単価	15	千円				37,200	11,000	11,000	0	0
1	設計料	建設工事費	736,560	千円	料率	4.50	%				33,145	0	0	0	0
0	建物取得税	建設工事費	736,560	千円	評価率	70.00	%	税率	3.00	%	15,468	0	0	0	0
0	建物登録税	建設工事費	736,560	千円	評価率	70.00	%	税率	0.40	%	2,062	0	0	0	0
0	抵当権設定料	債権金額	900,000	千円	税率	0.40	%				3,600	0	0	0	0
0	開業前金利	対象金額	388,353	千円	工期	1.10	年	金利	2.50	%	10,680	0	0	0	0
1	開業費	建設工事費	736,560	千円	料率	5.00	%				36,828	0	0	0	0
	計										882,543	11,000	11,000	7,000	17,000
	消費税	対象金額	850,733	千円	税率	8.00	%				68,059	880	880	560	1,360
	合　計										950,602	11,880	11,880	7,560	18,360

375

4　介護付き有料老人ホーム計画

図表216　有料老人ホーム・什器備品費

品　名	設置基準		単価（千円）	金額（千円）
ワンボックスカー	1台当たり	1台	3,000	3,000
ストレッチャー，車椅子，歩行器等	利用定員当たり	54人	135	7,290
共用部のテーブル，ソファ等	利用定員当たり	54人	70	3,780
居室のベッド，収納棚等	入居定員当たり	54人	420	22,680
パソコン等事務用品	一式			1,600
合　計				38,350

図表217　有料老人ホーム・開業費

費用名	設置基準		単価（千円）	金額（千円）
広告宣伝費	居室当たり	54室	270	14,580
入居者募集費	居室当たり	54室	120	6,480
開業前人件費	看護職員	3人	1,200	3,600（3か月分）
	介護職員	13人	300	3,900（1か月分）
諸経費	（開業前人件費と同様）			7,500
合　計				36,060

外構工事は，1㎡当たり10千円の予算で庭園，玄関周りを修景することにしている。

什器備品の必要なものを積み上げた表が**図表216**である。この合計額を延べ床面積当たりで割り込むと，ほぼ15千円程度となる。

設計料は，建築工事費の4.5％としている。

建築工期は，RC造，地上5階建てで，1.1年としている（211ページ以下参照）。

開業費を積算した表が**図表217**である。この合計額を建築工事費で割ると，約5.0％になる。

什器備品費の更新費は，7年ごとに約30％を計上している。それ以外の更新費は，共同住宅の更新費を参考として必要年度に計上している。

図表215の左欄の「税」は消費税である。「0」が課税項目，「1」が非課税項目である。

その合計額として，882,543千円＋消費税68,059千円＝950,602千円が初期投資となる。

(3)　減価償却

減価償却費の設定条件を**図表218**に示す。

有料老人ホームの耐用年数は，共同住宅と同様の47年である。

外構工事費，什器備品費，開業費以外の費用は，建築と設備に按分し，初期投資の全額を減価償却費の取得価格としている。

また，更新費で設定した金額を，設定年度に資本的支出として，減価償却の取得価格に計上している。

なお，消費税の計算方式を簡易課税としているため，取得価格は消費税を含んだ価格とな

図表218　有料老人ホーム・減価償却

項目名	償却法	償却年数		取得価格 開業前	7年	14年	15年	（千円）20年
建物	定額法	47	年	584,227	－	－	2,160	2,160
設備	定額法	15	年	278,865	－	－	5,400	16,200
外構	定額法	5	年	7,560	－	－	－	－
什器備品	定率法	5	年	40,176	11,880	11,880	－	－
開業費	定額法	5	年	39,774	－	－	－	－
計				950,602	11,880	11,880	7,560	18,360
土地取得価格				－	－	－	－	－
一括償却額				－	－	－	－	－
消費税				－	－	－	－	－
合　計				950,602	11,880	11,880	7,560	18,360

る。計算方法は，共同住宅と同様である。

⑷　資金調達

　資金調達のうち事業を左右する入居者に対する設定条件を**図表219**（378ページ）に示す。

（378ページ）

❶入居一時金

　有料老人ホーム事業の特徴のひとつとして，入居一時金がある。

　これは，分譲型なら，分譲代金ということになり，所有権が購入者に移ることになる。所有権が移れば，後は子供を住まわせたり，所有者の勝手ということになる。

　所有権が移ることなく，入居者が安心して老後の生活を任せられる権利として，「終身利用権」という権利を購入する。これが有料老人ホームの特徴である。

　これは，入居者と介護事業者が直接契約を結び，事業者は入居者が死亡するまでサービスを提供し，入居者の死亡によって権利が消滅するというものである。

　また，高専賃などのように賃貸型の場合は，「終身建物賃貸借契約」のように，65歳以上の高齢者個人と契約をし，死亡時に契約は終了するという特記事項を明記することが多い（通常の賃貸借契約であれば，事業者側は，正当な事由がなければ契約更新を拒否できないし，死亡と同時に契約が終了するという特約は無効となる）。

　このモデルでは，54室（人）に対して，終身利用権として入居一時金を300万円に設定している。

　この入居一時金の設定には，大きく三つのタイプがある。

①　1,000万円以上の高額タイプ（立地条件や施設のグレードにもよるが，高いものでは5,000万円以上というものもある）

②　今回設定の数百万円タイプ

③　通常の賃貸住宅の敷金並みの数十万円タイプ

図表219　有料老人ホーム・入居条件

税	室タイプ	室数	室定員	入居一時金					月室料	
		室	人／室	単価（千円）	入居時償却割合（%）	千円	償却据置年数（年）	償却年数（年）	単価(円)上段：室料下段：管理費	千円／月
0	A・Bタイプ	54	1	3,000	30.00	48,600			80,000	4,320
		54			70.00	113,400	1	4	40,000	2,160
	合　計	54	54			162,000				4,320
										2,160

税	室タイプ	施設タイプ	開業前	1年	2年	3年	4年	5年
		介護専用型	%	%	%	%	%	%
0	A・Bタイプ	入居率		80.00	90.00	95.00	95.00	95.00
		退去率		10.00	10.00	10.00	10.00	10.00
	合　計	平均稼動率		80.00	90.00	95.00	95.00	95.00

　後で述べるが，毎月の居室料も含めた費用は年金受給額をベースに設定する必要があるので，大きく異なることはない。したがって，この入居一時金で，有料老人ホームの商品としての差別化が図られることになる。

　前記の三つのタイプのうち，賃貸住宅の敷金並みのタイプは，事業収支上，入居一時金には全く頼らない方法で計画する必要があり，よりシビアな収支計画が求められる。

　①の高額タイプは，高額な入居一時金の設定により数字上は良好な事業性を有する計画を立てることが出来るが，その達成に関しては十分なるリサーチが必要となる。

　今回の300万円の入居一時金はリーズナブルなタイプと思われ，事例を見ても，最も多いタイプである。この入居一時金の設定は，土地を購入するか否かの事情も踏まえて，有料老人ホームの事業計画上，最大の懸案事項である。

　次に，この入居一時金の返済条件を設定する。

　「入居時償却割合」とは，入居契約を結んだ時点で頂いてしまう金額の割合であり，モデルでは30％：70％としている。これは，契約をした翌日に入居者が退去しても，入居一時金の30％は返さないということである。

　償却据置年数1年，償却年数4年とあるが，これは，残りの70％に対して，1年間はそのまま返し，その後，4年間に1／4ずつ償却していき，5年を過ぎたら入居一時金は1円も返さないということである。

　実際には，月単位または日割りで計算をすることになるが，ここでは年単位で事業収支を計算している。

❷償却金計算の仕組み

　このモデルに沿って５年間の計算の仕組みを示したものが**図表220**（380ページ～381ページ）である。入居率を初年度80％，２年目90％，３年目以降95％としているため，２年目に10％，３年目に５％の新たな入居者が加わること，および退去率を毎年10％としているため，稼働率を同じに保つためには新規入居者をさらに10％増加させることなどが条件になる。

　この表のうち，「仮受領額」とは，入居一時金として，入居者から入居時に受領する金額である。これを，以下の方式で処理していく。

　「返還額」とは，事業者の収入のうち，入居時償却割合，償却据置年数，償却年数で設定された方式に従い，入居者が退去するときに返還する金額である。

　「営業収入計上額」とは，上記で設定した方式に従い，その年度時点で返還する必要がなくなる金額であり，これを営業収入として計上する。

　「資金収入計上額」とは，年度ごとに資金の収入として計上できる金額であり，入居年度は，「仮受領額－返還額－営業収入計上額」で計算する。それ以降は，仮受領額が発生しないので，「－返還額－営業収入計上額」で算出する。

　「残額」とは，仮受領額から，上記の処理をしていない残りの金額であり，「前年の残額＋資金収入計上額」で算出するということである。

　表中の横軸はその経過年数を示し，縦軸は入居した年を示している。

　まず，１年目入居者の入居１年目を見ると，この年の入居室数は43.2室で，退去室数は43.2室　×　10％　＝　4.32室となる。

　したがって，

　仮受領額　＝　43.2室（入居室数）×　3,000千円（入居一時金）＝　129,600千円

　返還額　＝　4.32室（退去室数）×　3,000千円　×　70％（入居後未償却割合）＝　9,072千円

　営業収入計上額　＝　129,600千円（仮受領額）×　30％（入居後償却割合）＝　38,880千円

　資金収入計上額　＝　129,600千円（仮受領額）－　9,072千円（返還額）－　38,880千円（営業収入計上額）＝　81,648千円

　残額　＝　資金収入計上額

　これは，入居時に129,600千円を受領し，その年に退去する室に対して9,072千円を返還し，返還する必要がないと決まった38,880千円を営業収入として計上後，仮受領額から返還額を引いた残額を資金収入として計上しておくことを意味している。そして，その額と同じ金額を１年目に受領した入居一時金の残額として表示している。

　次に，入居１年目を横にスライドして入居２年目を見ると，この年の入居室数は１年目に入居した住戸の状況を示しているので，43.2室（１年目の入居室数）－　4.32室（１年目の退去室数）＝　38.88室であり，退去室数は１年目と同じ4.32室となっている（１年目入居に対する退去室数は一定である）。

　償却割合は，償却据置年数の１年を経過しているので，３年（４年－１年）／４年（償却年数）

図表220　償還金計算（入居一時金：3,000千円　償却割合：70%／償却据置年数：1年　償却年数：4年）

		1年　（入居率80%：退去率10%）		2年　（入居率90%：退去率10%）		
合　計	入居室数	43.20	N1：(54室 × 80%)	48.60	N2：(54室 × 90%)	
	新規入居室数	43.20	S1：同上	9.72	S2：(N2 − N1 + T1)	
	退去室数	4.32	T1：(43.2室 × 10%)	5.29	T2：(B1 + B2)	
	仮受領額	129,600		29,160		
	返還額	9,072		8,845		
	営業収入計上額	38,880		29,160		
	資金収入計上額	81,648		-8,845		
	残額	81,648		72,803		
1年目入居者	入居室数	43.20	A1 = S1	38.88	C1：(A1 − B1)	
	退去室数	4.32	B1 = T1	4.32	B1 = T1	
	仮受領額	129,600	① (A1 × 3,000千円)			
	返還額	9,072	②(B1 × 3,000千円 × 70%)	6,804	②(B1 × 3,000千円 × 70% × 3／4)	
	営業収入計上額	38,880	③ (① × 30%)	20,412	③(C1 × 3,000千円 × 70% × 1／4)	
	資金収入計上額	81,648	④ (① − ② − ③)	-27,216	④ (− ② − ③)	
	残額	81,648	⑤同上	54,432	⑤（前年⑤ + 本年④）	
2年目入居者	入居室数			9.72	A2 = S2	
	退去室数			0.97	B2：(A2 × 10%)	
	仮受領額			29,160	① (A2 × 3,000千円)	
	返還額			2,041	② (B2 × 3,000千円 × 70%)	
	営業収入計上額			8,748	③ (① × 30%)	
	資金収入計上額			18,371	④ (① − ② − ③)	
	残額			18,371	⑤同上	
3年目入居者	入居室数					
	退去室数					
	仮受領額					
	返還額					
	営業収入計上額					
	資金収入計上額					
	残額					
4年目入居者	入居室数					
	退去室数					
	仮受領額					
	返還額					
	営業収入計上額					
	資金収入計上額					
	残額					
5年目入居者	入居室数					
	退去室数					
	仮受領額					
	返還額					
	営業収入計上額					
	資金収入計上額					
	残額					

3年　（入居率95%：退去率10%）		4年　（入居率95%：退去率10%）		5年　（入居率95%：退去率10%）	
51.30	N3：(54室 × 90%)	51.30	N4：(54室 × 90%)	51.30	N5：(54室 × 90%)
7.99	S3：(N3 − N2 + T2)	6.09	S4：(N4 − N3 + T3)	6.70	S5：(N5 − N4 + T4)
6.09	T3：(B1 + B2 + B3)	6.70	T4：(B1 + B2 + B3 + B4)	7.37	T5：(B1 + B2 + B3 + B4 + B5)
23,976		18,276		20,106	
7,747		5,830		3,718	
29,930		29,217		29,446	
−13,700		−16,771		−13,058	
59,102		42,332		29,274	
34.56	D1：(C1 − B1)	30.24	E1：(D1 − B1)	25.92	F1：(E1 − B1)
4.32	B1 = T1	4.32	B1 = T1	4.32	B1 = T1
4,536	②(B1 × 3,000千円 × 70% × 2／4)	2,268	②(B1 × 3,000千円 × 70% × 1／4)	—	②(B1 × 3,000千円 × 70% × 0／4)
18,144	③(D1 × 3,000千円 × 70% × 1／4)	15,876	③(E1 × 3,000千円 × 70% × 1／4)	13,608	③(F1 × 3,000千円 × 70% × 1／4)
−22,680	④(− ② − ③)	−18,144	④(− ② − ③)	−13,608	④(− ② − ③)
31,752	⑤(前年⑤ + 本年④)	13,608	⑤(前年⑤ + 本年④)	0	⑤(前年⑤ + 本年④)
8.75	C2：(A2 − B2)	7.78	D2：(C2 − B2)	6.80	E2：(D2 − B2)
0.97	B2：(A2 × 10%)	0.97	B2：(A2 × 10%)	0.97	B2：(A2 × 10%)
1,531	②(B2 × 3,000千円 × 70% × 3／4)	1,021	②(B2 × 3,000千円 × 70% × 2／4)	510	②(B2 × 3,000千円 × 70% × 1／4)
4,593	③(C2 × 3,000千円 × 70% × 1／4)	4,082	③(D2 × 3,000千円 × 70% × 1／4)	3,572	③(E1 × 3,000千円 × 70% × 1／4)
−6,124	④(− ② − ③)	−5,103	④(− ② − ③)	−4,082	④(− ② − ③)
12,247	⑤(前年⑤ + 本年④)	7,144	⑤(前年⑤ + 本年④)	3,062	⑤(前年⑤ + 本年④)
7.99	A3 = S3	7.19	C3：(A3 − B3)	6.39	D3：(C3 − B3)
0.80	B3：(A3 × 10%)	0.80	B3：(A3 × 10%)	0.80	B3：(A3 × 10%)
23,976	①(A3 × 3,000千円)				
1,680	②(B3 × 3,000千円 × 70%)	1,260	②(B3 × 3,000千円 × 70% × 3／4)	840	②(B3 × 3,000千円 × 70% × 2／4)
7,193	③(① × 30%)	3,776	③(C3 × 3,000千円 × 70% × 1／4)	3,356	③(D3 × 3,000千円 × 70% × 1／4)
15,103	④(① − ② − ③)	−5,036	④(− ② − ③)	−4,196	④(− ② − ③)
15,103	⑤同上	10,067	⑤(前年⑤ + 本年④)	5,872	⑤(前年⑤ + 本年④)
		6.09	A4 = S4	5.48	C4：(A4 − B4)
		0.61	B4：(A4 × 10%)	0.61	B4：(A4 × 10%)
		18,276	①(A4 × 3,000千円)		
		1,281	②(B4 × 3,000千円 × 70%)	961	②(B4 × 3,000千円 × 70% × 3／4)
		5,483	③(① × 30%)	2,878	③(C4 × 3,000千円 × 70% × 1／4)
		11,512	④(① − ② − ③)	−3,839	④(− ② − ③)
		11,512	⑤同上	7,673	⑤(前年⑤ + 本年④)
				6.70	A5 = S5
				0.67	B5：(A5 × 10%)
				20,106	①(A5 × 3,000千円)
				1,407	②(B5 × 3,000千円 × 70%)
				6,032	③(① × 30%)
				12,667	④(① − ② − ③)
				12,667	⑤同上

＝ 75％となり，逆に，この年で償却をしないですむ割合（「償却経過割合」という）は，1年／4年 ＝ 25％となる。

その結果，以下のように計算される。

仮受領額は，この年以降は入居する年ではないので0である。

返還額 ＝ 4.32室（退去室数）× 3,000千円 × 70％（入居後未償却金額）× 75％（2年目の償却割合）＝ 6,804千円

営業収入計上額 ＝ 38.88室（入居室数）× 3,000千円 × 70％（入居後未償却金額）× 25％（償却経過割合）＝ 20,412千円

資金収入計上額 ＝ 0千円（仮受領額）－ 6,804千円（返還額）－ 20,412千円（営業収入計上額）＝ －27,216千円

残額 ＝ 81,648千円 － 27,216千円 ＝ 54,432千円

1年目に受領した入居一時金から，その年に退去する室に対して6,804千円を返還し，返還する必要がないと決まった20,412千円を営業収入として計上するため，資金収入としては－27,216千円を計上することになり，まだ処理が確定していない残額は54,432千円となる。

3年目以降も，入居室数や償却割合等は異なるが，2年目と同様に計算をする。そして，そのまま横にスライドして入居5年目を見ると，残額は0になっている。つまり，入居1年目に受領した入居一時金は，5年目で償却完了となる。

この時点でも1年目入居の室は25.92室あり，5年目以降も退去が同様に続いていくが，入居一時金に対しては事業収支上影響を及ぼさないこととなる。

次に，2年目入居者の2年目を見ると，この年の入居室数は9.72室，退去室数は9.72室×10％＝0.97室となっており，この数値に基づき，年ごとに，先に示した1年目入居者と同じ計算方式によりそれぞれの金額を算出していく。

3年目入居者の3年目も同様に，1年ごとにスライドさせながら計算をしていく。

横軸の年ごとに，縦軸の入居年の合計金額が表の最上部に示してある。

複数室のタイプがあれば，タイプごとに同様の計算を行い，これらの営業収入計上額の合計額は営業収入の入居一時金収入に，資金収入計上額の合計額は資金調達の入居一時金の枠に転記される。

この入退居室数に対する入居一時金の計算を**図表221**，**図表222**（383ページ）に，資金調達をまとめた表を**図表223**（384ページ）に示す。

❸補助金

各自治体でグループホームなどに対する補助金を独自で設定している例があるが，特定施設に対しては現在総量規制をしている自治体がほとんどであり，事業計画上は当てにしないほうがよい。

❹長期銀行借入金

図表221　償却金計算書

(千円)

A・B タイプ		開業前	1年	2年	3年	4年	5年	6年	7年	8年	9年
A・B タイプ	仮受領額		129,600	29,160	23,970	18,270	20,100	22,110	24,330	26,760	29,430
	返還額		9,072	8,841	7,744	5,828	3,717	3,670	3,890	4,274	4,699
	営業収入計上額		38,880	29,160	29,929	29,216	29,445	18,356	18,345	19,331	21,266
	資金収入計上額		81,648	-8,841	-13,703	-16,774	-13,062	84	2,095	3,155	3,465
	残額		81,648	72,807	59,105	42,331	29,269	29,353	31,448	34,603	38,068
合　計	仮受領額		129,600	29,160	23,970	18,270	20,100	22,110	24,330	26,760	29,430
	返還額		9,072	8,841	7,744	5,828	3,717	3,670	3,890	4,274	4,699
	営業収入計上額		38,880	29,160	29,929	29,216	29,445	18,356	18,345	19,331	21,266
	資金収入計上額		81,648	-8,841	-13,703	-16,774	-13,062	84	2,095	3,155	3,465
	残額		81,648	72,807	59,105	42,331	29,269	29,353	31,448	34,603	38,068

		10年	11年	12年	13年	14年	15年	16年	17年	18年	19年	20年
A・B タイプ	仮受領額	32,370	35,610	26,220	25,950	26,100	26,910	27,510	28,140	28,560	28,770	28,650
	返還額	5,171	5,696	5,350	5,014	4,736	4,631	4,720	4,825	4,914	4,982	5,019
	営業収入計上額	23,393	25,740	24,425	23,955	23,344	22,763	22,076	22,449	22,880	23,252	23,453
	資金収入計上額	3,806	4,174	-3,554	-3,019	-1,979	-483	714	866	767	536	179
	残額	41,874	46,048	42,494	39,475	37,496	37,013	37,727	38,593	39,359	39,895	40,073
合　計	仮受領額	32,370	35,610	26,220	25,950	26,100	26,910	27,510	28,140	28,560	28,770	28,650
	返還額	5,171	5,696	5,350	5,014	4,736	4,631	4,720	4,825	4,914	4,982	5,019
	営業収入計上額	23,393	25,740	24,425	23,955	23,344	22,763	22,076	22,449	22,880	23,252	23,453
	資金収入計上額	3,806	4,174	-3,554	-3,019	-1,979	-483	714	866	767	536	179
	残額	41,874	46,048	42,494	39,475	37,496	37,013	37,727	38,593	39,359	39,895	40,073

図表222　入居室計算書

		開業前	1年	2年	3年	4年	5年	6年	7年	8年	9年
A・B タイプ	総入居室数		43.20	48.60	51.30	51.30	51.30	51.30	51.30	51.30	51.30
	新規入居室数		43.20	9.72	7.99	6.09	6.70	7.37	8.11	8.92	9.81
	退去室数		4.32	5.29	6.09	6.70	7.37	8.11	8.92	9.81	10.79
合　計	総入居室数		43.20	48.60	51.30	51.30	51.30	51.30	51.30	51.30	51.30
	新規入居室数		43.20	9.72	7.99	6.09	6.70	7.37	8.11	8.92	9.81
	退去室数		4.32	5.29	6.09	6.70	7.37	8.11	8.92	9.81	10.79

		10年	11年	12年	13年	14年	15年	16年	17年	18年	19年	20年
A・B タイプ	総入居室数	51.30	51.30	51.30	51.30	51.30	51.30	51.30	51.30	51.30	51.30	51.30
	新規入居室数	10.79	11.87	8.74	8.65	8.70	8.97	9.17	9.38	9.52	9.59	9.55
	退去室数	11.87	8.74	8.65	8.70	8.97	9.17	9.38	9.52	9.59	9.55	9.40
合　計	総入居室数	51.30	51.30	51.30	51.30	51.30	51.30	51.30	51.30	51.30	51.30	51.30
	新規入居室数	10.79	11.87	8.74	8.65	8.70	8.97	9.17	9.38	9.52	9.59	9.55
	退去室数	11.87	8.74	8.65	8.70	8.97	9.17	9.38	9.52	9.59	9.55	9.40

　事業資金の大半を長期銀行借入金でまかなうものとしている。

　長期銀行借入金の設定条件に基づいた年度ごとの返済額等の計算方法は事務所ビルと同様であり省略する。

図表223　有料老人ホーム・資金調達　　　　　　　　　　　　　　（千円）

項目名	償還法		開業前	1年	2年	3年	4年	5年
自己資金	配当	入金額	10,000	0	0	0	0	0
	累赤解消・短期銀行完済時	配当性向（％）		10.00	10.00	10.00	10.00	10.00
入居一時金	入居条件による	入金額		81,648	−8,841	−13,703	−16,774	−13,062
補助金	無利息，無返済	入金額	0	0	0	0	0	0
長期銀行借入金	元利均等返済	入金額	900,000	0	0	0	0	0
		金利（％）		2.50	2.50	2.50	2.50	2.50
		償還年数		20	20	20	20	20
小　計			910,000	81,648	−8,841	−13,703	−16,774	−13,062
短期銀行借入金	収支計算による	入金額	40,602					
		金利（％）		2.00	2.00	2.00	2.00	2.00
留保金	収支計算による	入金額	−					
		運用益率（％）		1.00	1.00	1.00	1.00	1.00
合　計			950,602	81,648	−8,841	−13,703	−16,774	−13,062

（5）　営業収入

営業収入の設定条件を**図表224**（385ページ）に示す。

●基本介護報酬

まず，入居者の構成比を設定する。

図表225（386ページ）は，全国の介護サービス受給者数および構成割合である。このうちの特定施設入居者生活介護が参考になるが，要支援者を対象とすると介護予防特定施設入居者生活介護となるため，要介護1〜5を対象とする。

図表226（386ページ）は，それぞれの保険点数を示している。

モデルプランの地域区分は3級地であるので，10.54円を掛けると1人当たりの年間基本介護報酬が算出できる。

❷介護報酬加算部分

介護報酬の加算には，個別機能訓練加算，夜間介護体制加算，医療機関連携加算があり，その適用を受けるには条件がある。

このモデルプランでは，機能訓練士が常駐し，看護職員が24時間連絡体制を確保し，利用者の健康状況の情報を医療機関に提供しているため，100％報酬を加算する。

また，看取り看護加算は，死亡日以前4日〜30日が144単位／日，死亡日前日および前々日が680単位／日，死亡日は1,280単位／日となっている。ここでは，入居者の10％に対し144単位／日を加算している。

職員処遇改善加算は，職員の給与をアップするために設けられた加算制度で，職員のキャリアパス要件等の適合状況に応じて，加算率が387ページの4区分になる。

図表224　有料老人ホーム・営業収入

税	項目名	設定根拠						設定金額			開業前	1年
	基本介護報酬	構成比率		基本単位		単位金額		設定金額（円）		値上率（%）		0.00
	要支援1	0.00	%	179	/日	10.54	円	688,631	入居者数			0.00
									入金額			—
	要支援2	0.00	%	308	/日	10.54	円	1,184,907	入居者数			0.00
									入金額			—
	要介護1	26.00	%	533	/日	10.54	円	2,050,504	入居者数			11.23
									入金額			23,031
	要介護2	22.00	%	597	/日	10.54	円	2,296,719	入居者数			9.50
									入金額			21,828
	要介護3	19.00	%	666	/日	10.54	円	2,562,169	入居者数			8.21
									入金額			21,030
	要介護4	19.00	%	730	/日	10.54	円	2,808,383	入居者数			8.21
									入金額			23,051
	要介護5	14.00	%	798	/日	10.54	円	3,069,986	入居者数			6.05
									入金額			18,567
0	合計	100.00	%						入居者数			43.20
									入金額		0	107,508
	加算部分	利用比率		基本単位		単位金額		設定金額（円）		値上率（%）		0.00
	個別機能訓練加算	100.00	%	12	/日	10.54	円	46,165	入居者数			43.20
									入金額		0	1,994
	夜間介護体制加算	100.00	%	10	/日	10.54	円	38,471	入居者数			43.20
									入金額		0	1,662
	医療機関連携加算	100.00	%	80	/月	10.54	円	10,118	入居者数			43.20
									入金額		0	437
	看取り看護加算	10.00	%	144	/日	10.54	円	553,982	入居者数			4.32
									入金額		0	2,393
	職員処遇改善加算	以上の合計により算定	3.4	%	加算区分	1	1.0		入金額計			113,995
									入金額			3,876
0	合計								入金額計		0	10,362
	介護保険外収入							設定金額（千円）		値上率（%）		0.00
0	入居一時金収入	入居一時金償却計算による							新規入居室数			43.20
									入金額		0	38,880
1	食費	月単価 60,000	円/人	年間 12	月	入居定員 54	人	38,880	値上率（%） 0.00 稼働率（%） 80.00	入金額		31,104
1	介護材料費	月単価 6,000	円/人	年間 12	月	入居定員 54	人	3,888	値上率（%） 0.00 稼働率（%） 80.00	入金額		3,110
0	居住費	月室料合計 4,320	千円	年間 12	月			51,840	値上率（%） 0.00 稼働率（%） 80.00	入金額	0	41,472
0	管理費	月管理費合計 2,160	千円	年間 12	月			25,920	値上率（%） 0.00 稼働率（%） 80.00	入金額	0	20,736
	合　計										—	253,173

税	項目名	2年	3年	4年	5年	6年	7年	8年	9年	10年
	基本介護報酬	0.00	0.00	0.00	0.00	0.00	0.00	0.00	0.00	0.00
	要支援1	0.00	0.00	0.00	0.00	0.00	0.00	0.00	0.00	0.00
		—	—	—	—	—	—	—	—	—
	要支援2	0.00	0.00	0.00	0.00	0.00	0.00	0.00	0.00	0.00
		—	—	—	—	—	—	—	—	—
	要介護1	12.64	13.34	13.34	13.34	13.34	13.34	13.34	13.34	13.34
		25,910	27,350	27,350	27,350	27,350	27,350	27,350	27,350	27,350
	要介護2	10.69	11.29	11.29	11.29	11.29	11.29	11.29	11.29	11.29
		24,557	25,921	25,921	25,921	25,921	25,921	25,921	25,921	25,921
	要介護3	9.23	9.75	9.75	9.75	9.75	9.75	9.75	9.75	9.75
		23,659	24,973	24,973	24,973	24,973	24,973	24,973	24,973	24,973
	要介護4	9.23	9.75	9.75	9.75	9.75	9.75	9.75	9.75	9.75
		25,933	27,373	27,373	27,373	27,373	27,373	27,373	27,373	27,373
	要介護5	6.80	7.18	7.18	7.18	7.18	7.18	7.18	7.18	7.18
		20,888	22,049	22,049	22,049	22,049	22,049	22,049	22,049	22,049
0	合計	48.60	51.30	51.30	51.30	51.30	51.30	51.30	51.30	51.30
		120,947	127,666	127,666	127,666	127,666	127,666	127,666	127,666	127,666
	加算部分	0.00	0.00	0.00	0.00	0.00	0.00	0.00	0.00	0.00
	個別機能訓練加算	48.60	51.30	51.30	51.30	51.30	51.30	51.30	51.30	51.30
		2,244	2,368	2,368	2,368	2,368	2,368	2,368	2,368	2,368
	夜間介護体制加算	48.60	51.30	51.30	51.30	51.30	51.30	51.30	51.30	51.30
		1,870	1,974	1,974	1,974	1,974	1,974	1,974	1,974	1,974
	医療機関連携加算	48.60	51.30	51.30	51.30	51.30	51.30	51.30	51.30	51.30
		492	519	519	519	519	519	519	519	519
	看取り看護加算	4.86	5.13	5.13	5.13	5.13	5.13	5.13	5.13	5.13
		2,692	2,842	2,842	2,842	2,842	2,842	2,842	2,842	2,842
	職員処遇改善加算	175,065	184,791	184,791	184,791	184,791	184,791	184,791	184,791	184,791
		5,952	6,283	6,283	6,283	6,283	6,283	6,283	6,283	6,283
0	合計	13,250	13,986	13,986	13,986	13,986	13,986	13,986	13,986	13,986
	介護保険外収入	0.00	0.00	0.00	0.00	0.00	0.00	0.00	0.00	0.00
0	入居一時金収入	9.72	7.99	6.09	6.70	7.37	8.11	8.92	9.81	10.79
		29,160	29,929	29,216	29,445	18,356	18,345	19,331	21,266	23,393
		0.00	0.00	0.00	0.00	0.00	0.00	0.00	0.00	0.00
1	食費	90.00	95.00	95.00	95.00	95.00	95.00	95.00	95.00	95.00
		34,992	36,936	36,936	36,936	36,936	36,936	36,936	36,936	36,936
		0.00	0.00	0.00	0.00	0.00	0.00	0.00	0.00	0.00
1	介護材料費	90.00	95.00	95.00	95.00	95.00	95.00	95.00	95.00	95.00
		3,499	3,694	3,694	3,694	3,694	3,694	3,694	3,694	3,694
		0.00	0.00	0.00	0.00	0.00	0.00	0.00	0.00	0.00
0	居住費	90.00	95.00	95.00	95.00	95.00	95.00	95.00	95.00	95.00
		46,656	49,248	49,248	49,248	49,248	49,248	49,248	49,248	49,248
		0.00	0.00	0.00	0.00	0.00	0.00	0.00	0.00	0.00
0	管理費	90.00	95.00	95.00	95.00	95.00	95.00	95.00	95.00	95.00
		23,328	24,624	24,624	24,624	24,624	24,624	24,624	24,624	24,624
	合　計	271,831	286,082	285,369	285,598	274,509	274,498	275,484	277,419	279,546

(上段：利用者・在所者数（千人）)
(下段：要介護度別構成割合（％）)

図表225　介護サービス受給者数および構成割合

	要支援1	要支援2	要介護1	要介護2	要介護3	要介護4	要介護5	計
通所介護	174.5	209.0	397.4	335.2	189.5	112.1	61.2	1,478.9
（デイサービス）	11.8	14.1	26.9	22.7	12.8	7.6	4.1	100.0
短期入所生活介護	2.5	7.3	51.7	78.5	88.6	63.2	38.1	329.9
（ショートステイ）	0.8	2.2	15.7	23.8	26.9	19.2	11.5	100.0
認知症対応型共同生活介護	0.0	0.9	36.0	49.0	51.8	33.9	23.3	194.9
（グループホーム）	0.0	0.5	18.5	25.1	26.6	17.4	12.0	100.0
特定施設入居者生活介護	14.9	13.2	48.4	40.6	35.1	36.4	26.4	215.0
（特定施設）	6.9	6.1	22.5	18.9	16.3	16.9	12.3	100.0

（注）　厚生労働省：介護給付費実態調査月報（平成29年2月審査分）より作成。

図表226　1日当たり・月当たり保険点数

1日当たり		要支援1	要支援2	要介護1	要介護2	要介護3	要介護4	要介護5
基本単位	介護専用型	179	308	533	597	666	730	798
	外部サービス利用型	55	55	82	82	82	82	82
個別機能訓練加算	指導訓練員が常勤等	12	12	12	12	12	12	12
夜間介護体制加算	看護職員による24時間連絡体制の確保等			10	10	10	10	10
月当たり								
医療機関連携加算	利用者の健康状況の情報提供等	80	80	80	80	80	80	80

図表227　収入設定

月使用料	室料	80	千円
	管理費	40	千円
	食費	60	千円
	介護材料費	6	千円
	合　計	186	千円

介護保険料 （要介護1）	基本単位	533	（1日当たり）	
	個別機能訓練加算	12	（1日当たり）	
	夜間介護体制加算	10	（1日当たり）	
	医療機関連携加算	80	（月当たり）	
	看取り介護加算	14.4	（日当たり）	（入居者10%分）
	月（30日）当たり合計	17,162		
	金額換算	10.54	円	
	月収入	181	千円	

・加算Ⅰ……基本サービス費に各種加算を加えた総単位数に，6.1％アップ

・加算Ⅱ……基本サービス費に各種加算を加えた総単位数に，3.4％アップ

・加算Ⅲ……加算Ⅱで計算した単位×0.9

・加算Ⅳ……加算Ⅱで計算した単位×0.8

ここでは，加算Ⅱとして設定している。

❸介護保険外収入

入居一時金収入は，償却金計算の仕組みで述べた営業収入計上額である。

食費は月60千円，介護材料費は月6千円を設定している。

そして，居住費，管理費は，入居条件で設定して金額を合計し，稼働率にあわせて年度ごとに計算している。

以上の収入を入居者1人当たりにしたものが**図表227**（386ページ）である。これによると，入居者1人が施設に支払う料金が，月186,000円に，要介護1として計算した介護保険の1割負担額の場合は17,700円を，2割負担の場合は35,400円を加えると，それぞれ203,700円，221,400円となる。

この場合の基準は，本人の合計所得金額が年間160万円以上か否か，世帯所得金額としては，年金収入＋その他の合計所得金額が単身者の場合は280万円以上，2人以上の場合は346万円以上で判定される。

年金受給者の平均額が月20万円前後といわれており，1か月の利用料金をこの辺に置くことが事業計画においては大事なことである。

(6)　営業支出

営業支出の設定条件を**図表228**（388ページ～389ページ）に示す。

❶人件費

直接介護の業務に携わる人を「直接処遇職員」という。具体的には，看護職員，介護職員，機能訓練指導員，生活相談員，そしてケアマネージャーといわれる計画作成担当者である。

そして，介護人数に対して何人の直接処遇職員を配置しているかが，その有料老人ホームの格付けになる。

3人に1人では，夜間勤務を含めてローテーションを組むと，勤務状況はなかなか厳しいといえよう。2人に1人にすれば手厚い看護が可能になるが，事業収支上は厳しいものになる。

図表229（390ページ）は，人員計画表である。このモデルでは，介護人数54人に対して22人の直接処遇職員を配置しており，2.5人に1人となっている。

図表230（391ページ）は，厚生労働省が定めている直接処遇職員の配置基準である。

図表228　有料老人ホーム・営業支出

税	項目名	設定根拠							設定金額		開業前
	人件費									支出額計	－
0	給与	103,800	千円						103,800	値上率（％）	
		年間給与合計		詳細は人員計画参照						稼働率（％）	
										支出額	－
0	福利厚生費	15,300	千円						15,300	値上率（％）	
		年間福利費合計		詳細は人員計画参照						稼働率（％）	
										支出額	
1	研修費	5,000	円／月	29	人	12	月		1,740	値上率（％）	
		1人当たり単価		人数		年間				稼働率（％）	
										支出額	0
	有料老人ホーム材料費									支出額計	－
1	食事材料費	38,880	千円	40.00	％				15,552	値上率（％）	
		年間収入		原価率						稼働率（％）	
										支出額	0
1	介護材料費	3,888	千円	80.00	％				3,110	値上率（％）	
		年間収入		原価率						稼働率（％）	
										支出額	0
	グループホーム材料費									支出額計	－
1	食事材料費	－	千円	40.00	％				－	値上率（％）	
		年間収入		原価率						稼働率（％）	
										支出額	0
1	介護材料費	－	千円	80.00	％				－	値上率（％）	
		年間収入		原価率						稼働率（％）	
										支出額	0
	ショートステイ材料費									支出額計	－
1	食事材料費	－	千円	40.00	％				－	値上率（％）	
		年間収入		原価率						稼働率（％）	
										支出額	0
1	介護材料費	－	千円	80.00	％				－	値上率（％）	
		年間収入		原価率						稼働率（％）	
										支出額	0
	デイサービス材料費									支出額計	－
1	食事材料費	－	千円	40.00	％				－	値上率（％）	
		年間収入		原価率						稼働率（％）	
										支出額	0
1	介護材料費	－	千円	80.00	％				－	値上率（％）	
		年間収入		原価率						稼働率（％）	
										支出額	0
	施設維持費									支出額計	－
1	水道光熱費（入居）	18,000	円／月	54	人	12	月		11,664	値上率（％）	
		1人当たり単価		入居・利用者数		年間				稼働率（％）	
										支出額	0
1	水道光熱費（通所）	9,000	円／月	0	人	12	月		－	値上率（％）	
		1人当たり単価		入居・利用者数		年間				稼働率（％）	
										支出額	0
1	清掃費	200	円／月	2,480	㎡	12	月		5,952	値上率（％）	
		延床面積当たり単価		延床面積		年間				稼働率（％）	
										支出額	0
1	建物維持管理費	736,560	千円	1.00	％				7,366	値上率（％）	
		建築工事費		料率						稼働率（％）	
										支出額	0
1	修繕費	736,560	千円	0.80	％				5,892	値上率（％）	
		建設工事費		料率						稼働率（％）	
										支出額	0
0	損害保険料	736,560	千円	0.10	％				737	値上率（％）	
		建設工事費		料率						稼働率（％）	
										支出額	0
0	借地料	0	㎡	0	円	2.00	％		－	値上率（％）	
		借地面積		面積単価		料率				稼働率（％）	
										支出額	0
1	家賃	0	㎡	0	円	12	月		－	値上率（％）	
		賃貸面積		面積単価		年間				稼働率（％）	
										支出額	0
1	共益費	0	㎡	0	円	12	月		－	値上率（％）	
		賃貸面積		面積単価		年間				稼働率（％）	
										支出額	0
	公租公課									支出額計	－
0	土地固定資産税	1,240	㎡	41,000	円	1.40	％		712	値上率（％）	
		所有面積		税評価額		税率				稼働率（％）	
										支出額	0
0	土地都市計画税	1,240	㎡	46,500	円	0.30	％		173	値上率（％）	
		所有面積		税評価額		税率				稼働率（％）	
										支出額	0
0	建物固定資産税	736,560	千円	70.00	％	1.40	％		7,218	値上率（％）	
		建設工事費		税評価割合		税率				減価率（％）	
										支出額	0
0	建物都市計画税	736,560	千円	70.00	％	0.30	％		1,547	値上率（％）	
		建設工事費		税評価割合		税率				減価率（％）	
										支出額	0
0	什器備品固定資産税	37,200	千円	50.00	％	1.40	％		260	償却残額	
		什器備品費		税評価割合		税率				稼働率（％）	
										支出額	0
0	事業所税（資産割）	2,480	㎡	600	円	50.00	％		744	値上率（％）	
		延床面積		税額		課税割合				稼働率（％）	
										支出額	0
0	事業所税（従業者割）	－	千円	0.25	％				－	値上率（％）	
		人件費		税率						稼働率（％）	
										支出額	0
	その他経費									支出額計	－
1	営業経費	1,000	千円	12	月				12,000	値上率（％）	
		月当たり金額		年間						稼働率（％）	
										支出額	0
1	事務経費	1,450	千円	12	月				17,400	値上率（％）	
		月当たり金額		年間						稼働率（％）	
										支出額	0
	合計								211,167		－

(千円)

1 年	2 年	3 年	4 年	5 年	6 年	7 年	8 年	9 年	10 年
99,840	112,440	116,640	116,640	116,640	116,640	116,640	116,640	116,640	116,640
0.00	0.00	0.00	0.00	0.00	0.00	0.00	0.00	0.00	0.00
82.66	93.06	96.53	96.53	96.53	96.53	96.53	96.53	96.53	96.53
85,800	96,600	100,200	100,200	100,200	100,200	100,200	100,200	100,200	100,200
0.00	0.00	0.00	0.00	0.00	0.00	0.00	0.00	0.00	0.00
82.35	92.94	96.47	96.47	96.47	96.47	96.47	96.47	96.47	96.47
12,600	14,220	14,760	14,760	14,760	14,760	14,760	14,760	14,760	14,760
0.00	0.00	0.00	0.00	0.00	0.00	0.00	0.00	0.00	0.00
82.76	93.10	96.55	96.55	96.55	96.55	96.55	96.55	96.55	96.55
1,440	1,620	1,680	1,680	1,680	1,680	1,680	1,680	1,680	1,680
14,930	16,796	17,729	17,729	17,729	17,729	17,729	17,729	17,729	17,729
0.00	0.00	0.00	0.00	0.00	0.00	0.00	0.00	0.00	0.00
80.00	90.00	95.00	95.00	95.00	95.00	95.00	95.00	95.00	95.00
12,442	13,997	14,774	14,774	14,774	14,774	14,774	14,774	14,774	14,774
0.00	0.00	0.00	0.00	0.00	0.00	0.00	0.00	0.00	0.00
80.00	90.00	95.00	95.00	95.00	95.00	95.00	95.00	95.00	95.00
2,488	2,799	2,955	2,955	2,955	2,955	2,955	2,955	2,955	2,955
—	—	—	—	—	—	—	—	—	—
0.00	0.00	0.00	0.00	0.00	0.00	0.00	0.00	0.00	0.00
80.00	90.00	95.00	95.00	95.00	95.00	95.00	95.00	95.00	95.00
—	—	—	—	—	—	—	—	—	—
0.00	0.00	0.00	0.00	0.00	0.00	0.00	0.00	0.00	0.00
80.00	90.00	95.00	95.00	95.00	95.00	95.00	95.00	95.00	95.00
—	—	—	—	—	—	—	—	—	—
0.00	0.00	0.00	0.00	0.00	0.00	0.00	0.00	0.00	0.00
70.00	80.00	80.00	80.00	80.00	80.00	80.00	80.00	80.00	80.00
—	—	—	—	—	—	—	—	—	—
0.00	0.00	0.00	0.00	0.00	0.00	0.00	0.00	0.00	0.00
70.00	80.00	80.00	80.00	80.00	80.00	80.00	80.00	80.00	80.00
—	—	—	—	—	—	—	—	—	—
0.00	0.00	0.00	0.00	0.00	0.00	0.00	0.00	0.00	0.00
70.00	80.00	80.00	80.00	80.00	80.00	80.00	80.00	80.00	80.00
—	—	—	—	—	—	—	—	—	—
0.00	0.00	0.00	0.00	0.00	0.00	0.00	0.00	0.00	0.00
70.00	80.00	80.00	80.00	80.00	80.00	80.00	80.00	80.00	80.00
29,278	30,444	31,027	31,027	31,027	31,027	31,027	31,027	31,027	31,027
0.00	0.00	0.00	0.00	0.00	0.00	0.00	0.00	0.00	0.00
80.00	90.00	95.00	95.00	95.00	95.00	95.00	95.00	95.00	95.00
9,331	10,498	11,081	11,081	11,081	11,081	11,081	11,081	11,081	11,081
0.00	0.00	0.00	0.00	0.00	0.00	0.00	0.00	0.00	0.00
70.00	80.00	80.00	80.00	80.00	80.00	80.00	80.00	80.00	80.00
0.00	0.00	0.00	0.00	0.00	0.00	0.00	0.00	0.00	0.00
100.00	100.00	100.00	100.00	100.00	100.00	100.00	100.00	100.00	100.00
5,952	5,952	5,952	5,952	5,952	5,952	5,952	5,952	5,952	5,952
0.00	0.00	0.00	0.00	0.00	0.00	0.00	0.00	0.00	0.00
100.00	100.00	100.00	100.00	100.00	100.00	100.00	100.00	100.00	100.00
7,366	7,366	7,366	7,366	7,366	7,366	7,366	7,366	7,366	7,366
0.00	0.00	0.00	0.00	0.00	0.00	0.00	0.00	0.00	0.00
100.00	100.00	100.00	100.00	100.00	100.00	100.00	100.00	100.00	100.00
5,892	5,892	5,892	5,892	5,892	5,892	5,892	5,892	5,892	5,892
0.00	0.00	0.00	0.00	0.00	0.00	0.00	0.00	0.00	0.00
100.00	100.00	100.00	100.00	100.00	100.00	100.00	100.00	100.00	100.00
737	737	737	737	737	737	737	737	737	737
100.00	100.00	100.00	100.00	100.00	100.00	100.00	100.00	100.00	100.00
—	—	—	—	—	—	—	—	—	—
0.00	0.00	0.00	0.00	0.00	0.00	0.00	0.00	0.00	0.00
100.00	100.00	100.00	100.00	100.00	100.00	100.00	100.00	100.00	100.00
—	—	—	—	—	—	—	—	—	—
0.00	0.00	0.00	0.00	0.00	0.00	0.00	0.00	0.00	0.00
100.00	100.00	100.00	100.00	100.00	100.00	100.00	100.00	100.00	100.00
8,922	8,810	8,742	7,748	7,718	7,687	7,457	7,540	7,507	7,256
0.00	0.00	0.00	0.00	0.00	0.00	0.00	0.00	0.00	0.00
100.00	100.00	100.00	100.00	100.00	100.00	100.00	100.00	100.00	100.00
712	712	712	712	712	712	712	712	712	712
0.00	0.00	0.00	0.00	0.00	0.00	0.00	0.00	0.00	0.00
100.00	100.00	100.00	100.00	100.00	100.00	100.00	100.00	100.00	100.00
173	173	173	173	173	173	173	173	173	173
0.00	0.00	0.00	0.00	0.00	0.00	0.00	0.00	0.00	0.00
80.00	80.00	80.00	69.12	69.12	69.12	66.49	66.49	66.49	63.86
5,775	5,775	5,775	4,989	4,989	4,989	4,799	4,799	4,799	4,610
0.00	0.00	0.00	0.00	0.00	0.00	0.00	0.00	0.00	0.00
80.00	80.00	80.00	69.12	69.12	69.12	66.49	66.49	66.49	63.86
1,237	1,237	1,237	1,069	1,069	1,069	1,028	1,028	1,028	988
40,176	24,106	14,463	8,678	4,339	—	—	11,880	7,128	4,277
100.00	100.00	100.00	100.00	100.00	—	—	100.00	100.00	100.00
281	169	101	61	30	—	—	83	50	30
0.00	0.00	0.00	0.00	0.00	0.00	0.00	0.00	0.00	0.00
100.00	100.00	100.00	100.00	100.00	100.00	100.00	100.00	100.00	100.00
744	744	744	744	744	744	744	744	744	744
0.00	0.00	0.00	0.00	0.00	0.00	0.00	0.00	0.00	0.00
82.66	93.06	96.53	96.53	96.53	96.53	96.53	96.53	96.53	96.53
29,400	29,400	29,400	29,400	29,400	29,400	29,400	29,400	29,400	29,400
0.00	0.00	0.00	0.00	0.00	0.00	0.00	0.00	0.00	0.00
100.00	100.00	100.00	100.00	100.00	100.00	100.00	100.00	100.00	100.00
12,000	12,000	12,000	12,000	12,000	12,000	12,000	12,000	12,000	12,000
0.00	0.00	0.00	0.00	0.00	0.00	0.00	0.00	0.00	0.00
100.00	100.00	100.00	100.00	100.00	100.00	100.00	100.00	100.00	100.00
17,400	17,400	17,400	17,400	17,400	17,400	17,400	17,400	17,400	17,400
182,370	197,890	203,539	202,545	202,514	202,484	202,253	202,337	202,303	202,053

図表229　有料老人ホーム・人員計画

直接処遇職員基本算定

施設名	基本諸元	入居・利用者	必要人員		開業前	1年	2年	3年	4年	5年
有料老人ホーム	2.5 人/人	54 人	22 人	入居者数		43	49	51	51	51
グループホーム	2.0 人/人	0 人	0 人	入居者数		0	0	0	0	0
ショートステイ	2.5 人/人	0 人	0 人	入居者数		0	0	0	0	0
デイサービス	5.0 人/人	0 人	0 人	利用者数		0	0	0	0	0
合計		54 人	22 人	合計		43	49	51	51	51

項目名	人員数	年間給与額	利用率連動	金額		開業前	1年	2年	3年	4年	5年
看護職員	3 人	4,800 千円	1	14,400	人員数		2	3	3	3	3
福利厚生費比率		15.00 %		2,160	給与金額	0	9,600	14,400	14,400	14,400	14,400
					福利厚生費	0	1,440	2,160	2,160	2,160	2,160
介護職員	16 人	3,600 千円	1	57,600	人員数		13	14	15	15	15
福利厚生費比率		15.00 %		8,640	給与金額	0	46,800	50,400	54,000	54,000	54,000
					福利厚生費	0	7,020	7,560	8,100	8,100	8,100
機能訓練指導員	1 人	4,800 千円	1	4,800	人員数		1	1	1	1	1
福利厚生費比率		15.00 %		720	給与金額	0	4,800	4,800	4,800	4,800	4,800
					福利厚生費	0	720	720	720	720	720
生活指導員	1 人	4,800 千円	0	4,800	人員数		1	1	1	1	1
福利厚生費比率		15.00 %		720	給与金額	0	4,800	4,800	4,800	4,800	4,800
					福利厚生費	0	720	720	720	720	720
計画作成担当者	1 人	4,800 千円	0	4,800	人員数		1	1	1	1	1
福利厚生費比率		15.00 %		720	給与金額	0	4,800	4,800	4,800	4,800	4,800
					福利厚生費	0	720	720	720	720	720
直接処遇職員合計	22 人				人員数		18	20	21	21	21
				86,400	給与金額	—	70,800	79,200	82,800	82,800	82,800
				12,960	福利厚生費	—	10,620	11,880	12,420	12,420	12,420
管理者	0 人	7,200 千円	0	—	人員数		0	0	0	0	0
福利厚生費比率		15.00 %		—	給与金額	0	—	—	—	—	—
					福利厚生費	0	—	—	—	—	—
運転手	0 人	3,600 千円	0	—	人員数		0	0	0	0	0
福利厚生費比率		15.00 %		—	給与金額	0	—	—	—	—	—
					福利厚生費	0	—	—	—	—	—
栄養士	1 人	3,600 千円	0	3,600	人員数		1	1	1	1	1
福利厚生費比率		15.00 %		540	給与金額	0	3,600	3,600	3,600	3,600	3,600
					福利厚生費	0	540	540	540	540	540
調理員	3 人	2,400 千円	1	7,200	人員数		2	3	3	3	3
福利厚生費比率		15.00 %		1,080	給与金額	0	4,800	7,200	7,200	7,200	7,200
					福利厚生費	0	720	1,080	1,080	1,080	1,080
事務員	2 人	2,400 千円	0	4,800	人員数		2	2	2	2	2
福利厚生費比率		15.00 %		720	給与金額	0	4,800	4,800	4,800	4,800	4,800
					福利厚生費	0	720	720	720	720	720
医師（非常勤）	1 人	1,800 千円	0	1,800	人員数		1	1	1	1	1
福利厚生費比率		0.00 %		—	給与金額	0	1,800	1,800	1,800	1,800	1,800
					福利厚生費	0	—	—	—	—	—
合　計	29 人				人員数		24	27	28	28	28
				103,800	給与金額	—	85,800	96,600	100,200	100,200	100,200
				15,300	福利厚生費	—	12,600	14,220	14,760	14,760	14,760

図表230　直接処遇職員算定

（入居・利用者に対する基本諸元で，必要人員を設定）

看護職員 　（看護師，準看護師）	入居者30人まで１人 31人以上50人まで１人 50人以上30人ごとに１人
介護職員 　（ヘルパー（１級〜３級），介護福祉士）	（必要人員）−（他の直接処遇職員） 入居者３人ごとに１人
機能訓練指導員 　（理学療法士，言語聴覚士，指圧士など）	入居者100人ごとに１人
生活指導員 　（社会福祉士，保険師など）	１人以上。兼務可
計画作成担当者 　（ケアマネージャー）	１人以上。兼務可

図表231　福利厚生比率　　　　　　　　　　　（％）

費　目	企業負担率	料　率
健康保険料	50	(注) 9.89
厚生年金保険料	50	18.182
労災保険料	100	0.50
雇用保険料	60	1.35

（注）介護保険第2号被保険者（40歳以上65歳未満）
　　　の保険料率は11.54％（1.65％は介護保険料）

図表232　　　　　　　　　　　　　　　　（円／月・室）

収　入		支　出	
食費	60,000	経費合計	43,167
		食事材料費	24,000
		栄養士人件費	6,389
		調理員人件費	12,778

　このモデルでは，看護職員３人，機能訓練指導員，生活相談員，計画作成担当者を各１人として計６人を当てることにし，残り16人を介護職員とした。

　介護職員の規定では，３人に１人の18人が必要であるが，生活指導員，計画作成担当者は兼務が可能であることから，2.5人に１人の体制を組むことにした。

　直接処遇職員以外の者の規定はないが，このモデルでは，管理者，運転士は誰かが兼務するとして，食事の世話をする栄養士１人，調理員３人と事務員２人，そして非常勤の医師１人の計７人，総計で29人の組織とした。

　給与はそれぞれ年額で示している。

　福利厚生費として企業側が見るべきものを**図表231**に示している。これにより，企業が負担する合計は約15％となる。

　以上から，年間給与の合計額103,800千円，福利厚生費15,300千円，および研修費１人月当

図表233　有料老人ホーム・維持管理費

大項目	中項目	数量	単位	単価（円）	金額（千円）
設備管理費		2,480	㎡	—	—
	設備管理費計	2,480	㎡	—	—
保守費	電気設備	2,480	㎡	430	1,066
	衛生設備	2,480	㎡	183	454
	空調設備	2,480	㎡	353	876
	昇降機	2,480	㎡	1,855	4,600
	植栽	100	㎡	1,000	100
	保守費計	2,480	㎡	2,862	7,097
警備費	本体施設警備	1	ポスト	1,200,000	1,200
	駐車場管理	—	ポスト	—	—
	警備費計	2,480	㎡	484	1,200
清掃費	内部床	2,480	㎡	1,896	4,702
	外部壁	1,120	㎡	136	152
	外部窓	480	㎡	870	418
	清掃費計	2,480	㎡	2,126	5,272
合　計		2,480	㎡	5,471	13,569

たり5千円を稼働率にあわせて計上している。

❷材料費

　食事の材料費として収入の40％を，介護材料費として収入の80％を計上する。

　図表232は，月1人当たりの収入と経費のバランスである。

　月6万円の収入に対して材料費は40％の24,000円，栄養士と調理員の人件費を1人当たりに換算すると，それぞれ6,389円，12,778円となり，合計で43,167円（収入の約72％）となる。

　したがって，この部分を外注する場合には，収入の75％〜80％程度が基本となる。後は，厨房の減価償却費，調理にかかる水道光熱費である。

❸施設維持費

　水道光熱費の細かいデータはないが，有料老人ホームの募集パンフレットなどを見ると，居住費を分けている例で，水道光熱費代として2万円前後としているものが多い。したがって，ここでは経費として18,000円を見込む。

　清掃費と維持管理費は，⑥の③の「維持管理費」で使用したデータを用い，本モデルを試算してみた。その結果が，**図表233**である。設備管理は事務職員が兼務するものとして0，警備費は機械管理としている。それより，清掃費を延べ床換算で200円／月，清掃を除く維持管理費は建築工事費の1.6％とした。

　図表234は，月1人当たりの収入と経費のバランスである。

　月4万円の管理費収入に対して，1室換算すると，水道光熱費18,000円，清掃費9,185円，維持管理費11,367円で，合計38,552円である。管理費は，この経費を見て金額を決めることが大切である。

図表234　　　　　　　　　　　　　　　　　　　　　　　　（円／月・室）

収　入		支　出	
管理費	40,000	経費合計	38,552
		水道光熱費	18,000
		清掃費	9,185
		建物維持管理費	11,367

修繕費は共同住宅と同様に建築工事費の0.8％，損害保険料は建築工事費の0.1％とした。

❹公租公課

有料老人ホームには税金上の恩典がないというか，有料老人ホームまたは福祉施設というようなカテゴリーが税法上はないのである。住宅なら，1戸建てでも，共同住宅でも税法上の特例がたくさんある。サ高住（賃貸住宅）との違いが，建築基準法以外でここにも存在する。

特に現在，特定施設は総量規制中である。その許認可は規模により，都道府県（収容人員30人以上）と，市区町村（収容人員29人以下）に分かれる。そして，施設にかかる税金には固定資産税と事業所税があり，計画地が所在する市区町村または30万人以上の都市に課される。つまり，自治体の意向によって，特例適用の規定がまちまちなのである。

そこで，このモデルでは，以下のように適用した。

土地の固定資産税評価額は，有料老人ホームの専有部分のみを住宅扱いとした。

計画の専有率は39％であり，**図表173**（308ページ）より50％となる。

住宅用の敷地面積は，1,240㎡ × 50％ ＝ 620㎡である。

1戸当たりの敷地面積は，620㎡ ÷ 54戸 ＝ 11.5㎡／戸で，200㎡以下である。

100千円（土地単価）× 70％（税評価額）＝ 70千円（土地の固定資産税評価額）

住宅部分：620㎡ × 70千円 × 1／6（住宅特例）＝ 7,200千円

非住宅部分：620㎡ × 70千円 ＝ 43,400千円

（7,200千円 ＋ 43,400千円）÷ 1,240㎡ ＝ 41千円

都市計画税の評価額は，特例部分が1／3になるので，46,500円となる。

建物の固定資産税が5年間は1／2になる特例も，住宅部分が1／2以下であるので，適用できない。

事業所税の資産割課税は，居住部分を食堂，浴室等まで広げ，50％課税にしている。

事業所税の従業者課税は，従業員数が100人以下なのでかからない。

❺その他の経費

その他の経費として，営業経費，事務経費を計上している。

ただし，事務経費の中には，入居一時金に対する保証経費も含まれている。

厚生労働省の特定施設の基準の中に，「前払い家賃に対する保全措置が講じられていること」とあり，この対策を立てなければならない。

一例を示すと，（社）全国有料老人ホーム協会には入居者基金制度というのがあり，入居

者 1 人当たり20万円（80歳以上の場合は13万円）の拠出金で入居者 1 人当たり500万円の保証がされることになっている。

これに入るには，まず協会に入会することが必要であり，入会金50万円，登録審査料30万円がかかる。そして，毎年かかる経費としては，54室として基本会費が478千円，室（床）数加算が21千円 × 54室 ＝ 1,134千円となっている。

(7)　消費税の計算

以上の設定条件をもとに事業収支計算を行う。

そのうち，消費税だけの計算を示したものが**図表235**である。

有料老人ホームの居住費，管理費および介護保険料の消費税は非課税であり，食費，介護材料費のみに課税される。

このモデルでは，営業収入で計算した「課税営業収入額合計」に対する「課税収入割合」は0.14である。

その結果， 1 年目に受け取る「仮受消費税」は，「課税営業収入額合計」34,214千円に消費税率を乗じた2,737千円となっている。

図表235　有料老人ホーム・消費税計算書

(千円)

消費税計算書	開業前	1年	2年	3年	4年	5年
課税営業収入額合計	－	34,214	38,491	40,630	40,630	40,630
営業収入額合計	－	253,173	271,831	286,082	285,369	285,598
課税収入割合	0.14	0.14	0.14	0.14	0.14	0.14
仮受消費税	－	2,737	3,079	3,250	3,250	3,250
課税営業支出額	－	74,311	77,524	79,100	79,100	79,100
課税資産支出額	850,733	－	－	－	－	－
課税支出合計	850,733	74,311	77,524	79,100	79,100	79,100
控除消費税額	－	－	－	－	－	－
営業支出仮払消費税	－	5,945	6,202	6,328	6,328	6,328
資産支出仮払消費税	－	－	－	－	－	－
仮払消費税合計	－	5,945	6,202	6,328	6,328	6,328
課税方式	2	2	2	2	2	2
仮納付消費税	－	1,642	1,848	1,950	1,950	1,950
消費税収支差	－	-4,850	-4,970	-5,028	-5,028	-5,028
未還付消費税	－	－	－	－	－	－
消費税仮収入	－	－	－	－	－	－
消費税仮支出	－	4,850	4,970	5,028	5,028	5,028
納付消費税	－	1,642	1,848	1,950	1,950	1,950
消費税還付金	－	－	－	－	－	－
消費税収入	－	－	－	－	－	－
消費税支出	－	－	4,850	4,970	5,028	5,028

　支出に対しては，「課税営業支出額」と「課税資産支出額」に分けて表示し，「課税支出合計」で合計している。

　開業前の「課税資産支出額」は，初期投資における建築工事費等に対して支払った金額である。

　「課税資産支出額」は，このケースの場合は，一般条件で示したように，簡易型を選択しているため，消費税は減価償却の取得価格に含めて算出することになり，消費税計算の対象からは除外する。

　また，簡易型では，課税営業収入の60％に消費税率を乗じた額が納付消費税となるため，控除消費税の計算は不要である。

　1年目で，仮受消費税2,737千円の60％が仮納付消費税になっている。

　しかし，実際には，1年目の課税支出合計は74,311千円であり，仮払消費税5,945千円になっている。

　その結果，「消費税収支差」（「仮受消費税」－「仮払消費税合計」－「仮納付消費税」）は4,850千円のマイナスになっている。このマイナスは，翌年の消費税支出（雑支出）として計上する。そして，この状況が続くが，原則型を採用するよりは，消費税のマイナスは低い。

(8)　損益資金計算

　以上を集計し，事業の収支計算を行った結果として，「損益計算書」と「資金計算書」を**図表236**（396ページ～397ページ），**図表237**（398ページ～399ページ）に示している。

❶損益計算書

　表の読み方は事務所ビルと同様であるので，そちらを参照されたい。

　営業収入から営業支出を差し引いたものがNOI（Net Operating Income）であり，利益率は25％～28％程度となっている。直営事業の質にもよるが，職員を多く使ったサービス業は，賃貸事業に比べて利益率は低いものとなっている。

　設備，外構，什器備品の減価償却は定率法を採用しているため，開業当初の金額は大きく，その結果，税引前利益は当初2年間は赤字で，3年目に黒字に転換している。

　課税対象額は，3年目まで繰越し欠損があり，4年目に法人税等を計上している。

　しかし，営業キャッシュフローは開業当初から発生しており，資金収支上は問題ない。

❷資金計算書

　入居一時金の収入の多くが見込める1年目から内部留保金が発生し，更新費が発生する7年，14年，20年目の入居一時金の返済状況等にもより，単年度の資金バランスは異なるが，23年目に投資回収を達成している。

図表236　有料老人ホーム・損益計算書

	開業前	1年	2年	3年	4年	5年	6年	7年	8年	9年
営業収入										
基本介護報酬	−	107,508	120,947	127,666	127,666	127,666	127,666	127,666	127,666	127,666
加算部分	−	10,362	13,250	13,986	13,986	13,986	13,986	13,986	13,986	13,986
入居一時金収入	−	38,880	29,160	29,929	29,216	29,445	18,356	18,345	19,331	21,266
食費	−	31,104	34,992	36,936	36,936	36,936	36,936	36,936	36,936	36,936
介護材料費	−	3,110	3,499	3,694	3,694	3,694	3,694	3,694	3,694	3,694
居住費	−	41,472	46,656	49,248	49,248	49,248	49,248	49,248	49,248	49,248
管理費	−	20,736	23,328	24,624	24,624	24,624	24,624	24,624	24,624	24,624
小計	−	253,173	271,831	286,082	285,369	285,598	274,509	274,498	275,484	277,419
営業収入合計	−	253,173	271,831	286,082	285,369	285,598	274,509	274,498	275,484	277,419
営業支出										
給与	−	85,800	96,600	100,200	100,200	100,200	100,200	100,200	100,200	100,200
福利厚生費	−	12,600	14,220	14,760	14,760	14,760	14,760	14,760	14,760	14,760
研修費	−	1,440	1,620	1,680	1,680	1,680	1,680	1,680	1,680	1,680
人件費合計	−	99,840	112,440	116,640	116,640	116,640	116,640	116,640	116,640	116,640
食事材料費	−	12,442	13,997	14,774	14,774	14,774	14,774	14,774	14,774	14,774
介護材料費	−	2,488	2,799	2,955	2,955	2,955	2,955	2,955	2,955	2,955
材料費合計	−	14,930	16,796	17,729	17,729	17,729	17,729	17,729	17,729	17,729
水道光熱費（入居）	−	9,331	10,498	11,081	11,081	11,081	11,081	11,081	11,081	11,081
水道光熱費（通所）	−	−	−	−	−	−	−	−	−	−
清掃費	−	5,952	5,952	5,952	5,952	5,952	5,952	5,952	5,952	5,952
建物維持管理費	−	7,366	7,366	7,366	7,366	7,366	7,366	7,366	7,366	7,366
修繕費	−	5,892	5,892	5,892	5,892	5,892	5,892	5,892	5,892	5,892
損害保険料	−	737	737	737	737	737	737	737	737	737
施設維持費合計	−	29,278	30,444	31,027	31,027	31,027	31,027	31,027	31,027	31,027
土地固定資産税	−	712	712	712	712	712	712	712	712	712
土地都市計画税	−	173	173	173	173	173	173	173	173	173
建物固定資産税	−	5,775	5,775	5,775	4,989	4,989	4,989	4,799	4,799	4,799
建物都市計画税	−	1,237	1,237	1,237	1,069	1,069	1,069	1,028	1,028	1,028
什器備品固定資産税	−	281	169	101	61	30	−	−	83	50
事業所税（資産割）	−	744	744	744	744	744	744	744	744	744
事業所税（従業者割）	−	−	−	−	−	−	−	−	−	−
公租公課合計	−	8,922	8,810	8,742	7,748	7,718	7,687	7,457	7,540	7,507
営業経費	−	12,000	12,000	12,000	12,000	12,000	12,000	12,000	12,000	12,000
事務経費	−	17,400	17,400	17,400	17,400	17,400	17,400	17,400	17,400	17,400
その他経費合計	−	29,400	29,400	29,400	29,400	29,400	29,400	29,400	29,400	29,400
営業支出合計	−	182,370	197,890	203,539	202,545	202,514	202,484	202,253	202,337	202,303
NOI	−	70,803	73,941	82,543	82,825	83,084	72,025	72,245	73,148	75,116
利益率	0.00%	27.97%	27.20%	28.85%	29.02%	29.09%	26.24%	26.32%	26.55%	27.08%
経常収入										
消費税収入	−	−	−	−	−	−	−	−	−	−
保証金（権利金）金利	−	−	−	−	−	−	−	−	−	−
留保金運用益	−	−	485	465	481	423	395	374	250	273
経常収入合計	−	253,173	272,316	286,547	285,850	286,022	274,904	274,872	275,734	277,692
仮受消費税		2,737	3,079	3,250	3,250	3,250	3,250	3,250	3,250	3,250
減価償却費										
建物	−	12,430	12,430	12,430	12,430	12,430	12,430	12,430	12,430	12,430
設備	−	18,591	18,591	18,591	18,591	18,591	18,591	18,591	18,591	18,591
外構	−	1,512	1,512	1,512	1,512	1,512				
什器備品	−	16,070	9,642	5,785	4,339	4,339	−	−	4,752	2,851
開業費	−	7,955	7,955	7,955	7,955	7,955				
一括償却額	−	−	−	−	−	−				
減価償却費合計	−	56,559	50,130	46,274	44,827	44,827	31,021	31,021	35,773	33,873
借入金利										
長期銀行借入金	−	22,500	21,619	20,716	19,791	18,842	17,870	16,874	15,852	14,805
小計	−	22,500	21,619	20,716	19,791	18,842	17,870	16,874	15,852	14,805
短期銀行借入金	−	812	−	−	−	−	−	−	−	−
借入金利合計	−	23,312	21,619	20,716	19,791	18,842	17,870	16,874	15,852	14,805
経常支出										
消費税支出	−	−	4,850	4,970	5,028	5,028	5,028	5,028	5,028	5,028
経常支出合計	−	262,240	274,490	275,499	272,191	271,212	256,403	255,176	258,990	256,009
仮払消費税	−	5,945	6,202	6,328	6,328	6,328	6,328	6,328	6,328	6,328
税引前利益	−	−9,068	−2,174	11,048	13,659	14,810	18,501	19,695	16,744	21,683
前年事業税	−	−	−	−	−	902	932	1,177	1,241	1,039
課税対象額	−	−	−	−	13,466	13,908	17,569	18,518	15,504	20,645
法人税	−	−	−	3,151	3,254	4,111	4,333	3,628	4,831	
住民税	−	−	−	406	420	530	559	468	623	
事業税	−	−	−	902	932	1,177	1,241	1,039	1,383	
税金合計	−	−	−	−	4,460	4,606	5,819	6,133	5,135	6,837
当期利益	−	−9,068	−2,174	11,048	9,200	10,204	12,682	13,562	11,610	14,846
当期利益累計	−	−9,068	−11,241	−193	9,006	19,210	31,892	45,455	57,065	71,911
納付消費税	−	1,642	1,848	1,950	1,950	1,950	1,950	1,950	1,950	1,950
営業キャッシュフロー	−	47,491	52,807	62,292	59,055	60,059	48,731	49,612	52,411	53,747

（千円）

10年	11年	12年	13年	14年	15年	16年	17年	18年	19年	20年
127,666	127,666	127,666	127,666	127,666	127,666	127,666	127,666	127,666	127,666	127,666
13,986	13,986	13,986	13,986	13,986	13,986	13,986	13,986	13,986	13,986	13,986
23,393	25,740	24,425	23,955	23,344	22,763	22,076	22,449	22,880	23,252	23,453
36,936	36,936	36,936	36,936	36,936	36,936	36,936	36,936	36,936	36,936	36,936
3,694	3,694	3,694	3,694	3,694	3,694	3,694	3,694	3,694	3,694	3,694
49,248	49,248	49,248	49,248	49,248	49,248	49,248	49,248	49,248	49,248	49,248
24,624	24,624	24,624	24,624	24,624	24,624	24,624	24,624	24,624	24,624	24,624
279,546	281,893	280,578	280,108	279,497	278,916	278,229	278,602	279,033	279,405	279,606
279,546	281,893	280,578	280,108	279,497	278,916	278,229	278,602	279,033	279,405	279,606
100,200	100,200	100,200	100,200	100,200	100,200	100,200	100,200	100,200	100,200	100,200
14,760	14,760	14,760	14,760	14,760	14,760	14,760	14,760	14,760	14,760	14,760
1,680	1,680	1,680	1,680	1,680	1,680	1,680	1,680	1,680	1,680	1,680
116,640	116,640	116,640	116,640	116,640	116,640	116,640	116,640	116,640	116,640	116,640
14,774	14,774	14,774	14,774	14,774	14,774	14,774	14,774	14,774	14,774	14,774
2,955	2,955	2,955	2,955	2,955	2,955	2,955	2,955	2,955	2,955	2,955
17,729	17,729	17,729	17,729	17,729	17,729	17,729	17,729	17,729	17,729	17,729
11,081	11,081	11,081	11,081	11,081	11,081	11,081	11,081	11,081	11,081	11,081
—	—	—	—	—	—	—	—	—	—	—
5,952	5,952	5,952	5,952	5,952	5,952	5,952	5,952	5,952	5,952	5,952
7,366	7,366	7,366	7,366	7,366	7,366	7,366	7,366	7,366	7,366	7,366
5,892	5,892	5,892	5,892	5,892	5,892	5,892	5,892	5,892	5,892	5,892
737	737	737	737	737	737	737	737	737	737	737
31,027	31,027	31,027	31,027	31,027	31,027	31,027	31,027	31,027	31,027	31,027
712	712	712	712	712	712	712	712	712	712	712
173	173	173	173	173	173	173	173	173	173	173
4,610	4,610	4,610	4,420	4,420	4,420	4,241	4,241	4,241	4,051	4,051
988	988	988	947	947	947	909	909	909	868	868
30	18	9	—	—	83	50	30	18	9	—
744	744	744	744	744	744	744	744	744	744	744
—	—	—	—	—	—	—	—	—	—	—
7,256	7,244	7,235	6,996	6,996	7,079	6,829	6,809	6,797	6,557	6,548
12,000	12,000	12,000	12,000	12,000	12,000	12,000	12,000	12,000	12,000	12,000
17,400	17,400	17,400	17,400	17,400	17,400	17,400	17,400	17,400	17,400	17,400
29,400	29,400	29,400	29,400	29,400	29,400	29,400	29,400	29,400	29,400	29,400
202,053	202,041	202,032	201,792	201,792	201,875	201,626	201,606	201,594	201,354	201,345
77,493	79,852	78,546	78,316	77,705	77,040	76,604	76,996	77,439	78,052	78,261
27.72%	28.33%	27.99%	27.96%	27.80%	27.62%	27.53%	27.64%	27.75%	27.93%	27.99%
—	—	—	—	—	—	—	—	—	—	—
303	344	397	359	316	156	60	—	—	—	—
279,849	282,237	280,975	280,467	279,813	279,072	278,289	278,602	279,033	279,405	279,606
3,250	3,250	3,250	3,250	3,250	3,250	3,250	3,250	3,250	3,250	3,250
12,430	12,430	12,430	12,430	12,430	12,430	12,476	12,476	12,476	12,476	12,476
18,591	18,591	18,591	18,591	18,591	18,591	360	360	360	360	360
1,711	1,283	1,283	—	—	4,752	2,851	1,711	1,283	1,283	—
—	—	—	—	—	—	—	—	—	—	—
32,732	32,304	32,304	31,021	31,021	35,773	15,688	14,547	14,119	14,119	12,836
13,732	12,632	11,504	10,349	9,164	7,950	6,705	5,430	4,122	2,782	1,408
13,732	12,632	11,504	10,349	9,164	7,950	6,705	5,430	4,122	2,782	1,408
—	—	—	—	—	—	—	43	165	296	433
13,732	12,632	11,504	10,349	9,164	7,950	6,705	5,472	4,287	3,078	1,841
5,028	5,028	5,028	5,028	5,028	5,028	5,028	5,028	5,028	5,028	5,028
253,545	252,005	250,868	248,190	247,006	250,627	229,046	226,653	225,028	223,579	221,050
6,328	6,328	6,328	6,328	6,328	6,328	6,328	6,328	6,328	6,328	6,328
26,304	30,232	30,106	32,277	32,808	28,445	49,243	51,949	54,005	55,827	58,556
1,383	1,670	1,914	1,889	2,036	2,062	1,768	3,181	3,267	3,399	3,513
24,921	28,563	28,193	30,388	30,772	26,383	47,475	48,768	50,737	52,427	55,043
5,832	6,684	6,597	7,111	7,201	6,174	11,109	11,412	11,872	12,268	12,880
752	862	851	917	929	796	1,433	1,472	1,532	1,583	1,662
1,670	1,914	1,889	2,036	2,062	1,768	3,181	3,267	3,399	3,513	3,688
8,254	9,460	9,337	10,064	10,191	8,738	15,723	16,151	16,803	17,363	18,229
18,051	20,773	20,769	22,213	22,617	19,707	33,520	35,798	37,201	38,463	40,326
89,962	110,734	131,504	153,717	176,333	196,041	229,560	265,358	302,559	341,023	381,349
1,950	1,950	1,950	1,950	1,950	1,950	1,950	1,950	1,950	1,950	1,950
55,811	58,105	58,102	58,262	58,666	60,508	54,235	55,373	56,348	57,611	58,190

図表237　有料老人ホーム・資金計算書

	開業前	1年	2年	3年	4年	5年	6年	7年	8年	9年
資金収入										
自己資金・補助金	10,000	—	—	—	—	—	—	—	—	—
入居一時金	—	81,648	−8,841	−13,703	−16,774	−13,062	84	2,095	3,155	3,465
長期銀行借入金	900,000	—	—	—	—	—	—	—	—	—
保証金(権利金)返済金	—	—	—	—	—	—	—	—	—	—
小計	910,000	81,648	−8,841	−13,703	−16,774	−13,062	84	2,095	3,155	3,465
減価償却費	—	56,559	50,130	46,274	44,827	44,827	31,021	31,021	35,773	33,873
消費税還付金等	—									
当期利益金	—	—	—	11,048	9,200	10,204	12,682	13,562	11,610	14,846
資金収入合計	910,000	138,207	41,289	43,619	37,253	41,969	43,788	46,679	50,538	52,184
資金支出										
土地取得費	—	—	—	—	—	—	—	—	—	—
土地取得税	—	—	—	—	—	—	—	—	—	—
土地登録税	—	—	—	—	—	—	—	—	—	—
敷地造成費	—	—	—	—	—	—	—	—	—	—
解体工事費	—	—	—	—	—	—	—	—	—	—
建築工事費	538,464	—	—	—	—	—	—	—	—	—
設備工事費	257,021	—	—	—	—	—	—	—	—	—
外構工事費	7,560	—	—	—	—	—	—	—	—	—
什器備品費	40,176	—	—	—	—	—	—	11,880	—	—
設計料	35,797	—	—	—	—	—	—	—	—	—
建物取得税	15,468	—	—	—	—	—	—	—	—	—
建物登録税	2,062	—	—	—	—	—	—	—	—	—
抵当権設定料	3,600	—	—	—	—	—	—	—	—	—
開業前金利	10,680	—	—	—	—	—	—	—	—	—
開業費	39,774	—	—	—	—	—	—	—	—	—
敷金（権利金）	—	—	—	—	—	—	—	—	—	—
保証金（権利金）	—	—	—	—	—	—	—	—	—	—
小計	950,602	—	—	—	—	—	—	11,880	—	—
自己資金配当金	—	—	—	—	—	920	1,020	1,268	1,356	1,161
長期銀行借入金返済金	—	35,232	36,113	37,016	37,941	38,890	39,862	40,859	41,880	42,927
当期欠損金	—	9,068	2,174	—	—	—	—	—	—	—
未還付消費税等	—	4,850	4,970	5,028	5,028	5,028	5,028	5,028	5,028	5,028
資金支出合計	950,602	49,150	43,257	42,044	42,969	44,838	45,910	59,035	48,264	49,116
財務キャッシュフロー	−40,602	89,057	−1,968	1,575	−5,716	−2,869	−2,123	−12,356	2,274	3,068
資金源泉										
短期銀行借入金	40,602	—	—	—	—	—	—	—	—	—
内部留保金	—	—	1,968	—	5,716	2,869	2,123	12,356		
資金使途										
短期銀行返済金	—	40,602	—	—	—	—	—	—	—	—
内部留保積立金	—	48,455	—	1,575	—	—	—	—	2,274	3,068
調達資金残額										
自己資金	10,000	10,000	10,000	10,000	10,000	10,000	10,000	10,000	10,000	10,000
入居一時金	—	81,648	72,807	59,105	42,331	29,269	29,353	31,448	34,603	38,068
長期銀行借入金	900,000	864,768	828,654	791,638	753,697	714,807	674,945	634,086	592,206	549,278
小計	910,000	956,416	911,461	860,743	806,028	754,076	714,297	675,533	636,808	597,346
短期銀行借入金	40,602	—	—	—	—	—	—	—	—	—
調達資金残額合計	950,602	956,416	911,461	860,743	806,028	754,076	714,297	675,533	636,808	597,346
権利金残額										
敷金	—	—	—	—	—	—	—	—	—	—
保証金	—	—	—	—	—	—	—	—	—	—
権利金残額合計	—	—	—	—	—	—	—	—	—	—
留保金累計	—	48,455	46,487	48,062	42,346	39,477	37,354	24,998	27,272	30,340
トータルキャッシュフロー	−950,602	−907,961	−864,974	−812,681	−763,682	−714,598	−676,943	−650,535	−609,536	−567,006

（千円）

10年	11年	12年	13年	14年	15年	16年	17年	18年	19年	20年
—	—	—	—	—	—	—	—	—	—	—
3,806	4,174	−3,554	−3,019	−1,979	−483	714	866	767	536	179
—	—	—	—	—	—	—	—	—	—	—
3,806	4,174	−3,554	−3,019	−1,979	−483	714	866	767	536	179
32,732	32,304	32,304	31,021	31,021	35,773	15,688	14,547	14,119	14,119	12,836
18,051	20,773	20,769	22,213	22,617	19,707	33,520	35,798	37,201	38,463	40,326
54,589	57,251	49,520	50,216	51,659	54,998	49,921	51,211	52,087	53,118	53,341
—	—	—	—	—	—	—	—	—	—	—
—	—	—	—	—	—	—	—	—	—	—
—	—	—	—	—	—	—	—	—	—	—
—	—	—	—	—	—	—	—	—	—	—
—	—	—	—	—	—	—	—	—	—	—
—	—	—	—	—	2,160	—	—	—	—	2,160
—	—	—	—	—	5,400	—	—	—	—	16,200
—	—	—	11,880	—	—	—	—	—	—	—
—	—	—	—	—	—	—	—	—	—	—
—	—	—	—	—	—	—	—	—	—	—
—	—	—	—	—	—	—	—	—	—	—
—	—	—	—	—	—	—	—	—	—	—
—	—	—	—	11,880	7,560	—	—	—	—	18,360
1,485	1,805	2,077	2,077	2,221	2,262	1,971	—	—	—	—
44,000	45,100	46,228	47,384	48,568	49,782	51,027	52,303	53,610	54,951	56,324
5,028	5,028	5,028	5,028	5,028	5,028	5,028	5,028	5,028	5,028	5,028
50,513	51,933	53,333	54,488	67,697	64,632	58,026	57,331	58,638	59,978	79,712
4,076	5,317	−3,814	−4,273	−16,039	−9,634	−8,104	−6,119	−6,551	−6,860	−26,371
—	—	—	—	—	—	2,131	6,119	6,551	6,860	26,371
—	—	3,814	4,273	16,039	9,634	5,974	—	—	—	—
—	—	—	—	—	—	—	—	—	—	—
4,076	5,317	—	—	—	—	—	—	—	—	—
10,000	10,000	10,000	10,000	10,000	10,000	10,000	10,000	10,000	10,000	10,000
41,874	46,048	42,494	39,475	37,496	37,013	37,727	38,593	39,359	39,895	40,073
505,278	460,177	413,949	366,566	317,997	268,215	217,188	164,885	111,275	56,324	−0
557,152	516,225	466,443	416,040	365,493	315,227	264,914	213,478	160,634	106,219	50,073
—	—	—	—	—	—	2,131	8,250	14,802	21,662	48,033
557,152	516,225	466,443	416,040	365,493	315,227	267,045	221,728	175,436	127,881	98,106
—	—	—	—	—	—	—	—	—	—	—
—	—	—	—	—	—	—	—	—	—	—
34,416	39,733	35,920	31,647	15,608	5,974	—	—	—	—	—
−522,736	−476,492	−430,523	−384,394	−349,885	−309,254	−267,045	−221,728	−175,436	−127,881	−98,106

図表238　有料老人ホーム・損益計算グラフ

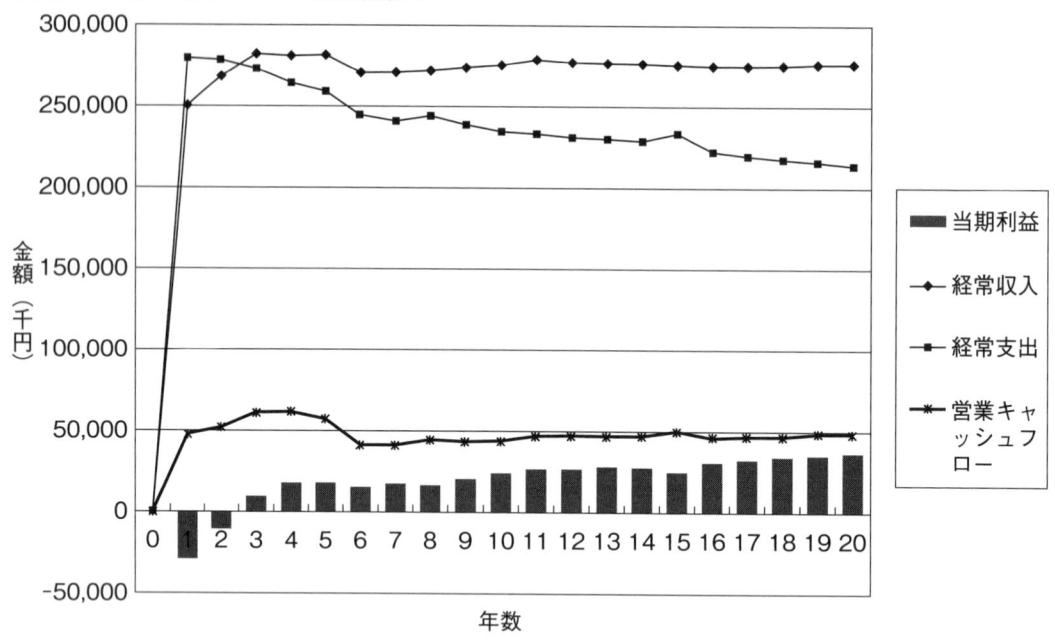

図表239　有料老人ホーム・資金計算グラフ

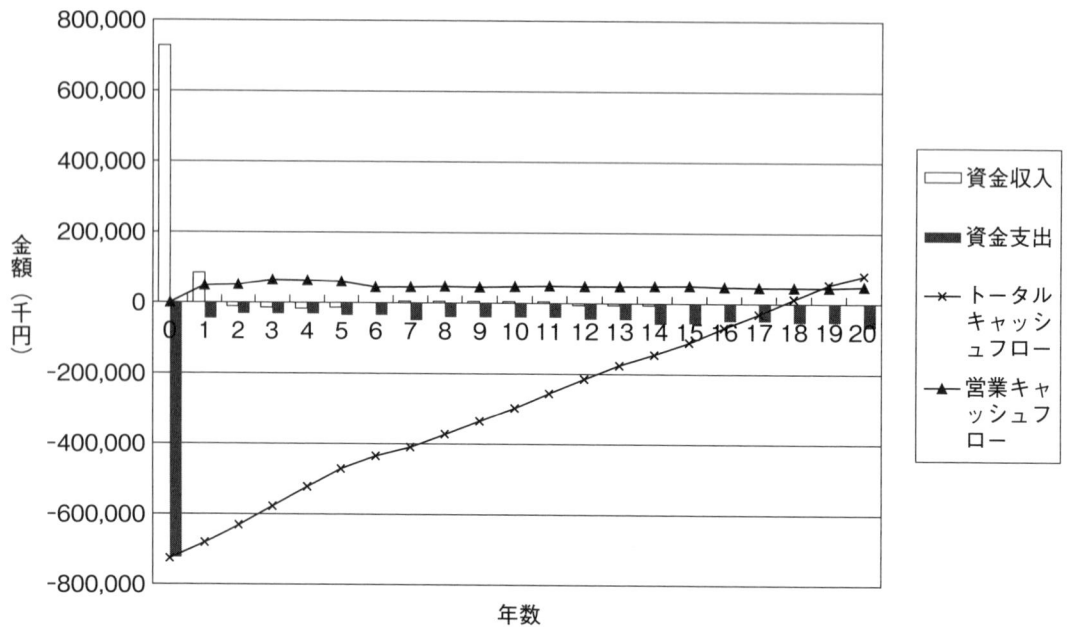

⑼　事業収支結果の分析と指標

事業性の指標を**図表240**に「事業性チェックリスト」として示す。

このモデルでは，IRR利回りは共同住宅のケースより上回り，良好な事業性を示している。

チェックの基準などは，事務所ビルと同様であり，そちらを参照されたい。

図表240　有料老人ホーム・事業性チェックリスト

投資回収期間法		
当期利益計上年	3	年目
累積赤字解消年	4	年目
短期銀行借入金完済年	1	年目
投下資本回収年	23	年目
DCF利回り（10年間）		
内部収益率（IRR）	4.54	％
正味現在価値（4％）	33,573	千円

【ア　行】

アセット・マネジメント業務　235
インセンティブ方式　236
粗利益　348, 350
維持管理費　93, 222, 237
一団地建築物設計制度　89
一括借上げ方式　7
一括償却　300
一括賃貸方式　230
一般(ファミリー向け)マンション　27, 36, 50, 61, 64
一般飲食店　31, 40, 52, 61, 64
一般事項　328, 352, 366
一般事務所　29, 38, 50, 61, 64
一般専門店　31, 40, 52, 61, 64
一般宅地の評価法　130
一般定期借地権　289, 290
一般電気料金　248
一般電力単位負荷　246
一般特定物件の割引率　287
異容積　67
異容積補正　137, 138
医療系　35
印紙税　319
　　──の課税物件および税額　320
内税方式　316
売上げ歩合方式　8
上屋解体費　165, 166, 168, 169
運営委託方式　10
運営費　93
運搬処分費　168, 169
運搬費　168
影響加算率　135
影響加算率表　151
営業キャッシュフロー　327, 339
営業支出　93, 97, 335, 338, 349, 357, 387
営業収入　93, 97, 230, 332, 338, 349, 355, 384
営業利益　348
営業利益率　97
衛生設備機器の選択　259
衛生設備機器のデータ　260

衛生設備工事費　184
駅からの距離　19
駅の性格　20
大型飲食店　31, 40, 52, 61, 64
大型専門店　31, 40, 52, 61, 64
奥行価格補正率表　151
奥行長大補正率表　152
奥行補正率　135
奥行距離　26, 133
　　──の測り方　134
乙工事　222
卸売り方式　5

【カ　行】

かげ地割合　135
がけ地補正率表　152
がけ地補正　137
ガス料金　248
カラオケ　34, 44, 54, 62, 64
カルチャースクール　34, 42
カルチャーセンター　32, 54, 62, 64
会員制事業　10
開業費　93, 300
開業費設定料率　223
外構工事費　195, 299
介護サービス　111
介護付き有料老人ホーム　366
介護報酬加算部分　384
介護保険　111
介護保険外収入　387
介護予防サービス　111
解体工期　211
解体工事費　164
解体整地費　93
解体床面積　212
改定償却率　298
外部サービス利用型有料老人ホーム　366
概略工程　212, 213
家屋課税台帳　304
家具・什器費用　197
学生ハイツ　28, 36, 50, 61, 64
画地要因　21
確認申請時のチェック項目と添付図書　75
加工賃貸型　3
加工分譲型　3
火災保険　283
火災保険料　93
貸宅地　140

貸家建付借地権　141
貸家建付地　141
課税対象額　312, 338
課税対象額(所得額)　314
課税標準　304
課税方式　316
仮設工事費　182
仮設費　167, 168, 169
借入金償還余裕率　99
借入金返済額　99
借入金利　338
借入金割合　100
仮受け消費税　316
仮払い消費税　316
簡易チェック法　76
簡易課税制度　317
元金均等返済方式　226
還元利回り　97
元利均等返済方式　226
キャッシュフローのパターン図　326
キャップレート　96
機械式(垂直循環)付属駐車場　62
機械式(水平循環)付属駐車場　62
企画構想書　13, 14, 16
企画段階　13, 18
基準階階高　61
基準地価　128
基準点P　81
既製コンクリート杭工法　184
規制対象　77
規制対象時間　77
基礎解体費　166, 168, 169
既存借地権　288
既存建物の価格算定　191
北側斜線　74
北側斜線制限　71, 72
期中金利　93
規模格差補正率　140
基本介護報酬　384
基本計画書　15, 16
基本計画段階　16
基本料率　284
基本料率表　284
逆天空率　76
逆日影計算プログラム　81
求積図と正射投影図(建築物)位置確認表　76
教育系　32
共益費　93, 232, 332, 356

業種別のみなし仕入率　317
共同住宅　108, 255
　──の算出例　169, 189,
　　213, 219, 241, 253
　──・営業支出　357
　──・営業収入　355
　──・減価償却　354
　──・更新費集計表　282
　──・更新費出力表　280
　──・事業性チェックリスト
　　　365
　──・資金計算グラフ　365
　──・資金計算書　362
　──・資金調達　355
　──・修繕設定表　273
　──・修繕費集計表　282
　──・修繕費出力表　275
　──・消費税計算書　359
　──・初期投資　352, 354
　──・水道光熱費　250
　──・清掃業務費　243
　──・損益計算グラフ　364
　──・損益計算書　360
　──・テナント条件　356
　──・標準工事費　189
　──・保守管理費　243
共同ビル　148
業務委託費　222
業務系　29
業務内容　235
居室の採光　102
居住環境　21
銀行・金融　29, 38, 50, 61,
　64
銀行借入金　93, 96
近似整形地　143
　──の取り方　144
近隣　165
近隣対策費　222
クライアント　2, 5, 6, 7, 8,
　9, 10, 11, 92
グループホーム　46, 56, 62,
　64, 110, 111, 114, 386
杭の長さ　182
杭工事　214, 217, 218, 219,
　220
空室リスク　236
空調設備機器の選択　261
空調設備機器のデータ　262
空調設備工事費　185
躯体工事費　184
繰延資産　300

ゲームセンター　10, 34, 44,
　54, 62, 64
計画建築物　74
計画地が接している前面道路が12
　m未満の場合　66
傾斜地の算出法　163
傾斜地の宅地造成費　163
経常支出　325, 338
経常収入　325, 338
継続賃料　231
経年減価率　191
警備業務　239
警備業務費　239
警備費　239
契約工程　213
嫌悪施設　21
原価法　127, 230
減価償却　330, 354, 376
減価償却按分　300
減価償却資産　294
　──の償却率　299
減価償却費　191, 294, 302,
　326, 338
減価償却率　191
減価率　192
研究施設　30, 50, 61, 64
現在価値　349
建設navi　173
原則型　317
建築基本計画　14
建築工期　211
建築工事費　93, 94, 171
　──の算出法　182
建築実施計画　15
建築物の類型　200
建築ボリューム計画　14
建ぺい率制限　68
権利金　289
権利変換計画　150
権利割合　140
コストグレード　183
コンビニエンス・ストアー
　10, 31, 40, 52, 61, 64
鋼管杭工法　184
高級(外国人向け)マンション
　27, 36, 50, 61, 64
甲工事　222
広告収入　233
広告宣伝費　221
工事項目別コストの算出　182
工事単価　95
公示地価　128

更新費　93, 253, 301, 332
更新料　231, 357
構造計画書の偽装事件　198
公租公課　393
工程表　219, 220
公的土地評価　127
国勢調査　19
国土交通省告示第15号　198,
　209
個人事業税　315
個人住民税　315
固定プラス売上げ歩合方式　8
固定資産　294
固定資産課税台帳　304
固定資産税　308
　──の建物評価における経年減
　　　価率表　193
固定資産税評価額　128
固定資産税評価に用いられる減価
　率　192
固定家賃方式　8

【サ　行】

サブリース方式　236
サービス付き高齢者専用住宅
　29, 36, 50, 61, 64
サービス付き高齢者賃貸住宅(サ
　高住)　110
サービス付き高齢者向け住宅
　113
採光補正係数　102, 103
採光面積　103
財産評価基本通達　128
再調達価格　191
最低必要収益率　348
再投資　302, 349
財務キャッシュフロー　344
材料費　392
差額配分法　231
算出結果の考察と関連図面　85
算出法　165, 195, 199
算出法と設定額　301
算出方式　295
算出方法　252
算出例　161, 196, 209
残存価格　349
算定に用いられる建築物の用途分
　類の細分化　199
三路線に面する宅地　142
シーエムネット　171
システム賃料　231

シティホテル　32, 42, 52, 61, 64
シネマコンプレックス　34, 44, 54, 62, 64
仕上工事費　184
仕上材料の選択　254
仕上材料のデータ　257
市街化区域　21
市街化調整区域　21
時間距離　21
敷金　93, 224
敷地　164
敷地造成費　161
敷地面積　26
敷地境界線接円　82
敷引特約　225
事業委託方式　6, 7
事業計画　15
事業収支の基本項目と概算設定値　93
事業収支計画　16
　　──のしくみ　324
事業収支計画における設定値　253, 287
事業収支結果の分析と指標　345, 365, 401
事業受託方式　11
事業条件の整理　14
事業所税　310
事業所税を課せられる都市　310
事業所統計調査　19
事業性チェック　14, 15
事業税　313
　　──の課税認定基準（東京都）　315
事業評価　13
事業方式の選択　10
事業用借地権　289, 292
事業リスク　97
資金ショートの有無　347
資金計算書　339, 364, 395
資金支出　339, 344
資金収入　339, 344, 349
資金調達　93, 224, 325, 330, 377
時刻線　81
時刻日影図　80
自己資金　93, 224
自己資本に対するIRR（Internal Rate of Return）　350
自己資本利回り　350

資産の分類　294
資産運営業務　235
資産利益　348
資産利益率　97
支出項目　316
市場コスト統計方式　180
市場要因　19
地震保険　283
施設維持費　392
自走式駐車場　53
実際の契約価格　210
実施計画書　15
実施計画段階　16
実施工程　213
実質賃料　96, 231, 289
　　──の算定　289
質の補完　58
私道　138
支払賃料　289
地盤改良費　161
資本的支出　301
事務所ビル　167
　　──の算出例　167, 185, 218, 240, 252
　　──・一般事項　328
　　──・営業支出　335
　　──・営業収入　332, 334
　　──・借入資金計算書　333
　　──・減価償却　330
　　──・減価償却計算書　331
　　──・更新費集計表　272
　　──・更新費出力表　270
　　──・事業性チェックリスト　345
　　──・資金計算グラフ　345
　　──・資金計算書　342
　　──・資金調達　330, 333
　　──・修繕設定表　263
　　──・修繕費集計表　272
　　──・修繕費出力表　265
　　──・消費税計算書　337
　　──・初期投資　328
　　──・水道光熱費　250
　　──・清掃業務費　242
　　──・損益計算グラフ　344
　　──・損益計算書　340
　　──・テナント条件　334
　　──・標準工事費　188
　　──・保守管理費　242
事務所ビル系のコアプラン　108
借地権　140

　　──の分類　288
借地権等の割合　141
借地料　288
借家人の権利　142
斜線制限　72
収益価格　127
収益還元法　127, 230
収益管理業務　235
什器備品の課税標準　309
什器備品費　197, 299
就業人口　19
住戸タイプ　109
終身建物賃貸借契約　377
終身利用権　377
修繕積立金　335, 357
従前土地評価　150
修繕費　93, 253, 301
修繕費・更新費の算出による減価率　194
住宅型有料老人ホーム　366
住宅系　27
　　──の住戸配置形式　108
住宅品質確保推進法（品確法）　251
住宅付置義務　90
住民基本台帳　19
取得価格等の算定　298
準角地　134
準備工事　213, 214, 217, 218, 219, 220
ショートステイ　110, 386
ショールーム　30, 38, 50, 61, 64
消火設備の割引率　286
消火設備設定基準　287
消火設備割引　287
償還金計算　380
償却金計算の仕組み　378
償却可能限度額　294
償却金計算書　383
償却率　330
商業系　30
商業地の性格　20
商業地への距離　20
昇降機の台数の設定　262
昇降機のデータ　262
昇降機設備工事費　185
常住人口　19
使用貸借　140
譲渡税　319
消費税　315, 335
　　──の計算　335, 357, 394

消費電力原単位　248
正味現在価値　348, 349
正面路線価　131
初期投資　93, 316, 325,
　328, 349, 352, 367
初期投資額　97, 325, 348
職業割増　286
諸経費の算出　185
所得税　314
所得税等　314
所得税率表　315
処分型　9
処分費　167, 168, 169
自力建設方式　8, 11
新規借地権　288
人件費　222, 387
総地積　131
信託受益権証書　9, 11
新築工期　213
診療所　35, 46, 56, 62, 64
スーパー銭湯　35, 44, 54,
　62, 64
スポーツ・レジャー系　33
スライド法　231
水道光熱費　93, 244
──の算出例　249
水道光熱費のリセール　233
水道単位負荷　247
水道料金　248
水道料金単価　247
セットバックを必要とする宅地
　139
税額の算出　309, 310
生活支援施設　21
税金合計　339
清掃業務費　240
清掃費　239
整地費　161, 162
税引き前利益　338
政府系金融機関　226
成約価格　231
税率　316
積算価格　127
積算賃料　289
設計業務委託等技術者単価
　199
設計料　93, 198
設定料率　222
設備　299
──の耐用年数　298
設備, 什器備品　302
設備管理業務　237

設備管理費　237, 238, 240
全負荷運転　246
全負荷運転時間　246
前面道路のアプローチ性　20
前面道路の幅員　20
専門学校　33, 42, 54, 62, 64
専門式場　32, 42, 52, 61, 64
その他の営業収入　233
その他の経費　393
総合工程　217, 218, 220
総合設計制度　88
相続税・贈与税　322
相続税路線価　128
相対的な土地の評価　147
想定整形地　135
──の取り方　136
総投資額　324, 347
総投資額に対するIRR (Internal
　Rate of Return)　348
総投資利回り　347, 350
測定ポイント　74
測定線　80
測定面　80
素地賃貸型　3
素地分譲型　3
外税方式　316
側方・裏面路線加算　134
損益計算書　338, 364, 395
損益資金計算　364, 395
損益資本金計算　337
損益分岐比率　100
損害保険　283
──の分類　283

【タ 行】

大規模小売店舗立地法　90
宅地割引率　286
建物　298, 302, 305
──の課税標準　309, 310
──の修繕費・更新費の算出に
　　よる減価率　194
──の耐用年数　296
建物を建設し賃貸する事業　4
建物を建設し分譲する事業　4
建物買取型定期借地権　289
建物取得登録税　93
建物譲渡特約付借地権　289,
　292
建物用途別の割増率　286
棚卸資産　294
単位負荷　245

短期型定期借地権　289
短期銀行借入金　227, 330
短期銀行借入金完済年　346
単身赴任者向けマンション
　28, 36, 50, 61, 64
チェックポイントと提出図書
　80
地域メッシュデータ　19
地域区分一覧表　368
地域密着型介護予防サービス
　111
地域密着型サービス　111
地域要因　19
地下解体費　165, 166, 168
地下工事　215, 217, 218,
　219, 220
地業費　182
地区区分　131
地上工事　215, 217, 218,
　219, 220
地積規模の大きな宅地の評価
　139
仲介手数料　150
駐車場収入　93, 233
駐車場必要台数　91
駐車場付置義務　90
長期銀行借入金　225, 332,
　355, 382
長期金利　96, 226
長期国債利回り　350
調達金利　96
調達資金　96
調達資金残額　344
直営方式　9
直接処遇職員　387
直接処遇職員算定　391
直通階段　104
直通階段に至る歩行距離　106
賃貸ビル事業収支の概念図
　325
賃貸型　9
賃貸型事業　325
賃貸事業方式　7
賃貸住宅の更新料　232
賃貸住宅の場合　318
賃貸事例比較法　230, 231
賃貸事例比較法による賃料の算出
　230
賃貸マンション利回り　97
賃料の改定　231
賃料の算定　230
賃料収入　230

土止費　161，163
土盛費　161，162
デイサービス　386
デイサービスセンター　46，
　48，56，62，64，110
データセンター　29，38，50，
　61，64
テナント管理業務　235
テナント仲介料　221
テナントリーシング　14，221
デベロッパー　7，8
定額法　191，295，330
定期借地権　3，289，290
定期借地権料　290
抵当権設定料　93，307
定率法　191，295
適合建築物　73
田園住居地域　21，63
電気設備機器の選択　258
電気設備機器のデータ　259
電気設備工事費　184
天空図と天空率計算結果表　76
天空率　73
　　──のイメージ　75
天空率算定位置　74
転借権　141
転貸借地権　141
転売価格　348
トータルキャッシュフロー　344
当該年度の固定資産課税標準額
　304
当該年度の都市計画税課税標準額
　304
当該年度の評価額　304
等価交換方式　8，11
投下資金回収年　347
東京都における日影規制　79
東京都建築安全条例第3条
　146
東京法務局管内の新築建物の課税
　標準価格認定基準表　305
当期利益　339
当期利益計上年　346
等高線　81
投資回収期間法　346
投資期間　348
道路　21，164
登録免許税　306
道路斜線　74
道路斜線制限　70，71
特定街区制度　87

特定施設　110，366
特定施設入居者生活介護　366
都市間格差　186
　　──の算出　185
都市計画区域　21
都市計画税　309
土地　304
　　──の課税標準　308，309
　　──を賃貸する事業　3
　　──を分譲する事業　3
土地価格比準表　18
土地課税台帳　304
土地計画道路予定地の区域内にあ
　る宅地　139
土地取得関連費　300
土地取得費算定への適用　147
土地取得登録税　93
土地取得費　93
土地信託方式　9，11
土地評価の三方式　126
土木工事費　182
土止費　163
土盛費　162
取引事例などとの比較　148
取引事例のデータベース　127
取引事例比較法　127

【ナ　行】

内部収益率　348，350
内部留保金発生年　346
二以上の直通階段の設置　104
入居一時金　96，224，377
入居稼働率　231
入居時償却割合　378
入居室計算書　383
入居者基金制度　393
入居率　332，356
ネットキャッシュフロー　348

【ハ　行】

パチンコホール　34，44，54，
　62，64
パラメータ　180
　　──の算出　182
売却純収入　348
廃材量　165，166，167，169
配送センター　46，48，56，
　62，64
配置図　76
配分法に基づく比準賃料　290

倍率方式　129
場所打ちコンクリート杭工法
　184
伐採・抜根費　161
販売委託方式　6
ビジネスホテル　32，42，52，
　61，64
日影チャート　81
日影規制　76，78
日影制限時間　77
日影時間の算出　82
非課税課目　316
日ざし曲線メジャー　81，83，
　84
比準賃料　289
百貨店　30，40，52，61，64
病院　35，46，56，62，64
評価事例　142
評価指標　349
標準業務人・時間数　199，201
標準工程　213
標準人件費　199，200
標準的な階段の幅　104
標準的な建築価格表　175
費用設定　236
フィットネスクラブ　10，33，
　44，54，62，64
フランチャイズ方式　10
プロパティ・マネジメント業務
　237，239
付加価値サービス　234
福利厚生比率　391
不整形地　143，145
不整形地補正　135，145
不整形地補正率を算定する際の地
　積区分表　151
不整形地補正率表　152
付属駐車場　62，64
普通借地権　3，288
普通借地権料　289
物販店舗における階段の幅
　106
不動産鑑定評価基準　126
不動産取得税　306
不動産投資信託　224
文化教室　32，42，54，62，64
分譲型事業　324
分譲事業方式　5
分譲床　8
平坦地の算出法　161
ボーリング場　34，44，54，
　62，64

ホテル　10
ホテル系　32
方位　81
防火地域　68
報酬料の目安　210
法人の種類　312
法人住民税　313
法人税　313
法人税等　312
法定耐用年数による減価計算　191
保険金額　283
保険料の算定式　283
保険料率　283
募集価格　231
保守管理費　237, 238, 239, 242
保証金　30, 31, 93, 225, 332
保証率　298
補助金　227, 382

【マ 行】

マーケット量　19
間口狭小補正率表　152
間口距離　26, 133
——の測り方　133
窓先空地　104
無指定区域　21
無道路地　146
——の評価法　145
免税　318
木造解体　212

【ヤ 行】

家賃収入　93, 94, 230
有効採光面積　103
有料老人ホーム　10, 35, 46, 56, 62, 64, 110
——の算出例　190
———・什器備品費　376
———・維持管理費　392
———・営業支出　388
———・営業収入　385
———・開業費　376
———・減価償却　377
———・事業性チェックリスト　401
———・資金計算グラフ　400
———・資金計算書　398
———・資金調達　384
———・消費税計算書　394
———・償還金計算　380
———・初期投資　375
———・人員計画　390
———・損益計算グラフ　400
———・損益計算書　396
———・入居条件　378
———・標準工事費　190
有料老人ホームプラン　120, 121
容積率　26
容積緩和　67
容積率制限　66
用地地域　21, 63
用途による緩和　67
用途地域別の主な建築物の用途制限　22
容量（数量）の設定　260, 261

【ラ 行】

ライフ・サイクル・コスト（LCC）　235, 237, 251, 301
リースホルダー　236
リスク　5, 7, 9
リセール契約　233
リセール単価　249
リニューアル　302
——の工事費　191
利益フローのパターン図　326
立地可能業種選択方式　18
立地可能業種選定表　50
立地最適業種の選定　14
利回り法　231
利用区分　131
留保金累計　344
量の集積　58
隣地斜線　74
隣地斜線制限　70, 71
累積赤字解消年　346
レバレッジ効果　351
レンタブル比　94, 97
レンタル倉庫　46, 48, 56, 62, 64
礼金　93, 232, 332, 357
冷暖房料金　245
暦日換算　217, 218, 220
連担建築物設計制度　89
路地状部分の長さと幅員（東京都）　146
路線価による土地価格の評価　128

路線価図　129
——の読み方　129
路線価方式　129

【ワ 行】

ワンルームマンション　28, 36, 50, 61, 64
割引率　286

10年物国債の利回り　226
BER　100
Capital Gain　348
DCF（Discount Cash Flow）　348, 349
DCR（Debt Coverage Ratio）　98, 224
Discount Cash Flow　348
Free Cash Flow　350
GMS（ゼネラル・マーチャンダイジング・ストアー，大型スーパー）　30, 40, 52, 61, 64
Income Gain　348
IRR（Internal Rate of Return）　227, 348, 350
JBCI（Japan Building Cost Information）　173
J-REIT　224, 346
LTV　100
NOI（Net Operating Income）　97, 338
NPV（Net Present Value）　348, 349
RC・SRCの解体　212
RC・SRC造の小規模地上工事　216
RC・SRC造の大規模地上工事　216
REIT（不動産投資信託）　9
ROE（Return Of Equity）　350
ROI（Return Of Investment）　347
SM（スーパー・マーケット）　31, 40, 52, 61, 64
SOHO（Small Office Home Office）　29, 36, 49, 61, 64
S造の地上工事　217

《著者紹介》

上野　俊秀（うえの　としひで）

1947年，東京に生まれる
早稲田大学理工学部建築学科卒業
株式会社藤田組（現フジタ）入社
一級建築士取得
宅地建物取引主任者取得
㈱フジタ工業（現フジタ）企画設計部，新設時に配属
情報処理技術者取得
㈱フジタ企画設計部長就任
大分県立文化ホール・NHK放送会館複合施設（OASIS21）開業，運営のため
㈱エフ・ティー・シー大分・常務取締役就任
同時に，第一ホテル大分オワシスタワー（現ANAホテル）常務取締役就任
㈱フジタ・アセットコンサルティング部長
㈱フジタ退職後，㈱PM-NET創設。代表取締役就任。現在に至る。

〈主要著書・論文〉
『建築プロジェクトのケース・スタディ』（プログレス）
『不動産〔新活用事業〕プラン集05』（綜合ユニコム）
『プロジェクト段階別のコスト管理』（（社）日本建築積算協会）
『有料老人ホームの開設・運営実務資料集』綜合ユニコム
『レジャー産業・100業種モデルプラン集』（綜合ユニコム）
『不動産有効利用のための都市開発の法律実務』（共著）（清文社）
「貸ビル事業のコスト試算」（『Evaluation』No.11，プログレス）
「建替えか修繕・改修かの判断基準について」（『Evaluation』No.17，プログレス）
「建物の再調達原価と経年減価率を考える―新しいデータベースの構築を期して」（『Evaluation』No.37，プログレス）

〈主な街づくりプロジェクト：実績とテーマ〉
・日立駅前ショッピングタウンA・C街区（1989年）
　　「既存中心商店街の活性化」
・札幌琴似駅南口地区第1種市街地再開発（1991年・1996年）
　　「JR駅前における商・住・遊の複合開発」
・ベトナム タンコンサービスアパートメント（1994年）
　　「外国居住者向けの住宅ゾーン形成」
・マレーシアカントリーハイツ（1997年）
　　「郊外型オフィスゾーンの形成」
・大分OASIS21（1998年）
　　「中心市街地活性化」

株式会社 PM-NET
〒274-0073　千葉県船橋市田喜野井6-14-2
電話・FAX 047-461-3493
URL　http://www.pmnet.jp

【第3版】
《不動産有効活用のための》
建築プロジェクトの企画設計・事業収支計画と投資採算評価の実務

2007年9月30日　初版発行
2011年11月30日　新版発行
2018年1月30日　第3版第1刷発行
2024年3月25日　第3版第2刷発行

著　者　上野俊秀©

発行者　野々内邦夫

発行所　**株式会社プログレス**　〒160-0022　東京都新宿区新宿1-12-12
電話03（3341）6573　FAX03（3341）6937
http://www.progres-net.co.jp　e-mail：info@progres-net.co.jp

＊落丁本・乱丁本はお取り替えいたします。　　　　　　モリモト印刷株式会社

ISBN978-4-905366-72-0　C2034

新版
共有不動産の鑑定評価
●共有物分割をめぐる裁判例と鑑定評価の実際＆
　所有者不明土地と共有問題
黒沢　泰（不動産鑑定士）

新版　▶不動産の取引と評価のための
物件調査ハンドブック
●これだけはおさえておきたい
　土地・建物の調査項目119
黒沢　泰（不動産鑑定士）

新版
雑種地の評価
●裁決事例・裁判例から読み取る
　雑種地評価の留意点
黒沢　泰（不動産鑑定士）

新版　逐条詳解
不動産鑑定評価基準
黒沢　泰（不動産鑑定士）

底地の鑑定評価と税務評価
黒沢　泰（不動産鑑定士）

新版　▶すぐに使える◀
不動産契約書式例60選
●契約実務に必ず役立つチェック・ポイントを［注書］
黒沢　泰（不動産鑑定士）

不動産の鑑定評価・相続税の財産評価・固定資産税の評価における増減価要因
黒沢　泰（不動産鑑定士）

Q&A # 農地の評価
●画地計算と固定資産税算定の実務
内藤武美（不動産鑑定士）

Q&A　不動産の有効活用のための
等価交換マンション事業のすすめ方
大木祐悟（旭化成不動産レジデンス エキスパート）

増補版
共有不動産の33のキホンと77の重要裁判例
●共有不動産をめぐるヤッカイな
　法律トラブル解決法
宮崎裕二（弁護士）

借地をめぐる66のキホンと100の重要裁判例
●地主と借地人とのヤッカイな
　法律トラブル解決法
宮崎裕二（弁護士）

借家をめぐる66のキホンと100の重要裁判例
●家主と借家人とのヤッカイな
　法律トラブル解決法
宮崎裕二（弁護士）

借地借家法の適用の有無と土地・建物の明渡しをめぐる100の重要裁判例
●駐車場・ゴルフ場・高架下・資材置場・
　ケース貸し・経営委託・使用貸借などを
　めぐるヤッカイな法律トラブル解決法
宮崎裕二（弁護士）

固定資産税の38のキホンと88の重要裁判例
●多発する固定資産税の課税ミスに
　いかに対応するか！
宮崎裕二（弁護士）

新版　▶不動産取引における◀
心理的瑕疵の裁判例と評価
●自殺・孤独死等によって，
　不動産の価値はどれだけ下がるか？
宮崎裕二（弁護士）／仲嶋　保（不動産鑑定士）
難波里美（不動産鑑定士）／高島　博（不動産鑑定士）

所有者不明土地の法律実務
●民法，不動産登記法等の大改正による
　土地所有法制の実務対応
吉田修平（弁護士）

新版
定期借地権活用のすすめ
●契約書の作り方・税金対策から
　事業プランニングまで
大木祐悟（定期借地権推進協議会運営委員長）